本　书　系

国家2011计划·司法文明协同创新中心

系列成果

中国法治实践学派书系

人格权法探微

王利明　著

人民出版社

鸣　谢

北京合弘威宇律师事务所

赞　助

　　该律师事务所是在法治中国伟大实践的时代背景下，以中国法治实践学派学术思想为指导，以北京威宇律师事务所为前身，与国内外律师界深度合作，国内第一家以法学理论研究和法治实践紧密结合为鲜明特色的国际化律师事务所。作为中国法治实践学派的研究基地和前沿阵地，合弘威宇律师事务所践行"知行合一"精神，秉承"合力弘道，千秋伟业；法治中国，威震寰宇"理念，努力为实现法治中国梦而奋斗。

总　序

中国法治实践学派是对法治中国伟大实践的理论回应。

1999 年，《宪法》修正案规定："中华人民共和国实行依法治国，建设社会主义法治国家。"中国终于选择了法治道路，并将之载入具有最高法律效力的宪法。

2014 年，中共中央出台《关于全面推进依法治国若干重大问题的决定》。这是中国共产党的法治宣言书，是法治中国建设的总纲领。

法治中国建设是一场伟大的政治实验。这场伟大实验的目标是开创一条中国自己的法治道路。这场伟大实验正在给中国带来深刻的变革。反腐败斗争正在改变中国的官场生态，立法正在朝着科学化方向发展，政府正在努力将工作全面纳入法治轨道，司法改革正在朝着公正、高效、权威的目标加快推进，全社会厉行法治的积极性和主动性正在逐步增强。法治正在对全面深化改革发挥引领和规范作用。法治普遍规律的中国表现形式正在展现其不可忽视的影响力。虽然在前行的道路上，有暗礁，有险滩，有种种困难，但全面推进依法治国这场治理领域的深刻革命正在改变中国。

中国法学研究已经出现重大转向，这个转向以"实践"为基本特征。法治的生命在于实践。走进实践，以实践为师，成为一大批法学家的鲜明风格。"中国法治实践学派"正是对这种重大转向的学术概括。中国法治实践学派以中国法治为问题导向，以探寻中国法治发展道路为目标，以创新法治规范体系和理论体系为任务，以实践、实证、实验为研究方法，注重实际和实效，具有中国特色、中国风格、中国气派。

法治中国的伟大实践必然催生新思想、新理论，必然带来思想和理论的深刻革命，必然为普遍的法治精神形成创造条件。中国客观上正在进行一场持久的法治启蒙运动。在欧洲，发生在 17—18 世纪的启蒙运动的成就之一是孕育了一个在世界上占主导地位的法学学派——古典自然法学派。古典自然法学说成为新兴资产阶级反对封建压迫和争取民族独立的武器，成为美国《独立宣言》、法国《人权宣言》的理论基础。正是古典自然法学派的出现，私有财产神圣不可侵犯、契约自由、法律面前人人平等、罪刑法定等法治原则才得以提出。正是以古典自然法学派为代表的学术流派的形成，才使得西方法治理论、西方法治精神形成一个系统。启蒙运动、契约精神的弘扬、自然法学派的产生、现代法律体系的构建、西方法治理论和法治精神的形成，是一个合乎历史逻辑和社会实践的有机整体。启蒙运动从根本上打造了西方近现代意义上的法治精神。在中国，法治启蒙运动的一个伴生现象也必然是学派的形成。伴随这样一个法治启蒙运动，法治实践不断推进，法治理论不断创新，法学学派在中国兴起，法治精神终将成为社会的主流精神，法治终将成为信仰。

我们组织力量编辑出版"中国法治实践学派书系"，是为了强化中国法学研究的实践转向，展示中国法治理论的风貌，传播法治精神，支持中国法治的具体实践，扩大中国在世界上的法治话语权。我们每年精选若干具有代表性的著作，由人民出版社出版，形成系列。这些著作具有鲜明的问题导向，注重中国具体实践问题的探索，注重理论的实际效果。我们相信，这套书系一定会对法治中国建设发挥良好作用。

时代赋予我们一种不可推卸的责任，我们不会袖手旁观，我们不会推卸责任。"为天地立心，为生民立命，为往圣继绝学，为万世开太平"是我们从先贤那里汲取的精神，"知行合一"是我们坚守的信条。中国并不缺少高谈阔论，中国并不缺少牢骚抱怨，中国需要的是身体力行、脚踏实地的行动。我们愿意不遗余力地推动中国法治实践学派的发展，我们愿意在法治中国的伟大进程中奉献热血、辛劳和汗水，我们愿意在法治中国的伟大进程中殚精竭虑、鞠躬尽瘁。

法治关涉每个人的权利，法治关涉每个人的财富，法治关涉每个人的命运。让我们大家携起手来，一起行动，共同关注中国法治实践学派，共同编织法治中国梦想，共同为实现法治强国而奋斗！

钱弘道

2017 年 1 月 20 日

C目录
ONTENTS | 人格权法探微

序言：人格权法让人们活得更有尊严

十三届全国人大第五次会议审议了民法典各分编草案，该草案将人格权作为独立的一编加以规定，该编下设六章，共包括45个条文，详细规定了生命权、身体权、健康权、姓名权、名称权、肖像权、名誉权、荣誉权、隐私权、个人信息等权益，并规定了人格权保护的一般规则。这开创了新时代人格权保护的新篇章，在我国民事立法史上将会产生重大而深远的影响。

人格权独立成编是维护人格尊严、实现人民群众美好幸福生活的需要。按照马斯洛的"需求层次理论"，当人的物质生活需要基本得到满足后，人们对文化和精神生活的需求越来越强烈，尤其是对自尊的需要更加凸显。① 马斯洛把这种心理需要归纳为自尊需要。② 在我国进入新时代以后，人民物质生活条件得到了极大的改善，人民群众就会有更高水平的精神生活追求，就希望过上更有尊严、更体面的生活。对人格尊严等方面的需求更为强烈。实践中，网络谣言、网络暴力、"人肉搜索"、信息泄露、偷拍偷录、电话骚扰、性骚扰等现象层出不穷。其侵害的对象主要是公民的名誉、隐私和个人信息，网络空间"侵权易、维权难"的

---

① ［美］马斯洛：《马斯洛人本哲学》，成明编译，九州出版社2003年版，第52—61页。
② ［美］马斯洛：《动机与人格》，华夏出版社1987年版，第51—52页。

问题严重。因此，有必要在总结我国立法司法实践经验基础上，加强人格权立法，设置独立的人格权编。党的十九大报告在民生部分提出了要保障公民的合法权益，并且特别强调了对人格权的保护，这实际上就是将人格权的保护作为保障人民美好幸福生活的重要内容，突出了人格权保护的重要价值。正如立法机关所指出的，"人格权是民事主体对其特定的人格利益享有的权利，关系到每个人的人格尊严，是民事主体最基本、最重要的权利。保护人格权、维护人格尊严是我国法治建设的重要任务"。①

人格权独立成编是完善民法典体系的需要。设置独立的人格权编是对民法典体系的重大完善。我国《民法总则》第2条在规定民法的调整对象时，将其调整对象确定为人身关系和财产关系。财产关系已经在分则中分别独立成编，表现为物权编、合同编，而人身关系主要分为两大类，即人格关系和身份关系，身份关系已经体现在婚姻家庭编、继承编之中。如果人格权不能独立成编，人格关系调整就无法体现出来，就会在体系上出现"重物轻人"的重大缺陷。从民法调整对象出发，民法典要保障的权利主要是财产权和人身权。财产权已经通过物权、合同债权等予以落实，而人身权中的人格权不能在民法典中展开，这就必然会妨碍民法典作为权利法的作用发挥。

人格权独立成编是回应科技发展、完善网络治理的需要。人类社会已经进入互联网高科技时代，美国学者福禄姆金（Froomkin）曾经总结了许多高科技的发明，如红外线扫描、远距离拍照、卫星定位、无人机拍摄、生物辨识技术、语音识别等，他认为，高科技爆炸给人类带来了巨大福祉，但都有一个共同的副作用，即对个人的隐私保护带来了巨大威胁，已经使得个人无处藏身。他认为，现代法律遇到的最严峻的挑战

① 沈春耀：《关于提请审议民法典各分编草案议案的说明》，载中国人大网，http://www.npc.gov.cn/npc/cwhhy/13jcwh/2018-08/27/content_2059319.htm，2018年9月3日浏览。

就是，如何尊重和保护个人隐私和信息①。大数据记载了我们过去发生的一切，也记载了我们正在发生的一切，同时能够预测我们未来发生的一切，无论我们走到哪里，只要携带手机，相关软件借助于 Cookie 技术，就可以时刻知道我们的准确定位，人类好像进入了一个"裸奔"的时代。在开发和利用大数据和人工智能时，如何尊重和保护个人隐私和信息，也是各国法律普遍面临的严峻挑战。② 这也要求我国民法典对此涉及的新的法律问题作出回应。同时，随着人工智能技术的发展，声音识别、人脸识别的应用范围日益广泛，这也提出了声音和形象权益保护的问题。此外，随着生命科学的发展，个人基因和遗传信息的保护也日益严峻，器官移植技术的发展也要求法律及时回应器官捐赠等现实问题。

人格权独立成编是回应审判实践的现实需要。自《民法通则》确立了人身权制度以来，有关人格权的案件每年都在快速增长，其中大量涉及名誉、肖像、隐私、姓名、名称、个人信用、人身自由等，在中国裁判文书网中仅以"名誉"为关键词进行检索，可以搜到185719份民事裁判文书。这些案件虽然标的不大，但是涉及公民的基本权利，社会关注度高，影响大，处理不好就会引发社会的重大反响。例如，近几年发生的"狼牙山五壮士案"、"邱少云案"等，都引起了社会的广泛关注。因此，通过人格权独立成编，就可以为人民法院审理人格权纠纷提供基本的遵循。

"明者因时而变，知者随事而制。"人格权独立成编是顺应时代发展潮流，保持民法典时代性的需要。我们要制定的民法典是 21 世纪的民法典，必须要回应 21 世纪的时代需要，彰显 21 世纪的时代特征。而人格

---

① 参见谢远扬：《信息论视角下个人信息的价值——兼对隐私权保护模式的检讨》，载《清华法学》2015 年第 3 期，第 95 页。

② 参见谢远扬：《信息论视角下个人信息的价值——兼对隐私权保护模式的检讨》，载《清华法学》2015 年第 3 期，第 95 页。

权独立成编既是新中国社会发展成果的立法体现，也是对互联网、大数据、高科技发展的立法回应，是从中国实际出发、立足于解决中国现实问题、制定面向21世纪的民法典的重要体现，我们的民法典应当为解决21世纪人类共同面临的人格权保护问题提供中国智慧、中国方案。唯有如此，才能使我国民法典真正屹立于世界民法典之林。

民法的人文关怀[*]

民法是市民社会的基本法，也是保障私权的基本规则。当前，中国民法典的制定已进入关键时期，要制定贴近实际、面向未来的民法典，不能仅局限于对具体制度和规则的设计，更应当关注其价值理念。"古典的民法图像以其抽象的概念和制度成为自我完结的学问体系，而民法的现代图像则很难从这种学问的体系来把握。"① 也就是说，民法的研究，不能仅仅局限于外在体系或逻辑关联，而应从其价值理念着手，历史地考察其变迁，准确地把握其趋势，将民法建立在更为科学、完善的价值体系基础之上。本文基于民法的人文关怀这一价值理念，阐释其含义及其对完善民法制度和民法体系的重大影响。

一、民法的人文关怀：从以财产法为中心到人法地位的提升

在近代民法中，财产的归属与流转关系是民法规范的主要对象。近代民法以财产权利为中心，主要体现为对外在财富的支配。这显然忽视了人的存

  ＊　原载《中国社会科学》2011 年第 4 期。
  ①　［日］北川善太郎：《日本民法体系》，李毅多、仇京春译，科学出版社 1995 年版，第 115 页。

在中的精神性的一面，人的内涵中的多样性被简单地物质化了。① 在这样的体制中，人格独立于财产而存在的价值并不明显。正是在这一背景下，耶林才提出其著名论断："谁侵害了他人的财产，就侵害了他人人格。"②

从民法的发展历史看，罗马法曾被恩格斯称为简单商品生产者社会的第一个世界性法律。它对简单商品生产者的一切本质的法律关系做周全细致的规定，达到了古代法发展的顶峰。罗马法最先采用抽象的方法，"发展和规定那些作为私有财产的抽象关系"，③ 规定了独立人格制度、债权制度和物权制度，并以此展开了整个私法的体系。在这一体系中，财产的流转与归属是调整的中心，对人格制度虽然有所规定，但更多着眼于权利能力等"身份"法方面，与现代法意义上的人格权并不相同。在罗马法中，persona 只是用来表明某种身份。④ 当欧洲进入中世纪后，罗马私法的制度因与当时教会法、封建土地制度以及人身依附关系格格不入，罗马法陷入长期的沉寂状态，直到中世纪进入尾声，由于地中海沿岸商品经济的发展，财产的流转关系日益复杂，罗马法才寻找到其复兴的基础，也适应了后来欧洲资本主义萌芽时期的社会需要。

在法典化时期，以法国民法典为代表的民法是以消灭封建社会对人的压迫、反对封建社会的贸易壁垒、促进市场经济的发展为目标的。《法国民法典》采纳了三编制模式，即人法、物法和取得财产权的方法。其人法的设计，主要着眼于肯定人人平等的观念和确定财产的归属，因此其整部法典的核心仍是财产权。⑤ 正如法国学者萨瓦第埃指出："与关于人的法相较而言，民法典（指《法国民法典》）赋予关于财产的法以支配地位。"⑥

---

① 参见薛军：《人的保护：中国民法典编撰的价值基础》，载《中国社会科学》2006 年第 4 期。

② ［德］鲁道夫·冯·耶林：《为权利而斗争》，郑永流译，法律出版社 2007 年版，第 21 页。

③ 《马克思恩格斯全集》第 1 卷，人民出版社 1956 年版，第 280 页。

④ 参见周枏：《罗马法原论》上册，商务印书馆 2002 年版，第 106 页。

⑤ 参见谢怀栻：《大陆法国家民法典研究》，载《外国法译评》1994 年第 3 期。

⑥ 参见［日］星野英一：《私法中的人》，王闯译，中国法制出版社 2004 年版，第 29 页。

以财产为中心的特征，在《德国民法典》上也没有太大的改变。《德国民法典》采五编制（总则、债权、物权、亲属、继承），但其核心仍是债权与物权二编。而总则部分关于主体的规定也仍是以财产的归属与流通为中心展开的。在《德国民法典》制定时，对人格尊严的保护，并未被置于重要的位置。法律对自然人的规范过于简单，因此没有涉及一些重要的人格权。①另外，对于侵权责任，《德国民法典》仅考虑损害赔偿的一面，并据此将其置于债法之中，而且，对于精神损害赔偿，采取比较严格的限制立场。在《德国民法典》颁布不久，德国学者索姆巴特（Werner Sombart，1863—1941）就提出《德国民法典》存在着"重财轻人"的偏向。②《德国民法典》的体系是按照从事商业贸易的资产阶级的需求来设计构思的，它所体现的资产阶层所特有的"重财轻人"正出自于此。这种重财轻人的特色使关于人的法律地位和法律关系的法大大退缩于财产法之后。③ 正是因为《德国民法典》没有规定人格权，所以，在第二次世界大战以后，德国法院只能借助于宪法上的基本权利的规定，而不能依据民法典发展出一般人格权，这从一个侧面也反映出，《德国民法典》中的人格权法没有获得应有的地位。④

近代民法之所以以财产法为中心，或者说出现"泛财产化"倾向，⑤ 除受传统民法制度的影响，更与其特定时期的社会经济背景密切关联。在自由资本主义时期和垄断时期，要扩大投资、鼓励财富的创造，在这一时期，包括民法在内的整个法律都服务于这一目标。⑥ 若以当时的社会经济条件为背

① 参见 [德] 迪特尔·梅迪库斯：《德国民法总论》，邵建东译，法律出版社 2000 年版，第 25 页。

② Schwab/Löhnig, Einführung in das Zivilrecht, Hüthig Jehle Rehm, 2007, Rn.42.

③ 参见 [德] 迪特尔·施瓦布：《民法导论》，郑冲译，法律出版社 2006 年版，第 31 页。

④ 参见薛军：《揭开"一般人格权"的面纱——兼论比较法研究中的"体系意识"》，载《比较法研究》2008 年第 5 期。

⑤ 参见薛军：《人的保护：中国民法典编撰的价值基础》，载《中国社会科学》2006 年第 4 期。

⑥ 参见马克斯·韦伯：《韦伯作品集Ⅳ：经济行动与社会团体》，康乐等译，广西师范大学出版社 2004 年版，第 37—39 页以下。

景来观察，这样的选择并无不当。时至今日，随着市场经济的发展和科技的进步，社会、经济的格局发生了重大变化。在这一过程中，民法的发展逐渐呈现出一种对个人人文关怀的趋势。

所谓人文关怀，是指对人自由和尊严的充分保障以及对社会弱势群体的特殊关爱。人文关怀强调对人的保护，应将其视为民法的价值基础。① 笔者认为，"人的保护"本身并不是目的，而只是实现人文关怀的手段，其最终目的是使人的自由及尊严得以实现。此处的"人"，一方面是个体人，有其自由追求，应被具体地历史地对待；另一方面也是伦理人，其尊严应得到尊重，基本的人格利益应得到保护。从这个意义上说，人文关怀就是将"使人享有良好的生存状态"作为法律的目标，实现马克思所说的"人的全面解放"。

民法的人文关怀并非当代的发明，而是具有深刻的社会与历史渊源。古希腊智者普罗泰戈拉曾提出："人是万物的尺度"。罗马法上诸如人法、私犯等制度，虽不及现代法对人身、人格的全面保护，但已经或多或少地体现出了对奴隶以外的自由人的关爱。当然，人文主义观念的真正出现，是到文艺复兴时期才开始的。启蒙运动的思想家提出的启蒙思想进一步丰富了近代民法人文主义的内涵。例如，伏尔泰、孟德斯鸠等思想家宣扬的人权、自由、平等理念，很大程度上促进了近代民法中人格平等、契约自由、私法自治等价值理念的形成。这一时期，资本主义民法人文主义的基本脉络已经形成。人文主义的基本特点就在于，它把焦点集中在人本身，强调人的尊严和精神自由。② 人文主义认为"每个人在他或她自己的身上都是有价值的——我们仍用文艺复兴时期的话，叫作'人的尊严'——其他一切价值的根源和人权的根源就是对此的尊重"③。

---

① 参见薛军：《人的保护：中国民法典编撰的价值基础》，载《中国社会科学》2006 年第 4 期。

② 参见孟广林：《欧洲文艺复兴史》（哲学卷），人民出版社 2008 年版，第 27 页。

③ [英] 阿伦·布洛克：《西方人文主义传统》，董乐山译，上海三联书店 1997 年版，第 234 页。

自 18 世纪后半期开始，康德的理性哲学对于确立人的主体地位作出了重要贡献。他认为，人类的绝对价值就是人的尊严，就是以人的所有能力为基础的。他曾提出，"人是目的而不是手段"，并且"人只能被作为目的而不能被视为手段"。① 按照李泽厚的解读，"康德强调，物品有价格，人只有人格，他不能因对谁有用而获取价格。人作为自然存在，并不比动物优越，也并不比动物有更高价值可言，但人作为本体的存在，作为实践理性（道德）的主体，是超越一切价格的"②。可以看出，理性哲学的兴起使维护人格独立和人格尊严成为社会的核心任务，进而也成为整个法律所要达到的目标。正是人文主义运动所确立的信念，使人相信法律可以建立在理性的基础上，这种理性的动机导致了法律的变革，加速了理性与民法传统的结盟，促成了官方法典的编纂。③《法国民法典》、《德国民法典》、《奥地利民法典》等民法典的诞生正是启蒙思想的产物，在一定程度上体现了人本主义的精神。在价值理念上，近代民法蕴含的人本主义的理念取代了封建法以等级为中心的理念，封建等级体系被人格的独立平等所替代。但是，与本文所提倡的人文关怀价值观念相比，近代民法以财产权为中心的体系，限制了以人为中心的体系在法典中的展开。以康德为代表的理性哲学仅注重对人的自由的普遍保护，而忽略了在社会生活中人与人之间因为能力、智力、财富等方面的差异，尤其是没有考虑到社会对弱者的特别保护。④ 因此，彼时的人文主义与当下的人文关怀有着较大差异。第二次世界大战以后，尤其是近几十年来，民法人文关怀的内涵日益丰富，地位日益突出，不仅体现于民法的具体制度，而且其对整个民法的外在体系也都产生了深刻影响。⑤

---

① 参见康德：《实用人类学》，邓晓芒译，重庆出版社 1987 年版，第 4 页。

② 李泽厚：《批判哲学的批判》，人民出版社 1979 年版，第 290 页。

③ 参见［美］艾伦·沃森：《民法法系的演变及形成》，李静冰、姚新华译，中国法制出版社 2005 年版，第 144 页。

④ Stamatios Tzitzis, Qu'est-ce que la personne? Paris: Armand Colin, 1999, p.84.

⑤ 参见朱岩：《社会基础变迁与民法双重体系建构》，载《中国社会科学》2010 年第 6 期。

　　民法的终极价值是对人的关怀，民法的最高目标就是服务于人格的尊严和人格的发展。要认识我国当代民法，把握当代民法的精髓，妥善应对传统民法所面临的挑战，就必须正确理解和把握社会变革的趋势，并使法律适应这些变化。第一，对人的尊重和保护被提高到前所未有的高度，人权运动在世界范围内蓬勃发展。与此相适应，人类自尊自重和追求高质量物质精神生活的意愿在民法中得到了充分表达。二战期间普遍发生的非人道行为，战后人们对战争非人道的反思以及20世纪60年代开始的人权运动，都推动和强化了现代民法对人格和尊严的关注。例如，第二次世界大战以后，德国《联邦基本法》第1条开宗明义地提出"人的尊严不受侵害"，把"人的尊严"规定在基本法中。进入21世纪后，尊重与保护人权已经成为整个国际社会的普遍共识。第二，工业化、市场化的发展使社会的两极分化日益严重。从全球范围来看，极少数人控制着绝大多数的财富，而社会实质不公平、不公正的现象也日益明显。在这一背景下，认为契约自由即可直接导向社会正义的传统观点已严重脱离现实。相反，私有财产的滥用、大企业对格式条款的操纵、经济上垄断一方的强势地位等等，造成了种种社会不公，这在很大程度上对民法中曾深信不疑的财产权的合理性提出了深刻质疑。如果现代民法中没有深刻的人文关怀价值理念加以弥补，将造成更严重的社会不公的问题。第三，现代社会科技的迅猛发展也对民法人文关怀提出了新的需求，成为推动民法人文关怀发展的新动力。基因技术的发展使得对个人隐私的保护显得尤为重要，试管婴儿的出现改变了传统上对生命的理解，人工器官制造技术、干细胞研究、克隆技术和组织工程学的发展为人类最终解决器官来源问题铺平了道路。与此同时，上述科学技术也对生命、身体、健康等人格权提出了新的挑战，民事权利（尤其是人格权）受到侵害的可能性不断增大，后果也较以往更为严重，民法应对人提供更充分的保护。第四，随着人们的基本物质需要的满足，精神性上的需求就会突显出来。马斯洛提出的需求层次理论认为，人的需求可以分为五种，从低级到高级依次为生理需求、安全需求、社交需求、尊重需求和自我实现需求，当人对生存的需要基本得到满足之后，对文化和精神的需要将越来越强烈，他把这种心理需要归纳为自尊需要。① 面对以上社会变化趋势，对民商法的挑战无疑是革命性的。在此背景下，需要以深刻的人文关怀价值理念对传统民法制度进行修正和弥补。

新中国建立后，我国实现了人民当家作主，人的价值得到了充分的尊重和体现。然而，由于在相当长的一段时间内"左"倾思想盛行，法治观念淡薄，以人为本的价值理念一度受到侵蚀。改革开放之后，党总结并吸取了"文化大革命"的惨痛教训，加强了民主法制建设。随着改革开放的深入发展，社会主义市场经济体制逐步建立。为了实现全面建设小康社会以及构建和谐社会的宏伟目标，党和国家确立了"以人为本"的执政理念。"以人为本"体现在民法上，就是要充分保障公民的各项基本权利和利益，尊重和维护公民的人格独立与人格尊严，使其能够自由、富有尊严地生活。因此，我国民法中所体现的人文关怀精神在本质上不同于西方的人本主义，是社会主义核心价值观的集中体现，且与我国现阶段的社会经济文化发展相适应，尤其强化对弱势群体的关爱，充分注重人格的自由和发展，努力促进社会公平正义的实现。

在改革开放三十余年的发展中，1986 年的《民法通则》以及此后颁布的一系列法律，建立了财产的归属与流转规则，确立了中国市场经济体制发展所需的基本民商法框架，极大地促进了社会经济的发展。然而，在我国经济、社会建设取得了相当成就的背景下，不能仅局限于民法的经济功能，更应重视民法在实现人文关怀方面的重要作用。一方面，随着社会的高速发展和急剧转型，利益关系日益多元，社会矛盾愈发显著。在此背景下，强调民法的人文关怀价值，有利于实现构建和谐社会目标。另一方面，社会主义制度的根本目的就是实现人的全面解放和发展，建设法治国家以及和谐社会的最终目标也是为了实现人的全面发展。我国已经建成的社会主义法律体系全面体现了人文关怀价值取向。与其他部门法相较而言，民法的人文关怀价值更为全面，更注重协调不同利益之间的冲突。强调民法的人文关怀就是要将

---

① 参见［美］马斯洛：《动机与人格》，许金声、程朝翔译，华夏出版社 1987 年版，第40—54 页。

个人的福祉和尊严作为国家和社会的终极目标，而非作为实现其他目的的手段。现代化不是单纯的经济现代化，更主要是人本身的现代化。民法在某种意义上也被称为人法，作为保障人的全面发展的最重要法律形式，现代民法离不开人文关怀价值的保障。

二、以人文关怀构建民法的价值理念

传统民法以自由、平等为基本价值取向。但由于传统民法以财产权为中心而设计，这直接决定了意思自治是以经济上的自由为中心；而平等则以形式平等为其基本特征，至于在实际交易关系中因知识、社会及经济等方面的力量差异导致当事人间并未形成实质意义上的平等，并不是民法所关注的主要问题。自由和平等虽然是传统民法的基础性价值，但在现代社会中，面对人文关怀价值理念的冲击，自由和平等价值也不得不作出相应的变化与调整。在对传统价值理念的积极因素得以延续的同时，人文关怀价值的考量正逐渐成为民法的基础价值体系。

从萨维尼奠定的德国民法体系的观念看，德国民法体系实际上是以人格尊严和自由作为中心而辐射的网状结构。拉伦茨在此基础上进一步提出，《德国民法典》的精神基础是伦理学上的人格主义。① 此理念的基本内涵就是以人为中心，尊重人的价值，尊重人的尊严，保护社会弱者利益，实现社会实质正义。确认人的尊严是世界的最高价值，是社会发展的最终目的。②

（一）对人的自由和尊严的充分保障

民法上的自由不同于经济层面的自由，其核心是尊重人格层面的主体自决。民法上的尊严是人不得转让和抑制的价值，是人之为人的基本条件。进入21世纪以来，尊重与保护人权已经成为整个国际社会的普遍共识。

---

① 参见[德]卡尔·拉伦茨：《德国民法通论》上册，王晓晔等译，法律出版社2003年版，第45页。

② 参见杜宴林：《法律的人文主义解释》，人民法院出版社2005年版，第64页。

一方面，对人的自由和尊严的强调，在人格权法中得到了集中体现。关于人的至上地位以及人格尊严的哲学思想，在国际公约以及许多国家的法律中都得到了体现。《世界人权宣言》第 1 条规定："人人生而自由，在尊严和权利上一律平等"；第 3 条规定："人人有权享有生命、自由和人身安全。"这些内容后来被许多国家的法律以不同形式所采用。1948 年德国《联邦基本法》第 2 条明确宣告要"保障人格的自由发展"。德国法官正是根据该条所确立的"人格尊严不受侵犯"原则发展出了一般人格权，将维护人的尊严和人格自由发展的价值体现在私法之中，通过一般人格权制度对隐私等权利或利益进行保护。① 近几十年来，不论是在新制定的民法典中，还是通过民法的修订而实行的"再法典化"中，都更加注重提高对人格利益保护的程度，不断完善保护的方法。例如，许多国家新近颁布的民法典大都规定了不少有关人格权保护的法律规范，丰富了人格权的保护方式，并且在亲属法等章节中加强了对人身利益的保护。人格利益在民事权益中日益突出并占据优势地位。②

另一方面，在以侵权责任法为代表的各项具体制度中，充分保护自由和尊严的理念也得到了全面的贯彻。传统民法上的损害赔偿以财产赔偿为核心展开，从罗马法到德国民法典，都强调其中的财产给付内容，而都没有规定精神损害赔偿。20 世纪以来，精神损害赔偿逐步被承认，这在一定程度上扩大了对人格尊严的尊重。此外，在法律保护的民事权益体系中，各种利益之间存在不同的位阶，而人格尊严、人身自由始终处于一种更高的位阶，尤其是生命、健康和身体利益，总是受到更为强化的保护。在权利的可克减性方面，原则上，财产权是具有可克减性的，而对人格权的克减则应比较谨慎，甚至有些人格权不能克减，如生命权和健康权。侵权责任法发展了民法所保护权益的范围，而人格权益在这一过程中始终处于非常优越的保护地

---

① 参见 [德] 卡尔·拉伦茨：《德国民法通论》上册，王晓晔等译，法律出版社 2003 年版，第 170 页。

② Cédric Girard, Stéphanie Hennette Vauchez, "La dignité de la personne humaine", Recherche sur un processus de juridicisation, Paris: PUF, 2005, p.87.

位，特别是对人格尊严的非合同保护，日益受到关注。作为西方民主国家基本价值的人格尊严，当前逐渐被通过判例乃至成文立法确立为私法权利，进而可以在受侵害时直接寻求救济。① 正是因为人格权法和侵权责任法体现了对人的关怀和保护，使得这两个民法部门的发展成为了现代民法理论和制度新的增长点。

（二）对弱势群体的特殊关爱

近代以来，民法以抽象人格为基础，强调形式平等。拉德布鲁赫认为，民法典并不考虑农民、手工业者、制造业者、企业家、劳动者等之间的区别。私法中的人就是作为被抽象了的各种人力、财力等的抽象的个人而存在的。② 之所以如此，是因为近代民法认定人与人之间具有"平等性"和"互换性"的特点。③ 在此背景下，民法以调整平等主体之间的财产关系和人身关系为对象，原则上不考虑各个主体在年龄、性别、种族、经济实力、知识水平等各个方面的差异，一概承认其地位平等。每个人不仅应该享有基本权利，而且应该是平等的权利，才能构建一个和谐的社会。④19 世纪的民法主要追求形式上的平等，表现在法典中就是承认所有自然人的权利能力一律平等。所谓"从身份到契约"的运动，其实就是追求形式平等的过程。在合同法领域，形式平等只考虑当事人抽象意义上的平等，对于当事人实际谈判能力是否平等并不过多关注。在物权领域，民法也只抽象规定了取得物权资格的平等，平等地保护物权性权利，并不注重财产的分配问题和对弱者的关怀。虽然这种形式的平等至今仍是民法的基本价值，但自 20 世纪开始，基

---

① 关于人的尊严条款在西方国家法律体系中的发展，see C. McCrudden, Human Dignity and Judicial Interpretation of Human Rights, European Journal of International Law, Vol.19, No.4, 2008, pp.655–667.

② 参见 [日] 星野英一：《私法中的人》，王闯译，中国法制出版社 2004 年版，第 34—35 页；[德] 拉德布鲁赫：《法学导论》，米健译，中国大百科全书出版社 1997 年版，第 66 页。

③ 参见梁慧星主编：《从近代民法到现代民法》，中国法制出版社 2000 年版，第 169—170 页。

④ 参见王海明：《平等新论》，载《中国社会科学》1998 年第 5 期。

于保障社会的公平正义、维护交易安全秩序等价值考虑，已经开始注入越来越多的实质平等的因素。这不仅体现在劳动保护、消费者权益保护、工伤保险等领域因大幅增加了注重实质平等的内容，而逐渐与民法典相分离形成独立的法律部门，并且，即便在传统民法典中，一些国家也通过因应社会需求的变化，增加了实质正义的内容。例如，在《德国债法现代化法》通过以后，《德国民法典》新增了第 312 条、第 355 条，对特定的消费品买卖规定了无因退货期等特殊的合同解除规则。

强调对弱势群体的保护，在于没有对弱者的保护就无法从根本上实现实质正义。英国学者 Wilkinson 等研究发现，在注重平等的国家，无论是经济增长质量、社会稳定、居民幸福指数、犯罪率等都优于贫富差异过大的国家。[①] 这一点对民法立法具有重要意义。孟德斯鸠说过，"在民法的慈母般的眼里，每个个人就是整个国家"[②]。这句话表达了民法虽然奉行形式平等，但绝不应排斥实质平等。一方面，维护正常的市场经济秩序，需要强调实质正义。因为市场交易中的主体是具体的人而不是抽象的人。尽管形式平等具有普适性，反映了人类社会的基本需要，但是由于实际生活中交易当事人的谈判能力和经济实力等条件并不相同，实际上与立法者预设的当事人的平等状态有较大出入。进城打工的农民工与资力雄厚的建筑商之间的谈判能力差异甚远，一个普通的消费者和一个巨型的垄断企业之间也缺乏对等的谈判能力，如果一味地追求形式平等，将会使民法的价值体系僵化，不能体现对弱者的特别关爱，反而损害其公平正义。在经济、社会上拥有稳定优势地位的人，在博弈中会获得更有利的地位，实际上享受了比弱势的一方更多的利益，造成了实质不平等。法律需要通过对这种实质不平等加以适当限制。另一方面，民法在化解社会矛盾，维护社会稳定中也发挥着基础性作用。实际上，社会生活中绝大多数的纠纷和矛盾，都属于民法的调整范围。这些矛盾和纠纷的化解，需要借助于民事手段来完成。例如，集体土地的征收和拆

---

① Richard Wilkinson, Kate Pickett, The Spirit Level: Why Greater Equality Makes Societies Stronger, New York: Bloomsbury Press, 2009.

② [法] 孟德斯鸠：《论法的精神》下册，张雁深译，商务印书馆 1997 年版，第 190 页。

迁，如果强调通过农民和政府之间的协商机制来解决，就能够产生相对公平的征地补偿价格，极大地减少因拆迁引发的各种社会矛盾。①

当然，对弱者的关爱，并不是要否定形式正义，而只是在一定程度上弥补形式正义的不足。我国未来民法典只能适当兼顾实质平等，而不能以追求实质平等为主要目的。鼓励竞争、推进创新是社会进步的重要保障，民法乃至其他社会法对实质平等的强调，都只能将这种平等限制在一定范围之内，否则将与民法的固有性质发生冲突。近代以来，之所以将劳动法、消费者权益保护法等法律从民法中分离出来，很大程度上是因为民法强调形式平等和抽象人格，而这些法律主要强调实质平等和具体人格。因此，实现实质平等主要应借助于民法之外的其他法律，特别是社会法来完成。虽然从整个发展趋势来看，实质平等也越来越受到民法的重视，但是只有在形式平等发生严重扭曲，采取直接弥补形式正义的方法不足以解决实际问题的情形下，民法才有必要恢复实质平等。例如对免责条款的审查规范等。还需指出的是，在正常的商事交易中，商事主体通常被推定为理性的"经济人"，法律基于实质正义的直接干涉并不多。即便如此，诸如"显失公平"、"禁止暴利"、"错误"、"情事变更"、"实际损害赔偿"等规则，已为商事交易划定了基本的公平正义界限。

以人文关怀构建民法的价值理念并非意味着要否定以意思自治为核心的民法价值理念。人文关怀不仅没有否定民事主体在交易中的意思自治，相反，在一定程度上通过弥补具体民事主体在意思自治上可能存在的不足，更加完整地实现民事主体的意思自治。所谓意思自治，即私法自治，是指在私法的范畴内，当事人有权自由决定其行为，确定参与市民生活的交往方式，而不受任何非法的干涉。② 民法通过"私法自治给个人提供一种受法律保护的自由，使个人获得自主决定的可能性。这是私法自治的优越性所在"。③

---

① 《让农民享有集体土地合理溢价收益》，载《新京报》2011年2月1日第2版。

② 参见苏号朋：《民法文化：一个初步的理论解析》，载《比较法研究》1997年第3期。

③ ［德］迪特尔·梅迪库斯：《德国民法总论》，邵建东译，法律出版社2004年版，第143页。

然而，意思自治也是存在缺陷的。一方面，过分强调意思自治，会伴生一系列社会问题，如所有权滥用、经济垄断加剧、环境污染等。意思自治既不能自然地导向社会公正，也无法自然地实现社会和谐。因此，意思自治应当受到限制，这种限制常常来自于国家干预。另一方面，意思自治虽然是行为自由的基础，但其核心是对财产的处分，一般不会延伸到人格领域。意思自治所包含的自由主要是经济上的处分自由，其和人格权中所提及的自由存在重要差异。例如，个人肖像、个人隐私、个人信息资料等的处分，应主要着眼于对个人自决权的保护与尊重，是个人人格不可分割的组成部分，原则上不允许像经济性权利那样"自由"处分。如果过分强调意思自治，很可能将人格利益的处分仅看作是交易行为，但事实上，人格利益的处分并不是简单的交易，而是自主决定权在人格上的体现。在引入人文关怀的理念之后，首先要在法律上确立对于生命健康权益的保障优位于意思自治的规则；其次，基于意思自治而从事的交易活动因损坏人格尊严和人格自由而归于无效。从这个意义上可以看出，人文关怀理念应当置于意思自治理念之上的位阶。① 但这并非要抛弃意思自治的理念，而是要弥补意思自治因不能充分实现对人的尊重和保护而产生的缺陷。

对人的自由和尊严的充分保障以及对弱势群体的关爱，构成了民法人文关怀的核心内容。我国未来民法典的基本价值取向就是要在坚持意思自治原则的同时，强化法典对人的关怀，并以此弥补意思自治的不足。民法以"关心人、培养人、发展人、使人之为人"作为立法的基本使命，必然要反映人的全面发展。这种发展不仅体现为对人主体属性的全面弘扬与保护，以及对权利的彰显与保障，也体现为人的自由的全面实现。我国未来的民法典是否科学合理，很大程度上体现在其是否反映了人的主体性。一部充分关爱个人的民法，才是一部具有生命力的高质量的民法，才能得到人民的普遍遵守和拥护。每个人不仅应该享有基本权利，而且应该是平等的权利，才能构建一

---

① Basil S.Markesinis, Foreign law and Comparative Methodology: A Subject and a Thesis, Oxford: Hart Publishing House, 1997, p.235.

个和谐的社会。①

三、民法的人文关怀与民法制度的发展

如果仅停留在价值层面讨论人文关怀的理念，而不将其转化为具体的制度，该理念将处于"悬空"的状态，民众无法从中直接受益。因此，除了在价值层面有充分体现外，人文关怀的理念也必须渗透到民法制度的各个方面。

（一）主体制度

如前所述，出于交易的需要，传统民法的主体制度主要建立在交易主体高度抽象化的基础上，其主体概念是抽象的、一般的人，而不是具体的、独立的人。这种主体制度强调人的平等和独立，是反封建斗争的重要成果。但随着民事主体的进一步分化，这一将民事主体设计为"抽象的人"的主体制度便难以体现对现实市民社会中弱者的关怀。为充分实现人文关怀的价值理念，现代民法的主体制度开始面向具体的民事主体，并且已经发生了一系列的变化。第一，通过对个人人格的保护，现代民事主体制度进一步强调了个人的自主、独立和尊严，逐步发展出人格权体系，并且丰富了主体权利能力的内容。其中，人格权以维护和实现身体完整、人格尊严、人身自由为目标。虽然人格权不同于人格，但充分保护人格权，有助于实现个人的独立人格。第二，民事主体制度经历了从"抽象人"到"具体人"的发展。正如我妻荣所指出的，现代法律"诚应透过各个人抽象的人格（Pers-nlichkeit）而更进一步着眼于有贫富、强弱、贤愚等等差别之具体人类（Mensch），保障其生存能力，发挥其既有主体，且有社会性之存在意义"。②《德国民法典》将"消费者"（Verbraucher）的概念引入到主体制度之中，表面上看，这是

---

① 王海明：《平等新论》，载《中国社会科学》1998年第5期。

② 苏俊雄：《契约原理及其实用》，中华书局1978年版，第7页。

对传统的以"抽象人"为标志的主体制度的重大冲击，但是经过多年的司法适用，表明这两种主体制度是可以相互衔接、相互配合、并行不悖的，这也说明抽象的人格平等与具体的人格平等并非排斥，而是可以兼容的。这在一定程度上也反映了私法自治理念与人文关怀理念二者也是可以兼容的。从"抽象人"到"具体人"，"旨在提高市场弱者地位，增强其实现自己意思能力的做法，则更接近于私法的本质。"① 第三，一些特殊主体的相应权利受到尊重。早期法律上作为主体的组织，其设立的目的大多是为了鼓励投资和创造财富。但是，当下一些新类型的组织并非完全是为了创造财富，而一定程度上是为了保障个人权利。例如，我国《物权法》确认了业主大会以及业主所享有的民主权利，在一定程度上也体现了对单个业主的关爱。第四，传统民法只关注抽象人，并不关注特殊群体的权益。但现代民法中，一些特殊弱势群体权益日益受到关注。如对未成年人、老年人、残疾人等特殊群体合法权益的保护，日益提到议事日程。一些特殊的规则得以确立，如离婚时子女抚养权的归属应以子女利益最大化为原则，未成年人在侵权责任中的注意义务适当降低等。

（二）人格权的勃兴

人格权的发展，最集中地表现了民法人文关怀的发展趋势。第二次世界大战以来，人格权作为民法的重要领域，已经迅速发展起来，人格利益逐渐类型化为各种具体人格权。而且，随着人格权保护的范围不断扩大，具体人格权类型也相应增多。例如，1900 年《德国民法典》中仅规定了姓名、身体、健康和自由等具体人格权。但近几十年来，判例和学说逐渐承认了名誉权、肖像权、隐私权、尊重私人领域的权利和尊重个人感情的权利等。② 尽管其中一些权利是在一般人格权的解释下产生的，但名誉和隐私等权利逐渐

---

① ［德］迪特尔·梅迪库斯：《德国民法总论》，邵建东译，法律出版社 2004 年版，第362 页。

② 施启扬：《从个别人格权到一般人格权》，载《台湾大学法学论丛》1974 年第 4 卷第 1 期，第 133—149 页。

成为独立的具体人格权。① 德国联邦法院在一系列的案件中甚至承认一般人格权。② 此类"人格权"实际上是为人格权的保护设立了兜底条款，这主要表现在对人格尊严和人身自由的保护。1983 年 12 月 15 日，德国联邦宪法法院作出了一个里程碑式的决定：对抗不受限制的搜集、记录、使用、传播个人资料的个人权利也包含于一般人格权之中。③ 再如，在美国法中，虽然没有独立的人格权制度，但法院逐步发展出了隐私权概念，不仅仅是一般的民事权利，也是公民的宪法权利。④ 从 1968 年到 1978 年，美国国会就制定了六部法律来保护个人的信息隐私。美国一些州也制定了相应的法律法规来强化对隐私的保护。⑤ 目前至少在 10 个州的宪法中明确了对隐私权的保护。⑥随着科学技术和信息社会的发展，个人信息资料也逐渐纳入隐私的保护范围。此外，为了强化对人格利益的保护，在大陆法国家，精神损害赔偿制度也获得承认并不断完善。尽管关于精神损害赔偿的名称在各国立法上规定不一，有的规定为抚慰金，有的规定为非财产损害赔偿，但毫无疑问，精神损害赔偿已经为各国立法普遍采纳。在 19 世纪还被严格限制适用的精神损害赔偿责任，在 20 世纪得到了急剧发展，这不仅使人格权获得了极大的充实，而且为受害人精神的痛苦提供了充分的抚慰。在英美法系国家还发展出了惩罚性赔偿制度，⑦ 这对受害人提供了有效的补救，也引起了反映等价交换民事赔偿责任制度的深刻变革。

---

① Basil S.Markesinis, Protecting Privacy, Oxford: Clarendon Press, 1999, pp.36–37.

② Bundesgerichtshofes in Zivilsachen, Deutchland, Carl Heymanns Verlag, 1955, Baende 15, S.249.

③ BVerfGE 65, 1.

④ See Richard G. Turkington, Anita L. Allen, Privacy Law: Cases and Materials, 2nd ed, St. Paul: West Group, 1999, p.9.

⑤ 参见阿丽塔·L、艾伦等:《美国隐私法：学说、判例与立法》，冯建妹等译，中国民主法制出版社 2004 年版，第 27—37 页。

⑥ 这些州分别是：加利福尼亚、佛罗里达、路易斯安那、阿拉斯加、亚利桑那、夏威夷、伊利诺伊、蒙大拿、南卡罗来纳、华盛顿。

⑦ Timothy J. Phillips, "The Punitive Damage Class Action：A Solution to the Problem of Multiple punishment", University of Illinois Law Review, 1984, pp.153, 158.

（三）合同制度的发展

合同法主要是调整交易的法律，深深根植于市场经济之中，并随着经济全球化而不断发生变化。值得关注的是，即便在这样一个财产法领域，人文关怀的引入，也导致了合同法的一些新发展。在合同领域中，关于人文关怀的最重要的发展体现在：第一，对合同瑕疵的补正，现代合同法提供了更多的机会。与传统合同法相比较，现代合同法对"契约严守"（pacta sunt survanda）规则有所突破。在合同订立之后，如果确实出现了因客观情势的变化而无法履行或不能履行合同的情况，法律在传统的"错误"（mistake）制度之外，赋予当事人更多纠正合同瑕疵的机会，如情势变更制度、显失公平制度等。第二，对消费合同的特殊干预。现代合同法更注重区分消费合同和商事合同。对于商事合同，主要交由商人之间的习惯法、交易法等软法来处理；而对于民事合同、消费合同，则更强调法律的干预，监督合同条款，赋予弱势一方更多的权利。第三，通过强制缔约制度，保护社会弱势群体，要求提供公共服务的企业不得拒绝个人提供服务的合理要求。第四，以损害人格尊严作为判断合同无效的依据。从国外合同法的发展来看，在合同中越来越关注对合同当事人人格尊严的保护。例如，当事人签订有偿代孕合同被宣告无效，[①] 表明不能对人类的身体进行买卖，人类的身体不能成为合同的客体。再如，在法国，曾有判决认为，房屋出租合同不能剥夺承租人为其亲友提供住宿的权利，有关合同必须尊重承租人的家庭生活权利。出租人的宗教信念不能导致要求承租人必须忍受某项特殊义务。[②] 第五，要求合同当事人承担保护环境等义务，内化当事人的经营成本。例如，在德国法上的房屋租赁合同中，就会涉及环境保护问题，出租人负有节能、减少废物排放等方面的环境保护义务。债权人也负有保护环境的责任。例如，在银行对外放贷时，应当审查有关项目的环境污染风险，若违反相应义务，将可能以债权人

---

① TGI Paris 3 juin 1969, D.1970, p.136, note J. P.

② Cass. civ.3ème, 6 mars 1996, RTD. civ.1996, p.897, obs. J. Mestre et 1024, obs. J.–P. Marguénaud.

的身份对环境污染受害人承担赔偿责任。[①] 第六，承认团体合同的效力。团体合同主要运用于劳动法领域，工会与雇主订立团体合同，可以弥补劳动者个体谈判能力不足的问题。团体合同着眼于劳动者的保护，从而促进合同正义的实现。雇主与劳动者之间不能签订与团体合同不同的、不利于劳动者的合同。

（四）物权法的发展

物权法作为调整财产归属与利用的法律，一般不考虑人文关怀问题，但现代物权法也在一定程度上包含了人文关怀的因素。一方面，随着所有权社会化观念被广泛接受，要求私权的行使应该顾及他人的利益。古典法学中的所有权作为绝对权，是一种可以排除他人干涉并直接支配标的物的权利，具有排他效力。[②] 随着现代民法发展，"所有权社会义务"的提法在大陆法系逐渐盛行。[③] 直到现在，所有权社会义务观念似已成为不证自明之公理。"今天，根据不同的客体以及这些客体所承担的最广泛意义上的'社会功能'，所有权的内容和权利人享有权限的范围也是各不相同的。"[④] 正如耶林所指出的，"世上没有绝对的所有权——没有那种不需要考虑社会利益的所有权，这一观念已随着历史的发展被内化为人们心中的道德准则。"[⑤] 例如，在建筑物区分所有权中，区分所有人应当尊重其他区分所有人的利益，遵守共同生活的基本准则，以实现整个区分所有权集体利益最大化。物权法希望所有权人充分利用其物，以发挥物资的效能，从而增进社会的公共福利。所有权

---

① Richard Hooley, "Lender Liability for Environmental Damage", The Cambridge Law Journal, Vol.60, No.405, 2001.

② 参见金可可：《私法体系中的债权物权区分说——萨维尼的理论贡献》，载《中国社会科学》2006 年第 2 期。

③ 参见余能斌、范中超：《所有权社会化的考察与反思》，载《法学》2002 年第 1 期。

④ ［德］卡尔·拉伦茨：《德国民法通论》上册，王晓晔等译，法律出版社 2003 年版，第 87 页。

⑤ Rudolph von Jhering, "Der Geist des Roemischen Rechts auf den Verschiedenen Stufen Seiner Entwicklung", 4. Aufl., Teil.1, Breitkopf und Haertel, Leipzig, 1878, S.7.

的行使没有绝对的自由，不行使也没有绝对的自由，① 所有权的行使或不行使，应当以社会全体的利益为前提。社会化的趋势实际上是要满足社会公共利益，符合多数人的福祉。另一方面，物权法总体上增加了物权的类型，扩大了物权的选择自由。例如，《韩国民法典》第 185 条承认习惯可以创设物权，我国台湾地区"民法典"在新修改的物权编中也采纳了这一观点（参见台湾地区"民法典"第 757 条）。这在一定程度上体现了物权法上的私法自治，体现了对自由的尊重、对个人人格的尊重。② 此外，物权制度在环境保护中的作用越来越明显。在现代社会，资源与人类需求之间的冲突日益激烈。对于环境和资源的保护，已经成为整个社会关注的焦点，在日本甚至出现了环境权和自然享有权的概念。例如，大阪国际机场周围的居民无法忍受大阪机场的飞机尾气、噪音、振动等污染，以大阪机场侵害了其环境权为由向法院提起诉讼，要求其赔偿过去和未来的侵害。一审法院支持了他们的请求。虽然日本最高法院认为只能赔偿过去的损害，不能对未来的损害进行赔偿，但支持了关于环境权的提法。又如，过去关于建筑物过高侵害权利人眺望权的案件都是以相邻关系纠纷为由起诉，而现在这类案件却以环境权受侵害为由来起诉。

（五）侵权法的发展

21 世纪是走向权利的世纪。有权利必有救济，救济应走在权利之前，因此，以救济私权特别是绝对权为出发点和归宿点的侵权责任法，在现代社会中的地位与作用也必将日益凸显和重要。侵权法是私法中承认和保护人格利益最重要的前沿阵地。民法的人文关怀在侵权法中有非常集中的体现。第一，保护范围的扩大化，侵权法从传统上主要保护物权向保护人格权、知识产权等绝对权的扩张。传统的侵权法主要以物权为保护对象，损失赔偿这一侵权责任的首要形式是对财产的侵害提供补救的最公平方式。随着民事权利

---

① 参见丁南：《从"自由意志"到"社会利益"》，载《法制与社会发展》2004 年第 2 期。

② 参见王泽鉴：《民法物权》，北京大学出版社 2009 年版，第 13—14 页。

的不断丰富和发展，侵权法也逐渐从主要保护物权向保护知识产权、人格权等其他绝对权扩张，还扩大到对债权等相对权的保护。侵权法的保护对象不仅限于财产权和人身权，而且包括法律尚未规定但应当由公民享有的权利（如隐私权等）以及一些尚未被确认为权利的利益。第二，在目的上，侵权法日益强调救济的重要性，以强化对民事权益的保护。在制度定位上，侵权法经历了从以行为人为中心到以受害人为中心的发展。在近代法上，侵权法是以行为人为中心的，即尽可能地保障人们的行为自由，避免动辄得咎。过错责任原则是其最重要特征。也就是说，在侵权责任法过错责任框架下，原则上行为自由优于法益保护，只有在行为人具有过错的情况下，才承担损害赔偿责任。① 而随着社会的发展，对受害人的关爱被提高到更重要的地位，侵权法更为强调对受害人的救济。例如，日益增加的严格责任类型使得被告没有过错也要承担责任，从而强化了对受害人的保护。第三，在损害的承担上，责任的社会化日益成为趋势。随着风险社会的发展，责任保险制度越来越多地介入到社会生活中。机动车的强制保险、专业人员的职业保险、危险活动的强制保险等保险制度的迅猛发展，实际上是将侵权责任的承担分担到整个社会之上，这样就回避了责任人没有赔偿能力的风险，而且也使受害人可以便捷地获得赔偿，从而使得受害人的权益得到保护。第四，在体系安排上，国家赔偿制度广泛借用侵权法规范，防止民事权利受到公权力主体的侵害，进一步加强了对受害人的救济。例如，在我国，国家赔偿的适用快速发展，程序日益简化，救济范围不断扩大。

（六）婚姻家庭法的发展

在婚姻家庭法领域，民法的人文关怀随着社会的发展也在不断增强。美国《时代》周刊曾预言，2020 年前后，人类将进入"生物经济时代"。② 这些背景对法律提出了一系列重大的挑战，例如，克隆技术对于人格尊严、生

---

① Deutsch, Fahrlässigkeit und erforderliche Sorgfalt, 2.Aufl., 1995, Carl Heymanns, S.69.

② 厉无畏：《人类社会将从信息经济逐步转向生物经济》，载《人民政协报》2008 年 3 月 4 日第 25 版。

物伦理等的挑战，人工辅助生殖技术、代孕母现象等也对传统民法提出新的问题。因此，许多国家的判例与学说已经对这些问题作出了回应。另外，随着人口老龄化的发展，各国开始关注老年监护制度，将老年人纳入被监护人的范畴，如德国在 1990 年制定了《关于成年人监护、保护法的修正法案》，专门规定了对于成年人的监护，这是对于精神耗弱、衰老的成年人的更加人性化的保护制度。① 为了强化对未成年子女的保护，许多国家确立了为子女最佳利益行使家长权的规则。例如，加拿大安大略省的《子女法律改革法》规定，父母双方对子女有平等的监护权，同时，要求取得子女监护权的一方必须为孩子的最佳利益行使家长权利。在美国，大多数州的法律也作出了同样规定。② 同时，非婚生子女的权益基于非歧视原则，也受到了更充分的保护。例如，1950 年《欧洲人权公约》第 14 条规定了非歧视原则。它被广泛运用于家庭法领域，使关于非婚生子女的歧视条款被废除。③ 一些国家法律确认其亲生子女的身份，在扶养、继承等方面，确认其与婚生子女同等的地位。

四、以人文关怀理念构建民法体系

民法体系分为内在体系和外在体系（aussere Systematik），外在体系是指民法的编纂结构等形式体系；内在体系即价值体系（innere Systematik），④ 包括民法的价值、原则等内容。就外在体系而言，无论是法国的三编制，还是德国的五编制，传统民法主要是以财产法为中心来构建自身体系的。潘德克顿学派的领袖人物沃尔夫（Christian Wolff）在其私法体系思想中，继承

---

① 参见陈苇主编：《外国婚姻家庭法比较研究》，群众出版社 2006 年版，第 499 页。

② 参见郁光华：《从经济学视角看中国的婚姻法改革》，载《北大法律评论》2007 年第 2 辑，法律出版社 2007 年版。

③ Philippe Malaurie, Hugues Fulchiron, La Famille, Paris: Defrénois, 2004, p.389.

④ Vgl. Franz Bydlinski, System und Prinzipien des Privatrechts, Springer Verlag, Wien/New York, 1996, S.48ff.

了启蒙运动时期自由法哲学的传统，从自然法理论出发，阐述了民事权利在民法中的中心地位，并将人的行为本质定义为义务（obligatio）。但其所说的权利主要是财产权利。德国学者拉伦茨也认为，法律关系的最重要要素是权利，与此相对的是所有其他人必要的义务、限制与法律约束。[①] 从德国民法典的内容来看，典型的民事权利就是物权、债权、继承权。因此其所强调的以权利为中心，实际上就是以财产权利为中心。有学者认为，21世纪的民法是以对人的尊严和人权保障为特点的，应该突出人法。但潘德克顿的总则模式没有突出人法，相反，法国的三编制模式突出了人法。梅仲协在评价《法国民法典》和《德国民法典》的优劣时，认为"罗马法较为合理，盖人皆有母，丐亦有妻，以亲属法列于民法之首部，匪特合乎自然之原则，且可略避重物轻人之嫌也"。[②] 在这种意义上，法国的三编制模式在现代背景下具有新的价值。不过，应当看到，虽然在法国民法典的三编制中，突出了人法，有利于尊重和保障人权，但在内容与具体制度上并没有真正突出对人的自由、尊严的保护。三编制本身来自于罗马法，更确切地说是来自于盖尤斯《法学阶梯》所设计的体系。"全部法律生活或者与人相关，或者与物相关，或者是与诉讼相关（Omne autem ius quo utimur uel ad personas pertinet, uel ad res uel ad actiones）"。须知，罗马法中的人法和我们今天所讲的人相去甚远，[③] 在奴隶制时代，根本谈不上人的平等、尊严等问题。并且，法国民法典三编制中的人法主要规定的是主体制度，并没有将人格权制度作为其规范的重要内容。

传统民法以交易为中心，本质上是服务于交易和财富的创造。民法确认的主体主要是交易主体。行为能力制度本质上是交易能力，行为能力欠缺主

---

① 参见[德]卡尔·拉伦茨：《德国民法通论》上册，王晓晔等译，法律出版社2003年版，第263页。

② 梅仲协：《民法要义》，中国政法大学出版社1998年版，第18页。

③ 薛军指出："整个罗马法上的'人法'制度，就是一个不平等的身份制度、等级制度，我们当然不能以现代人的标准来要求罗马人。"薛军：《理想与现实的距离》，载徐国栋主编：《中国民法典起草思路论战》，中国政法大学出版社2001年版，第195页。

要是因为影响了交易的进行。民法上的物权制度关键是为交易提供前提和基础，并且保障交易的结果。而且，民法确认的是财产归属问题，债法主要确认财产的流转。法律行为制度是私法自治的工具，主要涉及财产领域的私法自治，本质上是服务于行为人自己的意志。正是在这种意义上，民法体系被视为以财产权为中心延伸和展开，是不无道理的。有学者批评这是重物轻人的倾向，此种看法不无道理，但将其上升为人文主义和物文主义，① 则过于绝对。应认识到，这与当时的历史背景相联系，是服务于当时社会需要的。

从理论上而言，内在体系和外在体系是独立的、不同的体系，内在体系是外在体系得以形成的基础，民法的内在体系发生变化，必然向其外在体系延伸和扩张。人们往往将价值体系和外在体系割裂开来，但是，价值体系的变化必然导致外在体系的变化，它不可能是孤立的。② 在《法国民法典》制定时期，因为以私法自治为价值体系展开，法典体系必然是以财产权为中心展开的。《法国民法典》所代表的时代是风车磨坊的农业时代，具有许多农业时代的特征；而《德国民法典》所代表的时代是工业化基本完成的时代，法典中由此具备了一些应对工业时代问题的制度，增加了一些社会化因素。限于当时的社会经济环境，法典并未充分考虑人文关怀的因素进行相应的设计。这就决定了虽然《德国民法典》的五编制设计较《法国民法典》的三编制更为合理，但因其没有建立独立的人格权制度，有关侵权行为的规定也较为单薄等原因，还有进一步完善的巨大空间。第二次世界大战以来，无论是德国法还是法国法，都通过一系列判例和单行法发展了人格权制度和侵权责任制度，法国甚至已经通过判例建立了一整套完整的侵权责任制度，但是，受限于法典三编制或五编制的既有框架，最终未在形式体系上反映出来。这就使民法体系未能适应人文关怀的发展需要而获得应有的发展。

在人文关怀已经成为民法必不可少价值体系的基础上，民法的外在形式体系应当与民法人文关怀价值相适应，才能使民法典充分回应社会需求，富

---

① 参见徐国栋：《新人文主义与中国民法理论》，载《学习与探索》2006年第6期。
② 参见朱岩：《社会基础变迁与民法双重体系建构》，载《中国社会科学》2010年第6期。

有清新的时代气息。尤其是随着社会的发展，人格权和侵权行为已经成为民法新的增长点，这正凸显了人文关怀的价值。这一价值理念的变化，必然导致民法制度的发展和对民法既有制度的重新解读。在民法典中，人文关怀理念的引入对体系变化的回应，首先就表现在应当将人格权单独作为民法典中的一编。人格权的保护本身是对人格制度的一种弥补，在整个民法中，最直接最充分地体现对人的尊重和保护的，正是人格权法。我们要将人格权法独立成编，就是要构建其完整的内容和体系，同时，要充实和完善其内容，并为未来人格权的发展预留空间。在传统民事权利体系中，不存在与财产权等量齐观的独立人格权，民事权利仍然以财产权为核心，基于对财产权的保护而构建了民法的体系。但是，随着社会经济的发展和对人权保护的逐步重视，那种把人的存在归结为财产权益的拜物教观念已经过时，人们越来越重视精神权利的价值，重视个人感情和感受之于人存在的价值，重视精神创伤、精神痛苦对人格利益的损害。[①] 所以，在当代民法中，人格权的地位已经越来越凸显，形成了与财产权相对立的权利体系和制度。甚至在现代民法中，人格权与财产权相比较，可以说更重视人格权的保护。[②] 由于人格权地位的凸显，对整个民法的体系正在产生重大影响，并引起民法学者对重新构建民法体系加以反思。[③]

人格权法独立成编符合民法典人文关怀的基本价值。传统民法过分注重财产权制度，未将人格权作为一项独立的制度，甚至对人格权规定得极为"简略"。这本身反映了传统民法存在着一种"重物轻人"的不合理现象。由于人格权没有单独成编，故不能突出其作为民事基本权利的属性。在民法中与财产权平行的另一大类权利是人身权，其中包括人格权。人格权作为民事主体维护主体的独立人格所应当具有的生命健康、人格尊严、人身自由以及

---

① 参见张晓军：《侵害物质性人格权的精神损害赔偿之救济与目的性扩张》，载梁慧星主编：《民商法论丛》（第 10 卷），法律出版社 1999 年版，第 617 页。

② 参见石春玲：《财产权对人格权的积极索取与主动避让》，载《河北法学》2010 年第 9 期。

③ 参见王利明：《人格权制度在中国民法典中的地位》，载《法学研究》2003 年第 2 期。

姓名、肖像、名誉、隐私等的各种权利，乃是人身权的主要组成部分。人身权与财产权构成民法中的两类基本权利，规范这两类权利的制度构成民法的两大支柱。其他一些民事权利，或者包含在这两类权利之中，或者是这两类权利结合的产物（如知识产权、继承权等）。如果人格权不能单独成编，知识产权等含有人格权内容的权利也便很难在民法典中确立其应有的地位。由于在民法体系中以权利的不同性质作为区分各编的基本标准，故人格权单独成编是法典逻辑性和体系性的内在要求。1986 年的《民法通则》之所以受到国内外的广泛好评，被称为权利宣言，很大程度上就是因为它列举了包括人格权在内的各项民事权利。该法对人格权的列举具有划时代的进步意义，明确了"人之所以为人"的基本人格权，使得民事主体可以运用法律武器同一切侵犯人格权的行为作斗争。《民法通则》颁布后，人们才意识到伤害、杀人等行为不仅构成犯罪，而且在民事上构成了对他人生命健康的损害，这种损害可以获得私法上的救济；几十年来甚至几千年来人们第一次知道，作为社会中的人，我们依法享有名誉、肖像等人格权利，这就是确认权利的重大意义。如果在民法中设立独立的人格权编，进一步对人格权予以全面确认与保护，并确认民事主体对其人格利益享有一种排斥他人非法干涉和侵害的力量，同时也赋予个人享有同一切"轻视人、蔑视人、使人不成其为人"的违法行为作斗争的武器，将使公民在重新审视自己价值的同时，认真尊重他人的权利。[①] 这必将对我国的民主与法制建设产生重大而积极的影响。

人文关怀价值的引入，导致民法体系的另一变化就是侵权责任法的独立成编。这一问题曾经引发了激烈的争议[②]，随着我国侵权责任法的制定和颁布，这一问题已经告一段落，但并不意味着争论的终结。学界对未来民法典中侵权法与债法相分离而独立成编的质疑仍然存在。笔者认为，这一问题的争论，不能仅从形式的层面来观察和理解，更应当从民法的人文关怀层面理

---

① 李丽慧：《浅议人格权在民法典中能否独立成编》，载《黑龙江省政法管理干部学院学报》2002 年第 3 期。

② 参见王利明：《合久必分：侵权行为法与债法的关系》，载《法学前沿》第 1 辑，法律出版社 1997 年版；王利明：《论侵权行为法的独立成编》，载《现代法学》2003 年第 4 期。

解。现代民法较之于传统民法，不仅仅强调对财产权的保护，而且强调对人身权的保护，甚至是优位保护。为强化对受害人的保护，总体上，各国在侵权责任法方面都出现了从单一的损害赔偿向多元化救济发展的趋势。侵权责任的多样化，虽不改变侵权法主要为补偿法的性质，但也可产生多种责任形式。而损害赔偿之外的责任形式并不是债的关系。侵权责任法独立成编有利于为受害人提供统一的救济手段或方式。为了强化对受害人的救济，侵权法建立了综合的救济模式，如与保险、社会救助等衔接。所有这些都表明，仅仅将侵权法纳入债法体系，已经无法容纳侵权法的内容。只有侵权法独立成编，才能使侵权法对人文关怀的价值表现得更为彻底和充分。

五、人文关怀与我国民法的未来走向

我们目前已经基本构建起以宪法为核心、以法律为主干，包括行政法规、地方性法规等规范性文件在内的，由七个法律部门、三个层次法律规范构成的中国特色社会主义法律体系，为市场经济构建了基本的法律框架，保障了社会经济生活的正常秩序。从立法层面而言，虽然各法律部门中基本的、主要的法律已经制定，但由于民法典仍未最终完成，因而法律体系的整合、完善的任务仍然相当繁重。如何使我国法律体系为社会主义市场经济和民主政治的发展、为和谐社会的积极构建发挥应有的作用，必须要在民法典中明确价值取向，并以此为指引，构建科学、合理、富有时代气息的民法典体系。基于这样的背景，讨论民法的人文关怀价值，并非是为了满足形而上的学术偏好，而是旨在解决中国民事立法和司法实践中的价值选择问题。在我国这样一个长期缺乏民法传统的国家，虽然已经建立了初步的法律秩序，但是依靠现行民法还不足以为市场经济提供有效的制度支撑。如何在社会、经济发展到达一个新阶段的情况下，更新法律理念，更好地适应社会的发展，使民法更有效地发挥其法律功能，从而使整个法律体系发挥其应有的作用，乃是摆在我们面前的紧迫任务。

如同我国法律体系是一个开放的体系一样，民法也处于动态的发展过程之中，在不同的历史时期承载着不同的历史使命，体现出不同的功能和特点。从我国的民事立法历程来看，在改革开放初期，佟柔教授提出商品经济论主要是从民法对交易关系的作用来构建整个民法体系。此种思想奠定了民法的基本框架和理念，其论证的逻辑依据是从罗马法到法典化时期的民法典都强调以财产法为中心，以规范财产的流转为论证的依据。其历史功绩在于使我们真正认识到民法在市场中的作用，即如果实行市场经济，就应当确立民法作为平等主体之间法的地位。同时，我们应当建立市场的基本规则，即民法的规则，包括主体、所有权和债权。这三项制度确立了市场经济的基本规则。按照佟柔的看法，发达的商品经济是人类社会自身发展的不可逾越的阶段。因此，我国民法必须担负保障商品经济秩序和促进经济发展的重要功能。① 这一理论作为民法学中的重要创新，奠定了我国民事立法的基础。改革开放三十多年来，我国民法走过了西方国家数百年的发展历程，可以说，商品经济的民法观居功至伟。

随着我国市场经济体制的确立，市场化和工业化得到了充分发展。在我国已成为世界第二大经济体，物质财富有相当的积累，人民生活有相当改善的情况下，我们应当进一步考虑民事立法的任务，不仅仅是为市场经济奠定基本框架，还要承担对人的关怀的更高目标。我国社会正处于快速转型期。所谓转型，包括多层意义上的转变。从经济角度来看，是从计划经济向市场经济转变，从农业社会向工业文明转变，从不发达国家向现代国家转变；从社会角度来说，是从熟人社会向陌生人社会转变；从文化角度来看，是从一元价值观向多元价值观转变。在社会转型期，各种社会矛盾加剧，社会生活变动不居，这就为民法典中制度规则的确定带来了困难。②30多年来，在经济迅速发展的同时，利益格局更为复杂，社会矛盾和纠纷也日益加剧，如征收拆迁过程中的矛盾、资源和环境的紧张等。这些问题的妥善解决，都需

---

① 参见佟柔、王利明：《我国民法在经济体制改革中的发展与完善》，载《中国法学》1985 年第 1 期。

② 参见"百名法学家百场报告会"组委会办公室：《法治百家谈》第 1 辑，中国长安出版社 2007 年版，第 444 页。

要我们回到人本身，重新思考如何实现人的全面发展，而不仅仅是片面追求 GDP 的增长。我们的法律体系需要应对这样一种社会转型现实，尤其是需要制定一部面向 21 世纪、有中国特色、中国气派、在世界民法之林中有独特地位的民法典，更应当因应社会经济发展需要，引入人文关怀，不固守 19 世纪西方价值体系和形式体系，将其奉为圭臬，而应当从中国的现实需要出发，强化人文关怀，在价值体系和形式体系上有所创新，有所发展。

要深刻意识到我国民法在新时期的历史使命。未来的民法典应当以人文关怀为基础，这一方面要按照人文关怀的要求构建民法典的价值体系。民法典的价值理性，就是对人的终极关怀。在民法理念上，除了强化意思自治以外，还要以人的尊严和自由作为同样重要的价值，并贯彻在民法的制度和体系之中。在制定法律的过程中，应充分考虑社会相对弱势群体一方的利益和诉求，给予相对弱势的一方充分表达自己意思的途径，充分尊重其人格尊严，保障其合法权益。另一方面，要秉持人文关怀的理念来构建民法的内在体系。在规范财产权利和财产流转的同时，以人文关怀作为制度设计的基础，除了要维持既有的财产权体系之外，还应当增加独立成编的人格权制度和侵权责任制度，并且在民法的其他领域，也要弘扬人文关怀精神。人文关怀要求始终保持一种正义的理念，秉持一种对人的尊严的尊重和保障。法律蕴含着人的精神和正义感，而不是动物界的丛林规则，法律是世俗的博弈，是游戏的规则，但法律是使人们的行为服从规则治理的事业，而不是使人们服从强力统治的工具。①

强调人文关怀，并非意味着民法要全面转型、要否定既有的价值理念和制度体系。事实上，民法在今天并没有处于此种危机状态，也不需要克服此种危机。民法只是要在原有的价值体系基础上，增加新的价值理念，使其更富有活力。民法只是在不断地延续过去，扩展过去，而不是在否定过去。以现代的观点看，19 世纪的民法确实存在"重物轻人"的现象，但这是与当时的历史阶段相吻合的。在我国改革开放初期的民法重视在市场经济中的作

_____

① 参见侯健、林燕梅：《人文主义法学思潮》，法律出版社 2007 年版，第 28 页。

用，这也与当时的形势相适应。今天，我们应当适应变化了的社会需要，发展民法的价值，扩展民法的功能，使中国的民法永远保持青春和活力。

民法的适用更应贯彻以人为本的理念。在司法过程中，对于法律条文中尚不全面的部分，在具体个案中，在解释法律和适用法律时，在不违背法律基本原则的情况下，尽量采取倾向于相对弱势一方的解释。人文主义是一个逻辑严密的高度一致的理论体系，人文学科（the humanities）就是通过人文教育发挥人的潜能、培养人的品性，把人塑造成完美的人。① 法律人不是机械适用法律的工具，所面对的是现实社会具体的社会冲突和矛盾，往往具有复杂的背景和社会根源。对此，在法学教育中，要培养学生的人文情怀和素养，使其在未来的工作中更顺利、有效地化解社会冲突和矛盾。人文关怀在法学教育中的体现，要求从人的视角上看待人，既不能采用机械主义的思维模式，也不能采用功利主义的思维模式，不能把人简单化。梅利曼曾经警告过分僵化的法律适用模式："大陆法系审判过程所呈现出来的画面是一种典型的机械式活动的操作图。法官酷似一种专业书记官"②。这种模式实际上过度强调了法律形式主义和概念法学，完全把法律看作是一个逻辑三段论的自然衍生。与之相对，人文关怀要求始终保持一种正义的理念，秉持一种尊重人格尊严的态度。法律是理性的，也是情感的；法律是意志的产物，但是意志应当受到正义的指导。③ 人文关怀是法官应当秉持的一种情怀，拉近法官与民众的距离，使司法为民不仅仅体现在口号上，更体现在具体的案件中。

---

① 参见侯健、林燕梅：《人文主义法学思潮》，法律出版社 2007 年版，第 7 页。

② 参见约翰·亨利·梅利曼：《大陆法系》，顾培东、禄正平译，法律出版社 2004 年版，第 36 页。

③ 参见侯健、林燕梅：《人文主义法学思潮》，法律出版社 2007 年版，第 28 页。

加强人格权立法　保障人民美好生活 *

为人民谋幸福，为民族谋复兴，是我们党执政的初心，也是我们进入新时代的奋斗目标。党的十九大报告明确提出"保护人民人身权、财产权、人格权"，"人格权"一词首次写入党的全国代表大会报告，具有重大深远的意义，这充分体现了我们党对人民权利的尊重和保护，贯彻了以人民为中心的发展思想，既是对实现人的全面发展的不懈追求，也是实现人民群众美好幸福生活的重要举措。因此，当前的民法典编纂工作应当以党的十九大报告为指南，全面正确地理解十九大报告强调人格权保护的精神，深刻领会十九大报告首次在党的文件中提出人格权保护的重要意义。唯有如此，才能把握好我国民法典编纂的正确方向。

一、保护人格权是实现人民群众对美好生活向往的保障

按照马克思主义理论，人的地位是最高的。马克思主义倡导人的解放，实现人的全面发展，归根结底都是为了人。当前，中国特色社会主义已经进入了新时代，党的十九大报告在深刻分析我国经济社会现实的基础上明确指出："我国社会主要矛盾已经转化为人民日益增长的美好生活需要和不平衡不充分的发展之间的矛盾。"经过改革开放四十年来的发展，我国持续稳定

---

* 原载《四川大学学报》（哲学社会科学版）2018 年第 3 期。

地解决了十几亿人的温饱问题，我国已经成为世界第二大经济强国，人民物质生活条件得到了极大的改善，总体上实现了小康，不久将全面建成小康社会。在这样的背景下，人民美好生活的需要日益广泛，广大人民群众不仅对物质文化生活提出了更高的要求，对精神生活的要求也必然日益增长，尤其是在民主、法治、公平、正义、安全、环境等方面的要求更加强烈。① 在基本温饱得到解决之后，人民群众就会有更高水平的精神生活追求，就希望过上更有尊严、更体面的生活。马斯洛曾经提出著名的"需求层次理论"，即当人们的基本物质需要还尚未满足时，对隐私等精神性人格权的诉求会相对较少，而当人的生存需要基本满足之后，对文化和精神的需要将越来越强烈。② 马斯洛把这种心理需要归纳为自尊需要。③ 正因如此，党的十九大报告在民生部分提出了要保障公民的合法权益，并且特别强调了对人格权的保护。这实际上就是将人格权的保护作为保障人民美好幸福生活的重要内容，突出了人格权保护的重要价值。

人格权制度的基本价值就是维护个人的人格尊严。人格尊严是指每个人作为"人"所应有的社会地位，以及应受到的他人和社会的最基本尊重。"人的尊严正是人类应实现的目的，人权只不过是为了实现、保护人的尊严而想出来的一个手段而已"。④ 人格尊严是各项具体人格权的价值基础，具体人格权的规则设计应当以维护个人的人格尊严为根本目的。例如，物质性人格权是为了维护自然人生理上的存在，精神性人格权则彰显自然人的精神生活需要。美国学者惠特曼（Whitman）认为，整个欧洲的隐私概念都是奠基于人格尊严之上的，隐私既是人格尊严的具体展开，也是以维护人格尊严为目的的⑤。随着社会的发展，对个人私人生活安宁、私密空间、个人信息的自

①　参见张文显：《法治与国家治理现代化》，载《中国法学》2014 年第 4 期。

②　[美] 马斯洛：《马斯洛人本哲学》，成明编译，九州出版社 2003 年版，第 52—61 页。

③　[美] 马斯洛：《动机与人格》，华夏出版社 1987 年版，第 51—52 页。

④　[日] 真田芳宪：《人的尊严与人权》，鲍荣振译，《外国法译评》1993 年第 2 期。

⑤　James Q. Whitman, The Two Western Cultures of Privacy: Dignity Versus Liberty, Yale Law Journal, April, 2004.

主决定等的保护日益强化，其背后实际上都彰显了人格尊严的理念。人格尊严还是一般人格权的内容。我国《民法总则》第109条规定："自然人的人身自由、人格尊严受法律保护。"这就需要借助人格尊严保护规则弥补既有具体人格权规则的不足。实践中，许多损害公民人格尊严的行为，如就业歧视、性别歧视、性骚扰等，都难以通过现有的具体人格权予以保护，当出现这些新类型的案件时，首先要用是否侵害人格尊严作为评价标准，如果构成对个人人格尊严的侵害，则需要通过《民法总则》一般人格权的条款，实现对各项人格权益的兜底保护。

"民之所望，施政所向。"为人民谋幸福，就是要让人民群众生活得更体面更有尊严，这就必须要强化人格权的保护。结合党的十九大报告的相关内容，可以看出，保护人格权正是实现人民群众对美好生活向往的保障。十九大报告提出，"不断满足人民日益增长的美好生活需要，不断促进社会公平正义，形成有效的社会治理、良好的社会秩序，使人民获得感、幸福感、安全感更加充实、更有保障、更可持续"。而唯有保护公民的三项重要权利，才能使人民真正地有获得感、幸福感、安全感。故此，十九大报告专门提出保护人格权，这不仅仅只是提出一个抽象的概念，其目的在于通过更好地保障私权来实现为人民谋幸福这一真切的内容。虽然人格权可以包括在人身权之中，但十九大报告将其单列出来，其意义就在于凸显人格权的重要性，指出未来制度发展的方向，要通过立法、司法和执法贯彻党中央的这一指示精神①。十九大报告通过后，新华时评曾指出："人格权关乎每个人的尊严，是公民享有的基本民事权利。党的十九大报告将其与人身权、财产权并列，表明我国将对人格权的保护提升到了新高度，是对新时代人民群众对人

① 其实党的一些文件也采用过类似的做法，例如中共中央、国务院印发2014年中央一号文件《关于全面深化农村改革加快推进农业现代化的若干意见》，首次提出赋予农民对承包地承包经营权抵押、担保权能。中共十八届三中全会《决定》提出："保障农户宅基地用益物权，改革完善农村宅基地制度，选择若干试点，慎重稳妥推进农民住房财产权抵押、担保、转让，探索农民增加财产性收入渠道。"严格地说，抵押也是属于担保的一种，这两个文件将抵押单独提出，恰恰是为了特别强调农民住房财产权抵押改革的必要性，指明了未来制度发展的方向。

格尊严等精神层面需求的积极回应。"① 正是因为保护人格权是实现人民美好幸福生活的保障，所以保护人格权并不仅仅是编纂民法典的任务，也是立法机关、执法机关、司法机关应尽的政治责任。

人格权法就是最直接和最全面保护人的尊严的法律，人格权制度也是民法中最新和最富有时代气息的领域。著名的史学家许倬云曾言：中国社会发展到今天，最需要的是完善的法律制度，其中就是要加强对人的尊严的保护，不能为了吃饱饭而不要尊严，而在能够吃饱饭之后，更应当注重对尊严的保护。② 中国梦也是个人尊严梦，是对人民有尊严生活的期许。因此，只有通过人格权的独立成编来进一步全面规定和保护人格权，才能够落实党的十九大精神，保障人民群众对美好生活的向往。

二、保护人格权是坚持以人民为中心的执政理念 　　 的重要体现

人民中心论强调人民群众是历史的创造者，这实际上是马克思主义唯物史观的重要体现。人民中心论也是对人民主权学说的发展，人民主权原则最初是由卢梭提出的，后来被美国制宪主义者发展为民有、民治、民享的理论③。卢梭认为，人民不仅是而且应该永远是事实上的主权者，为了维护人民的主权地位，卢梭要求：主权不可转让，不可分割，不可被代表。卢梭的人民主权学说曾经成为法国大革命重要理论依据，为法国大革命奠定了理论基础④。应当看到，人民中心论其实也包含了人民主权的思想，强调了人民是国家的主人，一切权力归属于人民。但其与人民主权也存在差异，也就是说，人民主权学说强

---

　　① 参见刘怀丕：《保护人格权彰显人民至上执政理念》，载《新华每日电讯》2017年11月13日第3版。

　　② 参见许倬云：《现代文明的成坏》，浙江人民出版社2016年版，第4页。

　　③ 陈永鸿：《人民主权理论的演进及其启示》，载《武汉大学学报》（哲学社会科学版）2007年第2期。

　　④ 参见陈端洪：《人民主权的观念结构　重读卢梭〈社会契约论〉》，载《中外法学》2007年第3期。

调一切权力归属于人民，每个人的幸福靠自己的努力，国家只是提供安全保障。而人民中心论则不仅仅强调国家主权在民，而且强调国家治理以每个人的福祉最大化为根本目的，把人民的幸福作为执政追求的目的。

强化人格权保护是落实以人民为中心思想的重要举措。其重要目的就在于使人民群众有幸福感和获得感，从历史的角度来看，我国一直缺乏尊重和保护个人人格尊严的传统。儒家学说虽然提出了民本主义，但并未提出民权思想，忽视了对个体权利的保护。① 中国封建社会一直存在刑讯逼供、游街示众等传统②，这种思想至今仍然产生着影响，尚未彻底根除。1986年的《民法通则》首次专章规定各项民事权利，并用九个条款规定了人身权（主要是人格权），这是我国私权保障道路上具有里程碑式的大事，有力地推动了中国法治的进步。但因为《民法通则》立法年代较早，上述内容已不足以应对新时代保护人格权的需要，因此有必要认真总结《民法通则》与司法实践对人格权保护的成功经验，进一步强化对人格权的保护。改革开放初期，人民群众面临温饱的难题，围绕人民群众的这一需求，我们聚精会神发展社会主义市场经济，全面建设小康社会，经过改革开放四十年的发展，人民群众的物质生活水平得到了极大提高。进入新时代后，人民群众美好生活的内容日益广泛，人民群众对有尊严、有体面生活的需求日益增长，党的十九大报告提出强化人格权保护，正是回应人民群众这一时代需求的体现，③ 也是落实以人民为中心这一思想的重要举措。

因此，在民法典编纂中，只有加强对人格权的保护，明确规定个人具体享有哪些人格权，确定这些权利的具体内容和边界，④ 并在权利遭受侵害的

---

① 参见夏勇：《民本与民权——中国权利话语的历史基础》，载《中国社会科学》2004年第5期。

② 参见李远之：《历代刑罚之沿革及其研究》，原载《真知学报》，1942年9月第2卷第1期。

③ 参见常修泽：《理论价值　时代价值　人类文明价值　"不断促进人的全面发展"的三重价值》，载《人民论坛》2017年第11期。

④ 参见王叶刚：《人格权确权与人格权法独立成编——以个人信息权为例》，载《东方法学》2017年第6期。

情形下给予相应的保护等等，才能充分地实现好、维护好、发展好最广大人民群众的根本利益，这是新时代执政为民的具体体现。

三、保护人格权是切实保障老百姓民生的体现

诚然，党的十九大报告提出对三项权利的保护并不在立法部分提出的要求之中，而是在民生部分作出的宣告。但这恰好反映了十九大报告将三项权利的保护置于人们的美好生活重要内容之中。什么是民生？最大的民生就是老百姓的权利，如果连老百姓的权利都得不到保护，就根本不能实现人民群众对美好幸福生活的向往。进入新时代以后，社会主要矛盾发生了变化，这也决定了民生内容的变化。也就是说，民生的内容不再仅仅是"老有所养、老有所依"等物质层面的要求，还应当在精神层面有更多的体现。十九大报告将人民的三项权利保护写入民生部分，表明最大的民生就是人民的这三项权利，这再次说明保护三项权利是保障人民群众美好生活的重要内容，这三项权利得到保障才能真正实现美好生活，切实保障好民生。十九大报告庄严宣布："中国共产党是为中国人民谋幸福的政党，也是为人类进步事业而奋斗的政党。中国共产党始终把为人类作出新的更大的贡献作为自己的使命。"维护这三项权利既是保障公民基本权利的需要，表现了党对人民权利的尊重，也表明它是人们美好幸福生活的重要内容。

应当看到，依法打击和惩治黄赌毒黑拐骗等违法犯罪活动对人格权的保护确实非常重要，也正是因为实践中网络诈骗等违法犯罪行为对公民三大权利侵犯较为严重，故此，十九大报告指出，"加快社会治安防控体系建设，依法打击和惩治黄赌毒黑拐骗等违法犯罪活动，保护人民人身权、财产权、人格权"。那么，能否从字面上理解保护人民三项权利只是为了加快建设社会治安防控体系、依法打击和惩治黄赌毒黑拐骗等违法犯罪活动呢？或者认为，人格权主要是公法保护的问题？显然不能做此种狭隘的理解。因为这种看法未能从人民中心论的角度全面把握十九大报告保护人民三项权利的精神实质。从十九大报告的精神实质来看，保护公民的三大权利绝不仅仅是为了

社会防控体系的建设，否则就颠倒了包容关系，也不符合该表述的字面含义。从该句的文义本身来看，"加快社会治安防控体系建设"与"依法打击和惩治黄赌毒黑拐骗等违法犯罪活动"都是为了"保护人民人身权、财产权、人格权"，前面两者只是保护三项权利的举措，应当服务于三项权利的保护，而保护三项权利所涵盖的范围显然更广。换言之，十九大报告强调对三项权利的保护包括对人格权的保护，目的绝不只是为了"依法打击和惩治黄赌毒黑拐骗等违法犯罪活动"。

众所周知，保护财产权利当前特别需要落实《中共中央国务院关于完善产权保护制度依法保护产权的意见》，通过加强各种所有制经济产权保护、完善平等保护产权的法律制度、妥善处理历史形成的产权案件、严格规范涉案财产处置的法律程序、审慎把握处理产权和经济纠纷的司法政策、完善政府守信践诺机制、完善财产征收征用制度、加大知识产权保护力度、健全增加城乡居民财产性收入的各项制度、营造全社会重视和支持产权保护的良好环境等方面来保障人民的合法财产权益。同样，保护人格权也非单纯地通过"依法打击和惩治黄赌毒黑拐骗等违法犯罪活动"就可以实现，而是需要多个法律部门的综合配套以及立法、执法与司法等给予全方位的保护。在实践中，一些公权力机关工作人员侵犯人民群众人格权的事件时有发生，如最近发生的"郑州城管撤梯案"就表明，保护人格权必须严格规范公权的行使①。然而，保护人格权首先必须要在民法中确认其为基本的民事权利，全面实现人格尊严的价值，从而为公法的保护提供权利基础。尤其应当看到，现实生活中还存在大量的民事主体侵害他人人格权的行为。例如，互联网信息社会中出现的各种网络谣言、人肉搜索、网络暴力、信

---

① 据报载，今年 1 月 23 日，工人欧湘斌在河南郑州航空港区新港大道一处二层建筑顶部安装广告牌，城管执法人员认为，"鑫港校车服务有限公司"并没有取得广告牌的安装许可证，因此，要求将已经安装好的几个字拆除，并随后将工人安装广告牌的梯子和三轮车撤走。欧湘斌只得用绳索下楼，但因失手坠落死亡。事发后，经多部门进行初步调查，免去了相关涉事城管执法人员的职务，后以涉嫌玩忽职守移送纪检监察机关。参见"郑州城管撤梯致工人坠亡　安装方文印店与死者家属和解赔偿"，载《法制晚报》2018 年 1 月 30 日。

息泄露等各种新形态的侵权行为，更是凸显了在私法领域加强对人格权保护的重要意义。① 从最高人民法院公布的侵害人格权的裁判文书可知，绝大多数案件都是民事主体侵害他人人格权，而违法犯罪活动侵害人格权的案件只是其中一小部分。因此，按照党的十九大的精神，应该在民法典中全面确认和保护人格权，并形成私法和公法保护人格权的有机结合。

保护人格权是各个法律部门所需要承担的重要任务，绝非仅公法保护能够完成，应当看到，人格权也是我国宪法所确认的基本价值。我国《宪法》第 38 条也明确规定："中华人民共和国公民的人格尊严不受侵犯。禁止用任何方法对公民进行侮辱、诽谤和诬告陷害。"但《宪法》保护人格尊严的价值必须要实际转化为民法的人格权制度，才能对人格权进行全面的保障。因为宪法作为国家根本大法，其对人格尊严保障的宣示只是一种价值宣示和原则保护，无法形成裁判规范。尤其是在我国司法实践中，法官裁判民事案件不能直接援引宪法规定作为裁判依据。因此，宪法中关于人格权保护的相关规则不能完全替代民法的人格权制度，相反，这些规定必须要通过民法的确认和保护才能具体落实。这也说明，仅仅通过公法是不能完全实现对人格权的保护，而需要公法与私法的协力，多管齐下、综合配套。在宪法的指引下，各个法律部门在保护人格权方面具有其独特的方法与功能，不能狭隘地认为，通过某一部门法即可独立地实现保护公民人格权这一重要历史使命。例如，刑法重在通过打击犯罪来保障公民人格权，行政法重在通过规范、制约公权力来保障公民的人格权，而民法则通过规范平等主体行为的方式，保护个人的人格权。从民法角度而言，在民法典中规定独立成编的人格权法，系统整合现有的法律规范，总结司法实践的有益经验，② 针对实践中侵犯人格权的行为设置必要的规范，并为个人正当行使人格权提供必要的指引，这样才能全面落实党的十九大报告保护人格权的精神。

---

① 参见张新宝：《从隐私到个人信息：利益再衡量的理论与制度安排》，载《中国法学》2015 年第 3 期。

② 参见黄忠：《人格权法独立成编的体系效应之辨识》，载《现代法学》2013 年第 1 期。

四、保护人格权是新时代国家治理能力现代化的具体体现

科技的发展给人类带来了巨大福祉，然而也有其副作用，这就是对每个人的隐私和个人信息带来了威胁，科技的爆炸已经使得人类无处藏身①。我们已经进入一个大数据时代，但在开发和利用大数据和人工智能时，如何尊重和保护个人隐私和信息，也是各国法律普遍面临的严峻挑战。② 实践中，现代科技（如网络、微博、微信朋友圈等）所带来的侵犯公民的名誉权、肖像权、隐私权、个人信息等的侵权层出不穷，社会层面的性骚扰尤其是利用从属关系进行的性骚扰事件时有发生。网络空间"侵权易、维权难"的问题非常严重，亟须在民法典中加强人格权立法，提升高科技、互联网时代人格权的保护水平。另外，我国正从农业社会向工业社会、信息社会转变，这一转变过程实际上也是从熟人社会到陌生人社会的变化，这种转变可从多个侧面和角度予以描述，包括网络社会、科技社会、传媒社会、消费社会、风险社会、商业社会等，这也使得不能仅对人格权进行消极保护，人格权涉及社会生活的诸多方面，需要在法律上予以规范。因此，推进国家治理体系和治理能力的现代化，就是要解决新时代人民群众所迫切需要解决的现实问题，就是要解决新时代社会治理中的新问题，有针对性地做出相应的对策。因此，强化人格权保护也是国家治理能力现代化的具体体现。

加强人格权保护也是回应审判实践的需要。自 1986 年《民法通则》确立人身权制度以来，有关人格权的案件每年都在快速增长，其中大量涉及名誉权、肖像权、隐私权等。在中国裁判文书网上，仅以名誉为关键词进行检索，就可以搜到 124400 份民事裁判文书。这些案件虽然标的不大，但因涉及公民的基本权利，社会关注度很高，处理不好就会引发社会的重大反响，

---

① See A. Michael Froomkin, Cyberspace and Privacy: A New legal Paradigm? The Death of Privacy?52 Stan.L. Rev.1461, 2000.

② 参见谢远扬：《信息论视角下个人信息的价值——兼对隐私权保护模式的检讨》，载《清华法学》2015 年第 3 期。

近年来发生的"狼牙山五壮士案"、"邱少云案"等均引发了社会的广泛关注。由于我国现行立法只是简单列举了民事主体所享有的各项人格权，而没有具体规定各项人格权的内涵、效力等，这也导致司法实践中出现了不少"同案不同判"现象，在一定程度上影响了司法公正。为此，必须在法律上确立人格权保护的具体规则，为法官解决日益增长的人格权纠纷提供明确的裁判依据。同时，也能够使宪法所确立的尊重和保障人权、人格尊严不受侵犯等原则转化为民法上的人格权制度，实现对人格权的全面保护。

国家和社会治理模式是否成功，归根结底还是要看是否能够给社会成员带来福祉。我们在检验国家和社会治理模式是否成功、是否符合中国的实际时，关键要看它是否满足了人民群众幸福生活的需要。国家治理现代化的重要体现就是在治理目标上追求以人为本，实现人的全面发展，最终目的是增进人民的福祉①。现代化的过程是人的全面自由发展的过程，这就必然要求法律进一步尊重人的主体性，始终强化对人的终极关怀，其重要标志之一是对个人人格权益的充分确认和保障。

结语：以党的十九大报告为依据强化对人格权的保护

在今天的中国，强化人格权保护不仅是民法学界也是整个法学界绝大多数人的共识，即使不赞成人格权独立成编的学者，也不否认强化人格权保护的重要性，这与党的十九大报告提出保护人格权的精神是相一致的，是落实十九大报告精神的重要体现。在编纂民法典过程中，我们要广泛凝聚共识，进一步落实十九大报告的精神，加强人格权保护。

人格权制度的勃兴乃是现代民法的产物。20世纪的两次世界大战使人们深感人权被侵害的切肤之痛，因此，在战后尤其是第二次世界大战以后人权运动获得了蓬勃发展，从而极大地促进了人格权制度的迅速发展。人格权的发展也是民法发展的最新趋势。适应社会的发展需要，我国《民法总则》

---

① 参见姜明安主编：《法治国家》，社会科学文献出版社2016年版，第20页。

进一步强化了对人格权的保护，该法虽然仅有四个条文涉及人格权保护（第109条、110条、111条、185条），但是其将人格权规定在各项民事权利之首，凸显了人格权保护的重要意义；同时，该法第109条确立了一般人格权，既为人格权的兜底保护提供了法律依据，也宣示了人格保护的价值。由于《民法总则》只是笼统地规定了民事主体所享有的各项人格权，而没有对各项权利的内容、效力、行使规则等作出细化规定，这些都有必要通过独立的人格权编加以规定。尤其是民法典侵权责任编无法完全解决人格权保护问题，因为侵权责任法主要是救济法，只能规定人格权遭受侵害后的法律责任，而不具有从正面规定各项具体人格权内容的功能，也无法具体规定各项人格权的具体内容。人格权独立成编之后，与侵权责任编相辅相成，相互配套，共同发挥充分保护人格权的作用。

此外，还必须要说明的是，人格权独立成编是中国民法适应新时代的产物，是对《民法通则》施行三十余年经验的总结，属于中国民法的首创。众所周知，2002年民法典草案在总结《民法通则》的经验的基础上早已将人格权法独立成编，该草案已经全国人大常委会一审，此次民法典人格权独立成编就是2002年草案所采取的体例的延续。党的十九大报告单独规定人格权是实现人民美好幸福生活的重要举措，因此唯有使人格权在民法典中独立成编才能更好地落实十九大报告的精神，① 加强对人格权的保护。我国正在编纂的民法典应当根据十九大报告的精神，从中国实际出发，立足于解决中国现实问题，制定面向21世纪的民法典，要从跟跑者、并跑者变为领跑者，为解决21世纪人类共同面临的人格权保护问题提供中国智慧、中国方案。如此，才能使我国民法典真正屹立于世界民法典之林。

---

① 参见江平：《人格权立法与民法典编纂体例》，载《北京航空航天大学学报》（社会科学版）2018年第1期。

人格权的属性 *

——从消极防御到积极利用

　　在民法典分则编纂的过程中，对人格权是否应当独立成编争议很大，其中也涉及对人格权属性的不同认识。反对人格权独立成编的观点认为，人格权属于防御性权利，主要受侵权法保护。因此，只要在总则中集中列举人格权的类型，再辅之以侵权责任编的相关规定，即可有效保护人格权。简单说，通过"简单列举人格权类型＋侵权责任方式"的立法模式已足以保护人格权，而无须通过独立的人格权编对人格权予以详细规定。笔者不赞同此种观点，认为人格权兼具消极防御和积极利用的效力，在此基础上应通过独立的人格权编确认各项人格权的类型和内容。以下就此问题做初步探讨。

一、消极防御权说忽视了人格权所应有的法定性

　　将人格权定位为消极防御权与人格权天赋说具有密切关联。在一定程度上，法国法之所以始终没有形成完备的人格权规范体系，其中重要的原因之一便是受到"人格权天赋"这一自然法思想的影响。法国《人权宣言》与《1791年宪法》将人权明确宣示为自然权利，这意味着人格权是一种不言而喻的天

---

　　* 原载《中外法学》2018 年第 4 期。

赋人权。间接地催生了人格权不需要民法加以系统确认，而只需要交由侵权法的一般条款（《法国民法典》第 1382 条）予以概括保护即可的认识。① 如法国学者 Nerson 指出，人格权的主体是人，在这个基础上，不能转而再认为一个人具有对生命的权利、对身体完整的权利、对名誉或荣誉的权利。也就是说，在损害发生之前，受到民法典第 1382 条保护的受害者完全没有什么"抽象的"权利，其权利仅仅在损害发生之后才出现。② 与此类似，在德国人格权理论形成过程中，也有一种观点认为，人格权是一种"消极权利"，是一种与生俱来、终生相伴的法定权利。其取得无须主体的积极行为，也不能发生任何变更、转让和放弃。此种权利仅存在不受侵害的问题，其本身并不存在权利人以积极行为"行使权利"的问题。③ 具体而言，生命、身体、自由等人格权在性质上均为绝对权。绝对权的成立不以法律赋予其积极内容为必要，一般人均负不得侵害的义务。④ 按照该观点，人格权在性质上属于防御权，其功能在于维护个人人格的完整性。在这一功能定位之下，人格权主要受主体制度和侵权法规则调整，对于与个人主体资格存在密切关联的人格权，如姓名权，可以规定在主体制度之中，而对于其他人格权益，则可以借助侵权法规则对其加以保护。与上述观点类似，我国也有学者认为，我国民法典只需要在总则中集中列举人格权的类型，再辅之以侵权责任编的相关规定即可有效保护人格权。⑤

笔者认为，毫无疑问，天赋人权的意义在于增进权利取得的道德性和正当性，⑥ 同时避免和限制国家对人格权内容及其行使的过度干预，但是并不

---

① 马特、袁雪石：《人格权法教程》，中国人民大学出版社 2007 年版，第 15 页。

② *Nerson*, Les droits extrapatrimoniaux, thèse de droit, Lyon, Edition Bosc et Riou，1939, pp.356–363.

③ 尹田：《人格权独立成编的再批评》，载《比较法研究》2015 年第 6 期，第 5 页。

④ 龙显铭：《私法上人格权之保护》，中华书局 1948 年版，第 2—3 页。

⑤ 参见中国社会科学院民法典工作项目组：《民法典分则编纂中的人格权立法争议问题》，载《法治研究》2018 年第 3 期，第 20 页。

⑥ 参见汪志刚：《生命科技时代民法中人的主体地位构造基础》，载《法学研究》2016 年第 6 期，第 35 页。

能以此否认权利的实在性。对法律权利而言，权利的道德性及价值上的正当性都是和法律实在性相互联系的，道德性用于证成权利的正当性和保护的必要；法律实在性则是实在法提供具体保护的基础。实际上，债权、物权等权利受法律保护的正当性，也都可以说具有"与生俱来"的道德属性。

作为法律所保护的类型化的利益，任何权利都不可能脱离实在法而"自然"地存在。例如，就名誉权、肖像权等权利而言，中国几千年的封建社会并没有承认其属于权利。新中国成立后，这些权利在很长时期内也一直没有得到法律的承认。这也导致"文化大革命"期间出现严重侵害人格权的现象，如挂贴牌、戴高帽、架飞机、剃阴阳头、脸上涂墨、游街示众等。正是基于对"文化大革命"惨痛教训的反思，《民法通则》确认了公民和法人的各项具体人格权。《民法通则》颁行后，我国人格权的案件数量逐年增加，公民的人格权保护意识持续增长。这表明，我们不能简单地说人格权仅仅是天赋的结果。没有法律的确认，这些人格权无从获得承认与保护。

作为一种理论，天赋人权的观念强化了权利的道德合理性和权利来源的正当性，但该观念本身却不能清晰阐释权利的范围本身，也不能对人格权之间的关系作出细致的描述。人格权确认的是人格利益，这些人格利益反映的是我们对人及社会关系的本质性认知。人格利益存在归属的确定性、范围的确定性和关系的确定性问题，单纯依据天赋理论是无法解决在现代社会的上述确定性问题的。例如，大数据开发中涉及个人信息的，有关利益应当归属于数据开发者还是信息权利人（前提是法律承认此种信息权），便需要权衡考量多重因素。人工智能的发展，涉及人的声音、形体动作等的主体归属问题，天赋理论本身显然也无法解决上述问题。

另外值得说明的是，人格权天赋说只是表明了各项人格权存在的正当性，其与人格权的效力本身并没有直接关联。也就是说，即便承认人格权具有积极效力，也不会与天赋说相冲突。还应当看到，认为天赋说将当然推导出人格权属于纯粹的消极防御权，只有在遭受侵害时才能主张权利，实际上是混淆了"人格权"与"人格"的概念。在人格权制度产生初期，历史法学派的代表人物萨维尼则对人格权概念持批评态度。他认为，一个人无法拥有对自己的身体及其组成部分的权利，否则将导致个人享有自杀的权利。因此，个人对其自身的权利在实证法上也难以得到承认。① 历史法学派之所以对人格权概念持批评态度，是因为在他们看来，人格要素不能成为意思力的作用对象，无法满足主观权利以法律所赋予之意思力为核心的条件，② 这也导致人格要素不能通过权利被保护。③ 而自 19 世纪末期以来，以德国学者噶莱斯（Karl Heinrich Franz von Gareis）为代表的学者提出应当区分主体资格和人格利益。④ 人格权以人格利益为客体，权利人支配的是其人格利益，而并不是对人自身主体资格的支配。在此基础上，人格权作为一项主观权利在法律上得到了认可。⑤ 换言之，既然人格权支配的是人格利益，只有借助法律的确认，才能使个人对其人格利益的支配合法化。

人格权作为一种法定的权利，实际上是法律对各项人格利益进行类型化规定的结果。即法律赋予了权利人对其人格利益享有支配的权利，这种支配意味着权利人可以行使甚至利用其人格权，这也符合法律规定人格权的目的。近代社会，自权利概念产生以来，就存在意志理论和利益理论⑥ 两种解释路径。这两种理论其实都不否认权利人可以通过行使其权利而实现其意志和利益，人格权也不例外。一方面，作为一种主观权利，法律确认人格权时需要明确界定人格权的权利客体，从而使得权利人对其人格利益的处分成为可能。⑦ 另一方面，法律确认了每项人格权益后，也必然需要对权利人控制、支配其人格利益的权利作出明确规定。从这一意义上说，人格权的积极行使

---

① *Savigny*, System des heutigen Römischen Rechts, 1840, Bd Ⅰ, S.334.

② *Larenz/Wolf*, Allgemeiner Teil des bügerlichen Rechts, 4. Auflage, C.H. Beck, 2004, S.239.

③ *Savigny*, System des römischen Rechts, zweiter Band, Berlin, 1840, S.334.

④ Neethling, JM Potgieter & PJ Visser, *Neethling's Law of Personality*, LexisNexis South Africa, 2005, p.7.

⑤ *Leuze*, Die Entwicklung des Persönlichkeitsrechts im 19. Jahrhundert, 1962, S.93；Neethling, JM Potgieter & PJ Visser, supra note 10.

⑥ 参见税兵：《超越民法的民法解释学》，北京大学出版社 2018 年版，第 96 页。

⑦ Neethling, JM Potgieter & PJ Visser, Neethling's law of personality, LexisNexis South Africa, 2005, p.12.

也是人格权法定化的必然结果。如果其不能够行使和利用的话，则法律设定
该权利的目的也就不复存在了。① 我国《民法总则》第 110 条规定："自然
人享有生命权、身体权、健康权、姓名权、肖像权、名誉权、荣誉权、隐私
权、婚姻自主权等权利。法人、非法人组织享有名称权、名誉权、荣誉权等
权利。"该条所确认的各类人格权，除生命权外，都是可以积极行使的，甚
至某些人格权是可以利用的，而非消极防御性的权利。②

　　从历史发展来看，人格权的类型和具体内容是随着社会经济的发展而逐
渐丰富，并获得法律确认的。正是通过法律的确认，人格权的行使和利用方
式才日益多样化。一方面，各类新型人格利益得以确认。现代社会进入了一
个互联网、大数据时代，科学技术发展日新月异，这也使得许多新型人格不
断涌现。比如，随着大数据技术的发展，个人信息逐渐成为一项新型的人格
利益；再如，在现代社会，随着影视技术、声控技术、网络技术等高科技的
发展，声音的利用方式越来越多样化，声音的用途越来越广泛。声音可以直
接发出指令、打开房门，开启电子设备（如开启电脑、手机等）和汽车等。
声音的独特性具有替代指纹等其他个人特有标志的功能，并且越来越成为一
种重要的人格标志。与此同时，复制、传播、模仿个人声音的方式方法越来
越多，声音一旦被仿冒，就可能侵害个人的人格利益，也可能造成其他财产
损害。这就有必要强化对声音利益的保护。③ 正因为这一原因，一些国家的
民法典（如《秘鲁新民法典》第 15 条）明确规定了声音权。另一方面，法
律确认某些人格权的财产利益，并允许一些人格权可以进行经济上的利用。
按照传统观点，人格权在性质上属于纯粹精神性的权利，并不包含财产价
值。而随着社会的发展，姓名权、肖像权的财产利益，尤其是个人信息、隐

---

　　① Neethling, JM Potgieter & PJ Visser, Neethling's law of personality, LexisNexis South
Africa, 2005, p.24.

　　② 严格来说，本文所说人格权的利用，实际上指的是对人格要素（personality attributes,
如肖像、名称等）的利用。

　　③ 参见李林启：《论发展着的人格权》，载《湖南科技大学学报》（社会科学版）2012
年第 3 期，第 82 页；马俊驹等：《论法律人格内涵的变迁和人格权的发展》，载《法学评论》
2002 年第 1 期，第 39 页。

私中的财产利益不断显现。因此，许多国家开始采用公开权来概括这一类现象。"人格权上财产利益的肯定，非谓将人格权本身加以财产化，而是肯定个人的一定特征具有财产价值。"① 正是因为人格权财产利益的确认，人格权的行使和利用成为必然。尤其应当看到，法人和非法人组织的人格权的确认更加表明了人格权所应有的法定性。一些学者认为，人格权是与生俱来的权利，属于天赋人权。因此，只能由自然人享有，而不可能由法人享有。对于自然人来说，一般认为人格权是不可转让、不可继承，同时也是不可抛弃的，其始于出生，终于死亡。② 天赋说主要解释自然人的人格权，但无法解释法人和非法人组织的人格权。但这一类人格权的出现对于人格权的体系产生了重大影响，这些权利天然具有财产属性，而且也不可能是天赋的和与生俱来的。法人和非法人组织的人格权都是可以行使和利用的。

总之，随着现代社会的发展，人格权的体系越来越庞杂，人格权体系本身具有开放性。天赋理论虽然能够论证人格权保护的正当性，但无法解决人格权的确认、发展和保护等问题。这就需要法律对人格权作出细化规定，从而使人格权取得法律的实在性，以更好地实现对人格权的行使和利用，并实现法律设定人格权的目的。

二、消极防御权说忽视了物质性人格权所具有的积极权能

消极防御说的出发点在于"生命、身体、自由等，乃吾人所自然享有者，虽得由法律限制其范围，然不须由法律许可其享受。若就生命、身体、自由等人格的利益，认生命权、身体权、自由权等权利，则人为权利之主体，同时为其客体，且吾人即不能不认为各个人有自杀之权利"。③ 这种认识与人格权的初始发展相联系。即刚开始对人格权的认知和研究主要

① 王泽鉴：《人格权法》，北京大学出版社 2013 年版，第 296 页。

② Neethling, JM Potgieter & PJ Visser, Neethling's law of personality, LexisNexis South Africa, 2005, p.13.

③ 龙显铭：《私法上人格权之保护》，中华书局 1948 年版，第 2 页。

局限在物质性人格权，即生命、身体、健康权之上，基于相应社会观念的限制，物质性人格权只突显其消极权能。正如萨维尼所说："一个人是不能拥有对自己的身体及其各个组成部分的权利的，否则人就会拥有自杀的权利。"① 如果允许对生命和身体进行积极使用、收益和处分，自杀、器官买卖、卖淫等都将被认为是人格权行使的必然，这本身就是与人格权发展相违背的。

就学术发展历史来看，消极防御说最早可追述到 19 世纪。如伽哈依斯认为："对于其他人而言，法律并不要求其以积极的行为来帮助权利人实现这种权利（人格权），而只是要求他成为一个不作为的义务主体……"② 基尔克在讨论人格权的财产性问题时，从侧面提及了人格权的"不可转让"性。他认为"人格权是不能被当作财产权来理解的……原则上，人格权被当作一种自身最高的人格权利，但是这种最高的权利并不是可以转让的。"③ 这种人格权不可转让的观点在某种程度上启发了人格权不可占有、使用、收益、处分的论点。其后，拉伦茨也关注到了人格权的消极性问题。他认为："人格权根据其实质是一种受尊重的权利，一种人身不可侵犯的权利"。④ 这种"人格权是一种受尊重权"的观点后来被进一步理解为现时的"防御权能"。⑤

在我国，认为人格权具有"防御性"的学者提出"人格权之本质不在于使用、收益或处分人格利益，而在于防御"。认为人格权的目的"通常不存在与权利使用、收益或处分相关的规定；它不是实现目的的手段，其存在本身即为目的，因而无须像物权那样只有经由对权利客体的支配才能享有权利

---

① *Savigny*，supranote 8.

② *Gareis*，Das juristische Wesen der Autorrechte，sowie des Firmen-und Markenschutzes，in：Buschs Archiv für Tho-rie und Praxis des allgemeinen deutschen Handels-und Wechselrechts，Bd.35（1877），S.185（199f）.

③ *Gierke*，Deutsches Privatrecht，Bd.1.1895，S.706.f.

④ ［德］卡尔·拉伦茨：《德国民法通论》上册，王晓晔等译，法律出版社 2003 年版，第 379 页。

⑤ 温世扬：《论"标表型人格权"》，载《政治与法律》2014 年第 4 期，第 67 页。

之益"。① 这种观点是包含两个层次的：其一，人格权具有消极防御侵害的权能；其二，人格权不具有积极占有、使用、收益、处分的权能。自 19 世纪末到 20 世纪初期，这样的观念逐渐渗透到了立法与司法中。当时编撰的一系列民法典都是以人格权的防御性请求权为核心展开的。德国通过类推适用《德国民法典》第 1004 条关于物权请求权的规定赋予人格权排除妨害和不作为请求权。② 1912 年的《瑞士民法典》第 28 条作为人格权保护的一般条款也赋予了权利人排除妨害等多种防御性请求权。而《日本民法典》则通过第 709 条对侵权行为的概括规定以及第 710 条、711 条具体列举作为禁止加害对象的人格利益的方式对人格权加以保护。具体包括身体、自由、名誉和生命。③ 在法国，一开始是通过 1804 年《法国民法典》第 1382 条侵权责任法的概括性保护规定对个人课以不得侵害他人人格的绝对义务。④

应该认识到的是，以物质性人格权为考察重点，并得出人格权具有消极权能，具有一定的合理性。但随着社会发展和观念进步，人格权的类型有了很大的扩展，物质性人格权已远远不能胜任人格权的代表和基础。在精神性人格权日益发展的情况下，不少人格权都具有积极利用的权能。比如，权利人可以对其姓名权、名称权、肖像权等进行商业化利用。⑤ 又如，个人信息权利保护的目的，就是旨在保护个人对其个人信息的自决。⑥ 此种自决就包含了对个人信息的利用等自主决定权。⑦ 可以说，这些权利现象代表了人格

① 中国社会科学院民法典工作项目组：《民法典分则编纂中的人格权立法争议问题》，载《法治研究》2018 年第 3 期，第 27 页。

② 韩强：《人格权确认与构造的法律依据》，载《中国法学》2015 年第 3 期，第 151 页。

③ [日]星野英一：《私法中的人——以民法财产法为中心》，王闯译，载梁慧星主编：《民商法论丛》（第 8 卷），法律出版社 1997 年版，第 181 页。

④ 参见石佳友：《人格权立法的历史演进及其趋势》，载《中国政法大学学报》2018 年第 4 期。

⑤ 参见王泽鉴：《人格权法》，北京大学出版社 2013 年版，第 530—531 页。

⑥ 例如，中国人民银行《个人信用信息基础数据库管理暂行办法》第 17 条第二款规定："征信服务中心发现异议信息是由于个人信用数据库信息处理过程造成的，应当立即进行更正，并检查个人信用数据库处理程序和操作规程存在的问题。"

⑦ 参见韩强：《人格权确认与构造的法律依据》，载《中国法学》2015 年第 3 期，第 142 页。

权在 21 世纪的最新发展，说明人格权并非仅具有防御性权利的功能，而且还具有积极保护和确认的人格权权能。

不仅如此，对权利和利益的深入研究表明，物质性人格权也有积极权能。在此方面，德国学者拉伦茨和卡纳里斯教授的观点就相当有代表性。他们认为，第 823 条第 1 款保护的"权利"和"法益"的主要特征是这些权利和法益具备"归属内容"（zuweisungsgehalt）和"排除功能"（ausschluß-funktion），而归属内容和排除功能是侵权保护的基础。归属内容指所有权人可以自由处置其物，而排除功能则指可排除他人的干涉。[1] 德国民法学理也将归属内容称之为积极权能或积极影响，即所有权人对物享有从事实上和法律上施加影响的全面权限；将排除功能称为消极权能或消极影响。因此，归属内容也被称之为利用功能（nutzungsfunktion）。[2] 就生命、身体和健康等人格法益而言，拉伦茨和卡纳里斯教授认为，它们不仅具备排除功能，而且还具备归属内容，即还具有一些积极权能。按照拉伦茨和卡纳里斯的分析，上述人格法益的归属内容体现在，尽管它们不像所有权那样可以转让，但仍然存在个人可以"自由处置"的法益。即权利人在法律规定的范围内可以积极行使这些权益，自主地作出决定，尤其是在个人的生命、健康、身体等遭受一定的危险或可能遭受损害的情形下，权利人自主作出决定本身就体现了对这些权利的行使。[3] 换言之，允许许可他人侵害自己的身体、健康或承担受侵害的可能性本身就体现了归属内容。据此，生命、身体和健康法益不仅具有消极权能，而且还具有积极权能。

从人格权的社会现实来看，以拉伦茨和卡纳里斯教授的观点为代表的物质性人格权的观念具有合理性，主要表现在：

---

① *Larenz/Canaris*, Lehrbuch des Schuldrechts, Besondere Teil II 2, C.H. Beck, 13. Aufl., 1994，§76 I 1a, S.373 f.

② *Althammer*, in: Staudinger Kommentar, BGB §903, 2016, Rn.10–11；Beck OK BGB/Fritzsche，2017, BGB §903, Rn.20.

③ *Larenz/Canaris*, Lehrbuch des Schuldrechts, Besondere Teil II 2, C.H. Beck, 13. Aufl., 1994，§76 I 1a, at S.374.

其一，许多国家承认患者享有拒绝无意义治疗的权利。如《魁北克民法典》第 13 条允许临终状态的患者拒绝无意义或者带来巨大痛楚的治疗，从而尊重患者本人的意愿。又如法国法虽禁止积极安乐死，但自 2016 年修订了著名的 Léonetti 法案后，允许临终状态的患者"深度且持续的镇静"，在不感到痛楚的情况下自然死亡。① 这也是人文关怀的具体表现，让人享有有尊严地离开人世的机会。其理论基础在于，生命权并不意味着人有"生存的义务"，而人格尊严意味着人不仅要有尊严地活着，而且还要有尊严地死亡。这实际上也是生命权、健康权行使的一种方式。

其二，在身体权方面，器官捐献就是权利人对身体的积极利用。器官捐献是指自然人自愿、无偿地捐献自己的器官、血液、骨髓、角膜等身体的组成部分甚至捐献全部遗体的行为。例如，在日本"X 教派教徒输血案"②中，法院明确提出患者对于自己身体的部分拥有自我决定权。目前各国法律普遍禁止器官的买卖和变相买卖，认为此种行为不仅违反公序良俗，而且可能引发道德危机，危害社会秩序。因此，器官买卖协议不仅是无效的，而且行为人可能还需要承担其他法律责任。但法律对器官捐赠则普遍持鼓励态度，因为随着医学技术的发展，器官捐献对救死扶伤、促进医学发展等具有重要意义。器官捐献行为也有助于弘扬社会主义的互助精神，并有助于医学的发展。因此，具有完全民事行为能力的自然人依法有权自主决定无偿捐献其人体细胞、人体组织、人体器官。个人对其身体组成部分进行合法捐赠，只要不违反法律规定和公序良俗，法律也不禁止。随着生物科技的发展，无偿代孕也得到了许多国家的承认。此外，人们日常生活中的很多活动都是积极行使身体权的表现，如自己刮胡子、剪指甲、剪掉手指上的死皮、献血，同意他人为自己理发、修眉毛、纹身，这些都体现了对身体、健康的处置或利用。

其三，在健康权方面，虽然《合同法》第 53 条禁止当事人之间订立造

---

① *Anne Laude*, Bertand Mathieu, Didier Tabuteau, Droit de la santé, Paris, PUF, 2009, p.581.

② ［日］五十岚清：《人格权法》，［日］铃木贤等译，北京大学出版社 2009 年版，第 188 页。

成对方人身伤害的免责条款，但这并不是说，健康权完全无法行使。如在特殊情形下依法进行的人体试验（如药物开发过程中的临床药物试验），就涉及试验者健康权的行使。又如我国《侵权责任法》第55条所规定的患者的自主决定权：在进行诊疗手术之前，医院如果进行手术等重大诊疗行为的，必须事先征得患者的同意才能进行相应的手术。这也是患者对自己身体权、健康权进行行使和处分的行为。上述实例表明，健康权也是可以进行积极行使，而非只能消极防御的权利。

三、消极防御说忽略了精神性人格权的积极行使和利用

消极防御权理论主要以物质性人格权为理论原型，其中心在于物质性人格权的消极防御和保护，而忽略了精神性人格权的产生和发展。精神性人格权主要包括姓名权、肖像权、名誉权、荣誉权、隐私权等人格权。随着社会的发展，精神性人格权的商业利用已成为经济选择的必然。诸如姓名、名称的决定、变更与使用，肖像的拥有、再现、许可和公开，隐私的隐瞒、处分、自主使用权等都是人格权积极行使的体现。事实上，在人格权体系中，人格权作为一种开放的、发展中的权利，其中最为重要的发展表现在精神性人格权方面——许多精神性人格权在行使和利用方面逐渐扩张。

消极防御说忽略了精神性人格权的积极行使，无法回应现代社会发展的需求。随着经济社会的发展，尤其是现代大众传媒业的发展，个人姓名、肖像等精神性人格权益的利用方式越来越多样化。例如，光学技术的发展促进了摄像技术的发展，也提高了摄像图片的分辨率，使得夜拍图片具有与日拍图片同等的效果，这也使得对肖像权的获取与利用更为简便。同时，随着现代科学技术的发展，许多新型人格利益不断涌现。这些新型人格利益的利用也日益普遍，如个人特有的声音也可以成为经济利用的对象。再如，我们已经进入了一个大数据时代和信息社会，大数据技术能够有效整合碎片化的个人信息，实现对海量信息的分析和处理，而且通过共享发挥其经济效用。这也使得个人信息所包含的经济价值日益凸显。从比较法上看，许多国家都在

立法或者司法实践中积极回应了人格权的积极利用问题。例如，德国联邦宪法法院在"人口普查案"中对"个人信息自主权"即主体对自己信息的控制、知悉、查阅、修改和删除权的创设。① 美国 1974 年《隐私法案》（Privacy Act）也对个人信息的利用作出了规定，如该法第 552a 条就规定了个人信息的利用问题。最近，美国加利福尼亚州也通过了《2018 加州消费者隐私法案》，强化了消费者对其个人信息数据的处置权，堪称是全美各州最严网络隐私保护法规。欧盟《一般数据保护法》（GDPR）也对个人信息的积极利用作出了规定，例如，该法第 6 条即对个人信息处理的合法性作出了规定，其中也包括了个人信息的积极利用。

人格权消极防御说忽略了精神性人格权的积极利用，而这正是人格权在当代社会中的发展趋势。具体表现在如下几个方面。

第一，姓名权、名称权的积极行使和利用。姓名的主要功能在于防止个人身份的混淆，但随着社会的发展，姓名所具有的身份区分功能也使得其具有商业利用的价值。例如，在日本"暴力团成员更姓案"、"近亲性侵被害者更姓案"中，则对当事人姓名变更权予以支持。② 德国联邦宪法法院在"真实表达自己姓名之权"裁定对姓名使用权进行了认可。③ 再如，将名人姓名用于商业广告可以对商品或者服务的销售起到重要的促进作用。在德国法上，最先肯定姓名权中包含经济价值的案件是 1959 年的 Caterina-Valente 案。在该案中，联邦最高法院认为，在原告事先已经对其姓名进行商业化利用的前提下，应以假定的许可使用费作为损害赔偿的计算标准。在我国，依据法律规定名称权可以转让，在司法实践中姓名也可以用作商标或企业名称。从立法层面看，《民法通则》第 99 条规定："企业法人、个体工商户、个人合伙有权使用、依法转让自己的名称。"该条对名称权的利用规则作出了规定。这一立法经验都应当在我国民法典中继续予以保留。

---

① 参见《德国联邦宪法法院裁判选辑》（一），萧文生译，载《司法周刊》1995 年，第 288—384 页。

② 参见张红：《姓名变更规范研究》，载《法学研究》2013 年第 3 期，第 79 页。

③ BVerfGE 97，391，408.

第二，肖像权的积极行使和利用。最初人格权保护的是身体的完整性，但人们逐渐认识到，肖像权，包括其中的经济价值，也有保护的必要。最先肯定肖像权中经济价值的案件是 1956 年的 Paul Dahlke 案，德国联邦最高法院在该判决中称，对肖像权的保护不仅体现在行为人未经许可利用他人肖像权时的经济赔偿责任，还体现在赋予权利人对其肖像享有"经济价值的专有权"（vermögenswertesausschliesslichkeitsrecht）。即权利人有权据此许可他人有偿使用其肖像权，被告应当赔偿原告遭受的损失，该损失按照被告取得原告许可使用其肖像权所应当支付的费用计算。[①] 人格权的商业化利用以及人格权包含"财产"和"精神"两方面是未来的发展趋势。而在具有财产利益的前提下，人格权具有积极利用的权能。从立法层面看，我国《民法通则》第 100 条规定："公民享有肖像权，未经本人同意，不得以营利为目的使用公民的肖像。"该条实际上是肯定了肖像权的商业化利用。

第三，名誉权、信用权的积极行使和利用。传统上，法律关于名誉权的规则主要处理名誉权受到侵害后被保护的问题，但现代市场经济社会在名誉权的基础上又产生了一种新的名誉利益即信用利益。信用是一种对个人经济活动能力的评价，良好的信用既可以便利个人的经济活动，也可以通过为他人提供担保等方式而积极利用。同时，在信用权益遭受侵害时，权利人除遭受精神损害外，还可能遭受一定的财产损失，权利人有权请求行为人承担财产损害赔偿责任。从实践来看，随着个人信息的收集、"黑名单"设置、信用记录的收集等现象的出现，信息失真、记载错误等也给相关当事人的社会生活和经济交往活动带来了不良影响。在行为人实施上述行为，即使未确定是否构成侵权，权利人也有权主张修改、补充、更新乃至删除。这也是人格权积极行使或者利用的具体体现。

第四，隐私权的积极行使和利用。现代社会，隐私的保护越来越重要。美国有学者指出，法律的最严峻挑战是如何保护个人的隐私。[②] 隐私权最初

---

① BGHZ 20，345；NJW 1956，1554.

② Michael Froomkin，"Cyberspace and Privacy: A New Legal Paradigm? The Death of Privacy?" *Stanford. Law Review*，Vol.52，2000，p.1476.

的功能限于维护个人私人生活的安宁，但随着社会的发展，隐私权的权能也在不断扩大，其也包括了权利人对其私人生活的自主决定权。如个人有权独立安排自己的私人生活、有权控制自己的个人信息等。这种对自我生活的控制也是隐私权的重要内容，也体现了隐私权的积极行使效力。这种自我决定不仅仅是消极的防御，还包括对个人行为的自主决定。例如，个人将其经历写成个人传记出版、销售，允许他人将自己的隐私写成小说、剧本发表，或者借助网络直播其私人生活情况等。又如，在网络直播平台上，在不违反公序良俗的情况下，有人自愿放弃自己的隐私，向付费的观众直播等。只要不违反法律的强制性规定和公序良俗，法律也不禁止，此类情形均属于对隐私权的积极利用。

第五，个人信息权的积极行使和利用。20世纪以来，比较法上，普遍认为对个人信息权利保护的目的旨在保护个人对其个人信息的自决。个人对与其人格利益有关的事务，也享有决定权。此种自决就包含了对个人信息的利用等自主决定。随着互联网、大数据技术的发展，个人信息的利用已经形成了一个巨大的产业。另外，在个人信息收集、利用不完整的情形下，其权利人享有修改、更正、补充等权利。在行使该权利的情形下，即便行为人没有构成侵权，也应强化对个人信息权利的保护，赋予其请求相关主体对信息进行补充、更正、修改以及回应等积极权能，而不能仅在构成侵权时才对其进行救济。

上述分析表明，人格权本身就是为了保护人格尊严和人格自由。人格自由的发展是实现日益增长的美好生活需要的必然要求。这不仅要求保障人格尊严、人格自由不受侵害，还要求允许个人利用其人格要素不断完善发展自身，这也是人格发展的重要内容。就人格权的积极行使而言，只有允许权利人积极依法行使其人格权，才能增进个人人格自由。例如，取名不当，应当允许个人对不当的姓名予以更改；个人信息记录记载不实，应允许个人请求删除、更正；某企业将某人长期、不合理地列入"黑名单"，影响个人的经济活动，个人应有权要求将其从名单中删除；患者就诊，医疗机构在实施手术、特殊检查、特殊治疗时，应当向患者说明医疗风险、替代医疗方案等情况，并取得其书面同意，等等，所有这些都是人格权行使的重要体现。在权利人行使这些权利时，并不以相对人的行为是否构成侵权为前提。

人格权兼具消极防御和积极利用的权能。人格权的这一系列发展说明人格权本身究竟是消极防御的权利，还是积极利用的权利，不是由先天的某一种知识所决定的，也不是由某一种观念所左右的。相反，它取决于我们经济和社会的发展以及科学技术的进步。权利的本质是实现人们利益的法律上之力。[①] 这就决定了权利作为利益的实现方式会随着利益内涵的发展而延伸出不同的实现形式，这是权利流变的必然结果，也是权利应对社会发展的自我完善方式。[②] 如果说 19 世纪到 20 世纪中叶对物质性人格权的认识是带着彼时人文主义思潮的余温的，那么，20 世纪中叶至今人格权自我决定权、商业利用权的发展则是比较法与中国法共同选择的必然。于此之时，摆脱《法国民法典》、《德国民法典》、《瑞士民法典》这三部世界公认的杰出法典于编撰之初不可避免的局限，正视人格权发展的必然，才是 21 世纪人格权立法当有的继往开来之意。

四、人格权保护方式的多样化促使人格权从消极防御向积极权能发展

人格权消极防御说的主要依据在于对生命、健康权采取一种消极的防御方式。消极防御方式可以保护生命健康权，也可以保护精神性人格权。然而，仅仅是消极的防御方式不足以实现对人格权的全面保护。这是因为人格权作为绝对权，应当具有损害预防的功能。即使是在没有构成侵权的情形下，只要有可能将要造成对人格权的侵害，权利人也可以主张人格权请求权，预防未来发生的损害。尤其是在互联网、大数据时代，强化对侵害人格

[①] 彭诚信：《主体性与私权制度研究——以财产、契约的历史考察为基础》，中国人民大学出版社 2005 年版，第 190—191 页。

[②] 张红：《人格权各论》，高等教育出版社 2015 年版，第 9 页。

权损害后果的预防更加重要。① 网络技术在给我们带来极大便利的同时，也给我们的生活带来了一些负面影响。与传统社会的信息传播方式不同，网络信息的传播具有即时性，而且网络的无边界性以及受众的无限性，可以瞬间实现全球范围的传播，并可以无数次地下载，从而使得网络环境对信息的传播具有一种无限放大效应。甚至可以说，在网络环境下，侵害人格权的损害后果具有不可逆性——损害一旦发生，即难以恢复原状。② 因此，就人格权保护而言，应当更加重视对损害后果的预防。例如，对个人信息的保护，如果存在巨大的安全隐患，可以采取加密等措施保护信息的安全。为防止损害后果的发生和扩大，即便损害尚未发生，也应当赋予个人积极维护其个人信息安全的权利。

还应当看到，为了强化对人格权的保护，仅仅使得相对人负有不侵害义务是不足够的，还需要依法确定相关主体的积极作为义务。例如，对网络平台施加一定程度的积极作为义务。在进行网络交易时，网络用户可能需要提交大量的个人信息，而且在交易过程中，网络用户的消费习惯、消费能力、个人地址等也可能会被网络交易平台利用 Cookie 技术等收集。因此，可以说，一些大型的网络交易平台掌握着海量的个人信息，一旦这些个人信息被泄露或者被用作不当用途，即可能对网络用户的隐私和个人信息造成重大损害。在大数据的开发中，单个数据的价值可能是很有限的，但是当相当数量的数据积累起来，通过特定的算法和整理，就会从量变到质变，变成和个人的私人生活和人格尊严密切联系的信息。平台如果对众多的个人信息进行收集、分析和利用，就可能对个人的私人生活造成重大妨害。尤其是，如果平台未采取必要的安全维护等措施，导致海量的个人信息泄露，其造成的后果也是非常严重的。所以，在此情形下，信息权利人应当有权请求平台采取相关措施，履行信息安全保障义务，防止个人信息的泄露。

---

① ［德］瓦格纳：《损害赔偿法的未来——商业化、惩罚性赔偿、集体性损害》，王程芳译，中国法制出版社 2012 年版，第 128 页。

② Creech, *Electronic Media Law Regulation* (*FifthEdition*), Elsevier Focal Press, 2007, p.288.

在互联网和大数据时代，名誉、隐私、肖像、姓名等精神性人格权，很容易遭到他人的侵犯，且损害后果具有易扩散性和不可逆性。如果将人格权的效力界定为纯粹消极防御性的权利，则只有在遭受侵害后，权利人才能主张救济，这显然不利于保护人格权。因为在许多情形下，即便相关行为尚不构成侵权，个人的人格权的实现也可能受到不当影响。此时，应当允许权利人积极行使人格权，以消除影响其人格权圆满实现状态的原因，防止损害的发生和扩大。从比较法上看，许多国家都在保护人格权中承认了回应权、更正权等权利，借鉴这些立法和司法审判经验。我国有必要突破人格权消极防御的理论瓶颈，允许权利人采取一些必要的保护人格权的措施。具体而言，包括如下几种：

一是更正权。更正权是指新闻媒体所刊载的报道内容失实或有明显错误，侵害他人人格权的，受害人有权要求媒体及时更正。如果媒体拒绝更正，权利人有权请求人民法院责令其限期作出更正。新闻报道具有很强的时效性；在不实报道刊出后，如果在受害人请求后，媒体及时作出更正，将可以把对受害人人格权的侵害降低至最低限度，在最大程度上减少损害。[1] 我国已经有行政法规对更正权做出了规定。《出版管理条例》第27条第2款规定："报纸、期刊发表的作品内容不真实或者不公正，致使公民、法人或者其他组织的合法权益受到侵害的，当事人有权要求有关出版单位更正或者答辩，有关出版单位应当在其出版的报纸、期刊上予以发表；拒绝发表的，当事人可以向人民法院提起诉讼"。

二是回应权。回应权（right to reply）是指有关报刊、网络等媒体披露报道直接涉及他人名誉和其他人格权益，权利人认为其中的事实存在错误，可以请求该媒体及时免费刊载其澄清相关事实的回应。该权利最早源自法国，由法国1881年7月29日颁布的法律所规定，它一开始就被认为是一项人格权。《瑞士民法典》在1983年修订后，以第28、281条等条文详细规定

---

① 陈力丹：《更正与答辩——一个被忽视的国际公认的新闻职业规范》，载《国际新闻界》2003年第5期，第32页。

了"回应权"。法律承认该权利的必要性在于，赋予受害人回应的权利就能够使其在发现相关事实失实后，能够迅速针对不实事实作出澄清，消除相关报道可能产生的不良后果。① 因此，回应权也可被视为是消除影响的一种具体方式。在更正和回应的情况下，根本不需要确定有侵权的发生。也就是说即使在没有确定发生侵权的情况下，如果出现了需要更正或者回应的情形，权利人也有权行使这些权利。这是为了维护名誉的完整性，防止不法侵害的发生和扩大等多重功能。

三是诉前禁令。从比较法上看，在人格权遭受威胁或者持续侵害的情形下，几乎所有的法律体系中都采用了禁令制度。② 禁令的适用并不要求具有不法性，也不要求具有过错，③ 在互联网和大数据时代，这一救济方式对人格权的保护具有重要意义，我国人格权编应当对其作出规定。事实上，我国司法实践中已经开始采用这一救济方式（例如，在"钱钟书书信案"中，法院即采用了诉前禁令的方式），有必要在人格权编中作出规定。④

四是请求删除、修改、补充权。随着个人信息的收集、"黑名单"设置、信用记录的收集等现象的出现，信息失真、记载错误等也给相关当事人的社会生活和经济交往活动带来了不良影响。如果出现此种情形后，应当允许权利人请求就相关失真和错误的信息进行删除、修改和补充。⑤ 在行使该权利的情形下，即便行为人没有构成侵权，也应当强化对个人信息权利的保护，赋予其请求相关主体对信息进行删除、修改和补充等积极权能，而不能仅在构成侵权时才对其进行救济。

---

① *Kerpen*, Das internationale Privatrecht der Persoenlichkeitsrechtsverletzungen, 2003, S.134.

② *Guldix & A Wylleman*, De positie en de handhaving van persoonlijkheidsrechten in het-Belgischprivaatrecht, TijdschriftVoorPrivaatrecht, 1999, p.1645 ff.

③ *Kerpen*, Das internationale Privatrecht der Persoenlichkeitsrechtsverletzungen-Ein Untersuchung auf rechtsvergleichen der Grundage, 2003, S.26.

④ 参见李恩树：《钱钟书书信案引出新民诉法首例诉前禁令》，载《法制日报》2014年2月26日第5版。

⑤ 参见张钱：《个人征信侵权责任认定中存在的问题分析》，载《法律适用》2014年第3期，第64页。

上述这些对人格权保护的措施本身就是人格权积极权能的体现。人格权的所有这些多元化的保护方式已经大大突破了对人格权的简单消极防御，而施加给特殊行为主体以更为积极的行为义务，使得人格权主体对其人格权的保护更为主动、有效和全面。

五、人格权的积极行使与利用必然要求强化人格权立法并使其独立成编

对人格权属性的探讨并不是为了满足某种理论的偏好，其也会对民法典人格权编的体系、规则设计产生重要的影响。如前所述，反对人格权独立成编的理由在于，人格权属于消极防御性的权利，只有在遭受侵害的情形下，受害人才能依据侵权法规则主张权利，权利人不能积极行使人格权。鉴于此，只需要简单列举人格权的类型即可，侵权法规则足以应对人格权保护问题。

笔者认为，随着人格权的观念的发展和人格权积极利用权能被揭示出来并日益凸显，在有机会重新制定民法典时，应重新设计相关制度体系。在此首先涉及对人格权的确认问题，这就是拉伦茨和卡纳里斯教授所指出的，应当确立权利所具有的归属功能，也就是说，这些权利具有哪些内容，应当归属于谁，由谁支配和行使。在德国，除了前述对物质性人格权积极权能的学理分析，司法实践和学理还将姓名权、肖像权等具体人格权归为《德国民法典》第823条第1款意义上的"其他权利"，它们同样具有利用功能和排除功能。这一点已经成为共识。① 不仅如此，在不当得利法领域，姓名权、肖像权的归属内容也已被承认，即由权利人得自主决定是否将自己的姓名、肖像交给第三人商业化利用。②

在我国，正如前述，物质性人格权已有积极行使的实践。而姓名权和肖像权等精神性人格权的积极权能便更无疑问。比如，权利人使用姓名以表明

① *Jauernig/Teichmann*，16. Aufl.，2015，BGB §823 Rn.12 f.

② *BeckOK BGB/Wendehorst*，2017，BGB §812，Rn.130；*Schwab*，in: Münchener Kommentar zum BGB，7. Aufl.2017，BGB §812，Rn.312.

自己的身份，固然体现了姓名权的积极权能。然而，在他人询问的情况下，拒绝告知自己的姓名，同样也是姓名权的行使，同样体现了姓名权的积极权能。这表明，即使没有发生侵权行为，权利人仍然能积极行使姓名权。又如，权利人不仅自己能公开自己的肖像，还可以同意他人制作、公开自己的肖像。即未经权利人许可，他人不得制作和公开权利人肖像。人格权有积极的使用权能，便存在依法确权的问题。这种确权功能显然是侵权法作为救济法难以负担的功能，只能由作为权利法的人格权法负担。正是因为人格权能够行使或积极利用，法律上有必要对人格权行使和利用的效力、利用的方式等作出规定。而这些问题显然不能交给侵权责任法解决，只能通过独立成编的人格权法来加以规范。

人格权的行使规则不仅涉及人格权制度本身，还涉及人格权制度与其他制度的协调。因而除了使人格权制度规则体系本身日益丰富外，还应使人格权制度越来越多地与合同法律制度等发生关联。这也就使得人格权制度突破了侵权法的调整范围，难以完全通过侵权法规则调整人格权制度，客观上也要求人格权应当在民法典中独立成编。具体而言，人格权法中应当规定如下内容：

一是人格权权能的全面性，需要人格权立法对人格权进行正面确权。如前所述，人格权除了消极防御权，还有积极利用和行使的权能。如因身体健康权的行使，使权利人享有行动自由、自主决定是否捐献器官等权利。又如，姓名权人有权自主决定、使用、变更或许可他人使用自己的姓名。再如，肖像权人有权依法自主使用、许可他人使用或公开自己的肖像；隐私权人有权依法利用自己隐私并对自己的私人事务享有自主决定的权利，有权禁止他人非法窥探、跟踪自己的私人活动；信用权人有权禁止他人篡改自己信息数据、损害自己名誉。作为主观权利，权利人必然能支配人格利益。支配不仅是消极防御，还包括积极地行使和利用。[1] 正是因为人格权类型众多，

---

① Neethling, JM Potgieter & PJ Visser, Neethling's law of personality, LexisNexis South Africa, 2005, p.12.

每种具体人格权的内涵差别很大，且各自权能均有全面性和多样性。面对这种复杂的权利格局，要想在民法典中提高人格权保护，就不可能仅仅列明各项具体人格权的名称即可，还要详细规定人格权的权能。只有这样，才能达到立法目的。这当然也就意味着，仅仅体现消极保护和防御功能的侵权法无法实现人格权的全面保护目的，还要通过人格权专门成编，利用足够的立法资源空间来详细规定人格权的积极权能。

二是系统规定人格权的行使。人格权虽然具有消极防御权能，但从实践来看，权利人通过积极权能来积极行使人格权的情形更为常见，且问题也更为复杂。要解决这些问题，客观上也需要人格权独立成编。以姓名权为例，权利人虽然有决定姓名的权利，但权利人能否不随父母姓而选择第三姓，或者干脆放弃姓氏，或者用超长的姓名（如某人取名"成功奋发图强"等），均涉及姓名权的行使，需要法律明确其行使规则，以在保护权利人的同时，维护社会公共秩序的需要。另外，在行使人格权和确认人格权时，还会涉及相关的问题。例如，《民法总则》第110条所规定的身体权，在当代社会就可能涉及医疗、器官移植、人体捐赠、生物实验、遗传检查和鉴别、代孕、机构监禁、精神评估等特殊问题。所有这些都使对人格权进行更多层次和更复杂地调整成为必要，而这只能通过独立成编的人格权法才能得到更好地贯彻和实现。

三是系统规定人格权积极利用（即人格要素的利用）制度。人格权积极利用权能发展最为典型的体现就是人格权积极利用制度。随着市场经济的发展，人格权的经济利用日益普遍，受到了许多国家法律制度的承认。从我国司法实践来看，因姓名权、肖像权、个人信息等人格权益经济利用而引发的纠纷也日益普遍。我国人格权立法应当对人格权积极利用法律制度作出系统规定。以个人信息为例，美国传统上更注重个人信息利用，促进数据产业的优势地位，欧盟更注重个人信息保护。但现在出现了共同的趋势，即在数据的开发、共享中，应当重视对个人信息的保护。目前在我国数据产生的发展过程中，既要鼓励数据的开发、利用和共享，以促进数据产业的发展，但也同时要提高对个人信息的保护关注度，完善保护规则。例如，现在在数据共享中，数据开发者是否需要取得信息主体的同意，分享者获得数据后如何使用这些数据，在没有授权的情形中，哪些数据可以分享，哪些数据不能分享等等，这些都有必要在民法典中得到规范。这些界限不清晰，数据共享就很容易变成数据的有偿交易，而造成对信息权利人的权利侵害，并且无法实现数据共享的长期健康发展。另外，为有效规范人格权的积极利用权能，防止权利人不当行使其人格权，也需要人格权立法有效规范人格权的积极利用权能，防止人格权的不当行使而损害人格权人的利益。例如，关于器官捐赠、人体医学试验等，涉及身体权、健康权的积极行使，需要人格权法予以有效规范。这也有利于保护人格权人的利益，防止个人出于经济利益等方面的需要而对自己的人格权益作出不当处分。

四是规定人格权的一些特殊保护方法。在法律上明确规定更正权、回应权、诉前禁令等措施。即便在不构成侵权的情形下，也应当允许权利人积极主张上述权利，以预防损害的发生和扩大。

由此可见，人格权积极权能的发展将会对我国人格权立法乃至民法典的体系等都产生深远的影响。因而，侵权责任编已经无法容纳如此丰富、具体的内容，而需要民法典中预留空间规定上述内容。尤其是着眼于现代社会人格权未来的发展，应当通过独立的人格权编为人格权的行使和权能的发展预留空间。

六、结 语

一百多年前，德国学者奥托·冯·基尔克（Ottovon Gierk）在其《德国私法》一书中以近乎狂热的激情为采纳人格权这一概念发出了呐喊，"人格权是一种主观权利，它必须得到每一个人的重视"。[①] 现代社会，随着人格权制度的发展，许多人格权不再是消极防御性的权利，而是逐步具有可以积

① 转引自［德］汉斯·哈腾鲍尔：《民法上的人》，孙宪忠译，载《环球法律评论》2001年第 4 期，第 399 页。

极行使、甚至利用的权能。法律既要充分保护个人的人格尊严，也要促进个人人格的自由发展，以实现法律规定人格权制度的目的。在人格权呈现出从消极防御到积极行使与利用的发展趋势下，人格权法也应充分适应此种变化。只有充分认识到这一点，我们才能更好地把握人格权的发展趋势，不断完善我国民法典的人格权制度。

论人格权独立成编的理由 *

　　人格权制度的勃兴是现代民法最为重要的发展趋势，从世界范围来看，各国都普遍强化了对人格权的保护，我国也不例外。我国正在制定的民法典应当将人格权独立成编，这不仅是有效应对科技进步和社会发展的需要，也是全面保障人格尊严的要求。人格权独立成编有利于完善我国的民法体系，解决人格权的民法规范难题。人格权独立成编具有充分的实践基础和价值基础，而且能够解决我国人格权保护的现实问题。通过人格权独立成编，将使我们民法典真正成为一部科学的、能够屹立于世界民法典之林的、面向 21 世纪的民法典。

一、人格权独立成编是有效应对科技进步和社会 发展的需要

（一）高科技、互联网的发展提出了人格权保护的现实问题

　　21 世纪是互联网、高科技和信息爆炸的时代，现代科技是价值中立的，① 科学技术的迅速发展是一把双刃剑，一方面，其给人类带来了巨大的

---

　　*　原载《法学评论》2017 年第 6 期。

　　①　张志成：《论科技法学的法理学基础及其二元结构》，载《科技与法律》2005 年第 3 期。

福祉，极大地改变了人类的生产和生活方式。另一方面，科学技术一旦被滥用，反过来也可能损害个人的隐私、个人信息、生命健康等，从而损害人类的福祉。例如，随着生物科技的发展，代孕问题、DNA 鉴定错误等问题变得越来越普遍。针对现代科学技术发展对个人隐私等人格权带来现实威胁，美国学者 Froomkin 提出了"零隐权"的概念，认为各种高科技、互联网的发明在给人类带来巨大福祉的同时，也都有一个共同的副作用，即对我们的隐私权保护带来了巨大威胁。① 例如，互联网、卫星技术、生物辨识技术、监控技术等越来越多地成为个人信息收集的工具，以前科幻小说中假想的通过苍蝇携带相机到他人家中偷拍，已随着无人机技术的发展变成了现实。各种高科技的发明已经使得人类无处藏身，如何强化对隐私权等人格权益的保护，成为现代法律制度所面临的最严峻的挑战。②

互联网技术的发展给人格权特别是隐私权的保护带来了巨大挑战。事实上，早在一百多年前，Samuel D. Warren 和 Louis Brandies 在论述隐私权时就曾警告："无数的机械设备预示着，将来有一天，我们在密室中的低语，将如同在屋顶大声宣告般。"③ 随着互联网的发展，各种"人肉搜索"泛滥，非法侵入他人邮箱、盗取他人信息、贩卖个人信息、窃听他人谈话的现象时有发生，通过网络非法披露他人短信、微信记录等行为更是屡见不鲜，此类的行为不仅污染了网络空间，更是构成对他人人格权的侵害。例如，在著名的"艾滋女网络谣言案"等案件中，行为人就是通过散布网络谣言的方式，侵害他人的人格权益。由于互联网登录和使用的自由性，使得通过网络侵害人格权的行为具有易发性，同时，互联网受众的无限性和超地域性也使得其对通过侵害人格权的损害后果具有一种无限放大效应，

---

① See A. Michael Froomkin, Cyberspace and Privacy: A New legal Paradigm? The Death of Privacy?52 Stan.L.Rev.1461，2000.

② 徐明：《大数据时代的隐私危机及其侵权法应对》，载《中国法学》2017 年第 1 期。

③ "Numerous mechanical devices threaten to make good the prediction that 'what is whispered in the closet shall be proclaimed from the housetops'"，Ellen Alderman and Caroline Kennedy, The right to privacy，323（1995）.

也就是说，相关的侵权信息一旦发布，即可能在瞬间实现世界范围的传播，相关的损害后果也将被无限放大，这也使得损害后果的恢复极为困难。因此，在互联网时代，如何预防和遏制网络侵权行为，是现代法律制度所面临的严峻挑战。

随着现代科学技术的发展，我们已经进入了一个大数据时代和信息社会，大数据的发展使得个人信息所包含的经济价值日益凸显。大数据技术能够有效整合碎片化的个人信息，实现对海量信息的分析和处理，从而发挥其经济效用。但大数据技术的开发也涉及个人人格权益保护尤其是对隐私和个人信息自主决定的保护。① 据《中国网民权益保护调查报告（2015）》显示，近一年来，网民因个人信息泄露、垃圾信息、诈骗信息等现象，导致总体损失约 805 亿元，人均 124 元，其中约 4500 万网民近一年遭受的经济损失在 1000 元以上。这实际上也提出了个人网络信息安全的现实问题。因此，需要有效规范个人信息的收集与利用行为，妥当平衡个人人格权益保护与个人信息利用之间的关系、个人信息保护和数据资产化之间的关系。

生物技术所引发的人体胚胎、代孕、整容以及器官移植、人体器官捐赠、生物试验等，都对人的主体性和人格尊严保护带来了现实威胁。人从主体沦为客体的担忧也越来越具有现实性。② 人工智能的发展也涉及人格权保护问题，由于人工智能通过模仿他人的声音、形体动作等，能够像人一样表达，并与人进行交流，现在很多人工智能系统把一些人的声音、表情、肢体动作等植入内部系统中，但如果未经他人的许可而模仿他人的声音，就有可能构成对他人人格权的侵害。此外，光学技术、声音控制、人脸识别技术的非法利用都使得声音、肖像的保护日益重要。例如，光学技术的发展促进了摄像技术的发展，也提高了摄像图片的分辨率，使得夜拍图片具有与日拍图片同等的效果，这也使得对肖像权的利用更为简便；再如，在

---

① 谢远扬：《信息论视角下个人信息的价值——兼对隐私权保护模式的检讨》，载《清华法学》2015 年第 3 期。

② 刘媛：《十字路口上的未来：基因专利问题研究》，载《科技管理研究》2015 年第 4 期。

我国，面部识别技术、视网膜识别等技术获得重大发展，使得个人身份的确认更为简便，这些技术一旦被滥用，即可能对个人人格权益的保护构成重大威胁。

本世纪初，华裔著名经济学家杨小凯就提出，如果中国仅仅重视技术模仿，而忽视制度建设，后发优势就可能转化为后发劣势。① 因此，我们不能仅注重技术的运用，而忽视其可能带来的负面效果。以互联网技术为例，我们已经深刻感受到了互联网所带来的巨大利益，但对其负面效果仍然没有得到应有的重视。随着高科技和互联网的发展，现代民法制度所遇到的最严峻挑战是互联网环境下的人格权保护问题，所以，21世纪民法需要与时俱进，把人格权保护提上重要日程。

（二）市场经济的发展、商业模式的改变对人格权保护的挑战

市场经济的发展、商业模式的改变以及网络营销等发展，在深刻改变我们消费方式的同时，也对我们的个人信息安全、隐私权保护等构成了一定的威胁。个人信息的收集与利用极大地促进了社会经济的发展。据统计，2016年，全球大数据市场规模实现16.5%的增长，预计将连续3年保持增速在15%左右。② 由于电子商务的迅猛发展，网络购物如今已经飞入寻常百姓家，成为许多人的日常生活的必备内容，电子商务带来诸多的新型广告模式，如针对特定消费者个人消费癖好的分析，商家投放具有明确针对性和个性化的广告。这就意味着电子商务过程中必然涉及对消费者大量信息的收集和利用，从而也会给个人隐私权等人格权益的保护带来现实挑战。据中消协发布的《2014年度消费者个人信息网络安全报告》显示，利用网络手段"窃取"和"非法使用"消费者个人信息的现象呈现爆发性增长态势，消费者也因此遭受了巨额损失，约有三分之二的消费者有个人信息被泄露的经历。③ 据腾讯社会研究中心与DCCI互联网数据中心联合发布的《网络

---

① 参见涂子沛：《数据之巅》，中信出版社2014年版，第337页。
② 参见王轶辰：《大数据怎么赚钱》，载《作家文摘》2017年7月25日第13版。
③ 《三分之二消费者个人信息被泄露》，载《京华时报》2015年3月15日。

隐私安全及网络欺诈行为研究分析报告》（2017 年一季度）显示，手机应用 APP 存在越界收集个人信息的行为，96.6% 的 Android 应用与 69.3% 的 iOS 应用都存在不当获取用户手机隐私信息的情况，而有 25.3% 的 Android 应用存在越界获取用户手机隐私权限的情况，这些越界获取的个人信息已经成为网络诈骗的主要源头。① 网络空间"侵权易、维权难"的局面依然严重存在。

现代商业营销具有精准投放的特征，其以收集和利用个人信息为基础，也提出了对个人信息、个人隐私保护的现实问题。一些商家违规收集个人信息，或者违反约定利用个人信息，这实际上都构成对个人信息权利的侵害。例如，一些网络小贷公司向借款人放款时，会要求借款人提供其日常生活常用的一些 App 应用的账号和密码，允许小贷公司登录，获悉借款人的日常消费痕迹，来判断借款人是否具有偿还能力。借款人为了获得借款，不得不同意这些强加的条件。但一旦允许小贷公司登录其日常的应用，则个人隐私完全暴露在小贷公司面前。如果小贷公司不注重保护借款人的这些隐私，甚至恶意利用、转售他人，则借款人的隐私将彻底泄露出去，个人生活将完全暴露在外界面前，毫无隐私可言。还有一些从事违法放贷的网络公司，专门针对在校大学生发放小额贷款，在放款时要求借款人尤其是女大学生向小贷公司提供自己裸体并持身份证的照片作为担保，一旦借款人不能按时偿还借款，则小贷公司立即将裸照在网络上公布。② 一些网贷公司甚至恶意对外出售转让借款人的裸照，形成极为恶劣的社会影响。征信制度、黑名单制度的建立也都给个人信息的保护带来了挑战。各种名目繁多的评级、企业自己建立的黑名单制度，因信息失真导致评价不准确，不仅会导致对他人名誉、信用等的损害，也会影响他人正常的经营活动。

---

① 马树娟：《APP 越界获取个人信息已成网络诈骗主源头》，载《法治周末》2017 年 7 月 25 日。

② 盖琪：《"微时代"与"裸贷"：移动互联网语境下的媒介文化症候审思》，载《探索与争鸣》2017 年第 2 期。

此外，现代商业模式的变化也要求强化对企业信用和商誉的保护。例如，通过网络谣言侵害商誉，成为一种常见的恶性竞争手段。[①]互联网时代，自媒体的发展，使每个人都可以借助于互联网论坛、博客、微博、微信等，成为信息的发布者和传播者。每个人都可以对许多人和事予以评价，在浩如烟海的评价信息中，也不乏不当言论和不实之词。这也需要针对此种行为特点设置特殊的法律规则，从而在保障个人行为自由的前提下，准确界定行为人的责任，并有效预防相关侵权行为。

（三）社会形态的巨变凸显了人格权保护的重要性

我国正从农业社会向工业社会、信息社会转变，这一转变过程实际上也是从熟人社会到陌生人社会的变化，这种转变可从多个侧面和角度予以描述，包括网络社会、科技社会、传媒社会、科技社会、消费社会、风险社会、商业社会等，社会变化使得对人格权已经不能再是消极和简单的保护，其涉及社会生活的诸多方面，需要在法律上予以规范。例如，传统社会中无所谓隐私的观念，但在陌生人社会中，隐私保护的重要性就逐渐增强，保护私人生活安宁、对自己事务独立安排等就更为重要。随着信息社会的来临，个人信息保护和自主决定的价值也日益凸显。[②]即便就某一特定类型的人格权而言，其在现代社会所涉及的问题也越来越多，其内容日益复杂化，需要对人格权法确立更多的细致规则。例如，《民法总则》第 110 条所规定的身体权，在当代社会就可能涉及医疗、器官移植、人体捐赠、生物实验、遗传检查和鉴别、代孕、机构监禁、精神评估等特殊问题。所有这些都使得对人格权进行更多层次和更复杂的调整成为必要，而这只能通过独立成编的人格权法才能得到更好的贯彻和实现。

---

① 范卫国：《网络谣言的法律治理：英国经验与中国路径》，载《学术交流》2015 年第 2 期。

② 杨芳：《个人信息自决权理论及其检讨——兼论个人信息保护法之保护客体》，载《比较法研究》2015 年第 6 期。

二、人格权独立成编是维护人格尊严、全面保护 人格权的需要

（一）人格权独立成编是维护人格尊严的需要

维护人格尊严是法律制度的重要目标。人类社会进入 21 世纪后，科技的发展、全球化的发展都增进了人类的福祉，在人们基本的物质生活得到保障之后，对尊严的追求就更加强烈。经过三十多年改革开放的发展，我国现在已经成为全球第二大经济体，广大人民群众的物质生活水平得到了极大的提高，在此背景下，我们不仅要使人民群众生活得富足，也要使每个人活得有尊严。人们对美好幸福生活的向往不仅包括吃得饱、穿得暖，也包括老有所养、住有所居、病有所医，还应当使每一个人活得有尊严。因此，在民法典中加强人格权立法，使其在民法典分则中独立成编，实质上就是为了全面保护人格权，使得人民生活得更有尊严。

人格权独立成编有利于宣示保护人格尊严的理念和价值。在法律上，人格尊严是人格权民法保护的核心要素（the core elements），具有不可克减性。[①] 人格权法律制度的根本目的在于保护个人的人格尊严，各项人格权都体现了人格尊严的保护要求。例如，名誉、肖像、隐私等，都直接体现了个人人格尊严的价值。即使是一些新型的人格权，也体现了这一价值，例如，个人信息实际上展现了个人的数字化形象，[②] 体现了个人对其个人信息平等地享有处分权，从而彰显了个人的人格尊严。中国素有游街示众的文化，其实就是通过有损他人人格尊严的方式形成一种震慑，这种做法在今天仍时有发生并屡见报端。而网络上披露他人隐私、编造各种花边新闻肆意诽谤他人等行为也十分常见。事实上，许多侵害人格权的行为，如污辱和诽谤他人、

[①]　参见上官丕亮：《论宪法上的人格尊严》，载《江苏社会科学》2008 年第 2 期。

[②]　张里安、韩旭至：《大数据时代下个人信息权的私法属性》，载《法学论坛》2016 年第 3 期。

毁损他人肖像、宣扬他人隐私、泄露他人的个人信息等，均不同程度地损害了他人的人格尊严。因此，我国《民法总则》第 109 条为人格权独立成编奠定了价值基础，该条规定："自然人的人身自由、人格尊严受法律保护。"该条首次从宏观层面对"人格自由"和"人格尊严"作了规定，可以说是对现实中侵害他人人格尊严行为的回应，同时，该规定宣示了人格权制度的立法目的与根本价值，即尊重与保护个人的人身自由、人格尊严。这一规定具有鲜明的时代特点，是中国现代民事立法的人文精神和人文关怀的具体体现。

（二）人格权独立成编是全面保护人格权的需要

人格权独立成编就是通过构建人格权体系，为各项人格权益的保护预留了一定的空间。从比较法上看，强化人格权保护是各国立法和司法实践的重要发展趋势，例如，1991 年的《魁北克民法典》、2009 年的《罗马尼亚民法典》，都有十多个条文规定了人格权，《埃塞俄比亚民法典》专门在第一章第二节规定人格权，从第 8 条到第 31 条采用了 24 个条文规定了人格权。《巴西新民法典》第一编第一题第二章以专章的形式（"人格权"）对人格权作出了规定，从第 11—21 采用了 11 个条文对人格权作出了规定。《秘鲁共和国新民法典》第一编（"自然人"）第二题专门规定了人格权，该题从第 3 条至第 18 条共 16 个条文规定了人格权，该编第三题对"姓名"作出了规定（第19—32 条），两题加起来一共 30 个条文。1970 年，《法国民法典》修改时新增第 9 条关于隐私保护的条款①，实际上是将隐私权的保护作为一项基本原则加以规定的。除民法典外，有关保护人格权的国际公约日益增加，如《公民权利与政治权利公约》，都有大量篇章专门处理和规定各类具体的人格权。可见，最新的立法趋势是进一步强化对人格权的保护。

相对于世界发展趋势和现实社会需要，我国《民法总则》的几个条文过于原则、简单，远不能达到全面保护人格权益的立法目的。同时，我国《民

---

① Roger Nerson，《 La protection de la vie privée en droit positif français 》，in Revue internationale de droit comparé，1971, Numéro 4, pp.740 et s.

法总则》第110条虽然对各项具体人格权进行了列举，在一定程度上完成了人格权类型的确认，但其并没有规定各项人格权的具体内容，尤其是义务人应当承担的各项行为义务、尊重人格权应当遵循的各项具体规则、权利行使中各项利益的协调关系，以及在侵害人格权情形下的保护规则等，因此并未真正完成人格权的确权任务。事实上，每一项具体人格权本身就是一项制度，许多人格权还可以进行类型化，如隐私权可以区分为生活安宁、通讯自由、隐私信息自主决定等，而第110条仅仅规定了隐私权，这远远不能涵盖隐私权中具体、复杂的内容，无法真正实现对人格权的确权，这就需要在民法典分则中将该条展开，并在此基础上构建完整的人格权体系。

事实上，我国1986年《民法通则》在规定各项民事权利时单设一节规定了人身权（第五章第四节），其中使用了9个条款规定了人格权，其所涉及的人格权的范围甚至比《民法总则》还要翔实和全面。《民法通则》颁布三十多年来，我国人格权保护制度已经取得了长足的进步，《民法通则》的规定相对简略，需要从如下几个方面予以加强，以更好地满足现实需要：第一，《民法通则》未明确承认身体权，尤其涉及人体器官的捐赠、遗体的处置解剖、人体医学实验、精神病患者被强制医疗等，以言语、行动等方式对他人进行性骚扰的行为也时有发生，需要在法律上作出规定。第二，关于姓名权。我国《民法通则》的规定较为简略，不能适应司法实践中新类型案件增长的需要，因此，我国立法机关就姓名权的保护专门作出了立法解释，最高人民法院关于姓名的变更也作出相关的司法解释，有必要将其纳入民法典之中；此外，涉及法人和非法人名称的登记、转让等，以及名称简称的保护都有必要在法律上作出规定。第三，关于肖像权的保护，《民法通则》第100条以营利为目的作为侵权的要件，这不利于保护肖像权人的利益，对肖像合理使用、肖像权和知识产权的冲突、肖像以外的形象和声音等的规定都付之阙如。第四，关于名誉权，《民法通则》仅用一条作出规定，而最高人民法院专门作出大量的解释和批复，其中涉及名誉权的行使、言论自由和名誉权的冲突、死者名誉保护、对国家机关的批评监督，尤其在网络环境下，涉及网络谣言对他人的侵害，如何通过法律手段防止网络谣言的泛滥，就成为重要的问题。还需要指出的是，有关信用权的问题，无论是《民法通则》还是《民法总则》，都未对其作出规定。有观点认为，信用权在性质上属于名誉权的范畴，不需要规定独立的信用权。但笔者认为，信用权不同于名誉权。例如，征信机构作出的信用评估不实，虽然会对相关个人的经济生活和消费产生巨大影响，但不一定会导致受害人社会评价的降低，并不当然侵害其名誉权。第五，个人信息权。《民法通则》没有规定隐私权，也没有规定独立的个人信息权。现代民法的发展趋势是强化对个人信息权利的保护，有必要在民法典分则中规定独立的个人信息权。第六，关于人格权益的许可使用，《民法通则》并未作出规定，但随着商业实践的发展，人格权的财产利益逐渐受到重视，这使得人格权益的商业化利用更为重要，① 需要在民法典中作出明确规定。这些问题在《民法通则》和《民法总则》中都没有得到解决，需要在民法典中通过具体规范予以落实。只有将人格权独立成编，才能有足够的立法空间解决上述问题。

还应当看到，人格权的体系具有开放性，其类型和内容是不断发展的，② 应当通过独立成编的人格权法为人格权制度预留发展空间。尤其是考虑到现代社会生活的复杂性，科学技术的发展将持续给人与社会的关系带来影响，而人对自身发展的诉求也将随之发展，人的主体性意识和诉求也将增强。在这样的背景下，人格权的类型和内容都会不断发展，法律在未来还会有必要确认新型的人格权益，③ 民法典中关于人格权的类型在未来还可能增加。人格权这种与时俱进的开放性特点，在独立成编的框架下显然更具有可能性，因为在独立的人格权编中，法官可以通过对既有人格权范式的参照和类推适用，发现和确认新型的人格权法益，从而更好地确认和保护新型的人格权益。

---

① 王叶刚：《人格权中经济价值法律保护模式探讨》，载《比较法研究》2014 年第 1 期。

② Jean-Christophe Saint-Pau (dir.), Droits de la personnalité, Lexis Nexis, 2013, p.37.

③ 高圣平：《比较法视野下人格权的发展——以美国隐私权为例》，载《法商研究》2012 年第 1 期。

三、人格权独立成编是完善民法典体系的需要

民法典体系包括两个层面：一是实质体系，又称为内在体系或价值体系（Innere Systematik）①，它主要是指贯彻于法律之中、具有内在统一性的价值和原则。二是制度体系，又称为外在体系（Ausere Systematik），它是指篇章节、基本制度的安排等。人格权独立成编最充分地体现了民法人文关怀的精神和价值。正如孟德斯鸠所指出的："在民法慈母般的眼里，每一个个人就是整个的国家。"② 我国《民法总则》第五章在规定民事权利时，将对人身自由、人格尊严置于本章第一条，这实际上就是在形式上体现了保护人格尊严的价值宣示，使得人格尊严在各项权利保护中具有基础性地位，是所有人身权和财产权保护的根本目的，具有最高的价值。人格权独立成编，并且将人格权编置于分则各编之首，这与《民法总则》的立法理念是一致的，是在作出一种保护人格尊严的价值宣示。我国民法典将人格权法独立成编，有利于突出对人的尊重与保护，其与 21 世纪人文关怀的时代精神是吻合的，而且凸显了民法以关爱人、尊重人、保护人为己任的特点。

人格权独立成编凸显了民法作为"人法"的本质，有助于改变传统民法"重物轻人"的体系缺陷。从古典的民法典体系来看，不论是"法学阶梯"模式还是"学说汇纂"模式，都是以财产关系为中心，其所规定的人的制度都是从"主体"的角度而言的，着眼点在于解决主体参与法律关系的资格与能力，并没有肯定人格权的独立地位，在价值上对人的地位重视不够。③ 而人格权则在于确认人自身所享有、作为其自身组成成分、与其自身不可分离的权利。传统大陆法系国家民法虽然以保障人身权和财产权为己任，却仅在分则中规定了财产权（物权、债权）和身份权（有关亲属、继承的规定），

---

① 参见王泽鉴：《法律思维与民法实例》，中国政法大学出版社 2001 年版，第 225 页。

② [法] 孟德斯鸠：《论法的精神》下册，张雁深译，商务印书馆 1994 年版，第 190 页。

③ 陈华彬：《中国制定民法典的若干问题》，载《法律科学（西北政法学院学报）》2003 年第 5 期。

对人身权中最重要的权利即人格权，却没有在分则中作出规定，这本身表明，传统民法存在着"重物轻人"的体系缺陷。① 如果人格权不能独立成编，分则条款明显是财产法为绝对主导，会给人以民法主要就是财产法的印象，这也将成为我国民法典体系的一大缺陷。因此，我国民法典应当将人格权独立成编，并将其列入分则之首，在全面规定各项具体人格权的同时，对一般人格权作出规定，形成对各种人格权益的周延保护，并弥补传统民法典体系的不足。将人格权独立成编，将构成我国民法典的重要亮点，这也是我们所遇到的历史机遇。

人格权独立成编也与我国《民法总则》所确立的调整对象是相吻合的。我国《民法总则》第2条规定："民法调整平等主体的自然人、法人和非法人组织之间的人身关系和财产关系。"与《民法通则》第2条相比较，该条将人身关系规定在财产关系之前，凸显了对人身关系的重视。这实际上表明，我国民法典要求进一步强化对人身权益的保护，这一精神应当在民法典分则中得到体现。从《民法总则》关于人格权的规定来看，其实际上是为人格权在民法典分则中独立成编奠定基础，一方面，《民法总则》第109条、第110条采用高度概括的方式列举了一般人格权和具体人格权，这些权利的具体内容并没有规定，这就需要在民法典分则中对其作出规定。另一方面，《民法总则》所规定的民事权利实际上都需要通过各个分编以及特别法作出细化规定。例如，物权、债权等都有分编保护，身份权有婚姻家庭法保护，其他投资性权利通过公司法等特别法予以保护，但人格权迄今为止仍缺乏细化的保护规则，这就难以实现《民法总则》的立法目的。

人格权独立成编也是完善人格权自身体系的需要。人格权独立成编要求人格权有内在的逻辑体系，即由人格权的一般规定、各项具体人格权所构成的完善的人格权体系，并且可以在该编中对人格权的具体保护、限制与利用等规则作出详细规定。在人格权自身体系内，有助于实现对人格权的保护和利用，并且以这些既有规范作为基础，通过审判实践能够进一步发展出更详

---

① 孙鹏：《民法法典化探究》，载《现代法学》2001年第2期。

细的规则。如果人格权规范较少，将难以为审判实践提供统一的规范基础，无法形成统一的实践观点，进而无法实现人格权规范的自身发展。

四、人格权独立成编是完善民法典中人格权规范的需要

（一）人格权独立成编是完善《民法总则》人格权规则的需要

《民法总则》高度重视对人格权的保护，虽然《民法总则》使用的条文不多（包括第 109 条、110 条、111 条、185 条），但是该法将人格权规定在各项民事权利之首，而且在第 109 条宣示人格权保护的价值，即人格自由和人格尊严，并通过这一制度确立了一般人格权，为人格权的兜底保护提供了法律依据。同时，《民法总则》第 110 条具体列举了自然人所享有的生命权、身体权、健康权、姓名权、肖像权、名誉权、荣誉权、隐私权、婚姻自主权以及法人、非法人组织所享有的名称权、名誉权、荣誉权等人格权，但这三个条款的具体内容需要进一步细化。《民法总则》虽然仅用了四个条款保护人格权，但将其置于各项民事权利之首，凸显了人格权保护的重要意义。从《民法总则》关于民事权利的其他规定来看，目的是将其留在民法典分则中予以具体完善。因此，《民法总则》的规定实际上是为人格权独立成编奠定了基础。

一是进一步完善人格权的类型。《民法总则》第 110 条列举了自然人、法人、非法人组织所享有的各项具体人格权，虽然这一列举比较充分，但仍然有所遗漏，例如，该条并没有规定信用权，实践中涉及信用的纠纷比较多，一些企事业单位随意进行信用评级，或者信用评级不客观，其所披露的他人个人信息不真实，这也在一定程度上侵害了他人的信用权。[①] 再如，《民法总则》第 111 条虽然规定了个人信息保护规则，肯定了其人格利益属性，但并没有将其规定为一项具体人格权，从比较法上看，各国大多规定了个人

---

① 参见李红玲：《论信用权的若干问题》，载《政治与法律》2006 年第 4 期。

信息权。我国民法典分则对个人信息权作出规定，有利于强化对个人信息的保护。

二是人格权的内容需要进一步细化。如前所述，《民法总则》只是列举了各项具体人格权，而没有对各项具体人格权的内容作出规定，事实上，每一项具体人格权的具体内容都是十分丰富的。例如，隐私权的内容可以进一步类型化为独处的权利、个人生活秘密的权利、通信自由、私人生活安宁、住宅隐私等等。就私人生活秘密而言，又可以进一步分类为身体隐私、家庭隐私、个人信息隐私、健康隐私、基因隐私等。不同的隐私因为类型上的差异，在权利的内容以及侵权的构成要件上，都可能有所差异。再如，就姓名权的保护而言，是否可以扩展到笔名、别名、艺名等，都需要法律作出明确规定。不论是自然人的人格权，还是法人、非法人组织的人格权，也不论是具体人格权，还是一般人格权，都有较为丰富和复杂的权利内容，正是在这个意义上，只有制定人格权法，才能全面确认人格权的各项具体内容，充分体现私权行使和保护的需求。

三是人格权的利用、行使等规则需要进一步完善。随着经济社会的发展，人格权商业化利用实践日益普遍，人格权的积极利用权能日益彰显，因此，我国民法典人格权编应当对人格权的利用、行使等规则作出规定，不仅要列举与表彰各种权能，也要具体规定各种权能的行使与表现效果。尽管人格权原则上不能转让，但某些人格权的权利人可以许可他人对其人格权进行利用。① 例如，肖像权的使用权能可以转让，法人的名称权可以转让。尤其是未来人格权法中规定个人信息权，也必须规定该权利的利用规则。《民法总则》第 110 条只是列举了民事主体所享有的各项具体人格权，而没有对其具体利用权能作出规定，这有待于将来的民法典分则的人格权编作出细化规定。

四是人格权的限制规则需要作出规定。人格权作为一种具体的权利，基于公共利益的维护等目的，可以对人格权进行一定程度上的限制，除了生命

---

① 王叶刚：《人格权中经济价值"可让与性"之反思》，载《广东社会科学》2014 年第 2 期。

健康权因其固有属性具有不可限制性以外，许多人格权都要在不同程度上依法受到限制。例如，我国司法实践很早就确立了公众人物隐私权应当受到限制的规则，但应当如何限制，以及应当在何种程度上受到限制等，均需要法律作出细化规定。民法典人格权编应当对人格权的限制规则作出规定，以更好地协调各项权利之间的冲突。

五是义务人所应当承担的相应的义务。人格权法律规则不仅要从正面确权，其还应当对义务人的义务作出规定。例如，关于个人信息保护，立法除了从正面对个人所享有的个人信息权利作出规定外，其还应当规定信息收集者的安全维护义务，尤其是规定相关主体在个人信息收集、利用过程中的义务。我国《民法总则》第111条对相关主体的安全维护义务作出了规定，也规定了合法收集、利用个人信息的问题，但安全维护义务如何履行？何为合法收集、利用个人信息？等等，该法并没有作出细化规定，需要民法典人格权编对此作出具体规定。

《民法总则》在"民事权利"一章中专门规定人格权，并将其规定在财产权之前，凸显了人格权的重要地位，具有重要意义，但《民法总则》仅用几个条文规定人格权，则难以形成对人格权的保护体系，如果人格权将来不能在民法典分则中独立成编，将难以实现对人格权的全面保护，也无法全面展示我国几十年来人格权保护的进步。

（二）合同编不能解决人格权的利用问题

人格权商业化利用是人格权制度重要的发展趋势，并成为民法保护个人人格的新的领域，[①] 由于人格权商业化利用通常采用合同的实现，也正是因为这一原因，不能完全通过侵权责任法调整人格权商业化利用问题，虽然人格权商业化利用主要通过合同实现，但并不意味着完全可以将其规定在合同法中，而不需要在人格权编中对其作出规定，主要理由在于：

---

① Gert Brüggemeier, Aurelia ColombiCiacchi, Patrick O'Callaghan, Personality Rights in European Tort Law, Cambridge University Press, 2010, p.572.

第一，人格权商业化利用问题并不是纯粹的合同问题，其本身也是人格权的行使问题。按照传统观点，人格权仅具有消极防御的效力，并不具有积极利用的权能，因此，在传统大陆法系国家民法中，人格权主要是通过侵权法和主体制度进行调整的，但随着人格权商业化利用实践的开展，人格权积极利用权能得到了发展，在此情形下，人格权不仅仅具有消极防御的效力，更具有积极利用的权能，这就需要通过"积极确权模式"对人格权作出规范。人格权商业化利用本身是人格权行使的重要体现，需要人格权编对此加以确认和调整，而不能仅仅通过合同加以调整。尤其应当看到，在人格权擅自商业化利用的情形下，能够考虑规定拟制许可使用费标准确定受害人的财产损失数额，或者考虑规定获利返还请求权等，[①] 都已经超出了合同法的范畴。

第二，人格权商业化利用中包含了大量的特殊规则，在人格权商业化利用过程中，涉及相关的财产损失问题，可以考虑采用许可使用费标准或者获利返还，大多数国家的法律认为，人格权中经济价值是可以继承的。[②] 由此表明，人格权商业化利用确实涉及一些特殊的规则。除财产损害赔偿外，人格权商业化利用还涉及对个人人格尊严的保护问题，即法律应当设置相关的规则，防止人格权的过度商业化利用。[③] 例如，对人格权许可使用合同而言，可以考虑在特殊情形下赋予权利人解除该许可使用合同的权利，而合同法仅能对合同解除一般规则作出规定，无法对人格权许可使用合同的特殊法定解除事由作出规定。

第三，合同法无法对人格权商业化利用规则作出详细规定，难以有效调整人格权商业化利用现象。合同法是就一般的财产交易规则的规定，其规则对各种交易关系均具有可适用性，无法专门就人格权许可使用合

---

① 朱岩：《"利润剥夺"的请求权基础——兼评〈中华人民共和国侵权责任法〉第 20 条》，载《法商研究》2011 年第 3 期。

② Gert Brüggemeier, Aurelia Colombi Ciacchi, Patrick O'Callaghan, Personality Rights in European Tort Law, Cambridge University Press, 2010, p.572.

③ 参见姚辉：《关于人格权商业化利用的若干问题》，载《法学论坛》2011 年第 6 期。

同的特殊规则专门作出规定。还应当看到，目前仍然难以将人格权商业化许可使用合同纳入民法典合同编有名合同的范畴，也难以对其作出详细规定。

第四，并非所有涉及合同的规则都需要规定在合同法中，对于具有特殊性的交易规则，应当在合同法之外作出专门规定。例如，我国物权法中关于土地承包经营权流转合同、建设用地使用权转让合同等，都是合同的问题，但并不意味着都需要规定在合同法中。从我国立法来看，其在合同规则之外，也专门规定了人格权商业化利用规则。《民法通则》关于肖像权的规定："公民享有肖像权，未经本人同意，不得以营利为目的使用公民的肖像。"实际上是规定了肖像权的利用问题。可见，在合同规则之外单独规定人格权商业化利用规则，也是我国既有立法经验的体现。

（三）侵权责任编无法解决人格权保护问题

从比较法的立法经验来看，在 18—19 世纪，由于人格权还没有形成一种独立的权利，其主要受到侵权法的保护。虽然一些大陆法系国家民法典在侵权法中对生命、名誉、姓名等人格权作出了规定，但在保护方式上都采纳了消极保护模式，且是通过列举的方式明确侵权法所保护的权益范围。《德国民法典》仅在第 12 条从正面规定了姓名权，其他人格利益主要是通过侵权规则进行保护的，如该法典第 823 条第 1 款规定对生命、身体、健康和自由等几种人格权益的保护。而且《德国民法典》对侵害人格权益的财产损害赔偿责任作出了严格限制，即只有在严重侵害人格权益的情形以及没有其他救济方式能够提供救济时才能适用。[1]

我国《侵权责任法》第 2 条在规定侵权法所保护的权益范围时，列举了民事主体的各项具体人格权，也有学者认为，将来通过侵权法即可实现对人格权的全面保护，而无须在民法典中设置独立的人格权编。笔者认为，此种

---

[1] Gert Brüggemeier, Aurelia Colombi Ciacchi, Patrick O'Callaghan, Personality Rights in European Tort Law, Cambridge University Press, 2010, p.8.

观点并不妥当，将来的民法典侵权责任编虽然可以对侵害人格权的侵权责任作出规定，但无法实现对人格权的全面保护，因为一方面，侵权法主要是救济法，侧重于对人格权进行消极保护，无法从正面对人格权进行确权。从我国《侵权责任法》第2条规定来看，其虽然广泛规定了民事主体所享有的各项具体人格权，规定了隐私权，起到了一定的确权功能，但其主要是从消极保护的层面作出的规定，无法对各项具体人格权的内涵、效力等作出规定，难以真正实现正面确权的功能。例如，侵权责任编虽然可以通过侵权责任保护隐私权，但无法从正面确认隐私权，也无法规定隐私权的具体内容。另一方面，侵权法难以满足人格权制度发展的需要。随着人格权的发展，人格权的类型和内容越来越多样化。自然人、法人所享有的各项具体人格权及其内容是不能通过侵权责任法加以确认的，而必须在人格权法中具体规定。对于如此纷繁复杂的权利类型，侵权责任法作为救济法的特点决定其不能涉及，也无法涉及。

还应当看到，从侵害人格权的侵权责任来看，其责任形式和后果都具有一定的特殊性。例如，从我国《侵权责任法》第22条规定来看，精神损害赔偿责任主要适用于侵害人身权益的情形，主要是侵害人格权的情形。再如，赔礼道歉、恢复名誉等责任形式，也主要是侵害人格权的责任形式。民法典侵权责任编虽然能够对侵害民事权益的责任形式作出全面列举和规定，但很难对侵害人格权的各种责任形式作出细化规定。尤其是在民法典侵权责任编的内容体系不可能对现行《侵权责任法》的规则进行重大调整的前提下，更有必要在人格权编中对侵害人格权的各种责任形式作出细化规定。而且从侵权法保护的权利范围上看，其不仅保护人格权，而且还保护物权（包括所有权、用益物权和担保物权）、知识产权等，但并不能因为物权受到侵权法保护就不能再通过物权法详细规定物权，而只能放在侵权法中。同样，知识产权法也不能因为受到侵权法保护就不能单独规定。如果在侵权责任编中对各项民事权利的具体规则都作出细化规定，侵权责任法在调整范围上将无所不包，这将打乱侵权责任编的体系，给其规则设计和安排带来重大困难。

五、人格权独立成编是直接回应审判实践的需要

人格权在审判实践中的数量呈逐渐增长趋势，为解决实践的问题，最高人民法院颁行了大量的司法解释，为人格权独立成编提供了实践基础。但是人格权的裁判规则依然缺乏，自《民法通则》确立了人身权制度以来，有关人格权的案件每年都在快速增长，其中大量涉及名誉、肖像、隐私、姓名、名称、个人信用、人身自由等，在中国裁判文书网中仅以"名誉"为关键词进行检索，可以搜到124400份民事裁判文书。这些案件虽然标的不大，但是涉及公民的基本权利，社会关注度高，影响大，处理不好就会引发社会的重大反响。例如，近几年发生的"狼牙山五壮士案"、"邱少云案"等，都引起了社会的广泛关注。人格权独立成编很重要的原因就是为人格权的裁判规则提供足够的空间，为法院裁判人格权纠纷提供明确的裁判依据。

如前述，从总的发展趋势来看，人格权正在从消极地通过侵权法保护的方式向积极地通过人格权规则确权的方向发展。采用正面列举保护人格权，不仅有利于确认公民、法人的人格权，维护人格尊严，而且有利于为法官提供明确的裁判依据。仅仅通过侵权法保护人格权，一方面赋予了法官很大的自由裁量权。例如，不同人格权的侵权要件是不同的，但如何判断是否构成侵权，如果缺乏正面规定，则完全由法官进行裁量。涉及对人格权的限制、权利冲突规则等，都应当通过立法来解决，完全由法官通过自由裁量权予以判断，就会产生一些问题。因为侵权责任法的规范十分简略，法律上并没有确认各项人格权内容、类型、构成要件等，认定是否构成对人格权的侵害，完全由法官进行个案判断，这就不利于限制法官的自由裁量权。另一方面，完全通过侵权责任法保护人格权，必然会造成同案不同判。在我国，由于人格权立法仍不健全，这就必然使得法官的自由裁量权过大，前述司法实践中创设公众人物的概念对公众人物的人格权进行限制，就反映了这一问题。过大的自由裁量权也会导致裁判标准不一致，从而引发"同案不同判"的现象，损害司法的统一性。因此，只有通过正面确权的方式，才能形成明确、

具体的人格权保护规则，从而统一裁判规则，实现法的安定性。此外，我国也不宜通过判例的方式对人格权提供保护，① 因为我国是典型的成文法国家，立法法等宪法性法律规定了基本民事制度应由立法加以规定，人格权显然是最为基本的民事制度之一，不适合交给判例确认权利，否则可能导致法律适用的不统一，甚至相互冲突、矛盾。例如，由于法律上对人格权的规定不完善，因此，法官针对一些侵害人格权的新型案件，就通过判例创设了一些新型权利(如亲吻权②、祭奠权③ 等)，引发了不少争议。还应当看到，判例本身具有零散性，判决只能针对具体案件作出，因此，判例本身不可能形成一个具有体系性的周延的人格权制度。

从比较法上来看，完全通过侵权法保护人格权的方式，与西方国家所出现的宪法司法化有密切的联系，因为在这些国家，人格权常常在宪法中加以列举，法官会通过援引宪法的方式对人格权加以保护。这就产生了所谓"宪法司法化"的现象。④ 但这种方式在我国是难以实施的。依据我国现行《宪法》的规定，只有全国人大常委会才能解释宪法，法官无权解释宪法，对此，最高人民法院《关于裁判文书引用法律、法规等规范性法律文件的规定》第4条规定："民事裁判文书应当引用法律、法律解释或者司法解释。对于应当适用的行政法规、地方性法规或者自治条例和单行条例，可以直接引用。"该条并没有将宪法列入民事裁判文书可以引用的范围之列，因此，法官无法直接援引宪法裁判民事案件，这也导致我国宪法不能直接作为法官处理人格

---

① 从比较法上看，一些国家通过判例的方式对人格权提供保护。例如，在法国，通过对民法典第1382条过错责任一般条款中"损害"的解释，法院逐步将人格法益纳入其中，发展出了一个庞大的人格权判例体系。在德国，法院通过对联邦基本法第1条人格尊严和第2条人格自由发展的解释，发展出一般人格权；此后，通过对死者人格利益的保护等一系列里程碑式的判例，德国法建立了人格权保护的体系。

② 参见《陶莉萍诉吴曦道路交通事故人身损害赔偿纠纷案》，(2001)广汉民初字第832号。

③ 参见《崔妍诉崔淑芳侵犯祭奠权案》，北京市丰台区人民法院 (2007)丰民初字第08923号(2007年7月18日)，载《人民法院案例选》2009年第1辑，人民法院出版社2009年版。

④ see Franz Werro：Tort Law at the Beginning of the New Millennium. A Tribute to John G. Fleming's Legacy，49 Am. J. Comp. L.154.

权纠纷所援引的裁判依据。这也要求我们必须制定和完善人格权法，特别是对一般人格权作出规定，才能使宪法所确立的尊重与保护人权、维护人格尊严等宪法原则转化为民法上的人格权制度，从而为法官裁判人格权纠纷提供明确的裁判依据。换言之，宪法中的人格尊严必须由民法典具体化，透过民法中的概括条款、概念和规则才能成为法官的基本裁判规则，有效地规范民事活动，解决民事争议。

六、人格权独立成编具有现实的可行性

（一）人格权独立设编与《民法通则》的立法经验是一脉相承的

新中国成立后，党和国家重视个人政治权利和财产权利的保护，但受封建主义传统和极"左"思想的影响，一度忽略了对个人人格权和人格尊严的尊重和保护，以致在"文化大革命"期间严重侵害个人人格权、践踏人格尊严的现象，达到了无以复加的地步。正是基于对"文化大革命"暴行的反思，1986 年通过的《民法通则》以专章的形式规定民事权利，并明确规定了人身权，具体列举和规定了公民所享有的各项人格权，这是我国人权保障道路上具有里程碑意义的大事。《民法通则》将人格权与物权、债权等权利并列规定，体现了与物权、债权一样，应当独立成编。《民法通则》单设一节对人格权作较为系统和集中的规定，并被实践证明是成功、先进的立法经验。制定独立成编的人格权法，是对《民法通则》成功立法经验的继承和总结，体现了立法的连续性和稳定性。为了维持立法的连续性和稳定性，并继承和总结《民法通则》的成功经验，我们应当在民法典中专设人格权一编。还应当看到，这种立法体例实际上也是我国立法的一贯做法。例如，2002 年的"民法典草案"也已经将人格权独立成编，这一立法经验应当继续延续。

（二）人格权在民法典中独立成编具有大量的立法经验可供借鉴

我国目前虽然尚未颁行独立的人格权法，但相关立法中包含了大量的人格权保护规则，这也可以为我国民法典人格权编的规则设计提供有益的借鉴。一方面，我国现行相关立法已经有不少人格权的规定。以个人信息保护为例，《网络安全法》第四章专门就网络信息安全作出了规定，其中大量规定了网络运营者保护个人信息的义务。再如，全国人大常委会还于2012年作出了《关于加强网络信息保护的决定》，也专门就网络信息服务者等主体保护个人信息的义务作出了规定。其中许多规则都对我国民法典人格权编个人信息保护规则的设计具有重要借鉴意义。另一方面，立法机关还就人格权保护颁行了立法解释。关于姓名权的保护，全国人民代表大会常务委员会于2014年发布了《关于〈中华人民共和国民法通则〉第九十九条第一款、〈中华人民共和国婚姻法〉第二十二条的解释》，规定了姓名权的行使规则、命名规则，这对我国民法典人格权完善姓名权的规则奠定了很好的规范基础。

（三）人格权在民法典中独立成编也有充分的司法实践依据

从司法解释的层面看，为强化对人格权的保护，最高人民法院作出了大量的批复，颁行了大量的司法解释。例如，早在1988年，最高人民法院就针对著名的"荷花女案"作出了相关的批复。[①] 在此之后，最高人民法院又作出了大量关于人格权保护的复函和批复。[②] 最高人民法院还颁行了许多关于人格权的司法解释，如1998年的《关于审理名誉权案件若干问题的解释》、2001年的《关于确定民事侵权精神损害赔偿责任若干问题的解释》、2003年的《关于审理人身损害赔偿案件适用法律若干问题的解释》等，这些司法解释的规则具有很强的针对性，也是经实践检验的适应我国人格权

---

① 《最高人民法院关于死亡人的名誉权应受法律保护的函》，（1988）民他字第52号。

② 例如，仅就名誉权而言，最高人民法院就出台了大量的函件和批复，如1993年的《关于审理名誉权案件若干问题的解答》、1995年的《关于中国人民解放军第四医大附属西京医院、樊代明和杨林海名誉权纠纷一案的函》、1999年的《关于赔偿义务机关应当为受害人消除影响恢复名誉赔礼道歉的批复》、2000年的《关于广西高院请示黄仕冠、黄德信与广西法制报社、范宝忠名誉侵权一案请示的复函》等。

保护实践需要的具体规则，能够为民法典人格权编的规则实践提供有益的参考。

除上述规则外，我国改革开放以来的司法实践也为人格权编的规范设计提供了鲜活的素材。例如，我国现行立法并没有对公众人物的概念作出规定，但司法实践却发展了公众人物的规则。在"范志毅诉文汇新民联合报业集团名誉权纠纷案"中，① 上海市静安区人民法院判决范志毅败诉，在判决中首次使用了"公众人物"一语："即使原告认为争议的报道点名道姓称其涉嫌赌球有损其名誉，但作为公众人物的原告，对媒体在行使正当舆论监督的过程中，可能造成的轻微损害应当予以容忍与理解。"② 在"杨丽娟诉南方周末案"中，二审法院创设了"自愿性公众人物"的概念，将杨丽娟和其母亲认定为公众人物，从而否定了南方周末构成侵权。③ 相关司法实践确立了大量的具有标志性意义的人格权保护规则。例如，在"刘翔诉《精品购物指南》报社等侵害肖像权案"中，④ 法院确立了人格权商业化利用的相关规则。在"泄露业主住址案"中，法院更明确指出，"公民的住址属于公民的个人信息，公民的个人信息在本人不愿意公开的情况下属于个人隐私的范畴"，⑤ 这实际上确立了住宅隐私权保护的相关规则。

此外，近些年来，我国的法学理论研究在人格权领域取得了重要发展，为人格权立法提供了理论支持，这些都为人格权独立成编奠定了基础。我们应当系统总结我国既有的立法、司法实践经验，积极总结人格权法学理论研究成果，并将其作为民法典人格权编具体规则设计的基础和依据，从而提高人格权法律规则的科学性和合理性。

---

① 上海市静安区人民法院民事判决书，（2012）静民一（民）初字第1776号。

② 参见《范志毅诉文汇新民联合报业集团侵犯名誉权案》的一审判决，上海市静安区人民法院（2002）静民一（民）初字第1776号。

③ 参见广东省广州市中级人民法院（2008）穗中法民一终字第3871号判决书。

④ 北京市第一中级人民法院（2005）一中民终字第8144号。

⑤ 参见广东省深圳市宝安区人民法院民事判决书（2010）深宝法民一初字第1034号。

七、结　语

人法地位的提升是现代民法最为重要的发展趋势，人格权制度也是民法中最新和最富有时代气息的领域。我国民法典应当充分立足于当代中国的国情，借鉴比较法的经验，发挥当代中国法典化的"后发优势"，在人格权这个领域实现制度创新，在人的全面保护领域中超越古典民法典，这既是我国民法典的历史使命，也是中国对世界法律发展所应尽的贡献。

使人格权在民法典中独立成编 *

引　言

中国特色社会主义进入了新时代。党的十九大报告明确提出"保护人民人身权、财产权、人格权"，具有重要意义。"人格权"一词首次写入党的全国代表大会报告，实际上就是将人格权的保护作为保障人民美好幸福生活的重要内容，突出了人格权保护的重要价值，充分体现了党和国家对人民权利的尊崇，也是"坚持以人民为中心"这一执政理念的具体体现 ①。

古罗马法学家西塞罗曾言，"人民的福祉是最高的法律（Salus Populisupremalexesto）" ②。由于人格权保护是实现人民美好幸福生活的内容，所以保护人格权不仅是编纂一部具有科学性、人民性的民法典的基本任务，也是立法机关、执法机关、司法机关保障人民幸福生活所应尽的基本职责。落实党的十九大报告，强化人格权保护，不仅是民法学界，也是整个法学界绝大多数人的共识。但强化对人格权的保护，究竟应当在民法典中采用何种立法体例和编纂模式来实现，迄今为止，仍然存在一定的争议，关于人格权

---

　　* 原载《当代法学》2018 年第 3 期。

　　① 参见刘怀丕：《保护人格权彰显人民至上执政理念》，载《新华每日电讯》2017 年 11 月 13 日第 3 版。

　　② Cicero, De Legibus, Loeb Classics, p.467.

保护的立法体例，主要有三种观点：一是将人格权规定在民法典总则编；二是将人格权规定在民法典侵权责任编；三是将人格权在民法典中独立成编。笔者认为，应当使人格权在未来民法典中独立成编，这样才能更好地落实十九大报告的精神，加强对人格权的保护。

一、"简单列举人格权类型＋侵权责任方式"不能有效保护人格权

反对人格权独立成编的一个重要理由在于，人格权属于防御性权利，主要受侵权法保护，因此，只要在总则中集中列举人格权的类型，再辅之以侵权责任编的相关规定，即可有效保护人格权。简单地说，就是通过"简单列举人格权类型＋侵权责任方式"的立法模式来保护人格权。笔者不赞同这种主张。

从人格权的性质来看，其并非纯粹防御性的权利，许多人格权都具有积极利用的权能。一方面，现代人格权立法和司法实践已经肯定了某些人格权具有积极利用权能，如权利人可以对其姓名权、名称权、肖像权等进行商业化利用。① 从立法层面看，我国《民法通则》第100条规定："公民享有肖像权，未经本人同意，不得以营利为目的使用公民的肖像。"该条实际上是肯定了肖像权的商业化利用。同时，《民法通则》第99条规定："企业法人、个体工商户、个人合伙有权使用、依法转让自己的名称。"该条也对名称权的利用规则作出了规定。这些立法经验都应当在我国民法典中继续予以保留。因此，将人格权简单界定为消极防御性的权利并不符合一些人格权的性质，也不符合社会生活的实际。另一方面，随着个人信息的收集、"黑名单"设置、信用记录的收集等现象的出现，信息失真、记载错误等也给相关当事人的社会生活和经济交往活动带来了不良影响。② 如果行为人在有关的媒体和网上

① 参见王泽鉴：《人格权法》，台北三民书局2012年版，第530—531页。
② 参见张钱：《个人征信侵权责任认定中存在的问题分析》，载《法律适用》2014年第3期，第64页。

发表毁损他人名誉的言论，受害人也有权在该媒体和网站作出回应，澄清事实，相关媒体和网站有义务予以刊载，此种权利称为回应权。从比较法上看，法国、瑞士等国家明确规定了受害人的回应权①。在行使该权利的情形下，即便行为人没有构成侵权，也应当强化对个人信息权利的保护，赋予其请求相关主体对信息进行补充、更正、修改以及回应等积极权能，而不能仅在构成侵权时才对其进行救济。比较法上，普遍认为对个人信息权利保护的目的旨在保护个人对其个人信息的自决②。个人对与其人格利益有关的事务，也享有决定权。③ 此种自决就包含了对个人信息的利用等自主决定。还要看到，除个人信息外，个人对其身体组成部分进行合法捐赠，只要不违反法律规定和公序良俗，法律也不禁止。这是人格权在 21 世纪的最新发展，人格权实践的发展说明了其并非仅具有防御效力，部分人格权也具有积极利用的权能。

人格权的内容和效力也是极为丰富的，简单列举人格权的类型并配合侵权法规范，根本无法充分保护人格权。以隐私权为例，在"中国裁判文书网"中以"隐私权"为关键词进行检索，可发现有上万份裁判案例（检索时间截至 2018 年 2 月 5 日），从这些案例可以看出，隐私权的内容多种多样（参见下图）：如私生活秘密、通信安全、个人财务隐私安全、未成年人隐私的保护、住宅隐私的保护、公共场所隐私的保护、公众人物隐私的保护和限制、偷窥他人个人隐私、隐私权的合理限制、隐私权和舆论监督的矛盾与冲突以及互联网、微博、微信等现代科技发展与隐私的保护等内容均需要在法律上加以规定，从而为裁判提供明确的规则。

---

① U Kerpen, Das internationale Privatrecht der Persoenlichkeitsrechtsverletzungen, 2003, S.134.

② 例如，中国人民银行《个人信用信息基础数据库管理暂行办法》第 17 条第二款规定："征信服务中心发现异议信息是由于个人信用数据库信息处理过程造成的，应当立即进行更正，并检查个人信用数据库处理程序和操作规程存在的问题。"

③ 参见韩强：《人格权确认与构造的法律依据》，载《中国法学》2015 年第 3 期，第 142 页。

			非法侵入私宅
隐私权	私人生活安宁	物理空间上的安宁	非法搜查他人背包、衣橱
			在更衣室、洗手间偷窥他人更衣、洗澡
		精神空间上的安宁	电话推销、短信骚扰
			在公共场所安装摄像头监视他人
	个人私密	个人身体私密	擅自公开、利用他人的肖像或性感写真、裸体图像
			非法调查、知悉或散布他人身体状况,如病史、健康检查资料、医疗信息、DNA信息
		生活私密	偷拍、摄录、监视他人日常生活,或调查他人日程安排
			侵害他人通信自由,窃听、偷录听他人通话,偷窥、收集、散布他人通话记录、信息内容
			擅自公开他人婚恋、婚育问题,如在网上披露他人"婚外情"、夫妻关系破裂、亲子关系恶化
		个人身份、财务信息①	非法调查、搜集、公开他人身份、工作、住址等信息,如"人肉搜索"他人姓名、年龄、工作单位,甚至在网上公开他人电话、家庭住址、通话记录和信息内容
			非法知悉、获取、刺探、公开他人财务状况,如他人银行存款、银行账号、税务信息、债务信息

从上述隐私权的案件可以看出,隐私权的类型、内容、权利行使规则、权利冲突规则等十分复杂,显然是侵权责任编所难以涵盖的。除隐私权外,其他人格权如姓名权、肖像权、名誉权、名称权等人格权的内容、效力、权利冲突规则等,也十分复杂。例如,在"中国裁判文书网"中以"名誉"为关键词进行检索,可以搜到175664份民事裁判文书(检索时间截至2018年2月27日)。如此复杂的人格权规则显然是侵权责任编所难以涵盖的。笔者认为,我国民法典应当有效总结人格权保护的实践经验,在《民法总则》的基础上,以独立的人格权编对人格权的规则作出细化规定,以更好地促使人

---

① 在《民法总则》颁布后,此处的信息可能作为个人信息权益处理更为妥当。

格权制度体系的进一步发展。

现代社会在大大提升人类对客观世界掌控能力、为人类带来极大福祉的同时，也对人的主体地位带来了前所未有的挑战与威胁，例如，器官买卖、代孕、克隆、个人信息贩卖、网络偷拍直播、人脸识别技术滥用，出现了所谓的"主体客体化"风险①。隐私权的案件的大幅增长也从一个侧面反映了互联网和各种高科技的发明，都给人类带来一个共同的副作用，这就是对个人隐私和个人信息的威胁。有美国学者将今天的隐私权称之为"零隐权"（zero privicy），并认为 21 世纪法律面临的最严重挑战就是对个人隐私的威胁，例如，红外线扫描、远距离拍照、卫星定位、cookie 技术的跟踪浏览等都使得现代人的隐私暴露无疑②。这就需要 21 世纪的民法与时俱进，回应现代社会最需要解决的人格权保护问题。而要做到这一点，就必须在民法典中使人格权独立成编，为人格权的保护留下足够的空间，对人格权进行全面保护。

有人认为，人格权本质上是一种自然权利，法律规定得过于明确反而会限制其发展。这种看法虽然不无道理，但值得商榷。人格权是一个开放的体系，随着社会的发展，人们对人格利益的认识也是在不断深化和拓展的，隐私、个人信息只是在 20 世纪之后才逐渐成为权利，这说明人格权和现代社会的发展息息相关。随着高科技的发展，声音、网络隐私、基因隐私等会成为日益重要的人格利益，甚至有可能在未来成为独立的权利。因此，人格权必须保持开放性。事实上，某些人格权（如生命健康权）虽具有一定的自然性，但它并非自然权利。有些人格权是需要通过法律确认才能享有的权利。例如，个人信息等都属于此类权利。即使是自然权利，也需要借助于法律的规定。法律的规定并非会限制人格权的发展，反而会有效地保护并促进其发展。物权也是一种自然权利，但其必须借助于法律的规定才能定分止争并不断发展。人格权同样如此。

欧密拉指出："法律欲不变成一潭死水，而欲活生生地在司法判决的过

---

① 参见石佳友：《民法典的"政治性使命"》，载《山东审判》2018 年第 1 期。

② See A. Michael Froomkin, Cyberspace and Privacy: A New legal Paradigm? The Death of Privacy?52 Stan.L. Rev.1461, 2000.

程上，正确地、合理地解决人类现实生活上永无止境的纷争，最重要的前提，它必须能配合和适应人类各种不同的需要。"①实践中出现了大量的侵害人格权的纠纷，这就需要人格权保护规则不断发展，而不能只是简单地对各项人格权进行抽象规定。互联网和信息技术的发展，也引发了大量的侵害人格权的现象。例如，我国近几年出现的"艳照门事件"，网络谣言、人肉搜索、披露隐私、信息泄露、广告垃圾，以及通过微博、微信等方式侵害他人人格权的现象等，亟须法律作出规范。最近发生的脸书（facebook）将5000多万网民的信息泄露给英国的一家名为"剑桥分析"的数据分析公司，以及我国实践中出现的"大数据杀熟"问题，都表明保护个人隐私自决的重要性。实践的发展为人格权法的发展提供了大量的素材，而人格权法的发展也有助于规范此类现象。如果在人格权方面立法缺位，就会使法官自己创设一些人格权，如生育权、贞操权、亲吻权、祭奠权等，造成司法的不统一；人格权独立成编就是要留下足够空间给人格权发展。当然，有必要在人格权法中，保持人格权的足够开放性（如设置一般人格权）。尤其是对人格权的保护，并不能限于法律已经列举的类型。对于人格权编规定以外的人格权益，也应当受到法律保护。

党的十八届四中全会公报提出："实现公民权利保障法治化"。在现代社会，人格权制度的发展已经具有极度的复杂性，主张通过"简单列举人格权类型＋侵权责任方式"的立法模式来保护人格权，实际上就意味着我国现行立法已经足以保护人格权，这显然不能满足民众的期待，不符合我国司法实践发展的需要，也不符合当今社会发展的现实需求。

二、民法总则编中集中规定人格权难以有效保护人格权

从《民法总则》关于人格权的规定来看，明确规定了对人格权的保护，

---

① O'Meara, J. *Natural Law and Everyday Law*, in Macquigan M.R, *Jurisprudence*, University of Toronto Press, 2nd 1966, p.621.

并列举了一系列重要的人格权。该法第 109 条规定了一般人格权，弥补了《民法通则》具体列举人格权类型的不足，为各项人格利益的保护提供了法律依据；第 110 条规定了自然人享有的生命权、身体权等权利，以及法人、非法人组织所享有的名称权、名誉权等权利，尤其是第一次规定了身体权、隐私权等权利，从而完善了《民法通则》具体列举人格权的不足；该法第 111 条第一次从民事基本法的层面规定了个人信息保护规则。上述规定充分彰显了《民法总则》保护人格权的中国特色和时代特征，对于全面推进人格权的保护具有重要的规范意义和现实意义。可以说，这三个条款实际上构建了我国未来民法典人格权编的内在体系，即由一般人格权和具体人格权所组成的完整的人格权益体系。但是，相对于现实社会需要，上述三个条款显得过于原则抽象，未能彰显全面保护人格权益的立法目的。《民法总则》对人格权采取简单列举的方式对人格权作出集中规定，其本意即是为了在民法典分则中对上述规则予以细化，① 如果认为《民法总则》已经足以保护人格权，而不需要在分则中作出细化规定，显然不符合立法者的本意。

《民法总则》刚刚颁行，如果寄希望于对《民法总则》进行修订，对其内容做大幅度调整，增加人格权的内容，对体系也重构，则难以实现。因为如果此时就对 2017 年 10 月 1 日才施行的《民法总则》的内容进行大的调整，就会破坏法律的稳定性，影响立法者的权威性。② 这显然是不现实的。笔者认为，即便在民法典编纂过程中可以对《民法总则》进行大规模的修订，也不宜在民法典总则编中全面规定人格权，因为存在如下立法上的难题：

第一，此种做法有违我国改革开放以来民事立法的传统。法治是一个循序渐进的过程，民法典编纂应当尊重我国既有的民事立法传统，而不能另起炉灶，从头开始。从我国《民法通则》以来的民事立法传统来看，我国民事立法并没有将人格权规定在民事主体制度中的习惯。《民法通则》以专章的

---

① 参见石宏主编：《中华人民共和国民法总则条文说明、立法理由及相关规定》，北京大学出版社 2017 年版，第 255—256 页。

② 参见江平：《人格权立法与民法典编纂体例》，载《北京航空航天大学学报》（社会科学版）2018 年第 1 期，第 1—2 页。

形式规定民事权利，并以专节的形式规定了人身权，其中主要是人格权，而没有在民事主体部分规定人格权。《民法总则》同样是在"民事权利"一章中规定人格权。可见，我国民事立法历来将人格权规定为一项具体权利，而没有在民法总则主体制度中对其作出规定。这种制度安排也符合民事主体制度与人格权制度的关系，事实上，民事主体在社会交往中将会与他人形成各种人身关系和财产关系，这种关系显然是主体制度难以涵盖的，人格（主体资格）作为一种主体性资格，是主体享有一切财产权利和人身权利的前提和基础，① 但人格既不属于财产权，也不属于人身权，而是凌驾于二者之上的统摄性范畴，而人格权则是一项民事权利，不可将人格与人格权相混淆。②

第二，无法调整各种具体的人格关系并解释人格权的限制制度。现代民法坚持人格平等，并不存在罗马法中的人格减等制度，每个人都享有平等的民事权利能力和主体资格，民事权利能力具有总括性、无法限制性和不可克减性。而人格权作为具体的民事权利，则可以基于公共利益等原因而受到不同程度的限制。所谓"公众人物无隐私"，这并非是说公众人物不享有隐私权，而是说，基于公共利益等原因，应当在法律上对公众人物的隐私权进行必要的限制。③ 其他人格权也会基于公共利益保护等原因而受到不同程度的限制，当然，对人格权的限制必须由法律明确规定，而不能由公权力机关随意作出限制。人格权受到限制并不会影响权利人的主体资格，而只是影响民事主体的具体人身利益。④ 还应当看到，主体资格强调的是民事主体人格的平等和民事主体应当享有的能力，其本身并不涉及人格权被侵害后的救济问题。而人格权遭受侵害后，则存在救济问题，如果人格利益不能成为独立的权利，而仍然属于主体资格的一部分，则侵权法就难以对人格权进行充分的

---

① 参见李新天：《对人格权几个基本理论问题的认识》，载《法学评论》2009 年第 1 期，第 121 页。

② 参见郭明瑞：《关于人格权立法的思考》，载《甘肃政法学院学报》2017 年第 4 期，第 3—4 页。

③ 张新宝：《隐私权的法律保护》（第 2 版），群众出版社 2004 年版，第 16 页。

④ 参见曹险峰、田园：《人格权法与中国民法典的制定》，载《法制与社会发展》2002 年第 3 期，第 126 页。

救济。从这个意义上讲，人格权理应被置于民法典分则，通过主体制度涵盖人格权制度不利于实现对人格权的充分保护。

第三，将面临体系设计的困难。将人格权规定在民法典总则部分，将遇到一个根本性的难题，即人格权究竟应当放到哪一个部分之中进行规定。对此有两种选择，一是置于总则中的自然人部分。但如此做法也会遇到体系上的障碍，即法人、非法人组织的人格权将无法规定在自然人部分。同时，将自然人、法人、非法人组织的人格权规则在主体制度中加以分散规定，也不能实现法典化的目标。因为法典化旨在体系化，如果将相关规则加以分散规定，实质上等于违背了编纂民法典的目的。还应当看到，如果在自然人和法人中分别规定人格权，不仅不能将人格权规定得比较详细，而且这种分别规定的方法存在着一个固有的缺陷，即针对人格权的一般规则，如一般人格权、人格权的行使和限制、死者人格利益保护、对人格权商业化利用以及对人格权的特殊保护规则等难以在总则中找到合适的位置予以规定，从而必然会产生体系上的漏洞。二是置于总则中的民事权利部分。一些学者建议，将人格权规定在民事权利部分。如此同样遇到一个难题，即民法总则要构建完善的民事权利体系，其只是对各类民事权利进行简单列举，而无法对各项权利作出细化规定。从现行《民法总则》的规定来看，其在第五章"民事权利"一章中具体列举了人格权、物权、债权、知识产权、继承权、股权和其他投资性权利，以及其他各类新型的财产权利，并且还要对权利行使的基本规则作出规定。如果在民事权利一章中详细规定人格权，将会导致人格权和其他权利的规定极不协调，即人格权的规则十分详细，而其他民事权利的规则十分简略，这就会使民事权利一章的体系十分紊乱。

第四，将使得总则编的内容、体系过度膨胀。无论是把人格权置于民事主体部分，还是规定在民事权利部分，都会产生一个现实的问题，即人格权的内容十分复杂，置于哪一部分都会导致其内容十分膨胀，这些内容难以容纳在民法总则编。人格权的内容涉及自然人、法人、非法人组织的人格权，仅《民法总则》所列举的具体人格权类型就有12项，同时还包括个人信息等权益，这些内容如果作进一步细化的规定，将十分复杂。各项人格权的规则较为具体，不论置于民法总则哪一部分，都不符合总则的抽象性特点，也会导致民法总则的内容过于庞杂。

三、在侵权责任编中集中规定人格权难以有效保护人格权

诚然，传统大陆法系民法（如《法国民法典》、《德国民法典》），主要是通过侵权法的规则对人格权提供保护。比较法上，有不少学者认为，人格权作为对人格利益最为主要的救济手段，其可以放在侵权法规则之中。[①] 我国《侵权责任法》第2条在规定侵权法保护的权利范围时也列举了18项权利，其中近半数是人格权，由此表明了对人格权保护的高度重视。同时，该法第15条关于侵权责任承担方式的规定以及第22条关于精神损害赔偿责任的规定，也可以适用于对人格权的救济。因此，有学者主张，应当在民法典侵权责任编对人格权作出集中规定。这一观点不无道理。

应当看到，我国《侵权责任法》通过扩张权利范围以及采用形式多样的责任形式，强化了对人格权的保护，人格权法中所规定的具体行为规范，也有助于侵权责任的认定，二者关联密切。因此，将人格权法置于侵权法中的观点，较之于将人格权法置于主体制度的主张，应当说更具有说服力。但笔者认为，侵权责任编中集中规定人格权难以有效保护人格权，笔者已经在有关论文中，详细讨论了由侵权责任编替代人格权法将产生的弊端，诸如体系违反现象、不利于民法典的体系化、打乱侵权责任编的体系、不利于对侵害人格权责任的准确认定，等等。[②] 在此对这些论点不再赘述，但需要强调的是，在侵权责任编中集中规定人格权还存在如下问题：

第一，不符合权利走在救济之前的逻辑。权利的确认是权利救济的前提，侵权责任法是救济法，而人格权法是权利法，权利必须走在救济之前，

---

① Neethling, JM Potgieter & PJ Visser, Neethling's law of personality, LexisNexis South Africa, 2005, p.3.

② 参见王利明：《论人格权编与侵权责任编的区分与衔接》，载《比较法研究》2018年第2期。

这也是立法科学性的具体体现。虽然侵权责任法也可以间接地发挥权利确认的功能，但是，毕竟无法直接地确认权利。因此，要落实《宪法》上的"人格尊严"条款，就要求进一步加强民事立法，将宪法的要求转化为人格权的立法。从比较法上来看，在人格权领域确实存在着一种"宪法私法化"的现象①。例如，在德国，其人格权的发展很大程度上是法官通过援引宪法而进行司法造法的结果。而在我国，依据最高人民法院的司法解释，法官不能援引宪法裁判案件，因此，我国不能走德国等国家的人格权发展道路，即由法官通过解释宪法来完成人格权的创设与发展，只能将宪法保护人格权的相关规定转化为民事法律的具体规定，通过民法典人格权编确认人格权，才能为法官裁判提供更明确的规则。

第二，不符合侵权责任法作为救济法的特征。各项人格权规则的内涵十分丰富，不仅包括了对权利的救济，还包括了对权利的行使、限制以及相对人应负有的义务等规定，这些内容不是作为救济法的侵权责任法所应当包括的。最佳的方式是在人格权编中对各项人格权的内容、效力、行使规则等作出细化规定，这也可以为侵权责任的认定提供前提和标准。② 例如，从前述检索的一万多个隐私权的案例可以看出，侵害隐私的案例极为纷繁复杂，法律要对隐私权加以保护，首先必须对隐私的类型、内容等作出具体规定，从而为法官确定隐私权侵权责任提供依据，否则，让法官仅凭"隐私权"这一抽象概念判断相关行为是否构成侵害隐私权，不利于维护司法裁判的统一，也难以实现通过编纂民法典统一司法裁判依据的目的。人格权法的很多内容，都无法纳入侵权责任编之中。例如，针对正在实施和即将实施的侵害他人人格的行为，受害人可以请求法院颁发禁令；刑事附带民事诉讼的受害人请求精神损害赔偿的权利，必须得到确认；在网络或媒体上发布侵害他人名誉或隐私的行为后，允许受害人在该网络或媒体上作出回应，以正视听；禁

---

① Franz Werro：Tort Law at the Beginning of the New Millennium. A Tribute to John G. Fleming's Legacy，49 Am. J. Comp. L.154.

② 参见黄忠：《人格权法独立成编的体系效应之辨识》，载《现代法学》2013 年第 1 期，第 53—55 页。

止他人通过短信、电子邮件等方式骚扰他人，妨碍他人的私生活安宁等。这些规则都是需要在法律上确认的重要规则，这些内容不可或缺但难以包括在侵权责任法中。

第三，难以发挥法律的行为引导功能。人格权编不仅要为法官提供裁判规则，还要为人民正确行使人格权、尊重他人人格权和人格尊严提供行为的指引。因此，有必要就义务人所负有的义务，以及侵害人格权的行为作出规定。例如，法律规定公民的身体等权利，但同时应规定禁止性骚扰以及用人单位所负的防止性骚扰等义务。此种规定也为相对人设定不得侵害身体权等义务。此类禁止性的规定就不宜规定在侵权责任法之中。即使在人格权编中针对各类人格权遭受侵害的类型和形态作出规定，也并非都属于侵权责任法的固有内容。因为这些内容既可以发挥宣示性作用，从而发挥对社会公众的行为指引功能，也可以与人格权请求权制度结合，实现对人格权的预防性保护。因此，即便仅就这部分侵告人格权的责任规定而言，也不能认定其就是侵权责任法的固有组成部分，也并非必须置于侵权责任编之中予以规定。

第四，不符合科学立法的要求。人格权与物权、知识产权均属于绝对权，都要受到侵权法的保护，如果在侵权责任编全面规定人格权，是否意味着，物权、知识产权等规则也应当全面规定在侵权责任编之中？如此一来，将会使侵权责任编的规则与物权法和知识产权法的规则出现大量重复和不协调，整个侵权法体系也需要重新构建。人格权益需要借助于侵权责任法来救济，但显然人格权法与侵权责任法并非相同，两者是权利法和救济法之间的关系。即使就人格权保护而言，侵权责任法是关于侵权责任的一般规则，人格权法中所包含的保护人格权的特殊侵权规则，也难以包括在侵权责任法之中。物权法、知识产权法中都包括了一些侵权法规则，但并不影响它们的独立成编，以及它们和侵权责任法的相互协调。人格权相对于这两大财产权利而言，其地位无疑更为重要，为什么其立法地位却不如后两者，这种体系安排让人匪夷所思。

另外，从侵权责任法的层面来看，其设定相关的规则只能从构建侵权责任构成要件的角度进行。例如，就隐私权的侵害和名誉权的侵害而言，两者的构成要件是不同的。隐私权侵害的前提是擅自披露他人隐私或者利用他人隐私，而名誉权侵害的前提是以侮辱、诽谤等手段而使得受害人的社会评价降低。如果从侵权责任构成要件的角度予以规定，仍然需要以权利的确认为前提，而在侵权责任编之中直接确认人格权的类型，只能从侵害对象角度简单列举各项遭受侵害的人格权益，这不仅在立法技术上比较粗糙，而且并没有真正解决人格权保护的具体问题。

四、人格权法独立成编是 21 世纪强化人格权保护的最佳选择

日本著名民法学家穗积陈重在讨论民法典的实质体系和形式体系时曾言："实质是法律的精神，而形体是法律的躯体。"[①] 人格权法是否独立成编，虽然主要是一个立法技术问题，但也涉及如何强化对人格权的保护问题。设置独立的人格权编对人格权作出规定，具有重要意义：

一是为权利人行使人格权、保护人格权提供指引。人格权独立成编意味着要将《民法总则》所确认的人格权，做进一步的细化规定。穗积陈重说："法律为确定保护人民的权利义务之工具，采用应使民知之而依民之主义。"[②] 如此，法典才能真正成为"人民自由的圣经"。我国《民法总则》第109 条、第 110 条、第 111 条规定了一般人格权和具体人格权，但是这些规定过于简略，仅仅是抽象的列举，还必须借助于独立成编的人格权法作出细化的规定，从而明确权利的内容，划定权利的边界，使民事主体明确自己享有的权利，从而知道应当在何种情况下行使该权利，应当如何行使该权利[③]。此种细化的规定也可以包括相对人应负有的义务，例如，法律确认自然人享有隐私权，也要为他人设定义务，如禁止他人非法搜查、侵入、窥

---

① ［日］穗积陈重：《法典论》，李求轶译，商务印书馆 2014 年版，第 5 页。

② 同上书，第 107 页。

③ Neethling, JM Potgieter & PJ Visser, Neethling's law of personality, LexisNexis South Africa, 2005, p.12.

探他人住宅等私人空间，禁止他人非法拍摄、录制、泄露、公开、跟踪、窃听他人的私人活动，禁止非法拍摄、窥视他人的身体。如此也可有助于人们正确行为、保障权利人人格权益的实现。

二是有利于统一裁判依据。人格权编将为各类人格权的构成要件、责任承担方式、归责原则设定具有实践操作性的规定，这将成为法院作出裁判的直接规范依据和指引。法律如果不对人格权的规则作出细化规定，而只是简单地规定"姓名权"、"肖像权"、"隐私权"等权利，就难以为法官裁判提供明确的指引，这可能导致"同案不同判，同法不同解"的现象，影响司法裁判的统一。人格权经常与其他权利发生冲突，而法官处理此类冲突，需要考虑一系列具体的参考因素（譬如，侵权人的过错、侵权手段、受侵害权益的类型与性质、受害人的身份等）。① 以隐私权为例，其可以基于公共利益保护等原因而受到限制，但隐私权应当在何种程度上受到限制？隐私权应当在何种时间内受到限制？隐私权限制的事由有哪些？等等，如果法律不作出细化规定，法官就难免根据各自的前见作出裁判，难免出现同案不同判的结果，甚至就类似纠纷得出完全相反的结论。因此，通过民法典人格权编对人格权的规则作出细化规定，有利于统一裁判规则，明确裁判尺度，提高人格权保护规则的针对性，从而更好地保护人格权。

三是应对互联网、高科技发展对人的尊严和主体地位所形成的挑战与冲击。在现代社会，法律需要因应互联网和高科技的发展，强化对隐私和个人信息等的保护，并且也要对这些新型权利保持一定的开放性。如果法律不对人格权的规则作出细化规定，在行为人实施相关行为时，权利人可能难以判断自己的人格权是否受到了侵害，这就难以为权利人维护自身权利提供有效的指引。② 人格权商业化利用的现象十分普遍，司法实践中也发生了大量的人格权商业化利用纠纷。例如，随着互联网、大数据技术的发展，个人信息

---

① Johann Neethling, Personality rights: a comparative overview, The comparative and international law journal of South Africa, 2005, vol.38, No.2, p.219.

② 参见姚辉：《论人格权法与侵权责任法的关系》，载《华东政法大学学报》2011 年第 1 期，第 111 页。

的利用已经形成了一个巨大的产业。① 权利人可能面临的一大难题在于，哪些人格权益可以成为商业化利用的对象？我国现行立法并没有对此作出规定，这可能给权利人合法、正当利用人格权带来一定的困难。②

四是强化对人格尊严的尊重和保护。我国 1986 年的《民法通则》之所以在第五章"民事权利"部分单设"人身权"一节，集中规定人格权，很大程度上就是要落实宪法关于对公民的人身自由、人格尊严的尊重和保护，彰显我国民法所具有的关心人、爱护人的精神。随着互联网、高科技的发展，对隐私、个人信息等人格利益的保护价值被提到了重要议事日程。经过改革开放四十年的发展，人民的物质生活得到极大改善，人格尊严的保护被提升到新的高度，因此，中国民法典的制定已进入关键时期，要制定贴近实际、面向未来的民法典，不能仅局限于对具体制度和规则的设计，更应当关注其价值理念。孟德斯鸠说过，"在民法的慈母般的眼里，每一个个人就是整个的国家"③。黑格尔也认为，现代法的精髓在于："做一个人，并尊敬他人为人。"④ 如果在民法中设立独立的人格权编，进一步对人格权予以全面确认与保护，并确认民事主体对其人格利益享有一种排斥他人非法干涉和侵害的力量，这也有利于人格权观念的普及。权利的产生过程也是一个教化和启蒙的过程。通过独立成编的人格权法对公民的人格权予以系统的构建和确认，有助于对公众公开宣示关于人格尊严和人格发展的美好未来前景，并引导公民产生发自内心的人格权观念，激励公民以实际行动去主张自身的人格权和尊重他人的人格权。⑤ 物权法中的宣示性条款对于平等保护物权等观念的弘扬已经提供了很好的范例。

---

① 参见金耀：《个人信息去身份的法理基础与规范重塑》，载《法学评论》2017 年第 3 期，第 120 页。

② 参见王叶刚：《论可商业化利用的人格权益的范围》，载《暨南学报》（哲学社会科学版）2016 年第 11 期，第 116—117 页。

③ [法] 孟德斯鸠：《论法的精神》下册，张雁深译，商务印书馆 1997 年版，第 190 页。

④ 贺麟：《黑格尔哲学讲演集》，上海人民出版社 2011 年版，第 46 页。

⑤ 参见孟勤国：《人格权独立成编是中国民法典的不二选择》，载《东方法学》2017 年第 6 期，第 83—84 页。

五是整合现有的人格权规范体系。目前，我国法律体系中的人格权规范散见于多部法律、行政法规、部门规章、司法解释等法律文件之中，人格权规范不仅较为零散、不成体系，而且可能相互矛盾，大量规范的层级也较低，这显然不利于加强对人格权的保护。在民法典中设置独立的人格权编，对现有的人格权规范进行体系整合，也恰恰体现了我国民法典以现行规范为基础的"编纂"特征。所谓编纂民法典，既有编也有纂，编就是要对现行法律规则加以整合，以实现法典的体系化，从而实现资讯集中和便于找法的功能。编纂民法典既非完全推倒重来，也非完全照搬，人格权编的规则设计以现行规范为基础，也有利于更多地体现社会共识，从而减少争议。此外，人格权编的规则在人格权法律规范体系中也具有基础性和一般性地位，可以成为人格权保护特别规范的基础，不能因为存在特别规范，就认为民法典人格权编对此无须规定。

诚如江平教授所言："应当通过人格权在民法分则中独立成编的方式来解决人格权保护的相关问题。"① 换言之，只有通过独立成编，才能详细规定人格权的类型、各项内容、权利行使以及受到侵害之后的保护等问题，才能够真正落实党的十九大报告所提出的保护人格权的任务。

五、结　语

沈家本曾经指出，"窃谓后人立法，必胜於前人，方可行之无弊。若设一律，而未能尽合乎法理，又未能有益於政治、风俗、民生，则何贵乎有此法也。"② 我们需要制定的是 21 世纪的民法典，因而不能囿于两百多年前的《法国民法典》和一百多年前《德国民法典》所构建的体系。因为法、德民法典虽然是大陆法系民法典的典范，但其毕竟是 19 世纪初和 20 世纪初时代的产物，无法应对 21 世纪互联网、高科技和信息社会的需要。如果只能仿

---

① 参见江平：《人格权立法与民法典编纂体例》，载《北京航空航天大学学报》（社会科学版）2018 年第 1 期，第 1—2 页。

② 沈家本：《历代刑法考·附寄簃文存·卷二》，中华书局 1995 年版，第 2084 页。

照这些法典所设立的体系，岂非作茧自缚？"问题是时代的声音"，我们必须从中国所处的时代和面临的问题出发，思考人格权立法的内容和体例问题。我们应当通过人格权的独立成编，强化对人格权的保护，完善民法典的体系，推进民法典的现代化！

论人格权编与侵权责任编的区分与衔接 [*]

党的十九大报告提出，"加快社会治安防控体系建设，依法打击和惩治黄赌毒黑拐骗等违法犯罪活动，保护人民人身权、财产权、人格权"。自从党的十九大提出保护人格权以来，强化人格权保护已经成为社会各界的共识。法学界普遍认为，应当按照全面落实十九大报告精神的要求，在民法典编纂之中强化对人格权的保护。鉴于我国现行《民法总则》仅用三个条文对人格权保护作出规定，这实际上是要通过民法典分则对人格权保护作出细化规定。笔者认为，我国民法典应设置独立的人格权编，使其独立于侵权责任编，同时，应在民法典编纂中有效衔接二者的关系。笔者不揣浅陋，拟对此进行初步探讨。

一、从消极保护到具体确权是人格权制度重要的发展趋势

所谓消极保护模式，是指法律上并不详细规定各种类型的人格权，而是在人格权遭受侵害之后，由法官援引侵权法的规则对权利人提供救济。从近代各国民法典的内容来看，明显存在着"重物轻人"的倾向，以财产为中心，主要通过消极保护模式对人格权加以保护，而不注重人格权的积极确认。但20世纪的两次世界大战使人们深感人权被侵害的切肤之痛，因此，在战后

---

* 原载《比较法研究》2018 年第 2 期。

尤其是第二次世界大战以后人权运动获得了蓬勃发展，从而极大地促进了人格权制度的迅速发展。同时，随着互联网、高科技以及市场经济的发展，人格权保护范围不断扩展，客观上也需要通过积极确权的方式加以保护。从世界范围看，强化对人格权益的保护是各国民法所共同面临的任务，从总体上看，人格权的保护经历了从消极保护到积极确权的发展过程。

最早采纳消极保护模式的是 1804 年的《法国民法典》，该法第 1382 条对侵权责任的一般条款作出了规定，① 该条规定的损害范围十分宽泛，既包括有形的权利客体，也包括无形的权利客体②，在人格权遭受侵害的情形下，受害人也可以依据该条规定主张权利。但随着社会的发展，仅仅通过消极确权已经无法适用社会发展的需要，所以，法国法也通过积极确权的方式，对人格权提供保护，这最集中地体现为，民法典在近些年的修改中增加了对隐私、身体等人格权的保护，法国于 1970 年 7 月 17 日颁布了一项法律，并在《法国民法典》中增加了第 9 条："每个人有私生活得到尊重的权利"。该条将隐私权保护作为一项原则确立下来。此外，在该法典新增第 16 条，强化了对身体权的保护，从而也开始从消极保护向积极确权模式发展。

1900 年的《德国民法典》主要采用了消极保护模式，除该法典第 12 条对姓名权作出规定外，该法典第 823 条第 1 款对生命、身体、健康、自由的保护作出了规定，第 824 条规定了信用利益的保护，第 825 条规定了贞操利益的保护。从上述规定来看，《德国民法典》主要是将人格权作为侵权法的保护对象，而没有将其视为主观权利在法典中予以广泛确认，正如民法典起草者所指出的"不可能承认一项'对自身的原始权利'"。③ 而且《德国民法典》第 253 条对侵害人格权益的财产损害赔偿责任作出了严格限制，即只有

---

① 该条规定："人的任何行为给他人造成损害时，因其过错致该行为发生之人应当赔偿损害。"

② Johann Neethling, *Personality rights: a comparative overview*, The comparative and international law journal of South Africa, 2005, vol.38, No.2, p.213.

③ ［德］霍尔斯特·埃曼：《德国民法中的一般人格权制度——论从非道德行为到侵权行为的转变》，邵建东等译，载梁慧星主编：《民商法论丛》第 23 卷，金桥文化出版有限公司2002 年版，第 413 页。

在法律有明确规定的情形下，权利人才能主张财产损害赔偿。[①]但近几十年来，德国法在保护人格权方面也开始向积极确权发展，最为典型的是通过判例承认了一般人格权概念，从而扩张了人格权益的保护范围。"此种概括的人格权具母权的性质，得具体化为各种受保护的范围（或特别人格权），例如名誉、隐私、信息自主等。"[②]此外，德国还通过一些特别法，确认了其他人格权益。

在大陆法系国家，通过采用消极保护和积极确权的结合来保护人格权，主要有如下两种模式：

一种是具体人格权 + 侵权法的保护模式。例如，《奥地利普通民法典》一方面通过民法典广泛确认人格权，另一方面借助侵权法的一般条款来保护人格权。[③]该法第 1328a 条、第 1329 条、第 1330 条分别对侵害隐私权、侵害人身自由、侵害名誉的法律责任作出了规定，但该法并没有对一般人格权作出规定。在这些人格权遭受侵害以后，法院往往只是适用侵权法对法典明确规定的人格权提供保护，而拒绝扩张人格权保护范围，[④]这可能也是一般人格权为什么最近才被奥地利的法院所承认的原因。当然，一些具体人格权，如生命权、身体完整权、肖像权、人格尊严等，也得到了法院认可。[⑤]可见，奥地利主要采用了具体列举人格权类型，同时借助侵权法规则对人格权进行保护。

另一种是具体人格权 + 一般人格权 + 侵权法的保护模式。瑞士是第一

---

① Gert Brüggemeier, Aurelia Colombi Ciacchi, Patrick O'Callaghan, *Personality Rights in European Tort Law*, Cambridge University Press, 2010, p.8.

② 王泽鉴:《人格权法》,北京大学出版社 2013 年版,第 67 页。

③ MT Frick, *Persoenlichkeitsrechte. Rechtsvergleichende Studie ueber den Stand des Persoenlichkeitsschutzes in Österreich, Deutscbland, der Schweiz und Liechtenstein*, Österreichische Staatsdruckerei, 1991, S.56.

④ MT Frick, *Persoenlichkeitsrechte. Rechtsvergleichende Studie ueber den Stand des Persoenlichkeitsschutzes in Österreich, Deutscbland, der Schweiz und Liechtenstein*, Österreichische Staatsdruckerei, 1991, S.59–61.

⑤ Johann Neethling, *Personality rights: a comparative overview*, The comparative and international law journal of South Africa, 2005, vol.38, No.2, p.214.

个将现代人格权理论在立法上予以实践的国家，为人格权提供了充分的法律保护，《瑞士民法典》第 27、28 条专门设定了对人格保护的一般规定，允许主体在其人格受到他人不法侵害时，有权要求排除侵害和赔偿损失。该规定实际上是对一般人格权的规定。该法典第 29 条和第 30 条又专门规定了对姓名权的保护，这些规定实际上是对具体人格权的规定。一些学者接受了基尔克宽泛的人格权概念，认为人格权也包括了经济活动的自由。① 当然，也有一些学者认为，人格权的范围应当限于具体人格权。此外，为了便于对人格权进行保护，司法实践中确认了一些具体人格权，如生命权、身体完整权、行动自由权、尊严权、隐私权等。② 匈牙利也同时承认了具体人格权和一般人格权，《匈牙利民法典》对姓名、肖像、声音、荣誉、名誉、通信秘密等人格权益的保护作出了规定，同时，依据该法第 76 条的规定，对个人人格尊严和信仰自由的侵害，将构成对一般人格权的侵害。③ 此外，希腊和葡萄牙也同时对具体人格权和一般人格权作出了规定，对人格权的保护实际上也是采取了具体人格权 + 一般人格权 + 侵权法的保护模式。④

英美法对人格权的保护也经历了类似的发展过程。由于历史的原因，英美法采取了所谓的"鸽洞模式"（pigeonhole system），即通过具体列举各种侵权之诉的方式，对人格权提供保护，尤其是依据侵权法保护名誉和肖像的权利具有悠久的历史，并且形成了一套完整的制度体系。⑤ 具体而言，对人格权的保护，英国法主要通过攻击（assault）、殴打（battery）、非法监禁

① W.A. Joubert, Grondslae van die persoonlikheidsreg, 1953, S.37–38.

② W.A. Joubert, Grondslae van die persoonlikheidsreg, 1953, S.42–43.

③ 参见欧洲民法典研究组、欧盟现行司法研究组编著：《欧洲私法的原则、定义与示范规则：欧洲示范民法典草案（第五卷　无因管理他人事务　第六卷　造成他人损害的非合同责任　第七卷　不当得利）》，王文胜等译，法律出版社 2014 年版，第 326 页。

④ 参见欧洲民法典研究组、欧盟现行司法研究组编著：《欧洲私法的原则、定义与示范规则：欧洲示范民法典草案（第五卷　无因管理他人事务　第六卷　造成他人损害的非合同责任　第七卷　不当得利）》，王文胜等译，法律出版社 2014 年版，第 326 页。

⑤ Gert Brüggemeier, Aurelia ColombiCiacchi, Patrick O'Callaghan, *Personality Rights in European Tort Law*, Cambridge University Press, 2010, p.8.

(false imprisonment)、诽谤（defamation）、恶意欺诈（malicious falsehood）、恶意诉讼（malicious prosecution）、故意造成精神痛苦（intentional infliction of mental suffering）、泄露秘密（breach of confidence）等诉保护人格权。① 英国在 1852 年颁布了《名誉诽谤法》，对名誉权以及其他的人格利益如个人尊严进行系统保护。英国的普通法并没有正式地承认所谓隐私权。然而，为落实《欧洲人权公约》，英国在 1998 年颁布了《人权法案》，这也是英国人格权保护的转折点，根据《欧洲人权法案》第 8 条第 1 款，英国法逐步形成了隐私权的概念。② 美国法也基本上采用侵权法保护人格权，美国法主要通过隐私权保护个人的人格权益，隐私权的产生具有司法确权的特点。最初，美国法上的隐私权只是一种独处的权利，以及保持自己个性的权利，③ 但后来，隐私权的概念不断扩张，其几乎覆盖了绝大部分人格利益，其保护范围包括了名誉、肖像、个人信息等人格利益④。至 20 世纪 60 年代，美国法院（尤其是联邦最高法院）又通过一系列的判例，将隐私逐渐从普通法上的权利上升为一种宪法上的权利，创设了所谓"宪法上的隐私权"（constitutional privacy）的概念，并将其归入公民所享有的基本权利类型中，并以其作为各州及联邦法令违宪审查的依据⑤。其中最突出的是法院根据宪法第四、第五修正案将隐私权解释为公民享有的对抗警察非法搜查、拒绝自我归罪（self-incrimination）的权利⑥。

从消极保护到具体确权是人格权制度重要的发展趋势，其一方面体现为具体人格权类型的增加和一般人格权的确认，另一方面体现为人格权规则的

---

① W.V.H Rogers, Winfield & Jolowicz, *On Tort*, Sweet & Maxwell, 2002, pp.68ff, 81ff, 403ff.

② Gert Brüggemeier, Aurelia ColombiCiacchi, Patrick O'Callaghan, *Personality Rights in European Tort Law*, Cambridge University Press, 2010, p.27.

③ 参见 [美] 阿丽塔·L.艾伦、理查德·C.托克音：《美国隐私法：学说、判例与立法》，冯建妹等编译，中国民主法制出版社 2004 年版，第 14—15 页。

④ Prosser, *Privacy*, California Law Review, vol.48, 1960, p.383.

⑤ Richard G. Turkington & Anita L. Allen, *Privacy*, second edition, West Group, 2002, p.24.

⑥ Richard G. Turkington & Anita L. Allen, *Privacy*, second edition, West Group, 2002, p.24.

日益细化和丰富。例如，1991 年的《魁北克民法典》、2009 年的《罗马尼亚民法典》，都有十多个条文规定了人格权，《埃塞俄比亚民法典》专门在第一章第二节规定人格权，采用了 24 个条文规定了人格权（第 8 条至第 31 条）。《巴西新民法典》第一编第一题第二章以专章的形式（"人格权"）对人格权作出了规定，从第 11 条至第 21 条采用了 11 个条文对人格权作出了规定。《秘鲁共和国新民法典》第一编（"自然人"）第二题专门规定了人格权，该题从第 3 条至第 18 条共 16 个条文规定了人格权，该编第三题对"姓名"作出了规定（第 19 条至第 32 条），两题加起来一共 30 个条文。

从消极保护到积极确权的发展过程表明，人格权与侵权法开始出现了相互区分的发展趋势，二者是相互衔接、相辅相成的。从我国立法经验来看，我国民事立法历来重视区分人格权规则与侵权法规则，1986 年《民法通则》在第五章第四节详细规定了民事主体所享有的各项人身权，其中主要是人格权，如全面规定了生命健康权、姓名权、名称权、肖像权、名誉权、婚姻自主权，实现了对具体人格权的全面确权。从比较法上来看，我国《民法通则》以如此多的条文对人格权问题加以规范，可谓开创了世界民事立法历史的先河，并因此被称为"民事权利宣言书"。但《民法通则》在对人格权进行确权的同时，又同时在民事责任一章中对侵害人格权的责任作出了规定。[①]2017 年 3 月 15 日颁布的《民法总则》将人格权置于各项权利之首，通过 3 个条款（第 109、110、111 条）对人格权的权利内容再次加以系统确权，丰富了《民法通则》的人格权类型，增加了身体权与隐私权，明确将生命健康权拆分为生命权与健康权，构建了"一般人格权＋具体人格权"的人格权体系，此外，该法还首次对个人信息加以规定。从《民法总则》关于民事权利的其他规定来看，立法者旨在将其留待民法典分则中予以具体完善。同时，该法也专门规定了民事责任，该法第 179 条所规定的责任方式也可以适用于人格权的保护。这表明，《民法总则》区分人格权法与侵权法规则，并

---

① 该法第 106 条第 2 款规定："公民、法人由于过错侵害国家的、集体的财产，侵害他人财产、人身的，应当承担民事责任。"

且强调人格权规则与侵权法规则的有效衔接，通过正面确权与消极保护，构建了积极确权的保护模式，这也是我国民事立法的经验。

二、侵权责任编集中规定人格权将产生体系违反现象

体系是具有一定的逻辑系统所构成的一个制度安排，法典化就是体系化，体系化是法典的生命，民法典体系就是由具有内在逻辑联系的制度所构成的具有内在一致性的价值所组合的体系结构，其中各项制度又是由具有内在逻辑的规范所构成的整体。"民法典的制定乃基于法典化的理念，即将涉及民众生活的私法关系，在一定原则之下作通盘完整的规范。"① 笔者认为，通过立法确认和保护人格权是现代民法重要的发展趋势，人格权独立成编本身就是提升民法典体系化的重要举措，相反，在侵权责任编中集中规定人格权制度，并不符合民法典形式体系的要求，主要理由如下：

第一，在侵权责任编集中规定人格权制度不利于民法典的体系化。从民法典体系来看，民法总则是采取提取公因式的方式，对民事法律关系的主体、客体、民事法律行为等共性问题作出的规定，而民法典分则则是以民事权利为主线而展开的。德国潘德克顿五编制模式并没有将人格权独立成编，这也使其明显存在"重物轻人"的体系缺陷。如果我国民法典将人格权独立成编，则可以弥补这一传统民法典立法模式的体系缺陷。此外，还应当看到，我国民法典分则具有一个很重要的特点，即通过独立的侵权责任编对侵害民事权利的行为作出侵权责任的系统规定，而认定侵权责任的前提是必须已经对各项民事权利作出规定。就人格权保护而言，侵权责任法是救济法，而人格权法是权利法，权利必须走在救济之前，这也是立法科学性的具体体现。尤其应当看到，我国《民法总则》第 2 条在规定民法的调整对象时，将民法的调整对象确定为人身关系和财产关系，财产关系已经在分则中分别独立成编，表现为物权编、合同编，而人身关系主要分为两大类，即人格关系

---

① 王泽鉴：《民法总则》，中国政法大学出版社 2001 年版，第 22 页。

和身份关系，身份关系将表现为婚姻编、继承编，如果在侵权责任编中集中规定人格权，而不设置独立的人格权编，也不符合《民法总则》所确立的民事权利体系，使得民法典各分编的规则与民法总则规定之间的不协调，也将使我国民法典产生传统大陆法系国家民法典立法模式"重物轻人"的体系缺陷。

第二，在侵权责任编集中规定人格权制度将打乱侵权责任编的体系。众所周知，我国现行《侵权责任法》的体系是按照总分结构构建起来的，总则是对侵权责任的一般规则所作出的规定，而分则则是按照特殊主体＋特殊归责原则所构建的规则体系，特殊的归责原则指过错责任之外的归责类型，如严格责任、过错推定责任等。首先，如果将人格权侵权作为侵权责任编总则中的独立一章，由于其既不属于对特殊主体的规定，又不属于对特殊归责原则的规定（侵害人格权主要还是适用过错责任原则），这将与现行《侵权责任法》的立法体系相冲突，出现反体系的现象。可见，如果在侵权责任编中对人格权进行集中规定，可能需要重新构建现行侵权责任法的体系，这意味着我们将浪费 2009 年以来所积累的侵权责任法宝贵立法经验，也将打乱整个侵权责任法所建构起来的理论研究与教学体系。其次，人格权独立一章在侵权责任编的分则部分也没法实现，将面临立法技术上的难题。以生命权、健康权、身体权为例，不论是动物致人损害责任还是机动车交通事故责任，抑或是环境污染侵权责任、物件致人损害责任，都存在着侵害个人生命权、健康权、身体权的情形，显然难以将其规定在侵权责任编分则部分；同样，如果将人格权规定在侵权责任编总则部分，也无法全部涵盖人格权的规则。

第三，在侵权责任编集中规定人格权制度将打乱绝对权保护的体系。从我国民事立法来看，物权、知识产权等绝对权都是通过单行法确权＋侵权法规则予以保护的。例如，依据《物权法》的相关规定，侵告物权应当适用物权独有的保护方法，即物权请求权，也可以适用侵权损害赔偿请求权。如果侵犯人格权的规则只能在侵权责任编之中规定，将形成一个逻辑问题，就是人格权本身是绝对权，物权、知识产权也是绝对权，都要受到侵权法的保护，为何侵害人格权的侵权规则只能置于侵权法之中，不能置于人格权法之中，而物权、知识产权的侵权规则却能够置于物权法和知识产权法之中，不必要全部包含在侵权法之中？但如果将侵害物权、知识产权等规范都在侵权责任编中集中规定，不仅需要重构侵权责任编的体系，与现行物权法、知识产权法也将发生严重的冲突，导致现行物权、知识产权法的内容体系被打乱，而且还会使侵权责任编的规则体系过于庞杂。同理，有学者认为将人格权法单独成编实际上是肢解了《侵权责任法》的完整体系，此种观点也是难以成立的，因为侵权责任法是关于侵权责任的一般规则，而就特定的民事权利而言，其会有一些特殊的侵权规则，难以甚至不可能全部规定在侵权责任法中。正是基于这样的事实，物权法、知识产权法中也才会存在自身的侵权法规则，而并未全部包含于侵权责任法之中，人格权也理应如此。况且，人格权相对于这两大财产权利而言，其地位无疑更为重要，若以侵权法编包含了人格权侵权规则为由反对人格权的独立成编，这实际上意味着人格权法的立法地位不如物权法与知识产权法，此种论断可谓让人匪夷所思。

第四，在侵权责任编集中规定人格权制度不利于构建人格权法自身的体系。从人格权制度本身来看，其已经形成了自身完整的体系，一方面，人格权的类型体系已经十分丰富，形成了一般人格权＋具体人格权的权利类型体系；另一方面，每一项人格权的内涵、效力等已经十分细化和丰富，司法裁判中也进一步丰富了各项人格权的内涵、效力等。如果只是在侵权责任编中对各项人格权进行简单列举，将难以构建完善的人格权体系。事实上，人格权法涉及的范围十分宽泛，远远超出了侵权法的涵盖范围，无论是人格权的内涵，还是人格权的行使、利用、限制等一系列问题，都远远超出了侵权法规则的涵盖范围。举例而言，从两大法系来看，侵害姓名权的案件最典型的是假冒行为，[1] 但姓名权纠纷则远远超出了这一范畴。比如说，涉及姓名的行使、利用、变更，以及利用他人的名声获取利益，等等，这些显然已经超出了侵权法保护的范畴。[2] 在我国，出现了许多姓名命名的纠纷，如个人

---

[1]　参见克雷斯蒂安·冯·巴尔：《欧洲比较侵权行为法》下卷，焦美华译，法律出版社2001年版，第111页。

[2]　参见上书，第110—113页。

的姓名不符合公序良俗，或者应该从父姓或者母姓，能否随意取名等，这些纠纷本身并不涉及侵害他人权利的问题，而是姓名权的本身如何界定，能否对其进行限制，以及如何限制等问题，这些问题显然不是侵权法所调整的范围。例如，在最高人民法院曾发布第 89 号指导案例"'北雁云依'诉济南市公安局历下区分局燕山派出所公安行政登记案"中，法院认为，"公民选取姓氏涉及公序良俗……如果任由公民仅凭个人意愿喜好，随意选取姓氏甚至自创姓氏，则会造成对文化传统和伦理观念的冲击，违背社会善良风俗和一般道德要求"，因此，该案中孩子的父母"仅凭个人喜好愿望并创设姓氏，具有明显的随意性"，属于有违社会公序良俗的表现，因此，公安机关不准许户口登记的行为是合法的。① 该案即涉及姓名的命名问题，显然难以为侵权法规则所涵盖。

三、侵权责任编替代人格权编将影响侵害人格权责任的准确认定

"权利的存在和得到保护的程度，只有诉诸民法和刑法的一般规则才能得到保障。"② 如前所述，人格权法是权利法，侵权责任法是救济法，其是对民事主体在民事权益遭受损害之后提供救济的法律，即在权利受到侵害以后对受害人予以救济的法。但二者又是相辅相成、相互配合的，一方面，权利法是界定救济法适用范围的前提，侵权责任法作为调整在权利被侵害以后形成的社会关系的法律，其解决的核心问题是，哪些权利或利益应当受到其保护。③ 另一方面，救济法又是权利法实现的保障，且救济法可补充权利法在权利保护规则上的不足，并可以限制法官在立法者的预设范围之外自由创设

---

① 山东省济南市历下区人民法院（2010）历行初字第 4 号行政判决书。

② ［美］彼得·斯坦、约翰·香德：《西方社会的法律价值》，王献平译，中国人民公安大学出版社 1989 年版，第 41 页。

③ 参见欧洲侵权法小组编著：《欧洲侵权法原则：文本与评注》，于敏、谢鸿飞译，法律出版社 2009 年版，第 52 页。

新的权利类型。因此，实现权利法和侵权法的有效衔接，是全面保障私权的最佳方式。

但是，试图通过救济法确认权利的类型和内容是不现实的，也是救济法难以承受之重，如果不在民法典中设置独立的人格权编，则侵权责任编的立法将遇到一个难题，即如何具体确定各项具体人格权的内容和范围，以及如何认定侵害人格权的责任？笔者认为，如果不设置独立的人格权编，而以侵权责任编替代人格权编，将不利于准确认定侵害人格权的责任，主要理由在于：

一是难以明确侵权法保护的权益范围。虽然《侵权责任法》第 2 条第 2 款列举了 8 项具体人格权，但各项人格权的具体范围是不清晰的，这将不利于各项人格权的保护。因为人格权的类型繁多，各项权利的权能也较为复杂，侵权责任法虽然可以规定侵害人格权的一般构成要件、责任形式等内容，但无法具体规定各项人格权的内容和权能，这可能就给法官认定侵权责任遇到困难。例如，就隐私而言，其包括私生活秘密、通信安全、个人财务隐私安全、未成年人隐私的保护、住宅隐私的保护、公共场所隐私的保护等内容，如果法律不对隐私权的内容、隐私权的限制规则以及隐私权保护与舆论监督的冲突解决规则等作出规定，既不利于权利人主张权利，也难以为法官提供明确的裁判规则。从我国现行立法来看，不论是《侵权责任法》还是《民法总则》，在保护隐私权时仅规定了"隐私权"三个字，这显然无法为解决大量的隐私权纠纷提供明确的裁判规则。如果法律不对隐私权的内涵作出界定，在隐私权纠纷中，哪些情形下应当保护权利人的隐私权，哪些情形下应当优先保护个人的行为自由等其他利益，将完全交由法官进行判断，这可能不利于隐私权的保护，也可能导致司法裁判的不统一。

二是难以为过错的认定提供明确的标准。"过错是一个社会的概念"[1]，其通常是指行为人违反了法律上确定的应当作为或者不作为的义务，或一个

---

[1] Andre Tunc, *International Encyclopedia of Comparative Law Vol.4*, *Torts*, *Introduction*, J.C.B.Mohr, Paul Siebeck, Tübingen, 1974, p.63.

合理人应当尽到的注意义务。义务的确定是过错认定的前提，侵害人格权的行为通常违反的是法定义务，这一法定义务应当由人格权法进行全面确认。例如，就肖像权而言，《民法通则》第 100 条规定了肖像权保护规则，该条规定："公民享有肖像权，未经本人同意，不得以营利为目的使用公民的肖像。"但现实中大量存在非以营利为目的而以侮辱、诽谤的方式侵害他人肖像权的行为，此种情形下，行为人是否具有过错，需要法律作出明确规定。因此，人格权编有必要规定，任何组织和个人未经许可不得使用他人肖像，不得以歪曲、侮辱或者其他不正当方式侵害他人的肖像权。如此才能够在涉及此类侵权行为时为法官判断过错提供明确的标准。

还应当看到，与侵害财产权的情形不同，在侵害人格权的情形下，在判断行为人是否具有过错，需要进行更为复杂的利益衡量，侵害财产权的过错判断是比较简单和明晰的，即只要造成财产的损害，不论是故意还是过失，行为人都要承担责任，但侵害人格权的侵权责任需要考量多种利益，而不能简单适用侵权责任的一般构成要件。例如，住宅和公共场所中虽然都存在隐私，但其保护程度是不同的；再如，同样是在公共场所，公众人物和一般人隐私的保护也是有差异的，这都涉及对权利本身的确认和具体保护问题，而不是仅简单套用侵权责任的构成要件。也就是说，人格权在遭受侵害时，判断侵权责任是否成立所要进行的利益考量更为复杂，需要平衡各种冲突的利益①。正如考茨欧(Koziol)所指出的，从比较法上来看，各国都比较重视侵害人格权尤其是精神性人格权情形下的利益平衡。例如，在奥地利，法律对各项具体人格权作了十分明确的区分，在侵害生命权、身体完整权、自由等最有价值的人格权益的情形下，将直接认定行为人有过错；而在侵害其他人格权益（如肖像权、隐私权、人格尊严）的情形下，在判断行为人是否具有过错时，则需要考虑与此相冲突的其他利益。②

三是难以为责任的减轻和免除提供明确的标准。侵权责任编中责任减轻

---

① Larenz & Canaris, *Lebrbuch des Schuldrechts*, vol 11/2, 1994, S.491.

② E. Karner & H Koziol, *Der Ersatz ideellen Schaden im osterreichischen Recht und seine Reform: Verhandlungen des Filnjzehnten Osterreicmscben*, Juristentages lnnsbruck 2003, S.34–35.

和免除的规则无法直接适用于人格权侵权的情形。我国《侵权责任法》第三章对责任的减轻和免除规则作出了规定，但其无法直接适用于所有人格权侵权的情形，因为每种人格权的内涵不同，其所涉及的利益关系也不同，这也决定了侵害各类具体人格权的责任限制规则应当是个性化的，需要法律分别作出规定，而无法一概适用侵权责任一般的责任减轻和限制规则。例如，隐私权可能因为权利人是公众人物而受到限制，而肖像权则可能因为合理使用而受到限制。在瑞士法中，在侵害人格权的情形下，如果没有抗辩理由，则将认定行为具有过错，在判断抗辩事由能否成立时，需要考虑将受害人的利益与相对应的私法和公法的利益相比较，如果相关人格利益的保护是不重要的，则行为人的过错就可能会被排除。[1] 可见，与财产权不同，在认定侵害人格权侵权责任的免责和减轻责任事由时，需要进行更为复杂的利益衡量，之所以存在此种差异，是因为各项人格权本身的内容、权能的差异性，如果没有对权利内容和权能的确认，法官可能很难把握各个构成要件的差异。例如，未经他人许可，披露了他人的私密信息，这些信息可能并没有导致受害人社会评价降低，反而可能提升其社会评价，从侵害名誉权的角度观察，其可能不构成侵权，而从隐私权的角度，其可能构成侵权。此种情形在实践中经常存在，如果法律只是简单列举各项人格权，而不具体规定其具体内容，则法官在判断这类侵权时，针对不同的侵权，要考虑行为的性质、严重性、损害后果、行为的动机和目的等，具体认定具体人格权的内容，这可能赋予法官过大的自由裁量权，也可能产生同案不同判的结果，影响司法的统一。

此外，如果以侵权责任编完全替代人格权编，也会遇到一个立法上的难题，即是否需要具体列举侵害各项人格权的侵权责任？抑或仅仅通过侵权责任的一般条款保护人格权[2]？显然，仅仅通过设置类似于《德国民法典》第823条第1款的过错责任的一般条款，也不足以保护人格权，因为在人格权

---

[1] A Bucher, Natuerliche Persoenen und Persoenlichkeitsschutz, Helbing & Lichtenhahn, 1995, S.162ff.

[2] 参见克雷斯蒂安·冯·巴尔:《欧洲比较侵权行为法》下卷，焦美华译，法律出版社2001年版，第108页。

纠纷中，可能需要依靠法官根据具体案情判断是否构成侵权，这必然造成"同案不同判，同法不同解"的后果。同时，由于每一项人格权的内涵、权能等都是十分丰富的，在侵权责任编中全面列举侵害每一项人格权的侵权责任，也可能导致侵权责任编的规则过于庞杂和繁琐。事实上，列举人格权内容、权利行使等规则并不是救济法的功能，而应当交由权利法解决。由此也说明，侵权责任编在功能也无法完全替代人格权编。

四、强化人格权保护应有效衔接人格权编与侵权责任编

在设置人格权编后，就侵害人格权的侵权责任，存在人格权编与侵权责任编的衔接问题，这首先需要明确两法各自不同的调整范围。从功能上看，人格权法是权利法，侵权责任法是救济法，权利必须走在救济之前，救济不能代替确权，这也是立法科学性的具体体现。按照这一逻辑，首先应当由人格权法对各项人格权的内涵、类型等作出规定，确定各项人格权的边界和其他人的具体行为义务，然后再由侵权法对各项人格权提供救济。各项人格权的内涵十分丰富，在民法典总则编或者侵权责任编中对各项人格权进行简单列举，既无法明确各项人格权的边界，难以有效区分各项人格权，也不利于有效保护人格权。最佳的方式是在人格权编中对各项人格权的内容、效力、行使规则等作出细化规定，这也可以为侵犯人格权责任的认定提供明确的前提和标准。① 当然，也正是因为有侵权法的保护，才使得人格权获得充分的保障和实现。正是从这个意义上说，人格权法与侵权责任法是相互配合、相得益彰的。

人格权法作为权利法，应当重点规范四个方面的内容：

第一，规定人格权的类型和内容。每一项人格权都具有其自身的作用或功能，这些权能不是单一的，各项权能的结合共同构成了人格权的内容。例如，肖像权具有形象再现权、肖像使用权、转让等权能。不论是自然人人格

---

① 参见黄忠：《人格权法独立成编的体系效应之辨识》，载《现代法学》2013 年第 1 期。

权，还是法人、非法人组织人格权，也不论是具体人格权，还是一般人格权，都具有十分丰富和复杂的权利内容，不可将各项权利混淆。例如，名誉权的内容不同于肖像权的内容，而自然人的姓名权与法人的名称权的内容也不完全相同（因为法人的名称权可以转让，而自然人的姓名权不能转让）。侵权责任法是救济法，其无法对各项人格权的内容作出全面规定，这就需要在人格权法中对其作出规定。

第二，规定相对人所应当负有的义务。一方面，人格权法应当确定各项人格权的边界和其他人的具体行为义务，然后再在此基础上规定侵害人格权的侵权责任。每一项人格权的内涵都极为丰富，同时，这些权利也都对应着相对人应当负有的义务。这些内容是侵权法无法规范的，只能通过人格权法作出具体规定，从而为判断是否构成侵权的判断提供前提和标准。例如，如果确认住宅等私人空间属于隐私权的内容，而不仅仅是财产权，那么，相对人就负有不得非法窥视、搜查、侵入他人住宅等私人空间的义务。这首先需要人格权法对此作出明确规定，否则，让裁判者仅凭借"隐私权"这一抽象概念去判断相关行为是否构成侵权，也不符合编纂民法典便于裁判的目的。另一方面，通过积极确权模式保护人格权也有利于划定个人行为自由的界限。权利的核心和本质是类型化的自由，确认权利本身既有利于明确权利行使的范围和方式，也确定了他人行为自由的界限。就人格权保护而言，仅通过侵权法保护人格权，而不从正面规定人格权的内容和效力，将难以划定权利人和第三人行为自由的界限，从而难以有效发挥维护行为自由的功能。

第三，规定人格权的行使、利用以及人格权限制的规则。按照传统观点，人格权属于消极防御性的权利，权利人无法积极行使人格权，也无法积极利用其人格权，但现在一般认为，人格权已经成为一项可以积极行使的主观权利，[1] 权利人可以积极行使和利用其大部分人格权益。这就需要法律对人格权的行使、利用规则作出规定，如规定人格权利用的方式、可进行利用

---

[1] 王泽鉴：《人格权法》，北京大学出版社 2013 年版，第 252—257 页。

的人格权益的范围等，侵权法作为救济法，显然难以对此类规则作出规定。此外，为了维护公共利益、社会秩序等，在法律上有必要对于人格权作出一定的限制，这些限制规则不能在侵权责任法中规定，而只能由人格权法加以规定。例如，法律应当规定公众人物人格权限制的规则、人格权不得滥用规则以及人格权与言论自由的冲突解决规则等。

第四，规定对人格权进行特殊保护的规则。人格权的保护也存在一些特殊规则，无法在侵权责任编中进行细化规定，而应当规定在人格权编中，具体而言：一是精神损害赔偿责任。我国《侵权责任法》第22条规定："侵害他人人身权益，造成他人严重精神损害的，被侵权人可以请求精神损害赔偿。"从该条规定来看，精神损害赔偿责任仅适用于人身权益遭受侵害的情形，其中主要是人格权益。但该条的规定十分简略，关于确定精神损害赔偿数额的考量因素、法人是否可以享有精神损害赔偿请求权、侵害死者人格利益的精神损害赔偿等问题，该条均没有作出规定，这就需要我国民法典对其作出细化规定。在我国民法典编纂不对现行《侵权责任法》进行大幅修改的情形下，应当将精神损害赔偿责任的细化规则规定在人格权编中。二是恢复名誉、赔礼道歉等责任形式也主要适用于人格权，《侵权责任法》的规则也十分简略，如就赔礼道歉而言，如果责任人不主动承担此种责任，是否可以在媒体上公布判决书，或者公开道歉内容等方式实现对责任人的间接强制等，也应在人格权编中对其作出细化规定。三是禁令。对于一些针对人格权保护的新型责任方式，如禁令等，也应当规定在人格权编中。从比较法上看，在人格权遭受威胁或者持续侵害的情形下，几乎所有的法律体系中都采用了禁令制度。① 禁令制度的功能和适用条件具有特殊性，如对直接或者间接预防不法侵害，禁令的适用并不要求具有不法性，也不要求具有过错，② 对互联网和大数据时代的人格权保护具有重要意义，我国人格权编应当对其

---

① E Guldix & A Wylleman, 'De positie en de handhaving van persoonlijkheidsrechten in het Belgisch privaatrecht', 1999, 36 TPR 1589 at 1645 ff.

② U Kerpen, Das internationale Privatrecht der Persoenlichkeitsrechtsverletzungen, 2003, S.26.

作出规定。因此，我国民法典人格权编有必要规定民事主体有证据证明他人正在实施或者即将实施侵害其人格权益的行为，如不及时制止将会使其合法权益受到难以弥补的损害的，可以依法向人民法院申请采取责令停止有关行为的措施。例如，在"钱钟书书信案"中，北京市第二中级人民法院在充分考虑该案对社会公共利益可能造成的影响后，准确地作出了司法禁令，禁止被告从事拍卖书信的行为，既有效保护了著作权人权利，又保护了原告的隐私权。① 禁令制度主要适用于人格权侵权，而不适用于财产权，因此，不宜将其规定在侵权责任编中，而应当规定在人格权编中。四是回应权（droit de réponse）。该权利是指定期发行的媒体，如果其中的报道涉及特定的个人，则相关的个人有权在法定期限内就相关事实作出回应。回应必须针对报道，而且必须在规定的期限内作出，相关的媒体也有义务刊载。从比较法上看，一些国家在侵害名誉、隐私等情形下，也明确规定了受害人的回应权。回应权由法国首创，《瑞士民法典》在 1983 年法律修订才增设第 28g–28l 条，对回应权作出了规定。我国民法典人格权编也可以考虑对此种救济方式作出规定。五是请求撤回、更正、修改、补充。这些责任形式本身就是人格权积极权能的体现。在人格权遭受侵害的情形下，这些补救措施比恢复原状可能更有效率，对受害人救济而言，恢复名誉比金钱赔偿可能更为有效。② 我国民法典人格权编也可以考虑对这些责任形式作出细化规定。当然，侵权责任编可以就侵害所有财产权和人身权的侵权责任方式作概括、抽象的规定。例如，我国《侵权责任法》第 15 条所规定的 8 种责任形式仍然应当保留。因为侵权责任编对侵权责任形式的一般规则作出规定，与人格权编对侵害人格权的责任形式作出细化规定之间并不冲突。

为进一步有效衔接侵权责任编与人格权编的规则，侵权责任编中应当设置相关的引致性规范，规定在人格权编对侵害人格权的侵权责任有特别规定

---

① 参见《钱钟书书信案引出新民诉法首例诉前禁令》，载《法制日报》2014 年 2 月 26 日第 5 版。

② Neethling, JM Potgieter & PJ Visser, Neethling's law of personality, LexisNexis South Africa, 2005, p.171.

的，应当适用人格权编的规则，这有利于实现侵权责任编与人格权编的衔接。在侵权责任编中设置此种引致条款，一方面有利于明确侵权责任编的规则可以适用于人格权制度。也就是说，如果人格权编没有对侵害人格权的责任作出特别规定的，则可以适用侵权责任编关于侵权责任的一般规则，这正如物权法、知识产权法在没有对侵害物权、知识产权的责任作出特别规定时，可以适用侵权责任的一般规则一样，可以实现人格权制度与侵权法规则的有效衔接，从而实现立法的简约。另一方面，引致规范的设置也有利于明确侵权责任编规则与人格权编中侵害人格权的责任规则之间的关系。从法律适用层面看，侵权责任编所设置的侵权责任规则在性质上应当属于一般规范，而人格权编中关于侵害人格权的侵权责任规则应当属于特别规范，其应当优先适用，在侵权责任编中设置引致规范，有利于明确两类规范的关系和适用规则，从而便于法律规则的准确适用。

还应当看到，即便侵权责任编对侵害人格权的责任作出了规定，也不应影响人格权编的设置，人格权编的设置与侵权责任编的保护规则是相辅相成、相互配合的，二者共同发挥保护人格权的作用。由于涉及与侵权责任编规则的协调，人格权编的一些规范确实有可能是不完全规范，但其并非不具有任何裁判价值，其仍然可以对人格权益的内容与行为人的具体行为义务作出规定，与侵权责任编规范的结合，同样可以发挥裁判规范的作用。同时，即便人格权编的一些规范是不完全规范，其仍然具有行为规范的作用，设置此类规范具有重要的立法框架价值，从而构成行政执法行为的私法基础。换言之，人格权编的规范不仅具有裁判的司法价值，也同样具有行为引导价值与规范行政权行使的价值。诚然，人格权的类型基于人身自由和人格尊严的价值而必然具有开放性，[①] 而且每一种人格权的概念也必然存在核心领域和边缘领域，但这与人格权独立成编并不矛盾。因此，人格权编在保持人格权类型开放性的同时，总结现有法律、法规和司法解释，对各项具体人格权的

---

① 参见马俊驹：《人格与人格权立法模式探讨》，载《重庆大学学报》（社会科学版）2016 年第 1 期。

核心内容和边界进行界定，对其他主体所负有的行为义务进行尽量清晰地规定，这有助于侵权责任编规则的适用，也可以为衡量人格权与其他不同价值之间关系提供价值框架和规范基础。

五、结　语

"世易时移，变法宜矣"，人格权法独立成编与侵权责任法的独立成编都是我国民法典体系的创举，是对大陆法系国家民法文化的重要贡献。我们要从中国实际出发，秉持民主立法、科学立法的原则，制定面向 21 世纪的民法典。我国正在编纂的民法典应当根据党的十九大报告的精神，加强人格权立法，并使其在民法典中独立成编。同时，也要衔接好人格权编与侵权责任编的关系，为解决 21 世纪人类共同面临的人格权保护问题提供中国智慧、中国方案。如此，才能使我国民法典真正屹立于世界民法典之林。

独立成编的人格权法与
侵权责任法的关系 *

2009 年《侵权责任法》通过之后，由于该法中保护范围的扩张、采取责任形式的多样化而强化了对人格权的保护，因而，在我国《侵权责任法》颁行后，对于是否有必要制定《人格权法》，并使其在未来民法典中成为独立的一编，引发了学界的讨论。这一问题的探讨关系到中国《人格权法》制定的必要性，因此，笔者不揣浅陋，拟对该问题提出几点粗浅意见。

一、侵权责任法不能替代人格权法

《侵权责任法》第 2 条在全面列举所保护的权利范围时，共列举了 18 项权利，其中近半数是人格权。由于该条将人格权置于财产权之前，因而也表明了对人格权保护的高度重视，具有价值宣示的功能。尤其是《侵权责任法》第 15 条规定了 8 种侵权救济方式，这些都可以适用于人格权的侵害。该法第 22 条规定的精神损害赔偿，也同样可适用于人格权的侵害。据此，不少学者认为，在人格权已经纳入侵权责任法的保护之后，似乎已没有太大的必要单独规定人格权。笔者认为，此种看法不无道理，但值得商榷。

---

* 原载《社会科学战线》2012 年第 2 期。

侵权法作为救济法，它是在受害人遭受侵害之后对遭受侵害的权益提供救济，其本身并不具有权利设定的功能；而人格权法作为权利法，其是确认公民、法人所享有的人格权及其权能的法律，其确认的各种权利都可以受到侵权法的保护。《侵权责任法》第 2 条列举了该法所保护的民事权利的类型，但不能因为人格权属于侵权法的保护对象，就断定人格权法属于侵权法的组成部分。主要原因在于：一方面，《侵权责任法》第 2 条列举其保护的权利，旨在明确该法与相关法律调整范围的区分，理顺救济性的侵权法与宣示性的权利法之间的关系，补充权利法在权利保护规则上的不足，并可以限制法官在立法者的预设范围之外自由创设新的权利类型[1]。通过具体列举民事权益的方式，可以告诉公民其享有何种权利，哪些权利受到侵害可以获得侵权责任法的保护，也有利于法官准确地判断何种损害可以通过侵权责任提供救济。[2] 但是，这并不意味着《侵权责任法》要包括规范各种权利的权利法的内容，也并不是说，人格权法已经成为侵权法的组成部分。侵权法对各种权利提供全面的救济，只是从权利救济的角度来设定法律规范，与规范各类权利的权利法的规则本身作为侵权法的内容，这并非同一问题。另一方面，侵权责任法的主要功能在于对于受害人提供救济。其性质和功能决定了仅仅是救济权利，而并非具体地确认各类权利及其内容。[3] 尤其应当看到，《侵权责任法》第 2 条所列举的权利范围十分宽泛，该条将所有的绝对权都列举出来，仅仅排除了债权。可见，除了债权之外，各类绝对权都属于侵权法的保护范围。在第 2 条列举的 18 项权利中，不仅包括人格权和物权，还包括知识产权、继承权和股权等权利。这绝不意味着，侵权责任法已经将具体规范各种绝对权的法律（如物权法、知识产权法、继承法等）都纳入侵权法之中。否则，侵权法将成为无所不包的法律，甚至替

---

① 参见姜强：《侵权责任法的立法目的与立法技术》，载《人民司法应用》2010 年第 3 期。

② See J. Limpens, International Encyclopedia of Comparative Law, Torts, Liability for One's Own Act, J.C.B.Mohr（Paul Siebeck）, Tübingen, 1974, pp.8–9.

③ See European Group on Tort Law, Principles of European Tort Law: Text and Commentary, Springer, 2005, p.102.

代了整个民法典，这不符合侵权法自身的定位。例如，《侵权责任法》第2条规定物权也属于请求权的保护对象，但绝不意味着规范物权的物权法也属于侵权责任法的范围。

实际上，无论是物权、知识产权还是其他类型的绝对权，在侵权责任法之外，都有更为详尽的法律规则对其具体内容作出规定。这一逻辑同样适用于人格权。当然，人格权法的内容，与诸如物权、知识产权法的规定，在侧重上可能有所区别。侵权责任法只是权利保护与救济的制度之一，无法替代人格权法上的其他制度。侵权责任法关注的主要是在各种权利受到侵害的情况下如何救济的问题，其主要规定各种侵权行为的构成要件、加害人应当承担的责任形式及范围问题[①]，而不可能对人格权的类型及其效力作出全面、系统的规定。具体来说，可以从如下几个方面加以分析：

第一，侵权责任法不能确认具体的人格权。如前所述，侵权责任法主要是救济法，其主要功能不是确认权利，而是保护权利[②]。法定的民事权利都是一种公示的民事权利，法律对民事权利进行确认，不仅使民事主体明确知道自己享有何种民事权利及其内容，同时也明确了主体权利的范围，进而界定了人们行为自由的界限。所以在民法上确立各种民事权利的意义是十分重大的。然而，简单地通过扩张侵权责任法的确权功能来规定人格权是不恰当的。就人格权的类型、内容及其效力规定而言，应当由人格权法规定。人格权法作为权利法，其与物权法等法律一样具有确认权利的功能。通过人格权法，规定人格权的类型和效力，以此为基础才能相应地在侵权责任法中规定人格权的保护方式。[③] 尤其应当看到，就人格权而言，各种权利都可能有必要进行进一步的类型化。例如，隐私权就可以进一步类型化为独处的权利、个人生活秘密的权利、通信自由、私人生活安宁、住宅隐私等等。就私人生

---

① 参见周友军：《侵权责任法专题讲座》，人民法院出版社2011年版，第2页。

② See European Group on Tort Law, Principles of European Tort Law：Text and Commentary, Springer, 2005, p.30.

③ 参见马俊驹、张翔：《人格权的理论基础及其立法体例》，载《法学研究》2004年第6期。

活秘密而言，又可以进一步分类为身体隐私、家庭隐私、个人信息隐私、健康隐私、基因隐私等。不同的隐私因为类型上的差异，在权利的内容以及侵权的构成要件上，都可能有所差异。对于如此纷繁复杂的权利类型的确权问题，侵权责任法作为救济法的特点决定其不能涉及，也无法涉及。侵权责任法只能够在这些权利遭受损害以后对其提供救济，而无法就权利的确认与具体类型进行规定。就此而言，人格权法的功能是无法替代的。尤其是现代社会应受法律保护的人格利益的范围日益扩大，如果人格权法不对此作出集中明确的规定，而由法官根据侵权行为法的规定来决定哪些人格利益应予保护，则将会使作为主体最基本的民事权益的人格利益难以得到稳定的、周密的保护。人格权作为一个开放的体系，各种新类型的人格权无法在侵权责任法中得到规定。①

第二，侵权责任法不能具体确认每一项具体人格权的权能。《侵权责任法》第 2 条虽然宣示要保护 8 项人格权，但是，它没有也不可能进一步地规范各种权利的具体权能。所谓"权能"，也称为权利的作用或功能。每一种权利，都具有其自身的作用或功能，这些权能不是单一的，各种权能的结合构成了其内容。例如，肖像权具有形象再现权、肖像使用权、转让等权能。公民和法人的人格权不管是一般人格权还是各项具体人格权，都具有较为丰富和复杂的权利内容。例如，名誉权的内容不同于肖像权的内容，而公民的姓名权与法人的名称权的内容也不完全相同（因为法人的名称权可以转让，而公民的姓名权不能转让）。公民、法人所享有的各项人格权内容是不能通过侵权责任法加以确认的，而必须在人格权法中具体规定。由此可见，法律不仅仅要列举与表彰各种权能，也要具体规定各种权能的行使与表现效果。正是在这个意义上，只有制定体系完整的人格权法，才能更充分地体现私权行使和保护的需求。显然，这些对人格权权能的规定，是侵权责任法所无法实现的。

第三，侵权责任法不能具体规定权利的取得、变动规则。尽管人格权原

---

① 参见马海霞：《论人格权在未来我国民法典中的地位》，载《天中学刊》2004 年第 19 期。

则上不能转让，但在法律规定的特殊情形下也可以转让。例如，肖像权的使用权能可以转让，法人的名称权可以转让。尤其是如果未来人格权法中规定个人信息资料权，也必须规定该权利的转让规则。还应当看到，公民的大多数人格权是与生俱来的，如生命健康权等，但还有一些人格权需要通过实施一定的行为才能取得，例如，名誉权、隐私权（如个人财务信息）等。因而对这些人格权的取得应当设定专门的规则，这些规则显然非侵权责任法所能包括的。

第四，侵权责任法不能规定权利的冲突及其解决规则。人格权在行使过程中，常常会与其他权利发生冲突。这很大程度上是因为人格权作为一种新型的权利，在对其进行确认、保护、行使的过程中，可能会与既有的权利发生冲突，如实践中常见的人格权与财产权、隐私与新闻自由、名誉权与舆论监督等权利的冲突。人格权在行使过程中，有可能会与公权力的行使发生冲突①。还应看到，人格权自身也可能在相互之间发生冲突，从而需要在人格权法中确立解决冲突的规则。例如，当生命权与财产权发生冲突时，应当优先保护生命权；当肖像权与肖像作品著作权发生冲突时，优先保护肖像权。而侵权责任法不能解决权利行使和权利冲突的问题。此外，为了维护公共利益、社会秩序等，在法律上有必要对于人格权作出一定的限制，这些限制规则不能在侵权责任法中规定，而只能由人格权法加以规定。例如，对公众人物人格权的限制、人格权权利不得滥用、人格权与言论自由的关系等。从这个意义上说，人格权法的独立成编，也可以起到和侵权责任法相互配合的作用。

从根本上说，侵权责任法的性质和功能决定了其不可能替代人格权法，《侵权责任法》的颁行虽然强化了对人格权的保护，但这丝毫不应影响人格权法的制定和颁行。相反，为了配合《侵权责任法》共同实现对人格权的确认和保护，应当制定独立的人格权法。

---

① Richard C. Turkington & Anita L. Allen, Privacy Law, Cases and Materials, West Group, 1999, p.2.

二、侵权责任形式的多元化并不否定人格权法的独立成编

中国侵权责任法为了强化对受害人救济，采用了多种责任方式。这具体表现在《侵权责任法》第 15 条，该条一共列举了 8 款，共计 8 种责任形式，包括停止侵害、排除妨碍、消除危险、返还财产、恢复原状、赔偿损失、赔礼道歉、消除影响和恢复名誉。而且，侵权责任形式还不限于第 15 条所列举的 8 种，例如该法第 22 条规定了精神损害赔偿，第 47 条规定了惩罚性赔偿。就世界范围而言，大陆法系国家的民法典，在侵权责任形式上主要采用单一的损害赔偿方式，这使得侵权责任对权利的保护力度不足。一些示范法试图突破这种限制，例如《欧洲统一侵权法》在损害赔偿之外增加了恢复原状，但是其并没有成为正式法律，仅仅是"示范法"①。《侵权责任法》突破了传统民法将侵权救济限制在损害赔偿的模式，采用多种方式对受害人加以救济。这不仅是我国长期以来司法经验的总结，也是我国法律保护受害人的需要，具有中国特色。侵权责任法通过构建完整的责任形式，为私权利提供全方位的、充分的救济。但是侵权责任法之所以采取责任形式多元化的方式，主要是以受害人为中心，强化对受害人全面救济的理念，落实侵权责任法保护民事主体合法权益、预防并制裁侵权行为等目的。各种侵权责任方式都是可以由受害人进行选择的权利。受害人基于其利益的最大化选择对他们最有利的方式来保护自己的权利，受害人可以选择一种，也可以多种并用，可以说，侵权责任法是一个为公民维权提供各种武器的"百宝囊"。

《侵权责任法》采取的多种责任形式，大多可以适用于人格权的保护。尤其是侵权责任法所规定的赔礼道歉、消除影响、恢复名誉都主要适用于对人格权的侵害，甚至该法第 47 条规定的惩罚性赔偿也仅适用于缺陷产品造成他人死亡或健康严重损害的情形，因而主要适用于对生命健康权的保护。

---

① See European Group on Tort Law, Principles of European Tort Law：Text and Commentary, Springer，2005，p.30.

由此提出一个问题，即由于《侵权责任法》采取了多元化的责任形式模式，是否在一定程度上否定了人格权法的独立成编？笔者认为，虽然《侵权责任法》规定了多元化的责任形式，但是，其并不否定人格权法的独立，理由主要在于：

第一，侵权责任形式是保护各种绝对权的形式。"权利的存在和得到保护的程度，只有诉诸民法和刑法的一般规则才能得到保障。"①《侵权责任法》第 15 条规定的责任形式是与该法第 2 条规定的保护范围相对应的，这些责任形式是各种绝对权的保护方式。侵权责任形式可以普遍适用于各种权利的保护，但这并不意味着，各个具体的法律部门关于保护权利的特殊规则都将被侵权责任法所替代。相反，各类法律所规定的权利保护规则都可以有效地对受害人提供保护。例如，在侵害物权的情况下，受害人既可以根据《侵权责任法》第 15 条的规定主张侵权请求权，也可以根据《物权法》第 35、36、37 条的规定主张物权请求权，以获得保护。这就可以看出，《侵权责任法》颁行之后，绝不意味着物权请求权制度就毫无意义。同样，根据《侵权责任法》的相关规定，该法第 15 条也可以适用于侵害继承权的情形，但这并不能替代《继承法》规定的相关请求权，如第 10、13 条规定的法定继承遗产分配请求权、第 11 条规定的代位继承请求权。此外，《著作权法》第 46 条和《商标法》第 53 条等确认了知识产权请求权，这一制度同样不能被《侵权责任法》第 15 条所代替。未来我国民法典有必要使人格权请求权与侵权损害赔偿请求权发生分离，针对侵害人格权益的行为，请求权人可以主张人格权请求权。所谓人格权请求权，是指民事主体在其人格权受到侵害、妨害或者有妨害之虞时，有权向加害人或者人民法院请求加害人停止侵害、排除妨害、消除危险、恢复名誉、赔礼道歉，以恢复人格权的圆满状态。如果侵害人格权益并没有造成实际的财产损害，受害人就一定主张侵权损害赔偿，而可以直接主张人格权请求权。人格权请求权不需要证明损害，不需要证明

---

① 〔美〕彼得·斯坦等：《西方社会的法律价值》，中国人民公安大学出版社 1989 年版，第 41 页。

行为人有过错，不适用诉讼时效，而且更进一步强调预防的功能，适用人格权请求权是对人格权更精细化、更科学、更合理的保护。通过人格权请求权和侵权损害赔偿请求权的分离，可以妥善地解决对人格权的有效保护问题。

第二，侵权责任形式规定着眼于各种绝对权的保护，而没有考虑人格权保护的特殊性。人格权法中的责任还具有另外一个特点，即其不仅具有事后补救的功能，还具有事先预防的功能，特别是对于隐私等权利的侵害，这种事先救济比事后补救更为有效。且人格权请求权以预防和排除妨害为目的，其不考虑加害人是否有过错以及损害事实发生与否。因此，较之于侵权请求权而言，人格权请求权更多地注重停止侵害，更关注其预防的功能。因为人格权一旦遭受侵害，其往往是不可能恢复原状的。例如，某个名人的隐私照片被公布，就不能再恢复到侵害以前的状态。所以，人格权的保护尤其要注重对损害发生的预防①。正因如此，在人格权法中应当规定人格权请求权。有学者甚至建议，应当设置人格权侵害的禁令。② 例如，甲向乙明确其将要在网上散布乙的裸体照片等涉及隐私的信息，这些信息一旦传播开来，其后果不堪设想，在此情况下，就应当允许乙申请禁令，禁止甲上传发布此类信息。此种观点不无道理。在网络环境下，相较于权利所遭受的传统侵害，人格权更容易遭受来自于不特定对象的侵害，且一旦造成损害，即使赋予当事人停止侵害的权利，其所遭受的名誉等侵害也可能无法恢复。所以在人格权法中规定人格权请求权，更有利于实现对人格权的全面保护，发挥预防侵害的作用。

第三，《侵权责任法》关于精神损害赔偿的规定，需要人格权法进一步作出细化的规定。精神损害赔偿是由于精神损害无法通过恢复原状等救济方式使受害人恢复到原有的精神状态，因此，法律只能要求以金钱赔偿方式对此种精神损害作出抚慰，间接弥补受害人的精神损害。《侵权责任法》第22条规定："侵害他人人身权益，造成他人严重精神损害的，被侵权人可以

---

① Eneccerus/Lehmann, Recht der Schuldverhaeltnisse, 15 Aufl., 1958, S.1008f.
② 参见杨立新、袁雪石:《论人格权请求权》，载《法学研究》2003年第6期。

请求精神损害赔偿。"该条明确了精神损害赔偿制度适用要件：一方面，其保护范围限于人身权益，财产权的损害原则上不适用精神损害赔偿。另一方面，其要求受害人遭受了严重的精神损害，如果是轻微的精神损害也不能请求此种赔偿。精神损害赔偿主要适用于人格权的侵害，但是，《侵权责任法》关于精神损害赔偿的规定是非常简略的，这主要是因为立法者希望为未来的人格权法立法预留空间。关于精神损害赔偿的考量因素、法人是否可以享有精神损害赔偿请求权、侵害死者人格利益的精神损害赔偿等问题，《侵权责任法》都没有规定。这些都需要未来的人格权法来予以明确。

第四，《侵权责任法》中规定的恢复名誉、赔礼道歉等责任形式的适用，也需要人格权法具体加以规定。因为《侵权责任法》对这些责任形式的具体适用规则缺乏规定，例如，就赔礼道歉而言，如果责任人不主动承担此种责任，是否可以在媒体上公布判决书，或者公布道歉内容等方式实现对责任人的间接强制等。考虑到《侵权责任法》普遍适用于各种责任的承担，有关人格权救济的特殊规则，应当在独立的人格权法中加以规定。

三、侵权责任法替代人格权法将导致后者成为判例法

主张侵权责任法替代人格权法的重要理由在于，在大陆法系国家，基本上都没有采取人格权法独立成编的模式，而是通过侵权责任法来救济人格权的侵害。因而，比较法的经验没有给我们提供独立成编的理由。此种观点也不无道理，但笔者认为，从大陆法的经验来看，此种立法思路将导致人格权法的判例法化。应当看到，从许多国家人格权制度发展的历史来看，由于法律上没有对人格权的权利类型及其权能作出系统的规定，因而在各种人格利益受到侵害之后，主要由法官通过适用侵权法予以保护。例如《德国民法典》在其总则部分仅对姓名权作出一条规定，而在侵权行为部分，该法对生命权、身体权、健康权、自由权、信用权、贞操权都进行了保护（第823、824、825条）。在英美法系国家中，没有人格权制度，对这类权利是通过侵权请求权来保护的，如英美法系法律中没有规定名誉权，而是在侵权法中，

用"毁损名誉权请求权"来保护名誉权利益，制裁侵犯名誉的行为。从比较法来看，由于许多国家缺乏对人格权的全面规定，有关人格权的规定大多是通过法官对侵权法适用逐步发展起来的，通过侵权责任的一些判例而对受害人的各种人格利益进行救济，逐步建立了人格权的内容和体系。[①] 这就使人格权法事实上成为了判例法。由此可见，人格权法是否应被侵权责任法替代，涉及立法上两种思路的差异。一种思路通过人格权法对人格权作出详细的规定；另一种思路是将其完全交给侵权法解决。采用此种思路，其实就是法律并不详细列举各种人格权的类型及其权能，而在权利受损害的情况下，将其交给法官通过自由裁量加以解决。从两大法系的发展来看，许多国家的确采纳了后一种思路。因而使人格权法实际上成为一种判例法。

问题在于，由于立法本身对人格权制度的规定简略，因此，只能通过判例的方式确认各种权利，并明确权利保护的具体规则，此种模式是否适合我国？应当看到，判例法与成文法虽然各有利弊，从法律的发展趋势而言，两者是相互补充、有机协调、优势互补，相辅相成的。但在目前我国法律体制下，法官无权创造法律，法官个人在个案中无权创设规则并且变成判例，要求以后的审判都加以遵循。在我国，未来民法典制定的思路，应当采纳人格权法定而非判例法化的模式。

人格权法定就是指在法律上系统确定人格权的类型、内容、行使等。人格权既然是一种绝对权，其可以产生对抗所有人的效力，因此，应当由法律加以规定，不宜允许当事人以约定的方式来创设新的人格权，也不宜由法官通过判例创设人格权。人格权法定有利于培育人们的权利理念，弘扬权利意识，使人们了解自己的权利，主动行使其权利，在其权利受到侵害时捍卫其权利。通过人格权的法定，也可以区分某一人格权与其他人格权，从而有利于保障人的行为自由。[②] 所以在我国，从构建完整的私权体系、强化对私权保护的必要性着手，秉持"人格权法定"的精神，应当对人格权的类型作出

---

① 参见张新宝：《人格权法的内部体系》，载《法学论坛》2003 年第 6 期。

② 参见马特、袁雪石：《人格权法教程》，中国人民大学出版社 2007 年版，第 16 页。

细化的规定。虽然事后救济也可以起到私权保护的作用，但民众同样关注法律究竟赋予了何种类型的权利以及各权利的具体类型与内容。更何况，在民法上，人身权（尤其是人格权）是与财产权并列的重要权利类型，但是，传统民法注重财产权的规定，而在一定程度上忽视了人格权的规定，这影响了完整的私权体系的形成。尤其是在现代社会，人权保障的理念已经深入人心，人格权实际上在很大程度上是人权在民法领域的具体化。通过对人格权的类型及其保护作出具体规定，可以实现人权保障的社会目标。当然，"人格权法定"与"物权法定"在概念上并不能等同。物权法定制度的重要理由是适应物权公示、公信制度的需求，对物权的类型加以必要的限制，以保障物权制度运转的有效性与保护第三人的合理信赖，而人格权法则不存在这样的问题。此处所说的"人格权法定"是指通过法律将人格权的权利内容、类型等明晰化，并不意味着人格权体系具有封闭性。相反，人格权本身是一个开放的体系，应适应司法实践的需要不断地发展和完善。

如果采取人格权法定，就需要制定一部系统的人格权法，而不能任由判例来创设权利和权利规则。在我国，判例法化的模式也是不可行的。因为将人格权的保护交给判例解决，赋予了法官过大的裁量权，在中国法官整体队伍素质还有待提高的情况下，赋予法官过大的自由裁量权，未必有利于强化对人格权的全面保护。一方面，通过法官判例的方式来实现人格权的保护，就使得人格权保护规则的确定性受到影响，因为不同的法官可能对人格权保护有不同的看法，从而不利于人们形成对法律的稳定预期。另一方面，人格权属于绝对权，其可以产生对抗社会一般人的效力，因而，人格权的确认和保护可能对社会一般人的行为自由造成较大影响。如果通过判例法的方式来实现对人格权的保护，则可能不利于人们行为自由的保障。还应当看到，在人格权的保护中，往往涉及大量的价值判断与利益衡量，法律上如果不明晰具体的规则，如公众人物名誉权的必要限制等，而交由法官处理，未必妥当。尤其应当看到，我国民事立法长期以来的思路都是尽可能地将权利明晰化，从而使民众行有所从，使裁判断有所依，这实际上是我国长期以来立法经验的总结。人格权法的判例法化还要求比较成熟完善的判例制度，而我国尽管开始尝试建立案例指导制度，但是，该制度的完善还需要一定的时间，这与人格权保护所要求的完善的判例制度还存在较大差距。在这一背景下，采用法定的模式规定人格权，更有其必要性。

从人格权的发展趋势来看，人格权的法定化是大势所趋。从最初民法典对人格权不作规定，到规定具体人格权，进而演化到既有抽象概括又有具体类型化的规定，表明采纳人格权法定主义是符合民法典发展规律的[①]。应当看到，现代社会强化了对于"人"的权利保护，人格尊严等观念日益深入人心，对人的多方面和多层次的利益进行全面的保护逐渐成为共识。因而，侵权责任法进一步强化了对于隐私、肖像、名誉等的保护，而且在对人格利益的保护中又生成了各种新的人格权利。[②] 但这是在大陆法系民法没有系统规定人格权的情况下，不得已使侵权法承担了一定的权利确认功能，这实际上不符合侵权法的救济法性质和功能，甚至可以说是侵权法的功能错位现象。此种经验并不值得我国立法所完全借鉴。

四、人格权法与侵权责任法内容的衔接

如前所述，我国《侵权责任法》在制定时就为未来人格权法预留了调整空间。这就表明，立法者已经预先规划了独立的人格权法。但是，人格权既要规定在人格权法之中，又要在侵权法之中设计相应的保护性规范，因此，设立独立的人格权编是否会与侵权责任编相重复，是一个值得研究的问题。在未来民法典之中，人格权法应当成为重要的一编，但如何保持与侵权法的内在协调和一致性，这也是关系到人格权法成编是否具有科学性和合理性的关键所在。为此，在未来人格权法的制定中，就需要协调好两者的关系，保持两法之间的和谐一致。

首先，从价值体系层面而言，无论是人格权法还是侵权责任法都应当体

---

① 参见张新宝:《人格权法的内部体系》，载《法学论坛》2003年第6期。

② 参见程啸:《侵权行为法总论》，中国人民大学出版社2008年版，第98—99页。

现人文关怀的价值理念。传统大陆法系民法的核心价值是"私法自治"，强调交易的自由、财产的支配和个人的责任。但是，20世纪的两次世界大战使人们深感人权被侵害的切肤之痛，因此，在战后尤其是第二次世界大战以后人权运动获得了蓬勃发展，从而极大地促进了人格权制度的迅速发展，并使得侵权法保护的权益范围进一步扩张，21世纪是一个信息爆炸、经济全球化、科学技术高度发达的时代。经济贸易的一体化，导致了资源在全球范围内的配置；高度发达的网络使得人与人之间的距离越来越小；交通和通信技术特别是数字信息技术的发达，使得不同的文明融合和碰撞日益频繁。在这样一个大背景下，人权、人本主义的精神与理念越来越得到不同文明与文化下的人们的认同。与此相适应的就是，对个人权利的尊重和保护成为一个人类社会文明发展的必然趋势，因此，可以说，21世纪既是一个走向权利的世纪，也是一个权利更容易遭受侵害的世纪。因而，侵权法和人格权法在民法中地位的凸显，可以说是当代民法发展的重要趋势。这两个法律部门所秉持的基本价值理念，主要不是私法自治而是人文关怀。这是因为它们都以对人的保护为中心，以人的尊严作为法律的价值目标。为此，逐渐确立了生命健康、人格尊严的价值，优越于意思自治的价值取向，例如禁止从事有损于人格尊严的支配行为，达成免除人身伤害责任的合意无效等等。在这一点上，两大法系基本上已经达成初步的共识。随着对人权保护的强化，那种把人的存在归结为财产权益的拜物教观念已经过时，人们越来越重视精神权利的价值，重视个人感情和感受之于人存在的价值，重视精神创伤、精神痛苦对人格利益的损害。[①] 所以，在当代民法中，人格权的地位已经越来越凸显，而侵权法的保护范围也不断扩张。在其背后，正是人文关怀的价值的彰显。因而，未来的人格权法应当共同秉持人文关怀的价值理念，才能使得两部法律之间形成规则的有机统一。

从形式体系来看，《侵权责任法》中的保护范围和责任形式等规定为两

---

① 参见张晓军：《侵害物质性人格权的精神损害赔偿之救济与目的性扩张》，载梁慧星主编：《民商法论丛》第10卷，法律出版社1999年版，第617页。

部法律的衔接提供了基础。但是，在未来民法典中，更应当关注其规则的分工。我们已经从功能、责任形式等方面指明两部法律的区别，更重要的是，应当在两部法律的具体规则之中体现出其分工与配合。具体来说，在人格权法中应当规定如下制度：一是关于人格权的具体类型和权能，应当由人格权法加以规定。这些权利主要包括：生命权、健康权、身体权、名誉权、肖像权、隐私权、贞操权、姓名权、名称权、信用权等。应当指出的是，个人信息资料人格权虽然具有财产权和人格权的双重属性，但是，其主要属于人格权。个人信息权乃源自人性尊严受国家尊重及保护。[①] 如果将个人信息权作为一种人格权加以保护，重点需要确认个人对其享有的信息资料的权利范围、权利内容（如对个人信息资料的处分权、要求更正权、更新权、了解信息资料用途的权利、拒绝利用信息资料权等）。二是规定网络环境下的人格权。互联网的发展，使我们进入了一个全新的信息时代，博客、微博的发展，使信息传播进入了全新的时代。目前我国已有近 5 亿网民、4000 多万博客。如此众多的网民，在促进社会发展、传递信息方面，起到了重要的作用。但同时，利用网络披露他人隐私、毁损他人名誉等行为也大量存在。笔者认为，网络环境下的人格权只不过是传统人格权在网络环境下的表现，但考虑到网络环境本身的特殊性，网络环境下侵害人格权及其救济的特殊性，应当在未来人格权法中对此问题作出特殊规定。一些人格利益在一般的社会环境中并不显得特别重要；而在网络环境下就显得特别重要。例如，在网络上，个人家庭住址的保护就特别重要。又如，在网络上披露某女明星的年龄，就使该明星的演艺生涯受到影响[②]。这主要是因为信息在网络上传播的快速性、广泛性以及受众的无限性导致的。因此在人格权法中应当对网络环境下的人格权作出特别的保护。三是在人格权法中，需要完善人格权行使的规则，明确解决权利行使冲突的规则，尤其是有必要规定一些与人格的内容和行使相关的问题，例如，保护生命健康权涉及医院是否应当对病人负有及

---

① 张新宝：《信息技术的发展与隐私权保护》，载《法制与社会发展》1996 年第 5 期。
② 《泄漏女星年龄　网站被告索赔》，载《参考消息》2011 年 10 月 19 日第 9 版。

时救治的义务，对生命权的保护涉及克隆、安乐死的政策问题，对生命健康权和隐私权的保护也涉及基因的采集和转基因应用的政策问题，这些都有必要在法律上作出回应。尤其需要指出的是，人格权法应当重点规范舆论监督、新闻自由与人格权保护的关系，对于公众人物的人格权是否应当作必要的限制、如何进行限制等都作出规定。四是关于人格权的商业化利用。商业化利用的人格权，是指在市场经济社会，人格权与财产权结合在一起，形成一种商业化的利益，可以经权利人许可从事商业化利用，任何人侵害这种商业化利用的人格权，都应当承担相应的损害赔偿责任。在美国法中，承认公开权（又称为形象权）是典型的商品化的人格权，它指公民对自己的姓名、肖像、角色、声音、姿态以及图像、卡通人物形象等因素所享有的进行商业利用和保护的权利。对于公开权与知识产权、人格权的关系究竟如何，目前仍有争议。有学者认为，在私权领域中，人格权与知识产权之间存在着一个边缘地带与交叉部分，不能简单将形象商品化问题归类于人身权或知识产权的任一范畴，公开权就是在这两大私权制度之间创设的一种新的财产权，它与传统私权制度有着千丝万缕的联系，但又有着自身的独立品性。[①] 公开权虽然不是典型的人格权，但与人格权有密切的联系。在欧洲出现了所谓的"形象代言人权利"。甚至一个人的声音、笔迹、舞台的形象等都可以受到人格权的保护。在加拿大以及其他一些英美法系国家，也将一些人格权称为"公开权"（publicity rights），此种权利常常被界定为具有财产权性质的权利[②]，这些人格权显然同那些与主体资格有密切关系的人格权之间存在着明显的区别。我国并没有承认公开权，但应当看到在现代社会，人格权的财产属性也得到不断的彰显，但是，如何对一些人格权进行商业化利用，并且不违背人格权的本质和人格权法的价值取向，这都是人格权法必须解决的问题。五是进一步完善侵害人格权的责任制度。包括停止侵害、恢复名誉、消除影响、赔礼道歉等形式。尤其是在人格权法中，应当重点对精神损害赔偿

---

① 参见吴汉东：《形象的商品化与商品化的公开权》，载《法学》2004 年第 10 期。

② See Michael Henry ed., International Privacy, Publicity and Personality Laws, Reed Elsevier (UK)，2001, p.88.

作出细化的规定，如精神损害赔偿额的确定、法人的精神损害赔偿问题、侵害死者人格权益的精神损害赔偿等。

五、结　语

美国学者阿兰等人指出，"许多法学家简单地认为，隐私法不过是侵权责任法的范畴，这一观点因为布兰代斯和普洛塞的名气和影响，变得使人深信不疑"。但事实上，隐私法是一个跨部门的法律领域，不能简单地将其归入侵权责任法。① 这一看法其实也可以用来概括侵权法和人格权法的关系。实际上，人格权的确认和保护需要诸多法律领域的协力，而人格权法作为确立人格权制度的重要法律部门，具有自身独特的功能、特点，不能为侵权责任法所替代。只有准确界分侵权责任法和人格权法关系，才能构建未来民法典的科学的、逻辑的体系。

---

① See Richard G. Turkington & Anita L. Allen, Privacy, second edition, West Group, 2002, p.1.

论民法总则不宜全面规定人格权制度 *

——兼论人格权独立成编

问题的提出

自党的十八届四中全会提出加快民法典编纂的任务之后，我国立法机关开始启动民法总则的制定工作。民法总则是统领整个民法典并且普遍适用于民商法各个部分的基本规则，构成了民法典中最基础、最抽象的部分。总则是民法典的总纲，纲举目张，整个民商事立法都应当在总则的统辖下具体展开。

然而，制定民法总则，需要解决一个重大的立法问题，即如何处理好民法总则与人格权制度的关系。围绕人格权是否应该独立成编，学界争议的核心点在于，人格权应置于民法总则中的主体制度中规定，还是应在民法分则层面独立成编地规定。对此，学界存在一定的争议。其中，反对人格权独立成编的典型观点认为，关于人格权的类型和内容的规范应该安排在总则编"自然人"项下，[①] 笔者不赞成此种观点，而认为，人格权不应

---

　*　原载《现代法学》2015 年第 3 期。

　①　钟瑞栋：《人格权法不能独立成编的五点理由》，载《太平洋学报》2008 年第 2 期。

规定于总则中的主体制度之中，甚至不应全面规定于总则之中。本书拟就此谈几点看法。

一、人格权与主体制度存在明显区别

主张在民法总则的主体制度中规定人格权的一个重要理由在于，人格权与主体资格存在十分密切的联系：人格权与人格制度不可分离，应当为民法典总则中的主体制度所涵盖；① 从比较法上来看，一些国家的民法典（如《瑞士民法典》）就是在第一编"人法"中规定了自然人的人格权，即在主体制度中首先规定自然人的权利能力和行为能力，然后规定自然人所享有的人格权，从而与主体制度形成一个完整的体系。笔者认为，此种观点值得商榷。

诚然，有关自然人的生命、身体、自由、健康等人格权是自然人与生俱来的、维持自然人主体资格所必备的权利，任何自然人一旦不享有这些人格权，则其作为主体资格的存在也毫无意义。正如我国台湾地区学者王伯琦所言，"人格权为构成人格不可或缺之权利，如生命、身体、名誉、自由、姓名等是。"② 郑玉波先生也认为："人格权者，乃存在于权利人自己人格之权利，申言之，即吾人与其人格之不分离的关系所享有之社会的利益，而受法律保护者是也。例如生命、身体、自由、贞操、名誉、肖像、姓名、信用等权利均属之。"③ 对人格权进行保护实际就是充分尊重和保护个人的尊严与价值，促进个人自主性人格的释放，实现个人必要的自由，这本身是实现个人人格、促进个人人格发展的方式。民法的人格权制度通过对一般人格权和具体人格权进行保护，确认主体对其人格利益享有一种排斥他人非法干涉和侵害的权利，排斥一切"轻视人、蔑视人、使人不成其为人"的违法行为的侵

---

① 参见梁慧星：《中华人民共和国民法典大纲（草案）·总说明》，载梁慧星主编：《民商法论丛》第13卷，法律出版社1999年版，第800页。
② 王伯琦：《民法总则》，台湾1994年版，第57页。
③ 郑玉波：《民法总则》，台湾1998年版，第96页。

害，如此才能实现人格的独立与发展。因而从价值层面来看，将人格权置于主体制度中规定具有一定的正当性。

然而，笔者认为，人格权制度虽然与主体制度之间存在上述密切关联，但不可将二者等同，并因此在主体制度中对人格权制度作出规定，主要理由在于：

第一，将人格权制度与主体制度等同混淆了人格的两种不同含义。人格一词（英语为 personality、德语为 persönlichkeit、法语为 personnalité）来源于罗马法上的persona①，其具有两种含义，第一种含义是指权利能力，它是权利取得的资格。正如黑格尔所指出的，"人格一般包含着权利能力，并且构成抽象的从而是形成的法的概念。"② 第二种含义则是指基于对人格尊严、人身自由等价值理念的尊重而形成的人格利益，人格利益包括自然人依法享有的生命、健康、名誉、姓名、人身自由、隐私、婚姻自主等人格利益，法人和其他组织依法享有的名称、名誉、信用、荣誉等人格利益。以人格利益为客体所形成的权利就是人格权。主体资格与主体所享有的具体权利之间虽然关联密切，但人格权作为民事权利，与主体资格存在本质区别，不能相互混淆。无论是公民还是法人，作为一个平等的人格进入市民社会，就会与他人形成财产和人格上的联系。这种人格关系显然不是主体制度所能够调整的，主体资格是产生人格关系的前提和基础，但产生具体的人格关系还要依据具体的法律事实，包括人的出生、法律行为等。人格（法律人格）作为一种主体性资格，是主体享有一切财产权利和人身权利的前提，从这一点上讲，人格既不属于财产权，也不属于人身权，而是凌驾于二者之上的统摄性范畴，是人的资格和能力的确认，它理应纳入民法典总则。然而，人格只是为主体享有法律权利提供了一种可能性，主体享有人格并不意味着其已享有实际权益，主体享有实际权益必须通过人格权、身份权、财产权等制度安排方能实现。尤其应当看到，在现代社会中，一些新的人格利益和人格权的出

---

① Gert Brüggemeier, Aurelia Colombi Ciacchi, Patrick O'Callaghan ed., Personality Rights in European Tort Law, Cambridge University Press, 2010, p.7.

② ［德］黑格尔：《法哲学原理》，范扬、张企泰译，商务印书馆1982年版，第46页。

现，使人格权与主体资格的分离更为明显。例如，在日本判例中出现了"宗教上的宁静权、作为环境的人格权（包括通风、采光、道路通行等）"；这些人格权显然与同主体资格有密切关系的人格权之间存在着明显的区别，这也表明，人格权制度的发展使得人格权的类型已不限于与主体资格有密切联系的人格权，也越来越多地包括了与社会环境有关的人格利益，当这些利益受到侵害时，也应受到特殊救济。因此我们在考虑人格权与人格的关系时不能仅从生命、健康、自由等传统权利来考虑，而应当从人格权的整体发展来考虑其性质及其与人格之间的关系。这一变化表明，人格权已渐渐与主体资格发生分离，仅以生命、健康、自由与主体资格的关联来界定人格权制度显然是不妥的①。

第二，将人格权制度与主体制度等同无法实现对人格权的充分保护。人格权仅是主体对自己的生命、健康、姓名、名誉等人格利益所享有的一种民事权利，它和身份权、财产权一样，都是人格得以实现和保障的具体途径。人格的独立和平等，要通过对人格权的充分保障才能实现。但将人格权制度与主体制度等同，则无法实现对人格权的充分保护，例如，某人实施了侵权行为，对他人的人格利益造成侵害，进而产生了侵害人格权的责任，这些显然也不是主体制度所能解决的问题。事实上，主体资格只是强调民事主体人格的平等和民事主体应当享有的能力，其本身并不涉及人格权被侵害后的救济问题。由于现代民法贯彻主体平等的基本原则，不存在人格减等等人格受限制的情况，因此，行为人只能侵害他人的人格权，而不能侵害他人的主体资格，因此，要充分保护人格权，就必须将其与主体资格分离，如果人格利益不能成为独立的权利，而仍然属于主体资格的一部分，则侵权法就难以对人格权进行充分的救济。② 因此，人格权受到保护的前提是其与人格相分离，要实现这一目标，就需要在民法典分则中确认公民、法人所享有的各项人格权，并通过人格权请求权等制度对各项侵害人格权的行为予以救济，这

---

① 参见马海霞：《论人格权在未来我国民法典中的地位》，载《天中学刊》2004 年第 19 期。

② 李中原：《潘得克顿体系的解释、完善与中国民法典体系的构建》，载陈小君主编：《私法研究》（第 2 辑），中国政法大学出版社 2002 年版。

也符合人格权作为民事权利的性质，从这个意义上讲，人格权理应被置于民法典分则，通过主体制度涵盖人格权制度的方式不利于实现对人格权的充分保护。

第三，将人格权制度与主体制度等同无法形成人格权的利用制度。现代民法发展的重要趋势，不仅要确认和保护权利，而且侧重对权利进行利用，这与现代社会资源的有限性和稀缺性有关，对资源的有效利用也在客观上要求民法典及时确认相关的权利利用规则，从而为权利的有效利用创造条件。① 这一点在物权中表现得非常明显，但在人格权法中也出现了同样的趋势。在人格权领域，传统民法主要通过侵权法对人格权进行消极保护，但随着现代大众传媒业的发展，人格权商业化利用的现象日益普遍，例如，名人的肖像常常被运用于各种商业广告，从而促进其商品的销售。使用名人肖像可以达到一种公众对其商品质量的认可，也有助于吸引公众的注意力，提高产品的知名度。再如，在大数据时代，对个人信息应当坚持利用与保护并举，但更应当侧重于利用，对个人信息的保护只是对个人信息进行利用的一个限制条件。这种发展趋势表明，随着市场经济的发展，人格权已逐渐与主体制度发生分离，仅以生命、健康、自由来解释人格权显然是不妥当的。主体资格是不可转让的，但某些人格权的部分权能可以转让，由此回应人格权的利用趋势。如果将人格权制度规定在主体制度中，将导致某些人格权的部分权能不能转让，也就无法实现人格权的商业化利用，这显然不符合人格权发展的现实状况，也不能针对人格权这种商业化发展趋势制定有效的人格权利用规则。

第四，将人格权制度与主体制度等同将存在立法技术问题。按照反对人格权独立成编的典型观点，将人格权制度放在主体制度中的自然人之中予以规定，这可能产生诸多立法技术上的问题。一方面，其无法有效处理法人人格权的规范问题。关于法人是否有人格权，虽然学界仍然存在争议，但我

① 参见刘守英：《中共十八届三中全会后的土地制度改革及其实施》，载《法商研究》2014年第2期。

国《民法通则》对法人人格权作出了规定，司法实践也对其进行了保护，而且从救济方式上看，虽然无法通过精神损害赔偿对法人人格权进行救济，但仍可适用人格权的其他保护方法对其进行救济，这实际已经对法人人格权进行了肯定。如果在民法典总则自然人部分对人格权作出规定，则在立法技术上将无法处理法人人格权。另一方面，自然人和法人以外的其他主体也可能享有人格权。例如，合伙享有字号，即名称权。如果将人格权在主体制度中作出规定，则在立法技术上也无法规定合伙的名称权问题。尤其应当看到，如果在自然人和法人中分别规定人格权，不仅不能将人格权规定得比较详细，而且这种分别规定的方法存在着一个固有的缺陷，即不能对人格权规定一般的规则，尤其是不能设定一般人格权的概念，这就必然会产生体系上的漏洞。

第五，将人格权制度与主体制度等同将无法解释人格权的限制或克减制度，从而无法调整各种具体的人格关系。众所周知，权利能力具有总括性、无法限制性和不可克减性，在现代法中不存在罗马法中的人格减等。然而，人格权作为一种具体的权利，法律可以基于公共利益的维护等目的而对人格权进行一定程度上的限制，除了生命健康权因其固有属性具有不可限制性以外，[1] 其他人格权都在不同程度上具有一定的可限制性。以隐私权为例，法律需要从维护社会公共利益等方面考虑对个人隐私作出必要的限制，[2] 隐私权的范围应当受到公共利益和公序良俗的限制，例如，一旦实行政府官员申报财产制度，则政府官员的财产信息隐私就受到了限制。所谓"公众人物无隐私"，其实讲的就是这个道理。有关人权的国际或区域性条约或公约也一般承认隐私权的可克减性。例如，《公民权利和政治权利国际公约》第 4 条就规定："在社会紧急状态威胁到国家的生命并经正式宣布时，本公约缔约国得采取措施克减其在本公约下所承担的义务，但克减的程度以紧急情势所严格需要者为限，此等措施并不得与它根

---

① 参见杨成铭：《人权法学》，中国方正出版社 2004 年版，第 121 页。

② 张新宝：《隐私权的法律保护》（第 2 版），群众出版社 2004 年版，第 16 页。

据国际法所负有的其他义务相矛盾，且不得包含纯粹基于种族、肤色、性别、语言、宗教或社会出身的理由的歧视。"还要看到，人格权受到某种限制或克减并不会影响权利人的主体资格，而只是影响民事主体的具体人身利益。①

第六，将人格权制度与主体制度等同将无法规范死者人格权益的保护问题。从比较法上看，对死者人格权益的保护愈发受到重视，死者的人格尊严应受法律保护，也是为了保护生者对死者追思怀念的情感利益。因为追念前贤，感念先人，是为了激励生者和后人。若不保护死者的人格尊严，不仅会导致近亲属的利益受损，损害其追思之情，而且有损社会人伦观念。正如康德所言："他的后代和后继者——不管是他的亲属或不相识的人——都有资格去维护他的好名声，好像维护自己的权利一样。理由是，这些没有证实地谴责威胁到所有人，他们死后也会遭到同样地对待的危险。"② 死者的人格尊严与近亲属的情感和尊严密切相关，如在歌手姚贝娜事例中，媒体记者偷拍其遗体，显然会刺激死者近亲属的情感，如果还将死者的照片公诸于世，其近亲属的感情将会受到更大的刺激。因此，侵害死者的人格尊严，往往也侵害其近亲属的人格利益，蔑视了近亲属对死者的追念之情，应被法律所制止。所以，人格权法有必要对死者的人格权益保护进行规定，我国司法实践也积累了不少经验③，需要通过总结这些经验，从而形成制度化的规则，但如果通过主体制度规定死者人格利益的保护，显然是不妥当的，因为在自然人已经死亡的情况下，其主体资格已经不复存在，主体制度难以为其人格利益保护提供必要的支持。因此，不宜在总则中规定死者人格利益的保护问题。

事实上，晚近的一些民法典（如 1967 年《葡萄牙民法典》，1991 年《魁

---

① 参见曹险峰等：《人格权法与中国民法典的制定》，载《法制与社会发展》2002 年第 3 期。

② ［德］康德：《法的形而上学原理——权利的科学》，沈叔平译，商务印书馆 1991 年版，第 120 页。

③ 如著名的荷花女案、海灯法师案。

北克民法典》等）大多将人格与人格权进行了明确区分，在一定程度上确定了人格权的独立地位 ①。这也表明，人格权制度不宜置于民法典总则的主体制度中。

二、人格权规定的具体性和民法总则规定的抽象性并不兼容

我们已经探讨了民法总则中的主体制度不宜规定人格权制度，更进一步地说，整个民法总则中都不宜对人格权制度进行全面规定，因为人格权规定的具体性和民法总则规定的抽象性并不兼容。

从比较法上看，大陆法系民法典关于总则的模式主要有两种，一是所谓大总则模式，即《德国民法典》五编制模式下的大总则；二是所谓小总则模式，又称形式序编模式，《法国民法典》堪称此种模式的典范。② 显然，在《法国民法典》的小总则模式中，民法总则是无法全面涵盖人格权制度的。以《法国民法典》为例，虽然其在第一编中就对"人"作出了规定，凸显了人的重要地位，但该部分仅从人格权保护的角度对私生活（第 9 条）和人格尊严（第 16 条）的保护进行了规定，而未对人格权制度进行整体安排。直到当代，法国法院才从私生活受保护这一"母体性权利"出发，推导出肖像权、隐私权等一系列人格权，而其法律责任形式也都是通过援引第 1382 条的过错责任来实现的。由此可见，《法国民法典》并没有在其小总则中全面规定人格权。

《德国民法典》采大总则模式，其也没有在总则中对人格权作全面规定，而仅在第 12 条对姓名权作出了规定，因为姓名权是比较特殊的，其是人格的外在表现。在 19 世纪，虽然德国的人格权理论已经有了较大的发展，人们也已经就人格权的重要性达成共识，但《德国民法典》并没有对人格权制

---

① 参加徐国栋：《人格权制度历史沿革》，载《法制与社会发展》2008 年第 1 期。

② 参见陈小君：《我国民法典：序编还是总则》，载《法学研究》2004 年第 6 期。

度作出系统性的规范。①《德国民法典》起草时，并没有就生命、身体、健康等为人格权形成共识。正如民法典起草者所指出的"不可能承认一项'对自身的原始权利'"。②因而，《德国民法典》总则并没有对人格权作出全面规定。无论是具体人格权，还是一般人格权，都是后来通过判例形成和发展的。当然，《德国民法典》主要通过侵权法规则对人格权进行保护，即在第823条第1款对"生命"、"身体"、"健康"、"自由"等几种人格利益进行保护，第825条对贞操的保护，以及第826条对信用的保护。由于《德国民法典》没有系统规定对人格权的保护，所以受到了耶林、基尔克等学者的批评。近十多年来，为了贯彻欧盟个人数据保护的指令，德国于2003年制定了《联邦数据保护法》，其中也涉及隐私权的保护，由此可见，面对人格权保护的现实需要，德国法并没有在《德国民法典》总则中对其作出规定，而是通过单行法和判例对其进行调整。

事实上，民法总则和人格权制度在规范性质上存在区别，不宜在民法总则中对人格权作出全面规定。民法总则是提取公因式的产物，它将民法典各编的共性规则提炼出来，集中加以规定，这有利于降低法律规则重复的概率。总则的设定使得民法典形成了总分结构，民法典的规则体系也呈现出从一般到个别的特点，在法律规则适用过程中，特别规则的适用要优先于一般规则，法律适用是从具体到抽象的反向过程，这就是梅迪库斯所说的"从后往前看"的阅读过程③。因此，总则的使命是规定法典最为一般性的规则，而把更为具体的规定置于分则之中，由于总则能够适用于分则的所有内容，这必然要求总则中的规定是高度抽象和一般性的规则，不能包含特殊性或者技术性的规则。而人格权制度的规则具有复杂性、具体性和发展变动性，其

---

① Vgl. Motive zu dem Entwurfe eines bürgerlichen Gesetzbuches für das deutsche Reich, Bd. I, 1888, S.274.

② ［德］霍尔斯特·埃曼：《德国民法中的一般人格权制度——论从非道德行为到侵权行为的转变》，邵建东等译，载梁慧星主编：《民商法论丛》第23卷，香港金桥文化出版有限公司2002年版，第413页。

③ 参见［德］梅迪库斯：《德国民法总论》，邵建东译，法律出版社2000年版，第514—516、527页。

中包含大量的技术性规范，这与民法总则规范的一般性和抽象性存在区别，这些内容显然是不适合放在总则中，具体表现在如下几个方面：

第一，作为人身权的重要组成部分，人格权是与财产权相对应的，如果可以在民法总则中对人格权进行规定，那么财产权是否也应当置于总则之中，而不应该在分则中独立成编？有学者认为，人格权对实现个人人格的独立和发展具有重要意义，因此应当规定于总则中。而财产权同样对个人人格独立和发展具有基础性作用，但并未有观点主张将财产权规定于总则中。总则虽然可以列举各类民事权利类型，但其不可能也没有必要对各类具体的民事权利作出具体规定，否则，总则就失去了其存在的价值。

第二，人格权本身具有开放性，人格权是极富发展变动性的法律领域，不宜规定在民法总则中。为适应现代社会充分保障人格尊严、强化人文关怀的需要，人格利益的范围不断扩张，许多人格利益逐渐类型化为人格权。例如，传统民法重点保护物质性人格权，如生命健康等权利，而在现代社会，一些精神性人格权的地位在不断上升，如名誉权、隐私权等，各种权利外的人格利益也在不断发展，如声音、形象以及死者人格利益等，在大数据时代，个人数据权也越来越具有重要性，此外，为有效保护人格权外的各种新型人格利益，也出现了一般人格权的概念，它形成了一种兜底性的条款，从而适应了新型人格利益发展的需要①。由此表明，人格权的内容越来越丰富，相关的法律规则也更为具体和细致，民法总则抽象宣言式的规定已经不能适应人格权制度的发展趋势，因此不宜在民法总则中对人格权制度进行全面规定。

第三，随着社会的发展，人格权制度将愈发庞杂，人格权的利用和保护可能涉及大量的技术性规范，不宜规定在民法总则中。随着人格权制度的发展，一些人格权独有的利用规则和保护规则大量产生，例如，有关法人名称、自然人肖像权能的转让涉及合同的成立、生效的规则，生命健康权领域可能产生器官移植、代孕、人体试验、药物试验等新的技术性规则。这些繁

---

① Basil S.Marksinis: Protecting Privacy, Oxford University Press, 1999, pp.36-37.

琐、复杂的技术性规则显然不宜出现在民法总则之中。此外，人格权的保护规则也可能日益复杂，例如，人格权关于责任构成要件、责任形式、责任竞合等规定，这些内容如果作为总则的一章，显然导致该章过分膨胀，与总则的其他章节之间不协调，损害法典的形式美感。而且总则也无法全部囊括此种技术性规范，否则将丧失总则原本的功能。

值得注意的是，虽然《瑞士民法典》在总则中规定了人格权，并规定了人格权请求权，其具体包括请求禁止即将面临的妨害、请求除去已经发生的妨害和请求消除影响等，同时它也确立了人格权请求权的其他相关规定。严格地说，这些内容显然不应属于总则的内容。

第四，在婚姻家庭制度回归民法典后，其也将与人格权制度共同构成完整的人身权体系，一方面，民法典本身就是确认和保护财产权和人身权两大权利，民法典就是围绕这两个权利而展开，财产权已经在分则中独立成编，而在婚姻家庭法回归民法典之后，身份权也独立成编，但如果将人格权单独置于总则中进行规定，而不独立成编，这将存在逻辑上的问题。另一方面，我国《民法通则》单设第五章民事权利，也为未来民法典分则确立了基本的体系架构，在该章之中，人格权被放在人身权之中规定，这就表明，人格权应当与身份权共同作为分则内容，这符合《民法通则》所确立的体系结构。

三、人格权的发展趋势表明其无法为民法总则所完全涵盖

人格权是一个开放、变动的权利体系，也是现代民事权利新的发展领域。现代民法越来越强调以人为中心，彰显人文精神，强化对人的关怀和保护。随着现代化进程的发展，人们认识到现代化的核心应当是以人为本，充分保障个人的人格尊严、人身价值和人格完整，因此，人身权应该置于比财产权更重要的位置，它们是最高的法益。现代化的过程是人的全面发展和全面完善的过程，现代化始终伴随着权利的扩张和对权利的充分保护。同样，法律现代化的重要标志正是体现在对个人权利的充分确认和保障，以及对人的终极关怀。而对人格权的保护就是实现这种终极关怀的重要途

径。在传统民法的规范配置中,有关财产权的规范占据绝对统治地位,其涉及财产的事先分配、流转和事后保护各个层面,但对人格权的规范极少;而现代民法在人格权方面经历了一个从仅规定个别人格权的阶段发展到既对人格权作出抽象规定,又对人格权进行具体列举的阶段,从民法仅在侵权行为法范围内对人格权保护进行消极规定发展到民法在"人法"部分对人格权作出积极的正面宣示性规定。① 可以说,人格权制度的发展是现代民法发展的一个重要标志。人格权的发展趋势表明,其无法完全规定在民法总则中,而必须在民法典分则中独立成编地加以规定,具体体现在如下几个方面:

第一,现代市场经济和社会生活的发展推动了人格权制度的演化。一方面,市场经济越发展,越需要强化对人身自由和人格尊严的保护,这在客观上将人格权置于前所未有的高度,现代城市化生活所带来的"个人情报的泄漏、窥视私生活、窃听电话、强迫信教、侵害个人生活秘密权、性方面的干扰以及其他的危害人格权及人性的城市生活现状必须加以改善。"② 工业化的发展,各种噪音、噪声等不可量物的侵害,使个人田园牧歌式的生活安宁被严重破坏。从而使自然人的环境权、休息权具有了前所未有的意义,因此国外不少判例将这些内容都上升到人格权的高度加以保护,而近来外国学说与判例又在探索所谓"谈话权"和"尊重个人感情权",认为谈话由声音、语调、节奏等形成,足以成为人格的标志。③ 这些都造成了人格利益的极大扩张。另一方面,市场经济的发展还促使了人格权商业化利用的发展,人格权的财产价值被不断发掘,在传统大陆法系国家,如日本等,出现了商品化权,不仅对一些可商品化的人格权进行保护,而且对非人格权的形象(如卡通形象、表演形象等)也予以保护④。而在英美法系自从美国提出公开权概念之后,对于隐私权之外的有关姓名、肖像等权利在商业上的利用予以特别

① 张新宝:《人格权法的内部体系》,载《法学论坛》2003 年第 6 期。
② 参见〔日〕北川善太郎:《日本民法体系》,科学出版社 1995 年版,第 48 页。
③ 姚辉:《民法的精神》,法律出版社 1999 年版,第 161 页。
④ 参见〔日〕荻原有里:《日本法律对商业形象权的保护》,载《知识产权》2003 年第 5 期。

保护。公开权常常被界定为具有财产权性质的权利。① 人格权商业化利用的问题应受到人格权法的调整。

第二，人权运动的发展，以及对人的保护的强化，都促使人格权的具体类型日益增加。不仅使具体人格权的类型日益丰富，各项人格权的内容越来越丰富，而且在德国、瑞士等国家产生了一般人格权制度，例如，近一百多年来，隐私权的内涵和外延不断扩张，从最初保护私人生活秘密扩张到对个人信息、通信、个人私人空间甚至虚拟空间以及私人活动等许多领域的保护，不仅仅在私人支配的领域存在隐私，甚至在公共场所、工作地点、办公场所都存在私人的隐私。人格权不仅受到国内法的保护，也逐渐受到国际条约的保护，人格权是人权的重要组成部分，许多有关人权的国际公约所确认的权利都成为人格权存在的依据。例如，《国际政治与公民权利公约》第17节中规定："1. 任何人的私生活、家庭、住宅、通信或信件都不应受到任意或非法干涉，任何人的荣誉或信誉（声誉）都不应受到非法攻击。2. 所有人都有权得到法律保护，以免遭受侮辱或诽谤。"这都推动了人格权具体类型和内容的发展。自"棱镜门事件"后，尊重隐私成为了尊重国家主权的重要内容②。

第三，高科技的发展促使人格权制度不断发展，内容不断丰富。在现代社会，对个人权利的尊重和保护成为人类社会文明发展的必然趋势。现代网络通信技术、计算机技术、生物工程技术等高科技的迅猛发展给人类带来了巨大的福祉，但同时也改变了传统生产和生活的形式，增加了民事主体权利受侵害的风险。现代科学技术的发展提出了许多新问题，如网络技术的发展对隐私的侵犯，基因技术的发展对人的尊严的妨害，都提出了大量的新课题，美国迈阿密大学的教授曾经撰写了一篇以《隐私已经死亡了吗?》为题的文章，其中提到，日常信息资料的搜集、在公共场所自动监视的增加、对面部特征的技术辨认、电话窃听、汽车跟踪、卫星定位监视、工作场所的监

---

① Michael Henry ed., International Privacy, Publicity and Personality Laws, Reed Elsevier (UK), 2001, p.88.

② 谢来：《网络时代，如何保卫国家"隐私"》，载《国际先驱导报》2013 年 10 月 8 日。

控、互联网上的跟踪、在电脑硬件上装置监控设施、红外线扫描、远距离拍照、透过身体的扫描等等，这些现代技术的发展已经使得人们无处藏身，所以，他发出了"隐私已经死亡"的感慨。① 其认为，高科技的发展，使隐私权已经变成了"零隐权"（Zero Privacy）②。又如，生物技术的发展、试管婴儿的出现改变了传统上对生命的理解，人工器官制造技术、干细胞研究、克隆技术和组织工程学的发展在为人类最终解决器官来源问题的同时，也为个人人格权的保护提出了挑战。上述科学技术的发展，对生命、身体、健康等人格权的保护提出了新的要求和挑战，需要人格权法律制度作出全面、具体的回应，在民法总则中全面规定人格权显然无法实现这一目的。

第四，网络环境下的人格权保护日益重要。互联网的发展使人类进入了一个信息爆炸的时代，使人们的沟通更为便捷，但互联网的发展也给人格权的保护提出了尖锐的挑战。一方面，由于计算机联网和信息的共享，使对个人信息的收集、储存、公开变得更为容易，"数据的流动甚至可能是跨国的，最初在某个电脑中存储，传送到他国的服务器中，从而被传送到他国的网站上"。③ 因此，网络技术的发展使得对隐私权等人格权的侵害变得越来越容易，且损害后果也更为严重。另一方面，随着计算机网络的广泛应用，网络侵权日益增多，且侵害的民事权利涉及诸多类型。互联网空间的虚拟性也使得网络侵权事实和侵权后果的认定较为困难，有时甚至很难认定权利主体和侵权主体。因此，网络技术的发展对人格权的保护提出了新的课题和挑战，必然需要立法和司法予以应对。例如，2014 年，巴西通过了《互联网民法》，该法把互联网环境下的人格权保护纳入民法的调整范围，对互联网用户和服务商就互联网的权利、义务和保障进行了全面规范，同时规定了网络言论自由和个人数据保护等网络基本原则，明确了

---

① A. Michael Froomkin, Cyberspace and Privacy: A New legal Paradigm? The Death of Privacy?52 Stan.L. Rev.1461, 2000.

② See A. Michael Froomkin, Cyberspace and Privacy: A New legal Paradigm? The Death of Privacy?52 Stan.L. Rev.1461, 2000.

③ Raymond Wacks：Personal Information, Oxford University Press, 1989, p.205.

用户、企业和公共机构在巴西使用互联网的权利和义务，全面地保护个人信息和隐私的安全①。由此可以看出，网络环境下人格权的保护问题较为复杂，仅在民法典总则部分规定人格权显然无法有效回应网络环境下人格权保护的现实需要。

第五，在大数据时代，个人信息的保护也应纳入人格权制度的规制范畴。由于数字化以及数据库技术的发展，对信息的搜集、加工、处理变得非常容易，信息的市场价值也愈发受到重视，对于信息财产权和隐私权的保护需求也日益增强，大数据在共享过程中所涉及的个人信息保护等，都表明个人信息作为个人享有的基本人权日益受到法律的高度重视。个人信息权虽然具有多重属性，但其内容主要还是一项人格权，因为个人信息与个人的身份存在密切关联，其主要是一种人格利益而非财产利益，而且多数个人信息与个人隐私存在一定的交叉，由于对个人信息的平等保护也体现了个人人格尊严的平等性，因此，对个人信息的保护也体现了对个人人格尊严的尊重与保护。从比较法上来看，有的国家（如美国）在《隐私权法》中规定了对个人信息的保护，欧盟虽然制定了单独的个人信息保护法律，但仍承认个人信息权的人格权属性。由于个人信息权的内容及利用方式较为复杂，有关个人信息权的救济规则也多种多样，因而难以在民法典总则中加以规定，必须通过独立成编的人格权法单独规定。

第六，随着现代社会的发展，人格权的类型和内容日趋复杂，其经常涉及和其他权利的冲突问题，为此需要确立一系列解决此类冲突的规则，即有效协调人格权和其他权利的关系。例如，现代社会，报纸、电视、广播以及互联网等大众传媒在便捷信息交流的同时，也使得人格权更加脆弱，极易受到侵害。如何有效平衡表达自由、新闻自由、舆论监督和人格权保护的关系，也成为人格权法所必须解决的重要问题。

总之，我们在编纂民法典的过程中，不能以19世纪的图景观察21世纪。由于19世纪的社会形态较为简单，其人格权内容较为确定，侵害人格权的

---

① 《美国霸权遭质疑 中国经验受关注》，载《浙江日报》2014年5月12日。

方式也较为简单。但 21 世纪是信息社会、网络社会、科技社会、消费社会、风险社会，人格权的类型、内容处于持续发展之中，内容更为难以确定，人格权的利用与保护规则也较为复杂，侵害人格权的手段也日益复杂多样，而且人格权的利用与保护还涉及科技发展、言论自由、商业利用、公法管制等多层次的复杂关系。这都要求我们的民法典为各类人格权提供更为充分的保护规范，人格权是一个开放、发展的体系，随着社会环境的不断变化，其所需规范的内容也将越来越多，因此，民法总则已经无法涵盖人格权制度的全部内容，应当在民法典分则中单独成编地对人格权作出规定。

四、人格权置于总则之中将影响人格权的充分保护和利用

人民的福祉是最高的法律。编纂民法典的根本任务就是最大限度地尊重和关怀人，但如果仅在民法总则中对人格权进行规定，必然会影响对人格权的利用和保护，使民法典的价值目标难以真正得到实现。

（一）总则无法规定人格权请求权

在 19 世纪民法中，人格权的类型和内容较为简单，侵害方式较为单一，因而法律无须对人格权进行细致地规范，而只需要通过侵权法对其进行消极保护。但在现代社会，人格权的权利内容与侵害方式都是多元化的，仅通过侵权法规则对人格权进行消极保护将难以充分实现对人的保护。现代社会中的人格权内容的确定较为困难，其保护规则更为复杂，这就需要大量采用人格权请求权，如停止侵害、排除妨害、预防妨害以及恢复原状等请求权，对人格权进行保护。从立法技术上说，对具体民事权利的保护规则应根据其自身特点进行设置，如物权请求权中的排除妨害、停止侵害等，即应当规定在物权法中。对于人格权来说，设立独立的人格权请求权同样必要，特别是对于那些因尚未造成实际损害的行为，即需要通过设置具体人格权请求权对其进行规制。例如，要想阻止他人擅自为自己制作肖像，权利人就必须享有停止侵害的人格权请求权，而此类请求权显然只能

在人格权制度中进行规定。人格权请求权是基于人格权而产生的权利，与人格权是不可分离的。

尤其需要指出的是，人格权请求权出现了一些新的发展趋势，如侵害人格权的损害后果往往具有不可逆性，因为在网络环境下，侵害人格权的损害后果具有无限放大性，受众具有无限性，因此，侵害人格权的行为一旦在网络上传开，其造成的损害后果是无法估计的。因此，为了充分保护权利人，应当广泛采用停止侵害的方式，以防患于未然。例如，《法国民法典》第9条第2款对此作出了规定。① 在最终判决作出之前，法官还可以作出预先裁决，责令行为人停止出版、禁止发行流通，或责令将出版物全部或部分予以查禁②。德国法也经常采用禁止令对侵害人格权的行为进行规制③，针对一些特殊的侵害人格权的行为，法院还责令被告声明撤回其不当言论，以防止损害后果的继续扩大。欧洲人权法院也采用预防损害的方式对人格权遭受侵害的受害人提供救济。例如，在欧洲人权法院审理的 Editions Plon v. France 一案中，针对被告出版违反医疗保密义务的书籍、可能侵害法国前总统密特朗隐私的行为，法院即根据原告的申请颁发了禁止出版令，以防止损害的扩大④。此外，一些国家的法律普遍赋予了受害人以删除权、请求声明撤回等权利。这尤其表现在以言论的方式侵害他人名誉的情形⑤。上述救济方式应当属于人格权请求权的内容，由于此类救济方式一般仅适用于特殊的人格权侵权类型，因此不宜规定在民法典总则中。⑥

---

① 该条规定："在不影响对所受损害给予赔偿的情况下，法官得规定采取诸如对有争执的财产实行保管、扣押或其他适于阻止或制止妨害私生活隐私的任何措施；如情况紧急，此种措施得依紧急审理命令之。"

② ［奥］考茨欧等：《针对大众媒体侵害人格权的保护：各种制度与实践》，余佳楠等译，中国法制出版社 2013 年版，第 170 页。

③ BGHZ 138, 311, 318.

④ Editions Plon v. France. Application No.58148/00.

⑤ ［奥］考茨欧等：《针对大众媒体侵害人格权的保护：各种制度与实践》，余佳楠等译，中国法制出版社 2013 年版，第 284 页。

⑥ 参见崔建远：《绝对权请求权抑或侵权责任方式》，载《法学》2002 年第 1 期。

（二）总则无法规定精神损害赔偿

人格权法作为民事单行法，理所应当规定法律责任，规定侵害人格权所特有的法律责任。与侵害财产权不同的是，在侵害人格权尤其是精神性人格权的情况下，受害人常常会遭受精神损害。关于精神损害赔偿责任，《侵权责任法》只在第 22 条对其作出了规定，规定较为简略，因此，主要应当在人格权法中对精神损害赔偿的具体规则作出规定。最高人民法院已于 2001 年出台了精神损害赔偿司法解释，我国未来人格权法可以此为基础、总结我国既有的司法实践经验，对侵害人格权的精神损害赔偿的侵权责任作出全面的规定。对于一般的侵权责任，可以通过在人格权法中规定引致条款，借助侵权责任法加以规定，但对精神损害赔偿责任而言，其认定规则非常具体复杂，无法在民法典总则中进行规定，而应当在人格权法中作出详细规定。

（三）总则无法规定惩罚性赔偿

鉴于人格权益主要是精神利益，对其侵害后果往往难以通过金钱衡量，尤其是随着互联网的发展，侵害人格权的损害后果十分严重。所以，应当在侵害人格权的领域适用惩罚性赔偿制度，比较法上也开始针对故意侵害人格权的行为适用惩罚性赔偿。例如，在德国的一个案例中，对于未经许可使用他人音乐作品的人，法院判决行为人要支付相当于许可使用费两倍的金额[1]。在著名的"卡洛琳诉德国案"中，联邦最高法院也采纳了惩罚性赔偿，判决被告赔偿九万三千欧元[2]。而且从法律上看，在人格权侵权中，行为人的恶意应当受到制裁，如对于恶意毁损他人名誉、泄露他人隐私的行为，更应当适用惩罚性赔偿[3]。此外，行为人在侵害他人人格权时往往有牟利的故意在其中，而现行法对此种行为的制裁受到局限。因此，对侵害人格权的行

---

① BGHZ 17, 376, 383.

② OLG Hamburg, NJW 2870, 2871.

③ Pierre Catala, Avant-projet de réforme des obligations et de la prescription, La Documentation française, 2005, p.182.

为而言，惩罚性赔偿不仅有利于有效制裁加害人，而且有助于解决实际损害与获利的证明困难问题。这些规则属于侵害人格权所特有的规则，一般不适用于人格权之外的民法领域，因此不宜规定在民法典总则中。

（四）总则无法规定人格权之间以及人格权与其他权利的冲突解决规范

如前所述，人格权在行使中常常与其他权利发生冲突。如实践中常见的人格权与财产权、隐私与新闻自由、名誉权与舆论监督等权利的冲突。人格权在行使过程中，有可能会与公权力的行使发生冲突①。还应看到，人格权自身相互之间也可能发生冲突，从而需要在人格权法中确立解决冲突的规则。例如，当生命权与财产权发生冲突时，应当优先保护生命权；当肖像权与肖像作品著作权发生冲突时，优先保护肖像权。而侵权责任法不能解决权利行使和权利冲突的问题。此外，为了维护公共利益、社会秩序等，在法律上有必要对于人格权作出一定的限制，这些限制规则不能在侵权责任法中规定，而只能由人格权法加以规定。例如，对公众人物人格权的限制、人格权权利不得滥用、人格权与言论自由的关系等。从这个意义上说，人格权法的独立成编，也可以起到和侵权责任法相互配合的作用。

（五）总则无法规定人格权的利用规范

如前所述，在现代社会，不仅应当关注人格权的保护，还应当更多地关注人格权的有效利用，人格权制度是由确认、利用和保护三类规范共同组成的。随着近几十年来人格权商品化的发展，人格利益如姓名、肖像、声音、隐私等，在传统上被认为是财产之外的没有价格的利益。随着市场经济的发展，这些权利越来越具有财产属性，可以转让、允许他人使用。例如，在美国出现了公开权制度，在欧洲出现了所谓的"形象代言人权利"，甚至一个

---

① Richard C. Turkington & Anita L. Allen, Privacy Law, Cases and Materials, West Group, 1999, p.2.

人的声音、笔迹、舞台的形象等人格权益都可能成为商业化利用的对象。现代各国法律确定个人对其信息所享有的支配权，目的之一就是促进个人对信息的利用，对信息的保护和利用构成个人对信息所享有的权利的两个支柱。由此表明，现代社会中，对人格权的主动利用趋势日益突出和普遍，人格权的内涵在逐渐扩张，利用方式和适用范围也不断丰富，但是，由于人格权自身的特殊属性，使得对于人格权的利用，应与物权、知识产权等财产权有所区分，因此，有必要构建一套以保护人格尊严为基础的人格权利用制度。

五、结语：民法典体系应当有所创新有所发展

民法典编纂的关键在于确立科学的体系结构。我国民法典体系结构应当从中国国情出发，以我国民事立法经验为基础。具体来说，民法总则和人格权编的制定，应当在《民法通则》和2002年的《民法草案》的基础上进行，而《民法通则》将人格权置于民事权利体系中加以规定，并与物权、债权相并列，本身就表明《民法通则》已经确认人格权是与物权、债权具有同等地位的基本民事权利，而且应当与物权、债权一样在民法典中独立成编。所以，在未来的民法典中，人格权独立成编是与《民法通则》一脉相承的，而2002年《民法草案》第一稿在第四编中专门规定人格权法，其中共设七章，包括一般规定、生命健康权、姓名权、名称权、肖像权、名誉权、荣誉权、信用权和隐私权。虽然该编仅有二十九个条文，但基本上构建了人格权法的框架和体系，也表明我国民法典已经采纳了人格权法独立成编的立法建议。该草案实际上是立法机关在广泛征求各方意见基础上作出的立法判断，凝聚了社会各界的广泛共识，因此，该体例结构应当为未来民法典编纂所继续采纳。毫无疑问，在总则中对人格权作出概括性、宣示性的规定，是可行的，但是人格权法作为一项整体制度不宜在民法总则中全面规定，而应独立成编。

世易时移，变法宜矣。在人类已经进入21世纪的今天，我们要从中国的实际情况出发，制定一部具有中国特色的民法典，而不应当完全照搬《德

国民法典》的经验，应当重视在借鉴的基础上进行创新。民法是社会经济生活在法律上的反映，民法典更是一国生活方式的总结和体现。我国要制定一部反映中国现实生活、面向 21 世纪的新的民法典，就必须在体系结构上与我们这个时代的精神相契合，既要继承优良的传统，又要结合现实有所创新、有所发展。当然，创新不是一个简单的口号，更不能为了标新立异而"创新"，任何创新都必须与客观规律相符、具有足够的科学理论的支持。人格权的独立成编不仅具有足够的理论支持和重大的实践意义，而且从民法典的体系结构来看，也完全符合民法典体系的发展规律，并将有利助推民法典体系的发展与完善。

论我国《民法总则》的颁行与民法典人格权编的设立 *

人格权是民事主体享有的基本民事权利，人格权制度是我国未来民法典的重要组成部分。2017 年 3 月 15 日，第十二届全国人民代表大会第五次会议审议通过了《中华人民共和国民法总则》（以下简称"《民法总则》"），这在中国民事立法史上具有里程碑式的意义。《民法总则》用四个条文即第109、110、111、185 条规定了人格权保护，但其内容已经成为《民法总则》的最大亮点，并受到广泛好评。笔者认为，《民法总则》的颁行为民法典人格权编的设立奠定了良好的基础。

一、《民法总则》奠定了人格权独立成编的基础

（一）《民法总则》第 2 条为人格权独立成编提供了充分的依据

在确定民法的调整对象时，明确规定调整平等主体的自然人、法人和非法人组织之间的人身关系和财产关系，并且将人身关系置于财产关系之前，可见，与我国《民法通则》第 2 条相比较，该条更凸显了对人身关系的重视。这实际上表明，我国民法典要求进一步强化对人身权益的保护。然而，如果我国民法典分则中人格权不能独立成编，就根本无法体现《民法总则》第 2

---

* 原载《政治与法律》2017 年第 8 期。

条突出人身关系重要性的意义。从民法典体系发展来看，传统大陆法系国家民法虽然以保障人身权和财产权为己任，却仅在分则中规定了财产权(物权、债权)和身份权（有关亲属、继承的规定），对人身权中最重要的权利即人格权，并没有在分则中作出规定，这本身表明，传统民法存在着"重物轻人"的体系缺陷。①《民法总则》第 2 条在确定民法的调整对象时，将民法的调整对象确定为人身关系和财产关系，财产关系已经在分则中分别独立成编，表现为物权编、合同编，而人身关系主要分为两大类，即人格关系和身份关系，身份关系将表现为婚姻编、继承编。如果人格权不能独立成编，则人身关系中的身份关系受到分则的详细调整，人格关系却未能受到分则的规范，这将导致各分编的规则与民法总则规定之间的不协调。另外，如此设计也使得民法典分则明显是以财产法为绝对主导，给人的感觉是民法主要就是财产法。这就使得整个民法典体系存在明显的缺陷，同样存在传统大陆法系民法典"重物轻人"的体系缺陷。因此，人格权独立成编，将有助于进一步完善民法典的体系结构，构建科学、合理的人格权体系，从而形成对各种人格权益的周密保护。

（二）《民法总则》关于人格权的规定奠定了人格权独立成编形式体系的基础

从《民法总则》关于人格权的规定来看，其虽然仅用四个条文规定人格权的保护，但这四个条文充分彰显了《民法总则》保护人格权的中国特色和时代特征，对于全面推进人格权的保护具有重要的规范意义和现实意义。第一，《民法总则》第 109 条规定了一般人格权，完善了我国《民法通则》具体列举人格权类型的不足，为各项人格利益的保护提供了法律依据。第二，《民法总则》110 条全面列举了各项具体人格权，尤其是第一次规定了身体权、隐私权等权利，从而弥补了我国《民法通则》具体列举人格权的不足。第三，《民法总则》第 111 条第一次规定了对个人信息的保护。《民法总则》

---

① 孙鹏：《民法法典化探究》，载《现代法学》2001 年第 2 期。

对人格权的规定实际上构建了我国民法典人格权编的内在体系，这就是由具体人格权和一般人格权所组成的完整的人格权益体系。然而，构建这一体系，需要对上述四个条款予以全面展开，即在全面规定各项具体人格权的同时，对一般人格权作出规定，在此基础上构建一个完整的人格权编的具有内在逻辑性的形式体系。然而，如果人格权不能独立成编，仅仅靠上述四个条款，显然不可能构建这样一个体系，也难以适应实践的需要以及全面保护民事主体的各项人格权益。事实上，相对于各国法的发展趋势和我国的现实社会需要，这四个条文的规定显得过于原则，未能彰显全面保护人格权益的立法目的。① 从当前人格权保护的立法发展趋势来看，不论是 1991 年的《魁北克民法典》、2002 年的《巴西民法典》，还是 2009 年的《罗马尼亚民法典》，都有十多个条文规定了人格权，这表明，最新的立法趋势是进一步强化对人格权的保护。② 从《民法总则》的人格权保护规则来看，即使和我国《民法通则》相比，其也是不充足的，因为我国《民法通则》用了 9 个条文保护人格权。而在《民法通则》颁布三十多年后，我国人格权保护已经取得了长足的进步，司法审判实践已经总结了大量的经验，形成了大量的规则，③ 这些成果应当在民法典中得到体现。如果将来人格权不能独立成编，而侵权责任法的规定显然不能把我国《民法通则》规定的内容全部纳入其中，那就意味着《民法总则》对人格权的保护还不如我国《民法通则》，这就给造成一种错觉，似乎我国民法典对人格权的重视程度还不如三十多年前的我国《民法通则》，这很难体现出法律在新的社会阶段的进步。

（三）《民法总则》第 109 条为人格权独立成编奠定了价值基础

《民法总则》第 109 条规定："自然人的人身自由、人格尊严受法律保护。"该条首次从宏观层面对"人格自由"和"人格尊严"作了规定，在学理上被

---

① 参见［日］星野英一：《私法中的人——以民法财产法为中心》，王闯译，载《民商法论丛》第 8 卷，法律出版社 1997 年版。

② 参见王泽鉴：《人格权法》，北京大学出版社 2013 年版，第 13—40 页。

③ 张善斌：《民法人格权和宪法人格权的独立与互动》，载《法学评论》2016 年第 6 期。

理解为一般人格权的基础。该规定宣示了人格权制度的立法目的与根本价值，即尊重与保护个人的人身自由、人格尊严。这一规定具有鲜明的时代特点，是中国现代民事立法的人文精神和人文关怀的具体体现。《民法总则》将人格尊严保护置于各项民事权利之首加以规定，表明人格尊严作为保护民事权利的价值来源和价值基础，也表明其具有最高价值。在法律上，人格尊严是人格权民法保护的核心要素(the core elements)，具有不可克减性[①]。人格权法律制度的根本目的在于保护个人的人格尊严，各项人格权都体现了人格尊严的保护要求。事实上，许多侵害人格权的行为，如污辱和诽谤他人、毁损他人肖像、宣扬他人隐私、泄露他人的个人信息等，均不同程度地损害了他人的人格尊严。《民法总则》第109条对人格尊严的保护是落实党的十八届四中全会提出的"增强全社会尊重和保障人权意识"的具体举措，也是实现"中国梦"的重要保障，任何一个中国人都有向往和追求美好生活的权利，美好的生活不仅要求丰衣足食，住有所居，老有所养，而且要求活得有尊严。"中国梦"也是个人尊严梦，是对人民有尊严生活的期许。在我国已经成为全球第二大经济体、人民群众物质生活已经得到极大改善的背景下，更应当让每个中国人有尊严地生活，让人格尊严作为基本人权受到法律保障。这一规定不仅将进一步提升我国对公民人格权的法律保护水平，而且为后续的我国民法典编纂工程提供了基础性指引。

（四）《民法总则》关于人格权的规定也突出了人格权独立成编的必要性

《民法总则》虽然仅用了四个条文保护人格权，但将其置于各项民事权利之首，凸显了人格权保护的重要意义。从该法关于民事权利的其他规定来看，目的是将其留在民法典分则中予以具体完善。人格权独立设编是保障每个人人格尊严的需要，也是21世纪时代精神和时代特征的体现，尤其是人

---

①　See Gert Brüggemeier, Aurelia Colombi Ciacchi, Patrick O Callaghan, Personality Rights in European Tort Law, Cambridge University Press, 2010, p.568.

类社会已进入互联网和大数据时代，互联网以及各种高科技的发明在给人类带来福祉的同时，也使个人人格权的保护面临着巨大威胁。① 人格权独立设编也有利于回应互联网和大数据时代的需要。目前，社会发生巨大的变化，可从多个侧面和角度予以描述，包括网络社会、科技社会、传媒社会、科技社会、消费社会、风险社会、商业社会等，这些变化使得法律对人格权已经不能再是消极和简单的保护，而涉及社会生活的诸多方面，需要在法律上予以规范。例如，《民法总则》第110条所规定的身体权，当代社会中就会涉及医疗、器官移植、人体捐赠、生物实验、遗传检查和鉴别、代孕、机构监禁、精神评估等特殊问题。所有这些都使得对人格权社会关系进行更多层次和更复杂的调整成为必要，人格权的内容日益复杂化，需要对人格权确立更多的细致规则，这只有使人格权独立成编才能得到更好的贯彻和实现。因此，在《民法总则》规定的基础上，人格权独立成编也是回应社会发展变化的需要。

诚然，从大陆法系各国民法典的编排体例来看，并没有将人格权独立设编的先例，但这并不能成为否定人格权独立成编的理由。一方面，之前的各国民法典之所以未独立规定人格权编，是因为在各国民法典制定之时，侵害人格权的行为形态较为简单，借助侵权法规则能够基本解决人格权的保护问题。然而，随着社会的发展，人格权的类型更为多样化②，侵害人格权的形态也更为多样化，人格权商业化利用也逐步得到重视。今天人们所面临的许多问题，如肖像和姓名的商业许可使用、代孕、人肉搜索等，都是在《法国民法典》、《德国民法典》制定的时代所完全不存在的。因此，不能因为传统大陆法系国家民法典没有独立的人格权编，就不允许当代的民法典进行创新。为了回应当前这个信息和科技突飞猛进的时代的众多挑战，需要今天的民法典作出积极回应，这也是中国民法典的当代使命。另一方面，大陆法系

---

① See A. Michael Froomkin, Cyberspace and Privacy: A New legal Paradigm? The Death of Privacy?52 Stan.L. Rev.1461, 2000.

② 龙卫球：《中国民法"典"的制定基础——以现代化转型为视角》，载《中国政法大学学报》2013年第1期。

各国民法典虽然没有将人格权独立设编，但其通过大量的司法判例对人格权提供保护，其中也形成了许多具体的裁判规则。尤其是，有的国家通过援引宪法规范保护人格权，也强化了对人格权的保护①。在我国，根据相关司法解释，法院无权直接援引宪法裁判案件，因此，在我国无法采用国外判例法的方式对人格权进行保护。我国没有承认判例的法律渊源地位，判例本身的零散、非系统性也不适合作为系统保护人格权的方式，人格权的规则只能交由民法典来规定，这无疑是最为合适的选择。此外，民法典的形式体系本身是适应社会的发展而不断发展的，从来都不是一成不变的，每个国家民法典的体例安排都从本国国情出发，实践的需要是民法典体系设计首要考虑的问题。例如，《荷兰民法典》从本国国情出发，在体例上有重大创新，增加了运输编。这种做法在大陆法系国家是从没有先例的。再如，《法国民法典》最近从现实需要出发，改变了其三编制的体例，新增设了担保编作为第四编，这在大陆法系国家也是没有先例的。所以，我国研究者在探讨人格权法独立成编的必要性时，不应受国外某些国家民法典既有体例的束缚，不能以国外没有人格权独立成编的先例就否定人格权独立设编的意义。我国研究者应当从中国实际出发，针对解决中国的现实问题，基于比较法经验和我国的司法实践基础，设计出高质量的人格权法。

因此，《民法总则》制定后，更进一步凸显了人格权独立成编的必要性，可以说，我国民法典设立独立的人格权编，既是立足于中国当代社会的实际需要的必要之举，也是中国民法典所可能做出的重大创新，它将是中国民法典对于世界法律发展所可能作出的重要贡献。

二、《民法总则》的相关规定应通过人格权编予以
　　完善和细化

《民法总则》第109条和第110条确认了一般人格权和具体人格权，尤

---

① 李永军：《从权利属性看人格权的法律保护》，载《法商研究》2012年第1期。

其是在其第 110 条具体列举了自然人所享有的生命权、身体权、健康权、姓名权、肖像权、名誉权、荣誉权、隐私权、婚姻自主权以及法人所享有的名称权、名誉权、荣誉权等人格权。自我国《民法通则》确立了人身权制度以来，有关人格权的案件每年都在快速增长，其中大量涉及名誉、肖像、隐私、姓名、名称、个人信用、人身自由等，笔者在中国裁判文书网中仅以"名誉"为关键词进行检索，就搜到 124400 份民事裁判文书。这些案件虽然标的不大，但是涉及公民的基本权利，社会关注度高，影响大，处理不好就会引发社会的重大反响。例如，近几年发生的"狼牙山五壮士案"、"邱少云案"等，都引发了社会的广泛关注。目前，有关人格权的案例越来越多，侵权责任法仅能从反面规定对人格权的救济，无法具体正面规定人格权的各项内容；对人格权侵权只有在侵权责任法违反了行为义务的情形下才能认定构成侵权，但是我国侵权责任法无法具体规定侵犯人格权情形下的具体行为义务，这就给司法实践造成了严重困难。另外，《民法总则》第 109 条对自然人和法人所享有的具体人格权进行了列举，但该列举并不全面，并未对信用权、个人信息权、声音权等进行规定，从《民法总则》的人格权保护规则来看，其本身也需要进一步完善。

（一）《民法总则》第 111 条个人信息保护规则的完善

《民法总则》第 111 条对个人信息保护规则作出了规定，该条规定了信息的依法取得、保护信息安全、禁止信息非法买卖、提供和公开等内容，对于有效保护个人信息具有重要意义。但该条在个人信息保护方面仍然存在一定的不足，需要将来的我国民法典人格权编予以进一步完善，具体而言：

第一，我国《民法总则》没有将个人信息权规定为具体人格权。从《民法总则》的规定来看，其只是规定了个人信息保护规则，而没有规定独立的个人信息权。《民法总则》之所以没有将个人信息权规定为具体人格权，可能是因为个人信息保护制度还是一个较新的领域，对其研究还不成熟，某些问题学界尚未形成共识。因此，《民法总则》只是用反面排除的方式，对行为人不得侵害他人信息的义务作出了规定，而没有将个人信息权规定为一种具体人格权，以期待司法实践和法学理论发展对其不断完善。笔者认为，《民法总则》只是从消极层面规定了个人信息保护规则，而没有规定独立的个人信息权，此种做法存在一定的问题：一方面，在法律上确认个人信息权，有利于进一步明确个人信息权的各项具体权能，从而不仅宣示了个人所享有的个人信息权，而且也可以为权利人具体行使和维护提供明确的指引。另一方面，在法律上明确规定个人信息权，也可以为特别法保护个人信息提供上位法依据。从域外经验来看，许多国家和地区的法律都确认了个人信息权，这一经验值得我们借鉴。此外，《民法总则》只是从消极层面对个人信息保护作出规定，而未规定个人信息权，也不利于区分个人信息权与其他权利（如隐私权、肖像权、姓名权），这可能增加法律适用中的冲突。

第二，侵害个人信息的责任构成要件有待进一步完善。依据《民法总则》第111条，行为人不得非法进行数据处理活动，如何理解该条所规定的"非法"呢？在行为人非法处理个人信息时，应当适用《侵权责任法》第6条第1款的规定？还是适用其他法律规定？对这些问题，该条文并没有作出明确规定。从域外经验上看，信息处理的合法性通常以当事人的同意和法律的保留为前提。我国相关立法中虽然也涉及个人信息保护的内容，如相关的司法解释对网络环境中的个人信息保护作出了规定，但其缺乏全面性，没有将其保护范围扩张及于其他个人信息[①]。因此，从立法层面看，我国目前仍然缺乏全面保护个人信息的法律依据，侵害个人信息的侵权责任构成要件仍不清晰。例如，如何界定非法利用个人信息行为、侵害个人信息权利是否必须造成实际的损害后果、因果关系如何判断等等一系列问题，均需要进一步明确。因此，为保障《民法总则》第111条关于个人信息保护规则的有效适用，应当在民法典人格权编中就上述问题作出细化规定。

第三，《民法总则》对安全维护权内涵不清晰，需要进一步完善。《民法总则》第111条虽然规定了"应当依法取得并确保信息安全"，确立了个人

---

① 例如，2014年10月10日颁行的《最高人民法院关于审理利用信息网络侵害人身权益民事纠纷案件适用法律若干问题的规定》，第12条对利用网络侵害个人信息的行为作出了规定。

信息的安全维护权，但并没有明确其内涵，即其是否仅指信息控制者本人不得非法利用、其是否还包括防止他人的侵害行为等等。《民法总则》没有对此作出细化规定与其规范模式存在密切关联，因为该条在规范个人信息保护规则时采用的是"行为排除模式"，即只是从反面规定了他人不得为某些行为，而没有从正面对个人信息权的权利内容本身作出规定，这也有待于将来我国民法典的人格权编对此作出明确规定。

（二）数据保护规则的完善

《民法总则》第 127 条规定："法律对数据、网络虚拟财产的保护有规定的，依照其规定。"这一规定反映了 21 世纪互联网、大数据时代的需要，也顺应了高科技发展的要求，体现了 21 世纪的时代特征。现代社会，数据不仅具有重要的科研价值，而且具有重要的财产价值，数据作为一种无形财产，也可以成为民事权利的客体。数据本身作为一项综合性的权利，应当受到法律保护。关于数据保护，早在 1970 年，德国黑森州（Hesse）就制定了世界上第一部数据保护法。经济合作发展组织发布的《隐私权保护及个人数据国际流通指南》（the Guidelines on the Protection of Privacy and Trans-border Flows of Personal Data）的目的就是为了协调国家的数据保护立法和保护人权以及促进数据跨境流通之间的关系。欧盟《个人数据保护指令》的立法精神也是协调成员国立法，从而降低欧盟内部经济活动的障碍，同时，其确立了应当以保障国民的隐私权为前提的原则。迄今为止，我国尚未颁行专门的个人信息保护法律，相关的个人信息保护法律规则分散于不同的法律法规之中。《民法总则》第 127 条规定为未来单独制定数据保护的法律提供了民事基本法依据。目前关于数据权利究竟是知识产权还是一般的财产权，或者是一种综合性的权利，存在不同看法。但是，法律对数据的保护不仅要保护数据本身的权利①，还应当保护数据中所涉及的个人信息和隐私，数据的开发

---

① 目前关于数据权利究竟是知识产权，还是一般的财产权，或者是一种综合性的权利，存在不同看法。

和利用不应非法侵害个人的隐私和个人信息。①

　　笔者认为，数据中包含的权利是多种多样的，由于大数据是对海量的信息所进行的收集、存储和分析，大量的数据涉及个人信息和隐私，甚至涉及个人的敏感信息和核心隐私②。例如，将个人病历资料开发成大数据，或者将个人的银行存款信息汇总开发成大数据。如果对这些数据资料还没有进行匿名化处理，或者匿名化处理不完整，从相关的数据中仍然可以了解个人的相关信息和隐私，这就可能侵害个人的个人信息权利和隐私权。通过大数据技术的运用，一些机构可以从相关的数据中分析出个人的身份、财产、消费习惯等方面的信息。③ 如果这些信息经过整合后再投入数据黑市进行交易，就可能触犯刑法的规定，构成非法侵入计算机信息系统罪、侵犯公民个人信息罪等罪名。④ 当然，即便行为人的上述行为不构成犯罪，其也构成对他人个人信息权利和隐私权的侵害。因此，相关主体在收集、利用个人信息数据的同时，应当以保护当事人对个人信息的控制权利和隐私权为前提，信息的收集者和利用者应当负有保护个人信息和隐私的责任。⑤ 信息数据的收集和利用应当以保护个人信息权利和隐私权为前提，忽视个人信息权利和隐私权保护的数据收集和开发行为就像一颗炸弹，将对个人权利保护构成极大威胁。⑥ 保护个人数据的主要目的是为了维护个人自治及自我认同，从而维护个人的人格尊严。因此，数据开发中应当注重对个人信息的保护，⑦ 所以，

---

　　① 姚维保、韦景竹：《个人数据流动法律规制策略研究》，载《图书情报知识》2008 年第2 期。

　　② Allen, Anita L., Protecting One's Own Privacy in a Big Data Economy, Harvard Law Review Forum, Vol.130, Issue 2（December 2016），pp.71–78.also see Jarass, in: ders., EU-Grundrechte-Charta Art.8, Rn. 5.

　　③ Allen, Anita L., Protecting One's Own Privacy in a Big Data Economy, Harvard Law Review Forum, Vol.130, Issue 2（December 2016），pp.71–78.

　　④ 叶竹盛：《是时候给大数据套上法律笼头了》，载《新京报》2017 年 5 月 31 日。

　　⑤ Gola/Klug/Körffer, in：Gola/Schomerus, BDSG， § 13, Rn. 49.

　　⑥ 西坡：《隐私得不到保护的大数据无异于炸弹》，载《新京报》2017 年 2 月 18 日。

　　⑦ 参见刘静怡：《从 Cookies 以及类似资讯科技的使用浅论因特网上个人资讯隐私权保护问题》，载《科技资讯透析》1997 年第 10 期。

在未来有必要对大数据中个人信息和隐私的保护问题，这也是适应信息社会、大数据时代的特殊要求、也是面向 21 世纪的当然要求。

　　大数据技术本身的特点也要求强化对个人信息权利和隐私权的保护。① 大数据技术能够通过特定的算法从信息中不断挖掘出新的信息，这就可能侵害个人信息权利和隐私权，同时，个人信息利用和流转过程中也存在多元的利益主体，这也可能对个人信息权利和隐私权的保护构成严峻挑战。② 《民法总则》并未区分不同类型的数据分别进行保护。笔者认为，不同类型的数据应当有不同的法律保护规则，有些数据属于个人敏感数据，有些则属于一般数据，在保护方面应当有所区别，对敏感信息进行特殊保护③。从法律角度看，个人对其个人信息享有权利，这些权利主要包括以下几个方面：一是个人对其个人信息的利用权，即个人许可他人使用其信息，并获得报酬属于商业化利用。二是对一般的信息收集未必都需要个人的同意，但如果是个人的敏感信息，则在进行大数据开发时，应当得到个人的同意④。三是信息的安全维护权，即相关主体在开发个人数据时，对于所收集到的个人敏感信息，应当尽到安全维护义务，在个人信息存在泄漏和不当利用的危险时，个人有权请求相关主体采取必要措施，以维护其个人信息的安全。四是数据利用权，即禁止他人发行、传播数据库中的数据。《民法总则》和其他法律所规定的保护数据中包含的权利，法律理应保护这些权利。

（三）《民法总则》第 185 条英雄烈士人格权益保护规则的完善

　　《民法总则》第 185 条对英雄烈士等人格利益的保护规则作出了规定，

---

　　① Lenard, Thomas M., Big Data, Privacy and the Familiar Solutions, Journal of Law, Economics & Policy, Vol.11, Issue 1（Spring 2015），pp.1–32.

　　② 范为：《大数据时代个人信息保护的路径重构》，载《环球法律评论》2016 年第 5 期。

　　③ 参见《欧盟数据保护一般规则(EU-DSGVO)》第 8 条，德国《联邦数据保护法(BDSG)》第 4a 条第 3 款都对特殊类型个人信息的处理设置了特别规范。

　　④ Gola/Schomerus, in: ders., BDSG, §4a, Rn.34.

这是《民法总则》的重要创新。因为英雄、烈士是一个国家和民族精神的重要体现，是引领社会风尚的标杆，是人们行为的榜样。因此，该条强化对英雄、烈士姓名、名誉、荣誉等的法律保护，对于维护民族精神、弘扬社会公共道德、有效保护英雄烈士人格利益、弘扬社会主义核心价值观，具有重要意义。① 从该条规定来看，其仍然有需要完善之处。

第一，应当扩大该条所保护的人格权益的范围。从该条规定来看，其仅保护英雄烈士等的姓名、肖像、名誉、荣誉四项人格利益，保护范围过小。事实上，除上述四项人格利益外，侵害英雄烈士等的其他人格权益，同样可能损害社会公共利益，应当受到法律的同等评价。② 如侵害英雄、烈士等的隐私，此类行为应当受到法律的同等评价。因此，应当扩大该条所保护的人格权益的范围。

第二，明确保护的主体范围。从该条规定来看，其使用了"英雄烈士等"这一表述，关于如何理解该条所保护的主体范围，学者存在不同的观点。关于烈士的范围，我国专门颁行了《烈士褒扬条例》和《中华人民共和国民政部军人抚恤优待条例》，分别对公民被评定为烈士的条件和现役军人被批准为烈士的条件作出了规定。③ 因此，关于何为烈士，并不存在太大争议。不过笔者认为，关于该条所保护的主体范围，仍存在争议，需要未来人格权立法予以细化。一是明确该条中"英雄"的内涵。关于该条中"英雄"的内涵，学界存在一定的争议，一种观点认为，此处的"英雄"在性质上属于形容词，应当将该条的"英雄烈士"解释为"具有英雄品质的烈士"；④ 另一种观点认为，该条中的"英雄"属于名词，其属于与烈士并列的人，而且此处的"英雄"应当指已经去世的

---

① 参见石宏主编：《中华人民共和国民法总则条文说明、立法理由及相关规定》，北京大学出版社 2017 年版，第 440 页。

② 参见王叶刚：《论侵害英雄烈士等人格权益的民事责任》，载《中国人民大学学报》2017 年第 4 期。

③ 参见《烈士褒扬条例》第 8 条、《中华人民共和国民政部军人抚恤优待条例》第 8 条。

④ 参见张新宝：《〈中华人民共和国民法总则〉释义》，中国人民大学出版社 2017 年版，第 400 页。

英雄人物。① 笔者认为，该条中的"英雄"应当属于名词，即属于与"烈士"并列的人，当然，从该条规定来看，其并没有要求"英雄"必须已经牺牲，因此，其既可以是已经牺牲的英雄，也可以是未牺牲的英雄。所以，该条并不仅限于保护已经故去的英雄、烈士，还保护仍然健在的英雄等主体。二是明确该条中"等"的内涵。关于该条中"等"字的理解，有观点认为，本条中的"等"字有特定的指向，即指"在我国近现代历史上，为争取民族独立和人民自由幸福、国家繁荣富强作出了突出贡献的楷模"，"只要是能够作为民族精神的代表、民族文化的旗帜的人"，都属于该条中"等"字的范畴。② 笔者认为，该条使用"英雄烈士等"这一表述，表明该条的保护范围不限于英雄、烈士，也包括其他人的人格利益，但按照同类解释(Eiusdem Generis) 规则，③ 其他人也应当是与英雄、烈士类似的人，④因此，该条并不包括一般的死者人格利益。

第三，明确公共利益的内涵。该条以损害社会公共利益作为行为人依据本条承担民事责任的条件，公共利益在性质上属于不确定概念，应当通过具体化等方式明确其内涵。否则，可能会不当限制个人的行为自由，使个人动辄得咎。因此，应当在我国民法典人格权编明确该条中公共利益的内涵，以保障该条的准确适用。

第四，明确该条民事责任的请求权主体。从该条规定来看，其以损害社会公共利益作为行为人依据本条承担民事责任的条件，表明该条的规范目的并不在于保护死者近亲属，而在于保护社会公共利益。在符合该条民事责任构成要件的情形下，应当由谁向行为人提出请求，该条规定并没有明确。有

---

① 参见杨立新:《英烈与其他死者人格利益的平等保护》，载 http://www.legaldaily. cn/fxjy/content/2017-03/16/content_7056376.htm?node=70948，2017 年 4 月 15 日浏览。

② 参见张新宝:《〈中华人民共和国民法总则〉释义》，中国人民大学出版社 2017 年版，第 402 页。

③ 同类解释规则是指如果法律上列举了具体的人或物，然后将其归属于"一般性的类别"，那么，这个一般性的类别就应当与具体列举的人或物属于同一类型。

④ 参见李适时主编:《中华人民共和国民法总则释义》，法律出版社 2017 年版，第 580 页。

观点认为，应当由国家公权力机关提起诉讼。① 笔者认为，鉴于该条的规范目的在于保护社会公共利益，因此，在符合该条规定的情形下，相关的公权力机关或者公益都应当有权提出请求。

第五，明确公权力机关提起的诉讼与受害人本人或者其近亲属损害赔偿请求权的关系。《民法总则》第185条的规范目的应当在于保护社会公共利益，其所规定的民事责任与受害人本人或者其近亲属请求行为人所承担的民事责任不同，这就需要明确两种民事责任之间的关系。《民法总则》第185条并未对此作出规定，需要民法典人格权编予以完善。笔者认为，两种责任应当可以并存，也就是说，在行为人侵害英雄烈士等人格权益的情形下，行为人除需要依据《民法总则》第185条承担民事责任外，受害人本人或者其近亲属也应当有权请求行为人承担侵权责任。②

上述内容都有待于在民法典人格权编中作出细化规定。实际上，除了《民法总则》规定的内容之外，人格权涉及的内容和范围十分宽泛，许多规则都需要通过独立的人格权编予以进一步完善。

三、《民法总则》有关人格权规定的有效实施应通 过人格权法而非侵权责任法实现

诚然，传统大陆法系民法，如《德国民法典》，主要是通过侵权法的规则对人格权提供保护。我国《侵权责任法》第2条就所保护的权利范围列举了18项权利，其中近半数是人格权，由此表明了对人格权保护的高度重视。该法第15条规定的8种救济方式以及该法第22条规定的精神损害赔偿都可以适用于人格权的侵害。应当看到，我国《侵权责任法》通过扩张权利范围以及采用形式多样的责任形式，强化了对人格权的保护，并且人格权法中所

---

① 参见张新宝：《〈中华人民共和国民法总则〉释义》，中国人民大学出版社2017年版，第403页。

② 参见王叶刚：《论侵害英雄烈士等人格权益的民事责任》，载《中国人民大学学报》2017年第4期。

规定的具体行为规范，也有助于构成侵权责任的认定，二者关联密切。所以，将人格权法置于侵权法中的观点，与将人格权法置于主体制度的主张相比，应当说更具有说服力。然而，侵权责任法和人格权法之间仍然存在着明显的区别，民法典侵权责任编无法完全替代人格权编。

第一，侵权责任编不能从正面确认各项具体人格权。一方面，侵权责任法主要是救济法，它主要对已经遭受的侵害进行救济，因此其主要功能不是确认权利，而是保护权利。只有通过独立的人格权编规定各类人格权及其内容、效力等，才能为侵权责任编对人格权的救济提供基础。例如，侵权责任编虽然可以通过侵权责任保护隐私权，但无法从正面确认隐私权，也无法规定隐私权的具体内容。另一方面，随着人格权的发展，人格权的类型和内容越来越多样化。例如，名誉权的内容不同于肖像权的内容，而公民的姓名权与法人的名称权的内容也不完全相同（因为法人的名称权可以转让，而公民的姓名权不能转让）。公民、法人所享有的各项具体人格权及其内容是不能通过侵权责任法加以确认的，而必须在人格权法中具体规定。对于如此纷繁复杂的权利类型，侵权责任法作为救济法的特点决定其不能涉及，也无法涉及。还应当看到，如果人格权的具体规则都规定在侵权责任编中，也可能导致侵权责任编的规则过于分散，因为侵权责任编不仅保护人格权，而且还包括其他许多绝对权利，如物权（包括所有权、用益物权和担保物权）、知识产权等，如果将人格权的规则规定在侵权责任编，是否对各项绝对权都要在每一个侵权责任规则中具体予以列举呢？可见，将人格权规则主要规定在侵权责任编，可能给侵权责任编的规则设计造成重大困难。

第二，侵权责任编不宜规定各项人格权的具体内容。我国《侵权责任法》第2条虽然宣示要保护八项人格权，但并没有也不可能进一步地规范各种权利的具体权能。未来我国民法典侵权责任编也不宜对各项人格权的具体内容作出详细规定，因为每一种人格权都具有其自身的作用或功能，这些权能不是单一的，而是多样的。例如，全国人民代表大会常务委员会于2014年颁行了"关于《中华人民共和国民法通则》第九十九条第一款、《中华人民共和国婚姻法》第二十二条的解释"（以下简称"解释"），该解释对姓名权的内涵、效力等规则作出了规定，该规则属于确认权利性质的规定，而不属于侵权保护的问题，难以纳入侵权责任法的调整范围。再如，隐私权的内容可以进一步类型化为独处的权利、个人生活秘密的权利、通信自由、私人生活安宁、住宅隐私等等。就个人生活秘密而言，又可以进一步分类为身体隐私、家庭隐私、个人信息隐私、健康隐私、基因隐私等。不同的隐私因为类型上的差异，在权利的内容以及侵权的构成要件上，都可能有所差异。公民和法人的人格权不论是一般人格权还是各项具体人格权，都具有较为丰富和复杂的权利内容，正是在这个意义上，只有制定人格权编，才能全面确认人格权的各项具体内容，充分体现私权行使和保护的需求。

第三，侵权责任编不宜详细规定人格权的利用、行使等规则。法律不仅要列举与表彰各种权能，也要具体规定各种权能的行使与表现效果。尽管人格权原则上不能转让，但权利人可以许可他人对其人格权进行利用。[①] 例如，肖像权的使用权能可以转让，法人的名称权可以转让。尤其是如果未来人格权法中规定个人信息权，也必须规定该权利的利用规则。《民法总则》第110条只是列举了民事主体所享有的各项具体人格权，而没有对其具体利用权能作出规定，这有待于将来的民法典分则作出细化规定。侵权责任编虽然也可以对人格权保护规则作出规定，但其主要是从消极层面规定行为人的义务，难以对人格权的利用、行使规则作出规定。此外，从实践来看，人格权益的许可使用是当事人通过合同实现的，其虽然可以适用合同的一般规则，但人格权商业化利用的一些特殊规则，如哪些人格权益可以进行商业化利用、人格权商业化利用的损失认定、人格权许可使用合同的解除等，仅通过当事人约定无法解决，合同编也不可能对人格权商业化利用的特殊规则作出过于细化的规定。这就需要在民法典人格权编中对此作出规定。

第四，侵权责任编无法规定权利的冲突及其解决规则。人格权在行使过程中，常常会与其他权利发生冲突。如实践中常见的人格权与财产权、隐私与新闻自由、名誉权与舆论监督等权利的冲突。人格权在行使过程中，也可

---

① 王叶刚：《人格权中经济价值"可让与性"之反思》，载《广东社会科学》2014年第2期。

能与公权力的行使发生冲突。还应看到，各项具体人格权之间也可能发生交叉和冲突，从而需要在人格权法中确立解决冲突的规则。例如，当生命权与财产权发生冲突时，应当优先保护生命权；当肖像权与肖像作品著作权发生冲突时，优先保护肖像权。而侵权责任编不能解决权利行使和权利冲突的问题。此外，为了维护公共利益、社会秩序等，在法律上有必要对于人格权作出一定的限制，这些限制规则（如对公众人物人格权的限制、人格权权利不得滥用、人格权与言论自由的关系等）不能在侵权责任编中规定，而只能由人格权编加以规定。从这个意义上说，人格权法的独立成编，也可以起到和侵权责任编相互配合的作用。

第五，侵权责任编无法规定对人格权的限制制度。人格权是一种具体的权利，基于公共利益的维护等目的，可以对人格权进行一定程度上的限制，除了生命健康权因其固有属性具有不可限制性以外，许多人格权都要在不同程度上依法受到限制。比如，2014 年 11 月 1 日全国人大常委会关于姓名权的立法解释就规定："公民依法享有姓名权。公民行使姓名权，还应当尊重社会公德，不得损害社会公共利益。公民原则上应当随父姓或者母姓。有下列情形之一的，可以在父姓和母姓之外选取姓氏：（一）选取其他直系长辈血亲的姓氏；（二）因由法定扶养人以外的人扶养而选取扶养人姓氏；（三）有不违反公序良俗的其他正当理由。少数民族公民的姓氏可以从本民族的文化传统和风俗习惯。"这些规定都是对姓名权行使的限制，无法在侵权责任法中作出规定。尤其是对公众人物的人格权法律要作出必要的限制。所谓"公众人物无隐私"，也意在强调公众人物人格权应当受到限制。有关人权的国际或区域性条约或公约也一般承认隐私权的可克减性。然而，如果将人格权置于主体制度中，则和权利能力不受限制的原则相矛盾。

第六，侵权责任编并不能替代具体的行为规范。侵权责任法重点在于侵害权利之后的救济，但是，侵权责任的构成往往以行为人违反具体的行为义务作为要件，侵权责任法无法具体规定他人对于人格权的具体行为义务。人格权法则可以更为细致地从正面规定权利人所享有人格权的具体范围，同时从反面更为细致地规定他人对人格权主体所承担的具体行为义务。这既有助于具体认定侵权责任的构成，又能发挥对社会公众的行为引导作用。

对人格权的侵权保护规则是否需要在人格权法中作出规定的问题，一直存在争议。笔者认为，侵权责任形式规定着眼于各种绝对权的保护，而没有考虑人格权保护的特殊性。通过在人格权法中规定人格权的特殊保护规则，更有利于实现对人格权的全面保护，发挥预防侵害的作用。还应当看到，在将来我国民法典侵权责任编不太可能对侵害人格权的侵权责任全面具体地作出规定的情形下，更应当通过独立成编的人格权法对侵害人格权的侵权责任作出规定。例如，我国《侵权责任法》对精神损害赔偿仅规定了一条（第22条），而精神损害赔偿又是专门保护人格权的措施，实践中，有关精神损害赔偿的案件大量出现，且不断增长①，为保障法官依法公正裁判，有必要在人格权法中对精神损害赔偿作出详细规定。因此，有必要对侵害人格权益的相关侵权规则作出较为细化的规定。再如，对侵害人格权益的财产损害赔偿责任、侵害人格权益的惩罚性赔偿、侵害人格物和死者人格利益的保护规则等，都可以在人格权编作出细化规定，这些规定可以与侵权责任法的相关规则有效衔接，对于全面保障人格权具有重要意义。因此，通过独立成编的人格权法对侵害人格权的侵权责任规则作出规定，比在侵权责任编中对其作出规定，于立法技术上更为合理。

四、结　语

正在编纂的我国民法典应当成为 21 世纪民法典的代表之作，并屹立于世界民法典之林。在我国民法典中设立独立的人格权编，有利于强化对人格权的保护，也可以彰显我国民法典的中国特色和时代特征。人格权编的设立，将使我国民法典体系更为和谐和完备，并成为中国民法典在 21 世纪对民法体系的重大发展与贡献。

---

①　在中国裁判文书网中以"精神损害"为关键词进行检索民事案件，可以搜到 925899 份民事裁判文书。

试论民法总则对人格尊严的保护 [*]

十二届全国人大第五次会议审议通过了《中华人民共和国民法总则》（以下简称"《民法总则》"），在我国民事立法史上具有里程碑式的意义，该法第109 条规定："自然人的人身自由、人格尊严受法律保护。"该条首次从宏观层面对"人格自由"和"人格尊严"做了规定，在学理上被理解为一般人格权的基础。该规定宣示了人格权制度的立法目的与根本价值，即尊重与保护个人的人身自由、人格尊严。这一规定具有鲜明的时代特点，是中国现代民事立法的人文精神和人文关怀的具体体现。这一规定不仅将进一步提升我国对公民人格权的法律保护水平，而且为我国后续的民法典编纂工程提供了基础性指引。

一、《民法总则》宣示人格尊严受法律保护彰显了 21 世纪民法的时代精神

人格尊严，是指人作为法律主体应当得到承认和尊重。人格尊严是人作为社会关系主体的基本前提，应当受到法律的平等保护。[1] 从比较法上看，各国通常使用"人的尊严（human dignity/dignity of the human being）"这一

---

*　原载《中国人民大学学报》2017 年第 4 期。

[1]　参见李适时主编：《中华人民共和国民法总则释义》，法律出版社2017 年版，第 337 页。

表述取代人格尊严（personal dignity）。从语义上看，人格尊严与人的尊严虽然具有相似性，但人的尊严在内涵上不仅包括对个人人格尊严的保护，还包括对个人财产权的保护，而人格尊严的内涵则相对狭窄。我国法律历来采用"人格尊严"而非"人的尊严"的表述。从比较法上来看，现代民法对人格尊严的保护主要体现在如下几个方面：一是主体性的承认和保护。这就是说，法律首先应当确认人的主体性地位，人是社会关系的主体，不能被当成工具，更不能被当作客体来对待。二是对人格尊严的平等保护。这意味着，每一个人都平等地享有人格尊严，在主体性方面并没有差别，不存在三六九等或者贵贱之分。三是完整性保护。法律应当全面保护个人的人格尊严。现代意义上对人格尊严的保护，不仅在消极意义上要求国家不损害个人尊严，还要求为个人尊严的实现创造各种有利条件和可能[1]。民法不仅保护物质性人格权，还保护精神性人格权，法律对人格权的保护贯穿个人的一生，充分体现了民法的人文关怀理念。

《民法总则》宣示人格尊严受法律保护是我国长期立法经验的总结。新中国建立后，"五四宪法"虽然规定了人格自由，但并未规定人格尊严的保护。[2]"文化大革命"期间，"冤狱遍于全国，屠夫弹冠相庆"，诸如"戴高帽"、"架飞机"、"剃阴阳头"、擅自抄家、揪斗等严重侵害个人人格权、践踏人格尊严的现象比比皆是，这些侮辱人格、蔑视人权的行径使广大人民群众蒙受了巨大的灾难。正是在反思"文化大革命"暴行教训的基础上，1982 年的《中华人民共和国宪法》才规定了对人格尊严的保护，该法第 38 条规定："中华人民共和国公民的人格尊严不受侵犯。禁止用任何方法对公民进行侮辱、诽谤和诬告陷害。"为了具体落实这一规定，1986 年《民法通则》第 101 条规定："公民、法人享有名誉权，公民的人格尊严受法律保护，禁止用侮辱、诽谤等方式损害公民、法人的名誉。"从该条规定来看，其虽然使用了"人格尊严"这一表述，但其主要是对"名誉权"等有

---

① 参见郑贤君：《宪法"人格尊严"条款的规范地位之辨》，载《中国法学》2012 年第 2 期。
② 参见 1954 年《宪法》第 89 条。

限类型人格权的概括，而没有在法律上将其上升到一般人格权的高度。《民法通则》虽然第一次以专节的形式系统全面地规定了人格权，但准确地说，这一时期关于"人格尊严"的讨论主要还处于对各类具体人格权的不断摸索的过程中，尚未认识到人格尊严作为一种基本价值在民法价值体系中的重要性。

《民法总则》总结我国人格权保护的实践，宣示人格尊严受法律保护，彰显了 21 世纪民法的时代精神。我们要制定的民法典是 21 世纪的民法典，1804 年的《法国民法典》可以被称为是 19 世纪风车水磨时代民法典的代表，1900 年的《德国民法典》可以说是 20 世纪工业社会民法典的代表，我们正在编纂的民法典则应当成为 21 世纪互联网时代民法典的代表。21 世纪也是互联网、高科技时代，但科学技术一旦被滥用，就可能对个人隐私等人格权带来现实威胁。所有这些高科技发明都有一个共同的副作用，就是对个人隐私和人格权的威胁。谈到隐私权概念时，有美国学者曾经提出"零隐权（zero privacy）"概念，认为我们在高科技时代已经无处藏身，隐私暴露不可避免。所有高科技发明都给人类带来了巨大的福祉，但也都面临着被误用或滥用的风险，从而对个人隐私和隐私权保护构成威胁①，这就更需要将对人的保护提到更高程度。《民法总则》宣示对人格尊严的保护，彰显了 21 世纪弘扬人格尊严与价值的时代精神，突出体现了对个人的人格尊严与合法权益的尊重。

《民法总则》宣示人格尊严受法律保护也体现了民法的本质和功能。"私法的基本概念是人（Person）"，② 民法在某种意义上也被称为人法。现代民法应当充分体现人文关怀的精神，关爱人、尊重人、爱护人，就像黑格尔所说的，"让人成其为人，并尊重他人为人"。进入 21 世纪之后，尊重与保护个人的人格尊严已经成为国际社会的共识，也是现代民法关注的重心。民法不仅要尊重个人的主体地位，而且要充分保护个人的人格尊

---

① See A. Michael Froomkin, Cyberspace and Privacy: A New legal Paradigm? The Death of Privacy?52 Stan.L. Rev.1461，2000.

② 参见［日］星野英一：《私法中的人》，王闯译，中国法制出版社 2004 年版，第 20 页。

严。民法本质上是人法，其目标是服务于人的发展。民法的这种精神实际上也体现对中华优秀传统文化的传承，中华文化强调人本精神，儒学提倡"仁者爱人"，其实就是一种感同身受的人文关怀精神。今天，在广大人民群众物质生活得到极大改善、全面依法治国战略不断推进的背景下，人们的权利意识逐渐觉醒，更加注重维护其人格尊严和人身自由。适应这种需要，《民法总则》第109条确认保护人格尊严的条款，这也是促进个人全面发展、保障个人幸福生活的社会主义本质特征的体现。一部充分关爱人、保护人的民法典才是符合广大人民群众需要的、面向21世纪的民法典。因此，《民法总则》关于人格尊严保护的规定也彰显了民法的本质特征。

《民法总则》宣示对人格尊严的保护，必然要求建构和完善人格权保护体系。《民法总则》是在《民法通则》的基础上对人格权作出的规定，《民法总则》关于人格权的规定具有如下几个特点：一是正式确认了隐私权。《民法总则》第110条规定："自然人享有生命权、身体权、健康权、姓名权、肖像权、名誉权、荣誉权、隐私权、婚姻自主权等权利。"二是确认了对个人信息的保护。《民法总则》第111条规定："自然人的个人信息受法律保护。任何组织和个人需要获取他人个人信息的，应当依法取得并确保信息安全，不得非法收集、使用、加工、传输他人个人信息，不得非法买卖、提供或者公开他人个人信息。"个人信息是与特定个人相关联的、反映其个体特征的、具有可识别性的符号系统，包括个人身份、家庭、财产、工作、健康等各方面的信息。三是确认了对英雄烈士等人格利益保护。《民法总则》第185条规定："侵害英雄烈士等的姓名、肖像、名誉、荣誉，损害社会公共利益的，应当承担民事责任。"该条对于淳化社会风气，弘扬社会正气，促进整个社会尊崇英烈，弘扬社会主义核心价值观意义重大。四是对人格利益提供全面的兜底保护。《民法总则》第109条本身可以成为一种对人格利益进行兜底保护的条款，有利于适应未来人格利益发展的需要。《民法总则》的上述规定都彰显了人格尊严的价值，强化了对人格尊严的平等保护，《民法总则》第109条关于人格尊严保护的规定包含了非常丰富的内容，而且该法将人格尊严放在所有民事权利之首加以规定，也反映了人格尊严是所有民事权利的价值来源和基础。法律保护个人的各种民事权利，本质上都是为了维护个人的人格尊严。

《民法总则》宣示人格尊严受法律保护彰显了整个民法典的时代性，既为整个民法典的编纂工程奠定了价值底色，也为民法典各分编的编纂工作提供了价值指引。

二、民法总则保护人格尊严条款的基本功能

（一）承接和实施宪法的功能

《民法总则》规定人格尊严条款具有承接宪法基本价值取向的功能。《宪法》在我国法律体系中居于根本法和最高法的地位，《宪法》第 38 条确认的保护公民人格尊严的原则，应成为各个法律部门都必须要予以保护的价值。也就是说，各部门法应当通过制度的建构，具体落实宪法保护人格尊严的精神。《民法总则》开宗明义地宣告，要"根据宪法，制订本法"，并规定人格尊严条款，实际上是对宪法"人格尊严"保护规则的一种具体化，具有承接宪法规则的意义。也就是说，《宪法》所确认的保护人格尊严的原则必须通过民法具体予以落实：《宪法》虽然规定了对人格尊严进行保护，但宪法作为根本大法，其规则往往是粗线条的，具有高度抽象性，许多规定，尤其是关于公民基本权利的规定，还有待于各个部门法的具体落实。①宪法中的人格尊严实际上仍然是一种价值表述和价值指引，无法保证裁判具有相对的确定性，难以实现"同等情况同等对待"的基本正义要求。因此，迫切需要对人格尊严的保护予以细化，确定各项人格权的内容和保护范围，将之具体化为能被裁判所适用的有效性规则。《民法总则》对人格

---

① Ernst-Wolfgang Böckenförde, Grundrechtstheorie und Grundrechtsinterpretation, NJW, 35, 1529（1529）.

尊严保护做出规定，就可以满足这一需要。尤其应当看到，在我国，宪法不具有可司法性，最高人民法院的相关司法解释已经明确规定，法官在裁判时并不能直接援引宪法裁判，[①]这就排除了法官在个案中直接通过宪法保护人格尊严的可能。《民法总则》中规定人格尊严保护条款，既具有价值宣示功能，也可作为裁判依据，这有利于更好地实现宪法保护人格尊严的立法目的。

（二）提供价值来源和价值指引的功能

《民法总则》采用概括性条款保护人格尊严，具有宣示保护人格尊严和提供价值指引的功能。人格权法律制度的根本目的在于保护个人的人格尊严，各项人格权都体现了人格尊严的保护要求。事实上，许多侵害人格权的行为，如污辱和诽谤他人、毁损他人肖像、传播他人隐私、抽打他人耳光等，均损害了他人的人格尊严。从比较法上看，一些国家将人格尊严保护提高到了基本法的层面，如《德国联邦基本法》第1条、第2条就明确规定了对人格尊严的保护，该法第1条规定："人之尊严不可侵犯，尊重及保护此项尊严为所有国家机关之义务。"第2条规定："人人有自由发展其人格之权利，但以不侵害他人之权利或不违犯宪政秩序或道德规范者为限。"据此，维护人格尊严在德国被认为是宪法的最高建构原则，也是战后整个德国法秩序的价值基础。[②]《日本民法典》则将人格尊严保护规定为立法目的与宗旨，该法第2条规定："本法须以个人的尊严及男女两性本质性平等为宗旨解释。"其将个人尊严作为解释民法典规则的基础，表明私权本身是为了保障个人的尊严，尊严是私权的基础和依归，这实际上是将人格尊严保护作为民法典规则的价值基础。我国《民法总则》将人格尊严保护规定在民事权利之首，其实也宣示了其在民事权利中的价值基础

---

① 《最高人民法院关于裁判文书引用法律、法规等规范性法律文件的规定》第4条规定："民事裁判文书应当引用法律、法律解释或者司法解释。对于应当适用的行政法规、地方性法规或者自治条例和单行条例，可以直接引用。"

② Dürig, Der Grundrechtssatz von der Menschenwürde, AöR 1956, 119 ff.

地位。

《民法总则》将人格尊严保护至于各项民事权利之首加以规定，表明人格尊严作为保护民事权利的价值来源和价值基础，也表明其具有最高价值。在法律上，人格尊严是人格权民法保护的核心要素（the core elements），① 具有绝对性和不可克减性。例如，关于尊严原则与科学研究自由的关系，欧洲理事会 1997 年奥维多公约（《关于人权与生物医学的公约》）第 1 条即开宗明义地宣称：基于人格尊严原则，"个人的利益和福祉高于单纯的科学利益或社会利益"。科学技术本身是一种工具，其应当服务于人的全面发展的目的。② 联合国教科文组织 2005 年《世界生物伦理与人权宣言》第 3 条也规定了同样的内容。可见，人格尊严作为法律秩序的最高价值，具有绝对性，任何情况下都不得以牺牲人格尊严为代价去保护其他价值，有学者甚至认为，人格尊严在某种意义上具有高于生命权的地位，因为即便在保留死刑的国家，生命权可以被合法剥夺，但人格尊严并不能被剥夺。③

（三）人格权益保护的兜底功能

《民法总则》关于人格尊严保护的规定，也可以形成权利保护的兜底条款。人格权具有法定性，具体人格权的类型都是由法律规定的，但随着社会的发展，一些新型人格利益不断出现，很难通过已有的具体人格权类型予以保护。④ 这就需要借助人格尊严保护规则弥补既有具体人格权规则的

---

① See Gert Brüggemeier, Aurelia Colombi Ciacchi, Patrick O Callaghan, Personality Rights in European Tort Law, Cambridge University Press，2010, p.568.

② 参见王卫国：《技术理性对人的全面发展的影响》，载《商业文化》（下半月）2011 年第 3 期。

③ Patrick FRAISSEIX，« la protection de la dignité de la personne et de l'espèce humaines dans le domaine de la biomédecine : l'exemple de la Convention d'Oviedo »，in Revue internationale de droit comparé，2000, vol.2, p.397.

④ 参见唐德华主编：《最高人民法院〈关于确定民事侵权精神损害赔偿责任若干问题的解释〉的理解与适用》，人民法院出版社 2001 年版，第 30 页。

不足。例如，在"某超市搜身案"中，某超市的一名保安怀疑某消费者在超市偷拿财物，对其强行搜身，该行为虽然没有侵犯原告的名誉权，但侵犯了原告的人格尊严。① 再如，在另外一起案件中，行为人在受害人举行结婚仪式前，故意将垃圾泼撒在其家门口，法院最终判决被告应当赔偿原告精神损失②。该案实际上也是侵害人格尊严的纠纷。实践中，许多损害公民人格尊严的行为，如就业歧视、有偿代孕等，都难以通过现有的具体人格权予以保护，当出现这些新类型的案件时，首先要用是否侵害人格尊严作为评价标准，如果构成对个人人格尊严的侵害，则权利人应当受到人格权法的救济，行为人应当承担精神损害赔偿责任。人格尊严的内涵具有开放性，可以为新型人格利益的保护提供法律依据，从而实现对人格权益的兜底保护。

（四）提升人格权保护水平的功能

对人的关怀不仅需要在静态层面实现对现有人格利益的确认和保护，还要在动态层面充分认识和维护个人人格的自由成长和发展。《民法总则》广泛确认了个人所享有的各项人格权益，增设了胎儿利益保护规则、成年监护制度、英雄烈士等人格利益保护规则等，实现对人"从摇篮到坟墓"各个阶段的保护，每个人都将在民法慈母般爱抚的目光下走完自己的人生旅程。在每个阶段都进一步强化了对人格尊严的保护。《民法总则》对人格尊严保护做出规定，可以为民法典相关规则的设计和解释提供价值指引，从而提升人格权保护的水平。例如，《民法总则》关于监护制度的构建，改变了传统大陆法系国家立法禁治产制度仅将被监护人作为管理对象的做法，而真正尊重被监护人的主体地位，维护其人格尊严，这些都有利于尽可能地尊重被监护人的意志和利益。

---

① 参见《钱缘诉上海屈臣氏日用品有限公司搜身侵犯名誉权案》，(1998) 虹民初字第 2681 号，(1998) 沪二中民终字第 2300 号。

② 《河南省济源市人民法院民事判决书》(2011) 济民一初字第 238 号。

三、人格尊严具有一般人格权的属性

（一）人格尊严不属于具体人格权

所谓具体人格权，是指由法律确认的民事主体所享有的各项具体的人格权利。关于人格尊严是否为一项具体人格权，值得探讨。2001年的最高人民法院《关于确定民事侵权精神损害赔偿责任若干问题的解释》（以下简称"《精神损害赔偿司法解释》"）第1条使用了"人格尊严权"的表述，但从《民法总则》第109条的规定来看，其并没有使用"人格尊严权"的表述，而只是使用了"人格尊严"的表述，笔者认为，人格尊严在性质上并不是一项具体人格权，主要理由在于：

第一，将人格尊严界定为一项具体人格权会不当降低其法律地位。如前所述，人格尊严是各项民事权利的价值来源和价值基础，是其他民事权利的母体，将其界定为一项具体人格权，则会弱化其地位和价值。事实上，《精神损害赔偿司法解释》第1条在保护人格尊严时虽然使用了"人格尊严权"这一表述，但该司法解释起草人认为，此处的"人格尊严"应当被理解为"一般人格权"，是人格权一般价值的集中体现，在功能上具有弥补具体人格权类型列举不足的重要作用。也就是说，法官在处理具体案件时，可以一般人格权对个人的人格利益进行兜底保护。[1] 例如，名誉权保护个人的社会评价，但并不保护个人的名誉感，这就可以借助人格尊严保护规则对其进行补充保护。[2]

第二，将人格尊严界定为一项具体人格权不利于发挥人格尊严条款的补

---

[1] 参见陈现杰：《人格权司法保护的重大进步和发展——〈最高人民法院关于确定民事侵权精神损害赔偿责任若干问题的解释〉的理解与适用》，载《人民法院报》2001年3月28日；杨立新：《人格权法专论》，高等教育出版社2005年版，第125页。

[2] 参见唐德华主编：《最高人民法院〈关于确定民事侵权精神损害赔偿责任若干问题的解释〉的理解与适用》，人民法院出版社2001版，第30页。

充功能。人格尊严条款具有弥补具体人格权保护人格利益不足的功能①，也就是说，随着社会的发展，许多新型的人格利益不断出现，但还难以将其与其他人格利益进行明确区分，与相关权利的关系也不清晰，能否上升为具体人格权也不明确，不应过早赋予其权利的地位，这就需要借助人格尊严对其提供保护。例如，我国法律很长时间一直未确认隐私权的概念，法律经常采用"尊重隐私"等表述，表明立法只是将隐私作为一种利益而非权利，但由于法律没有确认其为一项独立的权利，实践中主要通过名誉权对个人隐私进行保护，直至 2009 年，《侵权责任法》第 2 条才正式规定了隐私权。如果将人格尊严规定为一种权利，出现某种新型人格利益的需要保护，就不需要类推适用某具体人格权的规则，而可以直接适用人格尊严保护条款，这就可以起到保护新型人格利益的作用。

第三，将人格尊严界定为一项具体人格权，也存在法律技术上的难题。一方面，人格尊严保护的是人之所以成为人、人成为人类共同体成员的基本的价值，这也是法律所保护的最基础的法益，并不指向某种具体的人格利益，很难将其认定为一项具体人格权。另一方面，将人格尊严界定为一项具体人格权，也会使其与其他具体人格权在内涵上存在一定交叉，难以进行区分。对各项具体人格权的保护，实际上都体现了对个人人格尊严的保护。例如，保护个人的隐私权、名誉权等，本质上都保护了个人的人格尊严。因此，将人格尊严界定为一项具体人格权，将面临诸多立法技术和解释上的困难。

（二）人格尊严具有一般人格权的属性

从人格权制度的历史发展来看，人格尊严保护与一般人格权的产生关联密切。一般认为，一般人格权的概念产生于德国。1866 年，德国学者诺依内尔（Georg Carl Neuner）提出了人格权的概念，并且将人格权界定为个人

---

① 杨立新主编：《民商法理论争议问题——精神损害赔偿》，中国人民大学出版社 2004年版，第 8 页。

主张自我目的并且展开自我目的的权利。有学者认为其属于最早有关一般人格权的理论。①1895 年，德国学者基尔克（Gierke）曾在其《德国私法》一书中强烈呼吁，应当在法律上规定一般人格权，但 1900 年的《德国民法典》并没有接受这一观点，而只是规定了姓名权（第 12 条）以及生命、健康、身体（第 823 条第 1 款）等人格利益的保护。但在第二次世界大战后，德国民法逐步强化了对人格权的保护，尤其是德国《基本法》第 1 条规定了对人的尊严的保护，这也促进了人格权理论的发展。在 1954 年的"读者来信案"中，法院认为，行为人的行为将受害人置于一种错误的事实状态中，可能使读者误以为其同情纳粹，这实际上是侵害了原告的人格，法院最终基于宪法的保护功能，根据德国《基本法》第 1 条关于人格尊严的规定推导出了一般人格权 ②。"从'人格尊严'这一最高宪法原则的意义上来说，并不能够直接得出传统意义上对自由的保护，但是从当代社会的发展和对人格保护的需要来说，（一般人格权）存在其出现的必要性。"③ 可见，一般人格权的产生主要就是为了保护个人的人格尊严。

我国《民法通则》以专节（第五章第四节）的形式详细规定了各种具体的人格权，成为《民法通则》的一大亮点，但该法并没有对一般人格权作出规定，因而使得对人格权的保护并不周延，不能适应人格权制度不断发展的需要。王泽鉴先生认为，我国《民法通则》通过具体列举的方式规定人格权，对人格权的保护较欠周全，而且由于《民法通则》没有规定一般人格权，因此很难在自由、贞操、隐私等人格利益遭受侵害时予以救济。④ 从我国现实需要来看，也急需建立一般人格权制度。由于具体人格权制度仅对特殊的人格利益予以保护，如对名誉、肖像、姓名等权利的保护，这显然是不够的。

---

① Stefan Gottwald, Das allgemeine Persönlichkeitsrecht: ein zeitgeschichtliches Erklärungsmodell, Berlin: Berlin-Verl. Spitz [u.a.], 1996, p.12.

② Schacht-Brief Decision, 13 BGHZ 334 (1954). 有关本案的介绍，可参见 [德] 迪特尔·梅迪库斯：《德国民法总论》，邵建东译，法律出版社 2000 年版，第 805—806 页。

③ BVerfGE 54, 148 [153].

④ 王泽鉴：《民法学说与判例研究》（第 6 册），中国政法大学出版社 1998 年版，第 293 页。

在社会生活中，一些人格利益虽然不属于具体人格权，但从维护公民的人身自由和人格尊严出发，又需要保护此种利益。

《民法总则》第109条对人格尊严的保护做出规定，第一次在法律上规定了一般人格权，确立一般人格权，有利于保持人格权法的开放性，提升对各种新型人格利益的周密保护，一方面，人格利益总是在不断发展的，尤其是随着现代生活和科技的发展，新型人格将不断出现。目前虽然采取法定主义，但人格权的内容通过具体的列举是难以穷尽的，而一般人格权作为一项框架性权利则能够为新型人格利益提供可能的保护。另一方面，肯定一般人格权也有利于规范法官在认定与保护新型人格利益方面的自由裁量权。从我国司法实践来看，法官在保护新型人格利益时创设了一些新型权利，如亲吻权①、悼念权(祭奠权)②，引发了不少争议。如果肯定一般人格权，并借助与人格尊严的关联性来认定新型人格利益，则可以有效规范法官的自由裁量权。此外，肯定一般人格权，也有利于克服立法的缺陷，为各种人格利益的保护提供法律依据。例如，《民法总则》第185条规定了英雄、烈士等死者人格利益保护，但是英烈以外的人格利益如何保护，以及英烈自身的除该条所列举的四种人格利益外，其隐私等人格利益如何保护，则缺乏法律依据。在此即可以考虑援引《民法总则》第109条关于人格尊严保护的规则，这实际上起到了一种兜底保护的效果。当然，由于一般人格权具有高度的概括性和抽象性，在存在具体人格权时，必须首先适用具体人格权，不能直接适用一般人格权，这就需要排除一般人格权的滥用，限制法官的自由裁量权，保证法律的确定性和安全性。《民法总则》保护人格尊严条款具有一般条款的功能，能够在保护人格尊严的具体法律适用过程中发挥拾遗补缺的作用。

---

① 参见《陶莉萍诉吴曦道路交通事故人身损害赔偿纠纷案》，(2001)广汉民初字第832号。

② 参见《崔妍诉崔淑芳侵犯祭奠权案》，北京市丰台区人民法院(2007)丰民初字第08923号(2007年7月18日)，载《人民法院案例选》2009年第1辑，人民法院出版社2009年版。

四、人格尊严具有平等性

从人格尊严的固有属性来看，尊严本身就具有平等性。人作为社会生活的个体，其应当受到平等地对待，这也是黑格尔所说的，使人真正"成为一个人，并尊重他人为人"①。尊严受法律平等保护也是康德"人是目的"思想的引申，康德认为，人格尊严属于"绝对律令（categorical operatives）",② 这一思想明确包含了人格尊严平等受尊重的内涵，康德也因此被称为"人的尊严概念的现代之父"（the father of the modern concept of human dignity）③。

尊严在国际人权文件与各国宪法中有不同称谓，诸如人的尊严、人格尊严、人性尊严与人类尊严，但都表达了人人平等享有尊严的含义。正如法国学者 Molfessis 所指出的，"人从来不是其尊严的权利主体⋯因为尊严所体现的是人之为人的属性，而非每一个具有不同特点的个体的属性。强调存在着一种尊严获得他人尊重的权利，这将导致产生一种新的权利，它与我们所认为的人的尊严可能并无关系。尊严是人的内在条件，是人之为人的前提，它并不因主体的不同而有所不同"④。由此可见，确认人格尊严受法律保护，实际上就是强调平等保护每个人的尊严，意在强调平等保护的价值。

笔者认为，虽然我国《民法总则》第 109 条在规定人格尊严保护时并没有使用"平等"这一表述，但仍应当认定，其包含人格尊严平等性的内涵，主要理由在于：一方面，我国《民法总则》第 109 条的人格尊严保护规则源自于宪法规范，宪法在确认个人人格尊严受法律保护时，基于维护社会交往秩序的目的，要求平等保护每个人的人格尊严。也就是说，就人格尊严的保护而言，人生而平等，不论是好人还是坏人，都应当受到法律的平等保护和

---

① ［德］黑格尔：《法哲学原理》，范扬、张企泰译，商务印书馆 1982 年版，第 46 页。
② 参见［德］康德：《实践理性批判》，邓晓芒译，杨祖陶校，人民出版社 2004 年版。
③ 参见郑贤君：《宪法"人格尊严"条款的规范地位之辨》，载《中国法学》2012 年第 2 期。
④ N. Molfessis, « Le respect de la dignité de la personne humaine en droit civil », in *Le respect de la dignité de la personne humaine*, sous la dir. de Th. Revet, Economica, 1999, p.129.

他人的平等对待。另一方面，我国法律上人格尊严概念的提出有其特定的历史背景，在理解这一概念时，应当考虑我国特定的语境。1982 年《宪法》第 38 条规定人格尊严受法律保护其实是对"文化大革命"教训进行反思的产物，在"文化大革命"期间，基于人的不同政治身份而导致的歧视和迫害，使个人的人格尊严受到严重践踏。因此，1982 年《宪法》规定人格尊严受法律保护，其实是在反对这种对个人尊严的践踏，意在宣告人格尊严受法律平等保护的价值理念。也就是说，任何人，无论其财产多寡，政治地位高低，也无论是好人还是坏人，其人格和尊严价值都是平等的，都要平等地受到法律保护。人格尊严的平等保护，既是法治社会的应有内容，也是法律面前人人平等的必然要求。《民法总则》第 109 条肯定人格尊严的平等保护具有如下重要意义：

第一，在立法层面，要基于平等维护每个人的尊严的目的构建人格权法的制度体系。也就是说，我国民法典应当按照人格尊严平等保护的原则构建人格权制度体系。例如，关于个人信息的法律保护问题，现在各国法律普遍确认个人信息权，其目的并不只是为了保护个人信息所蕴含的财产价值，而更在于保护每个人对其信息的平等支配权，每个人对自己的个人信息都享有平等的不受他人非法利用、处理、非法转让的权利，任何人收集、利用、存储和处理他人信息时都应当依法进行。① 即便是对某个流浪汉的个人信息的收集和使用，也必须适用相同的法律规范，获得其同意。应当指出的是，某些人格权尤其是隐私权，具有内容上的可限制性，但法律在作出限制时，必须平等地对待所有民事主体，而不能仅针对某一类人作出限制。例如，在信息公开时，不能因为性别差异而对女性作出歧视性的对待。基于个人人格尊严的平等性，对个人人格权的限制应当依法进行，不得在法律规定之外设置额外的限制条件。例如，在对公众人物人格权进行限制时，应当严格依据公共利益的需要进行，该限制不得违反人格平等原则。

第二，在司法层面，要基于平等维护每个人人格尊严的目的切实保护个

---

① 参见《欧盟数据保护一般规范（EU-DSGVO)》第 6 条。

人的人格权。在人格权受到侵害后，受害人享有平等地获得保护的权利。《民法总则》第179条所规定的"停止侵害"、"赔偿损失"、"消除影响"、"恢复名誉"、"赔礼道歉"等民事责任方式，都可以适用于人格权受侵害的情形，尤其是精神损害赔偿、消除影响、恢复名誉、赔礼道歉等责任形式，就是专门针对人格权的救济方式。正所谓"无救济则无权利"，只有通过平等的保护，才能实现真正意义上的人格平等。具体来说，在人格权被侵害的情形，受害人都应当可以享有人格权请求权和侵权请求权，从而维护人格权的完整状态，恢复受侵害的权利。按照人格尊严平等保护规则，在人格权受到侵害时，个人所能够援引的法律规则应当是相同的，对于类似的侵害人格权的行为，权利人也应当获得类似的法律救济。

第三，在解释层面，应当基于人格尊严平等原则解释相关的规则，禁止人格歧视。例如，近年来发生的关于乙肝病毒携带者是否可以参加公务员考试、是否应当使女性和男性享有同样的机会，以及对女性公务员求职是否应该进行性病检查等等纠纷①，都涉及人格权的平等保护问题。对于此类纠纷，应当基于人格尊严平等解释相关规则、确定其效力，我国司法实践也采取了此种做法。例如，在"高彬诉北京敦煌餐饮有限责任公司人身损害赔偿纠纷案"中，酒吧工作人员以原告"面容不太好，怕影响店中生意"为由而拒绝其入内。法院认定，被告因原告"外形不好"而拒绝其进入消费属不当的人格歧视行为，侵害了原告的人格尊严②。这一判决是合理的。当然，某些俱乐部专门以特定类型的社会群体作为服务对象，如女子健身俱乐部等，并没有包含对特定个人的人格歧视，因而并不违反人格平等原则，也不构成人格歧视。

当然，《民法总则》人格尊严保护规则虽然蕴含了平等保护的内涵，而且其对立法、司法以及法律解释均有重要意义，但这并不意味着人格尊严保护规则可以代替平等原则，因为二者的目的和功能存在一定的差别：平等原

---

① 《女公务员录用查性病被指间接歧视》，载《京华时报》2012年3月20日。

② 参见刘心稳、亓培冰：《"人格歧视"离我们有多远》，载《人民法院报》2002年5月21日。

则所要解决的问题是禁止歧视和没有任何理由的差别待遇问题，其主要适用于社会法领域；而人格尊严保护规则更多地是为了实现个人的自我决定，防止对人的尊严的侮辱与侵害，其人道价值更为突出，主要适用于生命伦理法领域。在民法领域，平等原则作为一项基本原则，其适用于整个民法，而人格尊严保护主要适用于对个人尊严的保护领域，在适用范围上要小于平等原则。

五、保护人格尊严应当使人格权独立成编

《民法总则》第 109 条的人格尊严保护规则也为未来民法典编纂指明了方向，为强化对人格尊严的保护，应当进一步加强人格权立法，在民法典中构建独立成编的人格权法。

《民法总则》虽然用 4 个条款（第 109、110、111、185 条）规定了人格权保护，但从总则关于人格权的规定来看，实际上，相对于世界发展趋势和现实的社会需要，还显得过于原则化，未能彰显全面保护人格权益的立法目的。要全面保护主体的合法权益，显然不能认为总则的四个条文足以保护全部的人格利益。近几十年颁行的民法典，如 1991 年的《魁北克民法典》、2002 年《巴西民法典》、2009 年的《罗马尼亚民法典》，都有十多个条文规定了人格权，这表明，最新的立法趋势是进一步强化对人格权的保护。即使和《民法通则》相比，也是不足够的，因为《民法通则》用了 9 个条文保护人格权。还要看到，《民法总则》第 2 条在确定民法的调整对象时，明确规定调整平等主体的自然人、法人和非法人组织之间的人身关系和财产关系，并且将人身关系置于财产关系之前，可见，与《民法通则》第 2 条相比较，该条更凸显了对人身关系的重视。这实际上表明，我国的民法典进一步强化了对人身权益的保护。财产关系已经在分则中分别独立成编，表现为物权、合同债权，而人身关系主要分为两大类，即人格关系和身份关系，身份关系将表现为婚姻、继承，而人格关系则没有对应设编，因此人格权不能独立成编将成为民法典体系的一大缺陷。

人格权独立设编首先是保障每个人人格尊严的需要。我国现在已经成为全球第二大经济体，四十年的改革开放极大地提高了我国广大人民群众的物质生活水平，在此背景下，我们不仅要使人民群众生活得富足，也要使每个人活得有尊严，维护尊严本身就是广大人民群众幸福生活的重要内容。尤其是人类社会已进入互联网和大数据时代，互联网以及各种高科技的发明在给人类带来福祉的同时，也给个人人格权的保护带来了巨大威胁。[1] 人格权独立设编也有利于回应互联网和大数据时代的需要。在实践中，随着互联网的发展，各种人肉搜索泛滥，网上不少博客辱骂诽谤他人。所谓网络谣言，很多涉及对人格权的侵害，这些行为也污染了网络空间。还有人非法跟踪、窃听以及性骚扰、非法侵入他人邮箱等等，这些行为都侵犯了他人人格权。还有的贩卖个人信息，严重侵害个人信息权。所有这些都表明，我国人格权保护事业还任重道远。因此，需要在民法法典化进程中加强人格权立法。这是21世纪时代精神和时代特征的体现，是落实党的十八届四中全会提出的"加强人权方面的立法的要求"的具体举措。

人格权独立设编与《民法通则》的立法经验是一脉相承的。《民法通则》以专节的形式单独对人格权作出规定，被实践证明是成功的、先进的立法经验，这也为人格权在民法典中独立成编奠定了基础。为了维持立法的连续性和稳定性，并继承和总结《民法通则》的成功经验，我们应当在民法典中专设人格权一编，这实际上也是我国立法的一贯做法。例如，2002年的民法典草案也已经将人格权独立成编，这一立法经验应当继续延续。

尤其需要指出的是，正在拟定的民法典分则中，将要制订独立的侵权责任编，而侵权责任法也不能替代人格权法。这是因为：一方面，侵权责任法主要是救济法，并不具有确权功能，不能从正面确认各项具体人格权。而人格权法是权利法，其具有从正面规定各项人格权内容的功能。只有通过人格权法才能规定各类人格权及其内容、效力等，从而为侵权法的救济提供基

---

[1] See A. Michael Froomkin, Cyberspace and Privacy: A New legal Paradigm? The Death of Privacy?52 Stan.L. Rev.1461，2000.

础。例如，全国人民代表大会常务委员会于 2014 年颁行了"姓名权立法解释"，该解释对姓名权的内涵、效力等规则做出了规定，该规则属于证明确权性质的规定，而不属于侵权保护的问题，难以纳入侵权法的调整范围。另一方面，侵权责任法不能具体规定各项人格权的具体内容。每一种具体人格权都具有其自身的作用或功能，这些权能不是单一的，而是多样的。例如，隐私权的内容较为复杂，可以类型化为多种权利，包括独处的权利、个人生活秘密的权利、通信自由、私人生活安宁、住宅隐私等等。就私人生活秘密而言，又可以进一步分类为身体隐私、个人信息隐私、家庭隐私、基因隐私、健康隐私等。还应当看到，不同类型的隐私利益在权利内容及侵权构成要件上都可能有所差异。因此，只有制定人格权法，才能全面确认人格权的各项具体内容，从而满足人格权私权行使和保护的需求。此外，侵权责任法作为救济法，其无法规定人格权的利用、行使等规则。尽管人格权原则上不能转让，但权利人可以通过许可使用等方式，对其人格权进行利用。例如，权利人可以许可他人利用其肖像权。因此，我国《侵权责任法》的颁行虽然强化了对人格权的保护，但这不应影响人格权法的制定和颁行。相反，为了配合侵权责任法共同实现对人格权的确认和保护，应当制定独立的人格权法。

六、结　语

《民法总则》第 109 条对人格尊严的保护是实现"中国梦"的重要保障，任何一个中国人都有向往和追求美好生活的权利，美好的生活不仅要求丰衣足食，住有所居，老有所养，而且要求活得有尊严。中国梦也是个人尊严梦，是对人民有尊严生活的期许。在我国已经成为全球第二大经济体、人民群众物质生活已经得到极大改善的背景下，我们更应当让每个中国人有尊严地生活，让人格尊严作为基本人权受到法律保障。

人格权法中的人格尊严价值及实现 [*]

人格尊严，是指人作为法律主体应当得到承认和尊重。人在社会中生存，不仅要维持生命，而且要有尊严地生活。故此，人格尊严是人之为人的基本条件，是人作为社会关系主体的基本前提。人格尊严是人基于自己所处的社会环境、工作环境、地位、声望、家庭关系等各种客观要素，而对自己人格价值和社会价值的认识和尊重，是人的社会地位的组成部分。人格尊严是受到哲学、法学、社会学等学科关注的概念。① 在民法中，人格尊严是人格权的基石。现代人格权法的构建应当以人格尊严的保护为中心而展开。

一、人格尊严的历史演进

"尊严"一词来源于拉丁文（dignitas），意指尊贵、威严。② 在古代社会，"各类非法学学科的思想者就已经开始探索人格尊严这一概念，以及

---

* 原载《清华法学》2013 年第 5 期。

① See, David A. Hyman, Does Technology Spell Trouble with a Capital "T" ?: Human Dignity and Public Policy, 27 Harv. J.L.& Pub. Pol'y 3, 3 (2003).

② 也有学者认为该词与人的尊严无关。See Robin Gotesky and Ervin Laszlo, ed., Human Dignity——This Century and the Next: An Interdisciplinary Inquiry into Human Rights, Technology, War, and the Ideal, New York: Gorden and Breach, 1970, p.42.

其对市民社会的效力和影响"。① 公元前五世纪的希腊哲学家普拉格拉德斯（Protagoras）曾提出著名的"人是万物的尺度"的命题。这个时期希腊学者关于人的价值、地位和尊严的观念，几乎包含了现代人格尊严的一切思想，但是，学术仍普遍认为，古希腊思想中一直缺乏"人格尊严"的概念②。到了古罗马时代，人格尊严（dignitas）则与个人的地位和身份紧密相连。它并不适用于所有的自然人，而只是为少数人（如执政官等）所享有。尽管西塞罗（Cicero）在《论义务》（De officiis）一文中，曾经将人格尊严扩张适用到所有人。但西塞罗所说的人格尊严与现代意义的人格尊严概念还有较大的差异。他认为，所有人在本质上都享有一定的地位。"我们称之为人的那种动物，被赋予了远见和敏锐的智力，它复杂、敏锐、具有记忆力、充满理性和谨慎，创造他的至高无上的神给了他某种突出的地位；因为如此多的生物中，他是唯一分享理性和思想的。"③ 有学者对古希腊与古罗马关于人格尊严的概念对比时认为，在古希腊的语言文化中，并没有一个词语可以精确地与古罗马"dignitas"一词的完整意义相匹配。④

在欧洲中世纪时期，人没有独立的主体性，身份的从属性压抑了人的个性和尊严。这一时期，人的尊严来自于上帝，只有借助上帝的启示才能实现人的尊严。"中世纪的人们虽然获得了灵魂上的安顿和精神上的慰藉，但是他们却被套上了专制和基督教神学独断的双重枷锁，代价是由上帝的主人变成了上帝的奴仆，不仅失去自己的尊严和人格，也失去了思想和行为的自由。"⑤ 例如，以奥古斯丁为代表的基督教自然法所弘扬的是上帝的神法。奥古斯丁在《上帝之城》一书中宣扬的是神恩论、原罪论，尊崇的是上帝的尊

① Lorraine E. Weinrib, Human Dignity as a Rights-Protecting Principle, 17 Nat'l J. Const. L.325, 325–326, 330 (2005).

② 参见［美］Irene Bloom：《基本直觉与普遍共识》，梁涛、朱璐译，载《国学学刊》2013年第1期，第101页。

③ ［古罗马］西塞罗：《论共和国论法律》，中国政法大学出版社2003年版，第113页。

④ Izhak Englard, Human Dignity：From Antiquity to Modern Israel's Constitutional Framework, 21 Cardozo Law Review (2002), p.1907.

⑤ 汪太贤：《西方法治主义的源与流》，法律出版社2001年版，第165页。

严，对于世俗法和人的尊严，实际上是贬低的。①

学术界一般认为，最早正式提出"人格尊严"（或称人的尊严或人性尊严）概念的是意大利文艺复兴时期的学者皮科·米朗多拉（Pico Miran-dola）（1463—1494）。他曾发表著名的演讲《论人的尊严》（De dignitate hominis），在这个演讲中，米朗多拉第一次明确提出了"人的尊严"的概念，故此，该演讲也被誉为文艺复兴的"人文主义宣言"。②米朗多拉宣称：人是世间的奇迹与宇宙的精华；人的命运完全掌握在自己手中，不受任何外在之物的制约；人拥有理性、自由意志与高贵品质，通过自身的努力不仅可以超越万物，而且可以进入神的境界，与上帝融为一体。③从法学的角度来看，被视为一种法益的人格尊严，则是在 17 至 18 世纪从传统到现代社会的转变过程中，由启蒙哲学家从自然法理论中发展出来的。④勃发于西欧的人文主义思潮积极主张人的解放，强调人的权利是自然权利，高举人的个性旗帜，梳理人的自主意识和尊严理性，使人开始关注人本身。启蒙思想家认为，"每个人在他或她自己的身上都是有价值的——我们仍用文艺复兴时期的话，叫作人的尊严——其他一切价值的根源和人权的根源就是对此的尊重"。⑤17 世纪自然法学派的代表人普芬道夫（Samuel A.Pufendorf）提出法的体系的中心是人，该种主体的人能够自治，并且可以理性地选择自己的行为达到最大的利益化，通过理性的方式进行功利选择。⑥这实际上弘扬了人的尊严和自由的思想。这些思想都深刻影响了

---

① 参见曾祥敏：《论奥古斯丁〈上帝之城〉中的善恶观》，载《时代文学》2011 年第 11 期。

② 参见孔亭：《〈论人的尊严〉一书评介》，载《国外社会科学》2011 年第 2 期。

③ ［瑞士］雅各布·布克哈特：《意大利文艺复兴时期的文化》，何新译，商务印书馆 1979 年版，第 350—351 页。

④ See Robin Gotesky and Ervin Laszlo, ed., Human Dignity——This Century and the Next: An Interdisciplinary Inquiry into Human Rights, Technology, War, and the Ideal, New York: Gorden and Breach, 1970, p.42.

⑤ ［英］阿伦·布洛克：《西方人文主义传统》，董乐山译，三联书店 1997 年版，第 234 页。

⑥ See Samuel B. Groner, Louisiana Law：its Development in the Firs, t Quarter-Century of American Rule, 8 La. L. Rev.350, 375（1948）．

后世的立法。① 人格尊严的概念基于基督教伦理和教会法，通过格劳修斯（Grotius）、托马斯（Thomasius）、普芬道夫（Pufendorf）和其他学者的著作，作为 persona 的一项典型特征，被广泛地认可和接受，并被 19 世纪以后的法律所普遍采纳。②

在启蒙思想家中，康德是人格尊严思想的集大成者。他承继了霍布斯、洛克、卢梭等人的伦理思想，将人格尊严提升到前所未有的地位。康德认为，"人格"就意味着必须遵从这样的法则，即"不论是谁在任何时候都不应把自己和他人仅仅当作工具，而应该永远视为自身就是目的"。③"我们始终那样的活动着，以至把构成我们的人性的力量，决不单纯地看作是一个手段，而且同时看作是一个目的，即作为自在的善的实现和检验的力量，并且在善良意志的道德力量那里，在所有世界里自在地绝对善的东西"。④ 康德提出的"人是目的"的思想也成为尊重人格尊严的哲学基础。理性哲学的另一位代表人物黑格尔也认为，现代法的精髓在于："做一个人，并尊敬他人为人。"⑤ 这一思想已经比较明确地包含了对人格尊严的尊重。这已成为黑格尔法律思想的核心理念。

19 世纪法典化的运动过程中，人格尊严的价值并没有被当时的立法者充分认识，在法典中缺乏体现和相应的规定。但是，在 20 世纪后半叶，人格尊严则越来越受到立法者的关注，而成为人权的核心概念⑥。这在很大程度上是基于对惨痛历史教训的反思。两次世界大战给人类带来的深重灾难以及纳粹对人格尊严的严重践踏，促使世界各国重新思考人格尊严的价值，最

---

① 例如，普芬道夫的观点直接对 1794 年的《普鲁士国家一般邦法》产生了重要影响。Peter Stein, Le droit romain et l'Europe, 2e éd., LGDJ, 2004, p.134.

② Gert Brüggemeier, Aurelia Colombi Ciacchi and Patrick O'Callaghan Edited, Personality Rights in European Tort Law, Cambridge University Press 2010, p.7.

③ [德] 康德：《道德形而上学原理》，苗力田译，上海人民出版社 2002 年版，第 52 页。

④ [美] 约翰·罗尔斯：《道德哲学史讲义》，张国清译，上海三联书店 2003 年版，第 57 页。

⑤ 贺麟：《黑格尔哲学讲演集》，上海人民出版社 2011 年版，第 46 页。

⑥ Lorraine E. Weinrib, Human Dignity as a Rights-Protecting Principle, 17 Nat'l J. Const. L.325, 325–326, 330 (2005).

终，将人格尊严作为法律体系的核心价值而加以确认。1945年《联合国宪章》首次提到人格尊严（Human dignity）①，1948年《世界人权宣言》则第一次确认了人格尊严作为一项基本人权的法律地位，极大地推动了人格尊严的法律理论的发展。《世界人权宣言》的序言写道，对个人固有尊严的承认是世界自由、正义与和平的基础。该宣言第1条明确规定："人人生而自由，在尊严和权利上一律平等"。该条直接促使了许多国家将人格尊严的条款规定到本国宪法当中。

在人格尊严被规定到宪法方面，德国战后的法律实践具有重要的意义。纳粹时代的种族主义和战后揭露出来的其他的骇人听闻的暴行，促使了德国人深刻反思法律体系的人性基础，并力图为整个法秩序寻找一个伦理和价值上的牢固基础。他们找到的这个基础就是"人格尊严"。② 基于实定法应该以人格尊严这一客观价值为基础的认识，1949年德国《基本法》第一条就开宗明义地规定："人格尊严不可侵犯，尊重和保障人格尊严是一切国家公权力的义务"。这一条文为第二次世界大战后德国人格权法理论的发展奠定了坚实的基础，也开启了在法律中规定人格尊严，将人格尊严这一伦理价值实证化的立法先河，对世界人格权法的发展产生了深刻影响。此后，国际公约多次确认了人格尊严在人权体系中的核心地位。③ 例如，2000年欧洲联盟《基本权利宪章》第1条（人性尊严）就规定："人性尊严不可侵犯，其必须受尊重与保护。"④

---

① 参见刘兴桂：《略论人权问题》，载《中南政法学院学报》1991年第1期。

② 当然，这种态度是受到了《联合国宪章》和《世界人权宣言》的影响。参见张翔：《基本权利的体系思维》，载《清华法学》2012年第4期。

③ 例如，1966年《公民权利和政治权利国际公约》第10条第1款规定："所有被剥夺自由的人应给予人道及尊重其固有的人格尊严的待遇。"1993年世界人权大会通过的《维也纳宣言和行动纲领》在序言中强调"承认并肯定一切人权都源于人与生俱来的尊严和价值"。

④ 其他的国际和地区公约也反映了联合国宪章和国际人权公约保护人格尊严的基本精神。例如，在《公民权利和政治权利国际公约》（International Covenant on Civil and Political Rights）、《经济、社会及文化权利国际公约》（International Covenant on Economic, Social and Cultural Rights）、《消除一切形式种族歧视的国际公约》（International Convention on the Elimination of All Forms of Racial Discrimination）中，都有保护人格尊严的条款。

综上所述，人格尊严最早是在大陆法系国家被纳入权利体系中，并形成了以人格尊严为基础的基本权利理论体系。① 这一点，与英美法系有很大的差异。从价值层面来看，这也体现了美国法和德国法在人格权保护价值取向方面的区别。美国耶鲁大学的惠特曼教授就认为，美国和欧洲在对个人私生活保护方面存在着不同的价值观，美国法主要保障的是个人的人身自由，而欧洲法主要保护个人的人格尊严②。例如，人格尊严在德国被确立为宪法的最高建构原则，进而也成为战后整个德国法秩序的价值基础。③ 德国法院采纳了学者 Nipperdey、Nawiasky 等人的主张，认为宪法所确认的权利可以适用于私法关系，从而根据德国《基本法》第 2 条的规定，创立了"一般人格权（das allgemeine Persönlichkeitsrecht）"的概念。然而，美国的法律体系更多强调的是对个人自由的保障，这与更多要求国家积极作为的战后大陆法系的思维存在差异。近年来，美国法律理论也越来越重视人格尊严的价值，开始介绍和移植相关的理论和制度。不少美国学者认为，人格尊严被涵盖在宪法之中，宪政所保护的根本性价值就是人格尊严。④

与西方人格尊严的发展历程不同的是，我国古代社会并不存在人格尊严的概念。⑤ 新中国成立后，"五四宪法"虽然确立了人格自由的概念，却并未规定人格尊严。⑥ 在 1966 至 1976 年间的"文化大革命"中，出现了严重侵害个人人格权、践踏人格尊严的现象，诸如"戴高帽"、"架飞机"、"剃阴阳头"、抄家、揪斗等。这些在神州大地普遍发生的侮辱人格、蔑视人权的行径，使亿万中国人民承受了巨大的灾难。正是在反思"文化大革命"、总结教训的基础上，1982 年的《中华人民共和国宪法》才确认了对人格尊严

---

① 张翔：《基本权利的体系思维》，载《清华法学》2012 年第 4 期。

② James Q.Whitman. The Two Western Cultures of Privacy: Dignity versus Liberty，113 Yale L.J.1151（2004）.

③ Dürig，Der Grundrechtssatz von der Menschenwürde，AöR 1956，119 ff.

④ Walter F. Murphy, An Ordering of Constitutional Values,53 S. Cal. L. Rev.703,758(1980).

⑤ 荀子曾说："师术有四，而博习不与焉，尊严而惮，可以为师。"（《荀子·致士篇》）在此处，"尊严"实际上是威严的含义。

⑥ 参见 1954 年《宪法》第 89 条。

的严格保护。该法第 38 条规定："中华人民共和国公民的人格尊严不受侵犯。禁止用任何方法对公民进行侮辱、诽谤和诬告陷害"。为落实《宪法》关于保护人格尊严的规定，1986 年《民法通则》第 101 条规定："公民、法人享有名誉权，公民的人格尊严受法律保护，禁止用侮辱、诽谤等方式损害公民、法人的名誉。"此外，一些特别法也依据宪法先后规定了对人格尊严的保护。例如，1990 年《残疾人保障法》第 3 条第二、三款规定："残疾人的公民权利和人格尊严受法律保护。""禁止歧视、侮辱、侵害残疾人。"1991年《未成年人保护法》第 4 条规定："保护未成年人的工作，应当遵循下列原则：……（二）尊重未成年人的人格尊严……"。第 15 条规定："学校、幼儿园的教职员应当尊重未成年人的人格尊严，不得对未成年学生和儿童实施体罚、变相体罚或者其他侮辱人格尊严的行为。"第 40 条第二款规定："公安机关、人民检察院、人民法院和少年犯管教所，应当尊重违法犯罪的未成年人的人格尊严，保障他们的合法权益。"1992 年《妇女权益保障法》第 39条规定："妇女的名誉权和人格尊严受法律保护。禁止用侮辱、诽谤、宣扬隐私等方式损害妇女的名誉和人格。"《消费者权益保护法》第 14 条规定："消费者在购买、使用商品和接受服务时，享有其人格尊严、民族风俗习惯得到尊重的权利。"2004 年我国对《宪法》进行了修改。修改后的《宪法》明确规定国家尊重和保障人权。在此背景下，人格尊严被上升为宪法所确认的基本人权之一，地位更高。

进入二十一世纪后，尊重与保护人权已经成为整个国际社会的共识，也成为当代法律关注的重心。"从'人格尊严'这一最高宪法原则的意义上来说，并不能够直接得出传统意义上对自由的保护，但是从当代社会的发展和对人格保护的需要来说，（一般人格权）存在其出现的必然性。"① 从发展趋势来看，人格尊严现在越来越多地被认可为一种可诉之权利，日益突出并占据优势地位 ②。

---

① BVerfGE 54，148［153］.

② see C. MCCRUDDEN, Human Dignity and Judicial Interpretation of Human Rights, in 19 Eur. J. Int. L. 655，667（2008）.

二、人格尊严转化为民法上的人格权的必要性

宪法作为国家的根本大法，对于部门法的制定和修改具有重要的指导作用。因此，当宪法确认了公民的人格尊严为基本人权后，就对民法会产生重要的指导意义。人格尊严在民法中的价值体现之一，就是人格权的确立和保护。有一种观点认为，人格尊严只能由宪法予以规定和保护，如果通过民法中的人格权法来规定和保护，则降低了人格尊严的价值和意义。① 笔者认为，这种看法并不妥当。宪法中的基本权利的人格尊严完全可以转化为民法上的人格权制度。

当代宪法理论认为，宪法上保障基本权利的精神应该覆盖和贯穿所有的法律领域。在著名的吕特案判决中，德国联邦宪法法院特别指出："德国基本法中的基本权利规定同时也是一种客观价值秩序，其作为宪法上的基本决定而对所有法领域发生效力。"② 虽然民法属于私法，但在当代宪法强调人权保障的趋势下，民法上的各项民事权利也开始受到宪法基本权利内涵的影响。民法学说与判例在解释民事权利时，也越来越多地将宪法基本权利的精神融会贯穿进去，从而实现宪法权利在民法领域的具体化宪法权利具体化的第一种表现就是对基本权利对第三人效力学说的认可。传统学说认为，宪法基本权利的规范效力仅仅在国家和公民之间产生。但是，当代宪法领域产生的基本权利对第三人效力理论则认为，如果公民与公民之间的私人关系对其中一方的基本权利产生影响，则基本权利的效力可以超越个人与国家关系的范围，而进入到私人之间的民事关系中去③。也就是说，宪法上的基本权利在特定情况下也会对私法领域发生效力，可以在公

---

① 参见尹田：《论人格权的本质兼评我国民法草案关于人格权的规定》，载《法学研究》2003 年第 4 期。

② BV erf GE，7，198（198）.

③ 参见张红：《基本权利与私法》，法律出版社 2010 年版，第 52 页。

民之间产生效力。① 例如，德国宪法学者在对基本法规定的基本权利进行体系解释时认为，《基本法》第 1 条第一款规定的人格尊严应该被作为整个法秩序的"最高建构性原则"（oberstes Konstitutionsprinzip），② 其他基本权利都以人格尊严为价值基础和核心内容。人的尊严"为基本权利之基准点、为基本权利之出发点、为基本权利之概括条款、属宪法基本权利之价值体系"，甚至是整个基本权利体系的基础，在宪法上解释为人性尊严或人的尊严（Human dignity）更具有统摄性。③ 按照德国《基本法》第 3 条的规定，基本权利对于立法、行政和司法都有着直接的约束力，这意味着民事立法和民法解释都应该贯彻基本权利的精神，其核心正是人格尊严。以人格尊严为基础的基本权利对于民事司法产生的主要影响就体现在：原本只适用民法规范的民事案件的裁判中也要考虑当事人的基本权利。例如，在侵害名誉权纠纷案件中，应当考虑侵权人是在正当行使自己的言论自由，这就涉及宪法上的言论自由在民法上的效力，也就是第三人效力的问题。

宪法权利具体化的第二种表现为"宪法的私法化"现象，具体来说，就是在民事审判中，法官大量援引宪法的规定作为裁判依据或者论证理由，从而强化对当事人权利的保护。④ 这在某种程度上也使得公法和私法的分类变得更为困难。⑤ 例如，德国法院援引《基本法》第 1 条"人格尊严不受侵

---

① Dürig, Festschrift für Nawiasky, 1956, S.157 ff.；Schwabe, Die sog. Drittwirkung der Grundrechte, 1971；Canaris, AcP 184, 201 ff.；Medicus, AcP 192, 43 ff.；a. A. Hager, JZ 1994, 373；Canaris, Grundrechte und Privatrecht, Walter de Gruyter, 1999；Jörg Neuner（Hrsg.），Grundrechte und Privatrecht aus rechtsvergleichender Sicht, Mohr Siebeck, 2007.

② Günter Dürig, Der Grundrechtssatz von der MenschenWuerde, AöR, S.119.参见张翔：《基本权利的体系思维》，载《清华法学》2012 年第 4 期。

③ 李震山：《人性尊严与人权保障》，台北元照出版公司 2002 年版，第 4 页。

④ 严格地说，"宪法的私法化"也可以包含在民事司法中"基本权利第三人效力"学说的现象，但是，基本权利对第三人效力学说和宪法私法化是从两个不同的角度来观察宪法对于私法的影响。

⑤ Franz Werro：Tort Law at the Beginning of the New Millennium. A Tribute to John G. Fleming's Legacy, 49 Am. J. Comp. L.154.

害",并由此衍生出一般人格权的理论。在美国,隐私权既是一种普通法上的权利,也是一种宪法权利。美国法院通过一系列判例将隐私解释为宪法权利。① 而且,美国有十个州在其州宪法中确认隐私权为宪法权利。由于隐私权成为一种宪法权利,从而可以保障隐私免于受到政府的侵害。② 从各国的经验来看,凡是承认人格权为一种宪法权利的国家,通常法院都有违宪审查的权力,公民也可以提起宪法诉讼,从而为宪法救济提供了一种可能性。"宪法的私法化"还体现在其对民事立法和民法典编纂的影响。民事立法开始更多地进行宪法基本权利的考量,将宪法基本权利在民事立法中予以具体化。

宪法在我国法律体系中居于根本法和最高法的地位。我国《宪法》所确认的人格尊严成为各个法律部门都必须予以保护的价值。在各部门法具体制度的建构中,应当充分贯彻对个人尊严的保障。也就是说,虽然宪法上确定了人格尊严,并将其作为基本权利,但是仍然有必要通过民法人格权法予以落实,并使之成为整个人格权法的核心价值。

首先,虽然人格尊严是一种宪法权利,但宪法作为根本大法,其立法都是粗线条的、高度抽象的,缺乏具体的规定,多数基本权利都被认为是有待通过立法形成的。③ 宪法中的人格尊严实际上仍然是一种价值表述和原则表述,无法使得裁判具有相对的确定性,无法实现"同等情况同等对待"的基本正义要求。因此,迫切需要人格权制度予以细化,规定人格权的确认和保护,将之体现为能为裁判所依据的具有一定确定性的规则。此外,宪法对人格尊严的保护不可能涵盖生活中各种侵害人格尊严的类型。人格尊严可以具体体现为各种人格利益,例如名誉、肖像、隐私、信息等。但对各种权利的侵害,其法益内容各不相同,相关侵权行为的构成要件也不相同,因此不能

---

① 参见〔美〕阿丽塔·L.艾伦等:《美国隐私法:学说、判例与立法》,冯建妹等编译,中国民主法制出版社 2004 年版,第 49—59 页。

② 参见上书,第 85 页。

③ Ernst-Wolfgang Böckenförde, Grundrechtstheorie und Grundrechtsinterpretation, NJW, 35, 1529 (1529).

以一个简单的人格尊严条款来包含各种侵害人格权的类型。

其次，法官在进行裁判时，需要引用成文的法律作为裁判的大前提。目前我国司法实践中，法官裁判民事案件时不得直接适用宪法。《最高人民法院关于裁判文书引用法律、法规等规范性法律文件的规定》第4条规定："民事裁判文书应当引用法律、法律解释或者司法解释。对于应当适用的行政法规、地方性法规或者自治条例和单行条例，可以直接引用。"该条并没有将宪法列入民事裁判文书可以引用的范围之列。由于法官无法直接援引宪法来裁判民事案件，这就决定了在我国直接依据宪法在个案中保护人格尊严是不可能的。如前所述，许多国家法官可以直接援引宪法裁判民事案件，尤其是在德国等国家，法官可以直接援引宪法中人格尊严的规定裁判民事人格权案件，即使其民法体系中确实有关人格权的规定，也可以通过援引宪法来予以补充，甚至可以直接以宪法对人格尊严的规定替代民法中的一般人格权规范。但在我国，由于宪法不能在民事裁判中适用，我们就必须制定和完善人格权法，特别是对一般人格权作出规定，这样才能使宪法上的人格尊严转化为民法上的人格权制度，从而使宪法中人格尊严的规范得到落实。换言之，宪法中的人格尊严必须透过民法中的概括条款、概念和规则才能进入民法领域，规范民事活动。

再次，通过法律解释的方式来贯彻宪法的规定存在一定的困难。有的学者主张，我们可以通过对民事法律中的一般条款的解释，落实宪法的基本权利或其价值。然而，这样做必然涉及对宪法的解释。我国《宪法》第67条将宪法的解释权排他性地授予了全国人大常委会。因此，如果法官在审理民事案件时，解释宪法规范，势必违反《宪法》的规定。由此可见，希望通过法律解释的方法来贯彻宪法的规定，具有相当的局限性，难以实现对民事主体的充分保护。

最后，将人格尊严转化为民法上的价值和民事权利，也意味着明确了国家的积极保护义务，即国家要通过立法、司法等途径来保障人格尊严。所谓国家的积极保护义务最主要的就是立法者制定相关法律规范的义务。国家应积极通过立法保障人格尊严。在民法上确认人格尊严及相关的制度，正是国家履行其积极保护义务的重要表现。现代民法要求必须贯彻宪法的人权保障精神，其实质就是要体现规范公权、保障私权的法治精神，使人格尊严等人权通过民法的私权保障机制而得以实现。这就要求民事立法要更加积极地对宪法基本权利进行具体化。如果民法立法无法完成这一任务，而更多地依赖民事司法直接适用宪法，就可能对民法固有的秩序造成冲击。

综上所述，人格尊严虽然是一项宪法基本权利，但必须通过人格权制度将其具体化，并且转化为一项民事权利，才能获得民法的保护。任何人侵害他人的人格尊严，受害人将依据民法获得救济。《民法通则》第101条规定，"公民、法人享有名誉权，公民的人格尊严受法律保护，禁止用侮辱、诽谤等方式损害公民、法人的名誉。"这是我国民法上第一次明确地将宪法上的人格尊严转化为民事权益。此外，其他单行法也对自然人的人格尊严做出了规定。例如，《消费者权益保护法》第43条规定："经营者违反本法第二十五条规定，侵害消费者的人格尊严或者侵犯消费者人身自由的，应当停止侵害、恢复名誉、消除影响、赔礼道歉，并赔偿损失。"该规定不仅宣示了对人格尊严的保护，而且明确了侵害后的救济。这些规定表明，我国的民事立法和司法解释实际上已经在进行将宪法中的人格尊严条款具体化的工作，并取得了巨大的成效。

三、人格尊严应当直接转化为一般人格权

在人格权制度的发展历史上，首先出现的是具体人格权，然后才形成一般人格权的概念。将人格尊严转化为一般人格权的实践最早出现在德国。按照德国法学家卡尔·拉伦茨的看法，《德国民法典》之所以没有采纳一般人格权的概念，"是因为难以给这种权利划界，而划界则明显地取决于在具体案件财产或利益的相互冲突中，究竟哪一方有更大的利益"。[①] 另外一位

---

① ［德］卡尔·拉伦茨：《德国民法通论》，王晓晔、邵建东等译，法律出版社 2003 年版，第 171 页。

德国法学家梅迪库斯则认为，"民法典有意识地既未将一般人格权，也未将名誉纳入第 823 条第 1 款保护的法益范围。"① 第二次世界大战以后，德国民法开始强化对人格权的保护。尤其是德国《基本法》高度重视对人类尊严的保护，这就直接促使了民法人格权理论的发展。在 1954 年的读者来信案中，法院认为，被告的行为将原告置于一种错误的事实状态中，让读者误以为其同情纳粹，侵害了原告的人格。法院根据德国《基本法》第 1 条关于人格尊严的规定，认为一般人格权就必须被视为由宪法所保障的基本权利。因此，法院从其中推导出了一般人格权的存在②。"从'人格尊严'这一最高宪法原则的意义上来说，并不能够直接得出传统意义上对自由的保护，但是从当代社会的发展和对人格保护的需要来说，（一般人格权）存在其出现的必要性。"③ 不过，根据联邦最高法院以后的相关判例，一般人格权最直接的法律渊源为《德国民法典》第 823 第一款所规定的"其他权利"，德国民法学上称其为"框架性权利"。通过采用一般人格权的概念，德国法院为一系列具体人格权益的保护提供了依据，包括对肖像的权利、对谈话的权利、秘密权、尊重私人领域的权利等，从而完备了对人格利益的司法保护。④ 在早期，德国联邦法院认为，侵害一般人格权并非直接导致精神损害赔偿，而只是产生恢复原状的效力，剥夺行为人因侵害一般人格权而获得的全部利益。但是，自"骑士案"⑤ 后，法院也承认了侵害一般人格权时的精神损害赔偿请求权。⑥

在我国，已经有对人格尊严的概括性规定。1986 年《民法通则》第 101

① ［德］迪特尔·梅迪库斯：《德国民法总论》，邵建东译，法律出版社 2000 年版，第 805 页。

② Schacht-Brief Decision，13BGHZ 334（1954）．有关本案的介绍，可参见［德］迪特尔·梅迪库斯：《德国民法总论》，邵建东译，法律出版社 2000 年版，第 805—806 页。

③ BVerfGE 54，148［153］．

④ 施启扬：《从个别人格权到一般人格权》，台湾大学《法学论丛》（4—1），第 145—147 页。

⑤ 26 BGHZ 349（1958）．

⑥ Basil S.Marksinis，Protecting Privacy，Oxford University Press，1999，pp.36—37．

条规定："公民、法人享有名誉权，公民的人格尊严受法律保护，禁止用侮辱、诽谤等方式损害公民、法人的名誉。"从该规定来看，立法者区别了名誉和人格尊严，实际上是认为，人格尊严是名誉权之外的特殊利益。但该规定并没有确立"一般人格权"的概念。能否将"公民的人格尊严受法律保护"视为关于一般人格权的规定？对这一问题，学界存在较大争议。笔者认为，一方面，从体系解释来看，该规定将人格尊严和名誉权并列，意味着其主要是保护名誉法益，而并非是对人格利益的一般性保护。另一方面，从目的解释来看，《民法通则》的立法目的在于建构具体的权利体系，而并没有做概括性规定的立法目的。

在我国未来民法典编纂中，应该规定一般人格权。就人格尊严的保护而言，其表述应该采用"公民的人格尊严不受侵犯"的表述方式。因为该表述意味着用一个概括性条款来宣示人格尊严是民法保护的重要法益，同时，也可以作为一个兜底性条款而对具体列举的条款所未能涵盖的部分提供概括的保护，从而为社会变迁中出现的新型人格利益确立了请求权的基础。日本法学家星野英一先生指出，一般人格权的产生，使得对那些需得到保护而实体法条文未具体规定的人格利益，或伴随社会发展而出现的新型人格利益给予保护成为了可能。① 笔者认为，通过概括性条款来规定人格尊严具有以下几方面的意义。

第一，采用概括性条款来规定人格尊严，是对人格权保护的根本目的和基本价值的宣示。法律之所以保障各种人格权，很大程度上就是为了维护个人的人格尊严。公民的各项人格权都在不同程度上体现了人格尊严的要求。事实上，许多侵害人格权的行为，如污辱和诽谤他人、宣扬他人隐私、毁损他人肖像、虐待他人等，均有损他人的人格尊严。显然，一般人格权中的人格尊严更为直接地体现了人格权保护的基本目的。

第二，采用概括性条款来规定人格尊严，体现了宪法具体化的要求。

---

① ［日］星野英一：《私法中的人》，王闯译，载梁慧星主编：《为权利而斗争》，中国法制出版社 2000 年版，第 359 页。

人格尊严本身就是一个表明了人权保障之哲学立场、价值基础和逻辑起点的概念。因此，在宪法中，也常常被规定在人权保障的原则性概括条款之中。在基本权利体系中，人格尊严也具有基础性和统帅性的作用。既然宪法已将人格尊严设定为法秩序的基础，那么民法也应受此宪法基本决定的辐射，将人格尊严作为民法的价值基础。在人格权法转述宪法的表述，并非简单的重复，而具有将宪法规定具体化的价值，从而使得其具体化为一种民事权益。

第三，采用概括性条款来规定人格尊严，可形成权利保护的兜底条款。将人格尊严作为一般人格权的内容，对于保护司法实践中的新型人格利益具有十分重要的意义，因为很多新型的人格利益难以通过已有的人格权类型加以保护。① 当现行法对具体人格权的规定存在不足或者有漏洞时，可以依据侵害人格尊严的规定进行弥补。例如，在"超市搜身案"中，超市的保安怀疑原告消费者偷拿财物，对其进行搜身，虽然没有侵犯原告的名誉权，但实际上侵犯了原告的人格尊严。② 再如，在另外一起案件中，被告于原告举行结婚仪式前，故意将垃圾撒在其家门口，法院判决被告应当赔偿原告精神损失③。此案也侵害了原告的人格尊严，因为人格尊严是公民基于自己所处的社会环境、地位、声望、工作环境、家庭关系等各种客观条件而对自己的社会价值的客观认识和评价。如前所述，有时行为人的行为并未造成对原告的社会评价的降低，故此无法认定其为侵害名誉权的行为，只能认定为侵害人格尊严。在实践中，许多损害公民人格尊严的行为（如就业歧视、代孕等），都很难通过已有的人格权类型加以保护，而只能通过一般人格权来获得救济。

第四，采用概括性条款来规定人格尊严，有助于进一步规范法院的裁

---

① 参见唐德华主编：《最高人民法院〈关于确定民事侵权精神损害赔偿责任若干问题的解释〉的理解与适用》，人民法院出版社 2001 年版，第 30 页。

② 参见《钱缘诉上海屈臣氏日用品有限公司搜身侵犯名誉权案》，(1998) 虹民初字第2681 号，(1998) 沪二中民终字第 2300 号。

③ 河南省济源市人民法院民事判决书 (2011) 济民一初字第 238 号。

判。我国学术界普遍认为，应当规定一般人格权。但是，对于一般人格权的具体内容存在不同的看法。通过将人格尊严作为一般人格权的内容之一，可以使得一般人格权的内容具体化，也为法官的司法裁判提供明确的指引。例如，实践中曾经出现过法官在判决中创设新型权利，如亲吻权①、悼念权(祭奠权)②，引发了不少争议。如果采用概括性条款来规定人格尊严，则法官可以依据人格尊严规定对这些案件进行裁判，而不必勉强适用其他具体权利条款，甚至生造一些含义模糊缺乏规范性的"XX权"来进行裁判，从而规范裁判行为，提升司法的公信力。

第五，从比较法的角度看，采用概括性的一般人格权条款也逐渐成为一种趋势。例如，欧洲民法典草案的起草者认为，在民法中有必要为隐私和人格尊严设置专门的条款，并转换成一条私法规则作为欧洲人权宪章的第一条庄严地公布于世。③

需要注意的是，民法在将宪法中的人格尊严具体化过程中，并不一定要将其规定为一种"人格尊严权"。人格尊严原则作为一般人格权的重要内容，具有弥补具体人格权因具体列举而难以满足对人格利益的全面保护的功能，即人格尊严原则具有补充性。许多学者认为，对人格尊严权的保护就是对一般人格权的保护。④在我国，《最高人民法院关于确定民事侵权精神损害赔偿责任若干问题的解释》第1条也承认了"人格尊严权"，并将其规定为一般人格权。事实上，该规定是将人格尊严作为一种补充性的条款来规定的。也就是说，对于公民的名誉权的侵害，一般适用名誉权的规定，但对公民名誉感的侵害，虽不能适用名誉权的规定，但可以通过侵害人格尊严的条款

---

① 参见《陶莉萍诉吴曦道路交通事故人身损害赔偿纠纷案》，(2001)广汉民初字第832号。

② 参见《崔妍诉崔淑芳侵犯祭奠权案》，北京市丰台区人民法院(2007)丰民初字第08923号(2007年7月18日)，载《人民法院案例选》2009年第1辑，人民法院出版社2009年版。

③ 这就是现在的 Sect. VI.–2：203。see K. VON BAR, Non-Contractual Liability Arising out of Damage Caused toAnother, Oxford, 2009, 418.

④ 杨立新主编：《民商法理论争议问题——精神损害赔偿》，中国人民大学出版社2004年版，第8页。

而加以保护。这体现了人格尊严的补充适用性。① 尽管最高人民法院的司法解释规定了人格尊严权，但笔者认为，这并不意味着人格尊严就一定要被规定为一种权利。一方面，很多新型的人格利益需要借助人格尊严条款来保护，但这些人格利益性质还不稳定，与权利外的利益的区分还不明晰，与相关权利的关系也不清晰，能否在发展中逐步固化为一种权利也不明确，过早赋予其权利的地位是不妥当的。另一方面，如果将人格尊严规定为一种权利，反而会限制其适用范围，减损其保护人格权益的作用。这是因为，如果作为权利，则人格尊严将无法为权利外的利益提供保护。还要看到的是，2009 年颁布的《侵权责任法》第 2 条第 2 款规定："本法所称民事权益，包括生命权、健康权、姓名权、名誉权、荣誉权、肖像权、隐私权、婚姻自主权、监护权、所有权、用益物权、担保物权、著作权、专利权、商标专用权、发现权、股权、继承权等人身、财产权益。"该条款并没有明确规定人格尊严权，这在一定意义上说明立法者并没有认可最高人民法院上述司法解释的做法。

四、人格尊严构成了具体人格权体系的内在价值

人格权法的体系包括内在价值体系和外在规则体系。内在体系和外在体系是独立的不同体系，内在体系是外在体系得以形成的基础②，人格权法的内在体系发生的变化，必然向其外在体系延伸和扩张。这两个体系是相辅相成的。我国《民法通则》第五章第四节规定了具体人格权的体系，包括生命健康权、姓名权、名称权、肖像权、名誉权、荣誉权、婚姻自主权等，《侵权责任法》第 2 条第 2 款又明确承认了隐私权，至此，我国的具体人格权的体系已经初步形成。笔者认为，能够将这些具体列举的人格权组成一个有机

---

① 参见唐德华主编：《最高人民法院〈关于确定民事侵权精神损害赔偿责任若干问题的解释〉的理解与适用》，人民法院出版社 2001 版，第 30 页。

② Vgl. Franz Bydlinski, System und Prinzipien des Privatrechts, Springer Verlag, Wien/New York, 1996, S.48ff.

整体的正是人格尊严。

首先，人格尊严是人格权法的基本价值，人格尊严是指作为一个"人"所应有的最起码的社会地位，及应受到社会和他人的尊重。[①]"人的尊严正是人类应实现的目的，人权只不过是为了实现、保护人的尊严而想出来的一个手段而已"。[②] 以人格尊严为基本价值理念，根本上是为了使人民生活更加幸福、更有尊严。尊重和维护人格独立与人格尊严，才能使人成其为人，能够自由并富有尊严地生活。所以，可以说是人格权法诸种价值中的最高价值，指导着各项人格权制度。无论是物质性人格权还是精神性人格权，法律提供保护的目的都是为了维护个人的人格尊严。因此，只有充分地理解和把握了人格尊严，才能真正理解人格权法的立法目的和价值取向。

其次，人格尊严是每一项具体的人格权，尤其是精神性人格权的基本价值。在具体人格权构建中，要本着人格尊严的价值理念，以丰富其类型和内容。人格权法立法的基本理念就是维护人的尊严。基于此种维护人的尊严的理念，人格权的具体制度得以展开。物质性人格权是为了维护自然人生理上的存在，精神性人格权则彰显自然人的精神生活需要，而标表性人格权则为人们提供了对外活动的重要表征，这些都彰显了人的主体性价值。人格权制度的发展越来越要求保障个人的生活安宁、私密空间、个人信息的自主决定等，这些人格利益的背后实际上都体现着人格尊严的理念。例如，在姓名权的保护方面，是否可以扩展到笔名、别名等，从维护人格尊严考虑，应当作出肯定的解释。又如，死者人格利益是否应当受到保护，从维护人格尊严考虑，答案也应当是肯定的。

以隐私权为例，保护隐私权实际上就是为了保护人格尊严[③]。美国学者惠特曼（Whitman）认为，整个欧洲的隐私概念都是奠基于人格尊严之上的，

---

① 梁慧星：《民法总论》，法律出版社 2001 年版，第 119 页。

② ［日］真田芳宪：《人的尊严与人权》，鲍荣振译，载《外国法译评》1993 年第 2 期。

③ James Q. Whitman, The Two Western Cultures of Privacy: Dignity Versus Liberty, Yale Law Journal, April, 2004.

隐私既是人格尊严的具体展开，也是以维护人格尊严为目的的①。隐私权是抵挡"贬损个人认定的行为"或"对人格尊严的侮辱"的权利②。隐私权存在的基础是个人人格的尊严，隐私权实际上彰显了个人人格尊严。③换言之，隐私体现了个人的人格尊严，个人隐私不受侵犯是人格尊严的重要体现。尊重个人隐私，实际上也是尊重个人的尊严；尊重人格尊严，就要尊重个人的私生活安宁，使个人对自身及其私人空间享有充分的支配，并排斥他人的干涉和妨碍。在此基础上，人们相互之间才能尊重彼此的私生活领域。特别是像与身体有关的私生活隐私，都与个人尊严相联系，如果暴露这些隐私，将严重损害个人人格尊严。

再次，人格尊严价值为认定人格权利和人格利益提供法律标准。随着社会发展，出现了许多新型的关于人格利益的主张，这些主张能否得到人格权法的保护，缺乏必要的法律标准。人格尊严作为人格权法的基本价值理念，检验着哪些人格利益应当受到人格权法的保护、哪些不应当受到人格权法的保护，为是否损害人格利益划清了界限。在笔者看来，认定的标准应该是，是否涉及受害人的人格尊严。例如，个人信息权究竟是一项人格权还是财产权，我国理论界一直存在争议。笔者认为，如果从维护人格尊严的角度看，个人信息是直接关涉人格尊严的，个人信息权是每个人都应当享有的、不受他人非法剥夺的权利，其所彰显的正是个人的尊严。个人信息常常被称为"信息自决权（informational self-determination right）"，同样体现了对个人自决等人格利益的保护④。通过保护个人信息不受信息数据处理等技术的侵害，

---

① James Q. Whitman, The Two Western Cultures of Privacy: Dignity Versus Liberty, Yale Law Journal, April, 2004.

② Edward J.Bloustein, Privacy as an Aspect of Human Dignity: An Answer to Dean Prosser, 39 N.Y.U.L.Rev.962, 971, 974（1964）.

③ Edward Bloustein, Privacy as an Aspect of Human Dignity: An Answer to Dean Prosser, 39 N.Y.U.L.Rev.34（1967）；Judith Thomson, The Right to Privacy, 4 Philosophy and Public Affairs 295–314（1975）.

④ See Margaret C. Jasper, Privacy and the Internet: Your Expectations and Rights under the Law, New York: Oxford University Press, 2009, p.52.

就可以发挥保护个人人格尊严和人格自由的效果。① 对于每个人来说，无论是穷人还是富人、是名人还是普通百姓，都享有对自己信息的权利，任何人不得非法收集、利用和传送该信息。正是因为个人信息彰显了人格尊严，所以有必要将其作为一项人格权来对待。

正是因为人格尊严是人格权法的重要内在价值，因此，在构建人格权的权利体系时应当以人格尊严作为重要的考量因素。民法的体系分为内在价值体系（innere Systematik）和外在规则体系（aussere Systematik）外在体系是指民法的编纂结构等形式体系，内在体系即价值体系，② 包括民法的价值、原则等内容。就人格权法而言，应当以人格权的权利体系为基础进行构建。而整个人格权的权利体系应当以人格尊严作为首要价值予以展开。我们已经探讨了一般人格权之中应当包含人格尊严的内涵，而就具体人格权而言，也应当以人格尊严作为确定权利类型以及权利内涵的重要考量因素。在我国，具体人格权包括生命权、健康权、姓名权、名称权、肖像权、名誉权、婚姻自主权等。我国《刑法》、《律师法》、《居民身份证法》等一系列法律也都对个人信息的保护作出了相应的规定。相关司法解释也承认了身体权、人身自由权等人格权。这些都涉及人格尊严，所以，都应当纳入具体人格权的范畴之中。尽管自然人的人身自由权、个人信息权、婚姻自主权和贞操权等，是否应当作为人格权存在争议，但是，它们与自然人的人格尊严存在密切联系，应当被认可为具体人格权类型。总而言之，正是因为人格尊严已经上升为人格权法的核心价值，其必然影响到人格权法的外在体系的构建。无论是一般人格权还是具体人格权，其都应当围绕这一核心价值展开。同时，也正是因为人格尊严保护的强化，也促使了人格权法的迅速发展，并使得人格权法成为民法中新的增长点。人格权法的独立成编只有以人格尊严为中心，才能构建一个内在完整和谐的逻辑体系。

---

① Michael Henry ed., International Privacy, Publicity and Personality Laws, Reed Elsevier (UK), 2001, p.164.

② Vgl. Franz Bydlinski, System und Prinzipien des Privatrechts, Springer Verlag, Wien/New York, 1996, S.48ff.

五、强化人格尊严的保护应当使人格权法独立成编

关于人格权法是否应当在未来民法典中独立成编，在理论上一直存在争议。笔者认为，从维护人格尊严出发，未来我国的民法典有将人格权法作为独立的一编加以规定的必要。

第一，人格权法独立成编是基于我国的立法体制和司法体制而做出的必然选择。如前所述，在许多国家，宪法上的人格尊严可以作为民事裁判的直接依据，从比较法上的发展趋势来看，宪法上的人格尊严现在越来越多地被认可为一种可诉之权利，日益突出并占据优势地位。① 但是，这在我国却是不存在的。法官无法通过解释宪法把保护人格尊严作为民事裁判规范适用。而宪法的不可诉性也决定了有必要在民法中对人格尊严做出更为清晰的规定，不仅需要通过一般人格权的设定，而且需要通过多项具体人格权的规定，来落实宪法对人格尊严的保护。

在现代社会，作为人格尊严具体化的人格权，其类型不断丰富和发展，从司法实践来看，大量的新类型侵权案件，如网络侵权、人肉搜索、性骚扰、对死者人格利益的侵害、对姓名及肖像的非法利用、对公众人物名誉权的侵害、新闻侵权、博客侵权等，都为人格权法律制度的发展提供了大量的素材。这些新型侵权对人格权的保护提出了新的挑战，也是人格尊严的法律维护面临的新问题。鉴于法官不能直接依据宪法规定解决这些问题，就必须通过大量的民法规范将各种人格权益予以确定。

第二，人格权法独立成编也是实现人格尊严的价值，适应人格权发展的需要做出的选择。人格尊严作为人格权法的基本价值理念促进了各种新型人格权的发展，这一点主要表现在以下两个方面。一方面，个人信息权的发展。个人信息（personal information）是指与特定个人相关联的、反

---

① see C. MCCRUDDEN, Human Dignity and Judicial Interpretation of Human Rights, in 19 Eur. J. Int. L.655, 667 (2008).

映个体特征的具有可识别性的符号系统，包括个人身份、工作、家庭、财产、健康等各方面的信息。现代社会是信息社会，个人信息的收集、储存越来越方便，信息的交流、传播越来越迅速，信息越来越成为一种社会资源，它深刻影响了人们社会生活的方方面面。所以，法律需要适应信息社会对个人信息保护提出的迫切要求。由于个人信息直接体现的是每个人的人格尊严①，所以将个人信息纳入人格权的保护范畴才有助于实现人格尊严的保护。另一方面，网络环境下人格权的发展。互联网的发展，使我们进入了一个全新的信息时代。尤其是博客、微博的出现，使得信息传播进入了崭新的时代。在现代网络技术背景下，各种新类型的网络侵权，如人肉搜索、木马程序、网上的人身攻击等，都会侵害人格尊严。因此，在编纂民法典时应当回应这一变化，而最好的方式就是将人格权法独立成编，详细规定各种新型的人格权，这也是民法适应社会变迁的表现。

第三，人格权法独立成编是保护弱势群体人格利益，强化特殊主体人格尊严保护的要求。从我国现有的立法来看，对残疾人、妇女、儿童、未成年人等特殊主体人格权的保护，主要散见于《妇女权益保护法》、《未成年人保护法》、《残疾人权益保障法》等特别法之中。笔者认为，在未来我国人格权法也应对此集中、统一地加以规定。一方面，对特殊主体人格权的规定实际上是民法保障人权、注重实质正义的体现。民法不仅关注一般的人、抽象的人，也关注具体的人、特殊的人，尤其是对弱者的关注。另一方面，我国民法有保护特殊主体的传统，而并没有过分强调规则的普遍适用性，例如，《侵权责任法》中就患者隐私权做出了特别规定。这些传统规定对于强化弱势群体的保护发挥了重要作用，也表明民法对人格权的关注更为具体，为了延续这一良好传统，人格权法也有必要对特殊主体的人格权作出规定。在人格权法中规定特殊主体人格权时，除了应注意延续既

---

① Michael Henry ed., International Privacy, Publicity and Personality Laws, Reed Elsevier (UK), 2001, p.164.

有的法律经验，还应吸纳新的规范，例如，我国于 2007 年签署了《残疾人权利公约》，该公约具体列举了残疾人享有的各项人格权，其中一些表述与我国现行法的规定并不完全一致，如其中的"身心完整性"权利比身体权更合理，人格权法应予采纳。当然，人格权法对特殊主体人格权的规定属于一般规范，这些人格权更为具体的内容应在特别法中详加规定，以体现民法典与特别法的合理分工与协调。各项具体人格权都在很大程度上彰显了人格尊严，而对人格尊严的维护又促进了人格权的发展，这些都应当反映在人格权立法之中。

第四，人格权法独立成编是实现民法的基本目的，贯彻民法的基本原则的要求。人格权法的独立成编不仅不会破坏民法内在价值的和谐性，相反，还有助于实现现代民法的基本目标。一方面，以人格尊严为基本价值理念，是为了使人民生活得更加幸福和更有尊严，这也是国家存在的重要目的。①"人民的福祉是最高的法律（Salus populi suprema lex）"。任何社会和国家都应当以保护和实现人的发展为目的。② 在我国，全面建设小康社会不仅是要满足人民的物质需求，更要关心人们的精神生活需求。人格权制度的内容体系以及价值有助于满足人们精神上的需要。另一方面，维护人格尊严是民法平等原则的体现，平等意味着对每个人的无差别的对待。无论是什么人，都有其独立和不容抹杀的人格，尊重每个人的个人，是现代社会得以存续的基础。如果因为某些情形而否定某些人的人格，就会破坏现代社会的价值基础。例如，即使是犯罪嫌疑人，也享有不受剥夺的人格尊严，任何人也不得对其实施非法的侮辱和诽谤等行为。当前，我国社会生活中还存在不少随意搜索和公开犯罪嫌疑人身份、照片等信息的行为，甚至在一些地方屡屡发生过将失足妇女游街示众，给盗窃嫌疑人挂牌游街等严重侵害人格尊严的行为。这些都意味着，我国广大公众对于人格尊严的价值的认识尚有不足，而法律所提供的保护也有欠缺。正因如此，才更

---

① 参见杜宴林：《法律的人文主义解释》，人民法院出版社 2005 年版，第 64 页。

② 参见王家福主编：《人权与 21 世纪》，中国法制出版社 2000 年版，第 7 页。

有必要将人格权法独立成编，从而提升社会对人格尊严价值的认识，强化对人格尊严保护的完善。

最后，人格权法独立成编是民法人文关怀理念的具体体现。现代民法以人文关怀为基本理念，并在此基础上构建其价值体系。未来我国民法典的制定应当贯彻人文关怀的精神理念，并据此建构民法人格权的具体制度。传统民法过分注重财产权制度，未将人格权作为一项独立的制度，甚至对人格权规定得极为"简略"。这本身反映了传统民法存在着一种"重物轻人"的不合理现象。由于人格权没有单独成编，故不能突出其作为民事基本权利的属性。在当代民法中，人格权的地位已经越来越凸显，形成了与财产权相对立的权利体系和制度。甚至在现代民法中，人格权与财产权相比较，可以说更重视人格权的保护。① 在民法中，人格尊严、人身自由和人格完整应该置于比财产权更重要的位置，是最高的法益②。财产权只是人提升其人格的手段，但人格权实现的客体是人格利益。人格价值和尊严具有无价性，所以与财产权相比，在通常情形下，人格权应当具有优先性。因此，要彰显人格尊严的价值，客观上也就要求人格权法独立成编。如果我们将人格权法单独作为一编予以规定，就需要构建其完整的内容和体系，同时在协调与民法典其他部分的基础上，充实和完善其内容。例如，以人格尊严为基础，构建妥当、完整的人格权权利体系。再如，针对现实中违反人格尊严的现象，法律可以有针对性地进行规定，如禁止对他人的不人道待遇、禁止从事侮辱他人人格的行为和职业、禁止出租身体、禁止有偿代孕、禁止人体器官有偿转让、禁止生殖性克隆、禁止非法的人体试验、③ 禁止当事人通过免责条款免除损害他人人格尊严的侵权责任等。

---

① 参见石春玲：《财产权对人格权的积极索取与主动避让》，载《河北法学》2010 年第 9 期。

② Dürig, Der Grundrechtssatz von der Menschenwürde, AöR 1956, 119 ff.

③ 参见 1997 年《关于人权和生命医学的公约》第 1 条，2005 年《关于生命伦理与人权的普遍性宣言》第 2 条以及《法国民法典》第 16 条。

六、结　语

从全世界的范围来看，人格权都属于民法中的新生权利。人格权制度在民法中也是一项具有广阔前景的制度。加强和完善人格权制度，代表了现代民法的发展趋势。未来我国民法典应当在维护人格尊严的基础上，对人格权进行系统全面的保护，并在民法典中将人格权法独立成编地加以规定。任何一个中国人都应当有向往和追求美好生活的权利。美好的生活不仅仅要求丰衣足食，住有所居，老有所养，更要求活得有尊严。中国梦也是个人尊严梦，是对人民有尊严生活的期许，人格权法能够使人们活得更有尊严。

人格权的积极确权模式探讨 *

——兼论人格权法与侵权责任法之关系

21 世纪是走向权利的世纪，是尊重与保障私权的世纪，作为确认和保护权利的人格权法与侵权法也就成了当代民法新的增长点，其地位和作用日益凸显。在我国民法典制定过程中，关于如何处理人格权法与侵权法的关系，引发了激烈的争议。人格权法是否应当单独成编是制定民法典必须解决的前置性问题。即使将人格权法单独成编，也仍然需要妥善处理人格权法与侵权法的关系。人格权法具体如何规定，与侵权法之间的关系如何处理，关乎民法典的立法体例问题。本文拟从人格权积极确权模式角度，对人格权法与侵权法的关系作出探讨。

一、人格权从消极保护到积极确权是民法的重要发展趋势

人格权积极确权模式，是指通过立法正面列举的方式，对具有广泛共识的人格性利益加以确认，进而实现人格权的积极保护。与此相对应的模式则是消极保护模式，即法律上并不详细规定人格权的具体形态，而是在人格权遭受侵害之后由法官援引侵权法的相关规定对人格权予以救济。

* 原载《法学家》2016 年第 2 期。

早期的法律主要采用消极保护模式。最初，生命、健康、名誉等人身权益都是通过侵权法进行保护的。罗马法中的私犯包括对人格和人体的侵害。罗马法上还存在"侵辱之诉"，即凡是以语言文字侮辱他人的，都可以视为侵害人格的私犯处罚。① 这种模式对之后大陆国家的立法产生了深远影响。

在 18—19 世纪，由于人格权还没有形成一种独立的权利，其保护主要通过侵权法实现。虽然一些大陆法系国家民法典在侵权法中对生命、名誉、姓名等人格权作出了规定，但在保护方式上都采纳了消极保护模式。此种模式又可以进一步分为以下两种：一是法国模式，即通过侵权法的一般条款对人格权进行保护。受罗马法影响，在《法国民法典》中，侵权行为被作为"非合意而生之债"列入第三卷"取得财产的各种方法"中，"侵权行为"和"准侵权行为"两个概念代替了罗马法中的"私犯"和"准私犯"，身体、健康等权益都纳入了侵权法的保护范畴。《法国民法典》第 1382 条规定："任何行为使他人受损害时，因自己的过失而致行为发生之人，对该他人负赔偿责任。"这一规定虽然没有对人格性权利进行列举，但是却构成侵权损害赔偿的一般条款，可广泛适用于包括侵害人格权的各种侵权行为，并对后世的侵权行为立法产生了重大影响。正如《法国民法典》起草人塔里伯所言，"这一条款广泛包括了所有类型的损害，并要求对损害作出赔偿。"② 该条既调整侵害财产权益的行为，也调整侵害人身权益的行为。因此，从理论上来说，对人格权的侵害行为都可以通过该条来进行规制③。法国法的这种做法被比利时、西班牙、意大利等国继受。④ 二是德国模式。德国法并不通过侵权法一般条款保护权利和法益，而是通过列举的方式明确侵权法所保护的权益范围。在 19 世纪的德国，私法学者关注的重心是合同自由、财产权利和财产

---

① 参见陈朝璧：《罗马法原理》，法律出版社 2006 年版，第 138 页。

② Jean Limpens, International Encyclopedia of Comparative Law, Vol.4, Torts, Chapter 2, Liability for One's Own Act, J.C.B.Mohr（Paul Siebeck, Tübingen），1975, p.14.

③ Gert Brüggemeier, Aurelia Colombi Ciacchi, Patrick O'Callaghan, Personality Rights in European Tort Law, Cambridge University Press，2010, pp.10–15.

④ Gert Brüggemeier, Aurelia Colombi Ciacchi, Patrick O'Callaghan, Personality Rights in European Tort Law, Cambridge University Press，2010, p.8.

损害，民法尚未对人格权的保护提供全面救济。例如，在 1908 年德国的一个案例中，帝国法院宣称，"民法尚不知何谓人格权"。①《德国民法典》仅在第 12 条从正面规定了姓名权，其他人格利益主要是通过侵权规则进行保护，如该法典第 823 条第 1 款规定对生命、身体、健康和自由等几种人格权益的保护。而且《德国民法典》对侵害人格权益的财产性赔偿责任作了严格限制，即只有在严重侵害人格权益的情形以及没有其他救济方式能够提供救济时才能适用。② 可见，德国法也主要是通过侵权法规则对人格权益进行保护。只不过，其与法国模式的不同之处在于，德国模式对具体人格权作了非常有限的列举，给法官提供了相对具体的指引。

欧洲大陆其他国家的法律主要借鉴了这两种模式。例如，《奥地利民法典》在侵权法部分规定了对隐私（1328 条）、人身自由（1329 条）、名誉（1330 条）的侵害，尤其是第 1328A 条关于保护私人领域的权利，也扩张到身体健康、荣誉、肖像、死者人格利益等私人领域的保护。新近的《欧洲示范民法典草案》也主要通过侵权法对人格权进行保护。从总体上看，该草案主要调整合同和其他法律行为、合同与非合同上的权利义务以及相关的物权问题等财产关系，而没有对人格权作出详细规定，但该草案在"合同外责任"部分规定了对人格尊严、自由以及隐私的侵害（第 6—2：204 条）。

20 世纪以来，两次世界大战的发生促进了人权运动的发展，尤其是第二次世界大战期间法西斯的暴行，促使人们对人格尊严的保护进行了深刻反思，并发起了大规模的人权保护运动，这也将人格尊严的法律保护提高到前所未有的历史高度。具体到法律技术层面，越来越多的国家开始从传统的消极保护模式走向积极确认路径，这具体表现在：一方面，侵权法进一步扩张了保护范围，这促进了人格权的进一步发展。宪法上的人格权作为基本权利，其主要对抗国家权力的侵害，国家负有形成私法上规范人格权的义务，

---

① RG, 07.11.1908, RGZ 69, 401, 403-Nietzsche letters.

② Gert Brüggemeier, Aurelia Colombi Ciacchi, Patrick O'Callaghan, Personality Rights in European Tort Law, Cambridge University Press, 2010, p.8.

使人格权不受国家或者第三人侵害。① 由于欧洲的天赋人权、自然权利观念比较盛行，宪法确立的人格尊严可以通过"宪法化"，② 直接在裁判中援引，许多国家宪法确认了公民的基本权利，如生命权、人身自由权、身体权、健康权等，实际上也是民法人格权的组成部分。在这一过程中，出现了对人格权的私法确认现象。例如，德国法院采纳了认为宪法所确认的权利可适用于私法关系，根据第二次世界大战后德国制定的基本法第1条和第2条关于"人类尊严不得侵犯。尊重并保护人类尊严，系所有国家权力（机关）的义务"，"在不侵害他人权利及违反宪法秩序或公序良俗规定范围内，任何人均有自由发展其人格的权利"的规定，在司法判决中确立了"一般人格权"的概念。德国民法学上称其为"框架性权利"。③ 另一方面，一些国家的立法开始从人格权的消极保护向积极确权方向发展。这一转变在很大程度上是受到有关保护人权的国际公约的影响。例如，欧洲各国基本都加入了《欧洲人权公约》，该公约规定了许多人格权的内容，并通过各国法院和欧洲人权法院予以发展。当然，由于欧洲各国宪法和国际人权公约已经构建了一个相对完善的人格权保护体系，这也在一定程度上会减少民法典关于人格权的规定。例如，《欧洲示范民法典草案》就没有对人格权保护作出详细规定。

人格权从消极保护向积极确权模式发展主要是通过立法的主动确权来完成的。在大陆法系国家，1950年《欧洲人权宣言》极大地推进了欧洲国家国内法的变革④。例如，《法国民法典》主要通过侵权一般条款的方式对个人的人格权提供保护，其人格权法律制度的发展主要是通过判例发展起来的，法国于1970年7月17日颁布了一项法律，在《法国民法典》中增加了第9条："每个人有私生活得到尊重的权利"。根据法院的判例，私生活包括：住址、

---

① 王泽鉴：《人格权法》，台北三民书局2012年版，第80页。

② 关于私法宪法化的专题讨论，可见 Tom Barkhuysen, Siewert D. Lindenbergh (e.d.), Constitutionisation of private law, Brill 2005.

③ MünchKomm/Rixecker, Anh. zu §12, 2012, Rn.9.

④ 关于这方面的专题讨论，详见 Daniel Friedmann, Daphne Barak-Erez (e.d.), Human Rights in Private Law, Hart Publishing 2002.

肖像、声音、健康状况、情感生活、私人通信等。但是，法院对公众人物的财产信息的披露，不认为是侵犯其私生活。1994 年 7 月 29 日法律，在法国民法典中增加了第 16 条："法律须确保人的优先性，禁止对人的尊严的侵害，保证人自其生命伊始即得到尊重。"从该条出发，法国法发展出了"人体的不得处分原则"，禁止人体组织与器官的有偿性处分。民法人格权由此被提升至一个更高的效力层级，可以给受益人带来更大的保护力度；尤其是当某项民事权利的客体同样受到基本权利的保护时，该民事权利相对于其他权利的排他性效力会明显增强①。欧盟以外的一些大陆法国家和地区也采用了积极确权模式规定人格权制度。以加拿大魁北克地区为例，1975 年《魁北克人权宪章》规定了部分人格权，1994 年《魁北克民法典》也以多个条款规定了民法人格权制度，该法典第 3 章规定了对名誉及私生活的尊重，第四章规定了死者人格利益的保护，第 3 题第 1 章规定了姓名权，一共将近 30 个条款，都规定在第一编"人"中。该法典对人格权进行了正面确权，例如，该法典第 3 条规定："每个人都拥有人格权，诸如生命权、个人神圣不可侵犯与安全完整的权利，以及其姓名、名誉与隐私受到尊重的权利，上述权利是不可剥夺的。"该法典第 10 条还规定了人身完整权。

在人格权保护方面，英美法采取了所谓的"鸽洞模式"，即通过具体列举各种侵权之诉的方式，对人格权提供保护，尤其是依据侵权法保护名誉和肖像的权利具有悠久的历史，并且形成了一套完整的制度体系。②但在美国法上，隐私权的产生具有司法确权的特点。最初，美国法上的隐私权只是一种独处的权利，以及保持自己个性的权利，③但后来，隐私权的概念不断扩张，其几乎覆盖了绝大部分人格利益，其保护范围包括了名誉、肖像等人格

---

① Jean-Christophe Saint-Pau (dir.), Droits de la personnalité, Paris: LexisNexis, 2013, pp.432–434.

② Gert Brüggemeier, Aurelia Colombi Ciacchi, Patrick O'Callaghan, Personality Rights in European Tort Law, Cambridge University Press, 2010, p.8.

③ 参见 [美] 阿丽塔·L. 艾伦：《美国隐私法：学说、判例与立法》，中国民主法制出版社 2004 年版，第 14—15 页。

利益①。至20世纪60年代，美国法院尤其是联邦最高法院，又通过一系列司法判例，将隐私逐渐从普通法权利上升为一种宪法权利，创立了"宪法上的隐私权"的概念。该权利被归入公民所享有的基本权利类型，并被作为联邦法令及各州违宪审查的依据②。其中最突出的是法院根据宪法第四、第五修正案将隐私权解释为公民享有的对抗警察非法搜查、拒绝自我归罪的权利③。在司法实践中，法官通过司法判决解释宪法修正案，从而扩张了对隐私权的保护。例如，1965年，在格里斯沃尔诉康涅狄格（Griswold v. Connecticut）一案中，隐私权被正式确立为独立于第四、第五修正案的一般性宪法权利④。值得特别指出的是，美国的一些成文法也确认了对隐私权的保护。

从两大法系的历史发展经验来看，人格权经历了一个从司法的消极保护到立法积极确权的过程。从比较法上看，许多国家的人格权益转变过程，是从其获得司法上的实质保护开始到最终的法律承认⑤，并在此基础上形成了相对独立的人格权法律制度。人格权的发展也进一步推动了侵权法保护范围的扩张。

二、从司法确权向立法确权转变彰显了新世纪民法的时代精神和特征

（一）民法典采用人格权积极确权模式彰显了人文关怀的价值理念

21世纪是弘扬人格尊严和价值的世纪。正如孟德斯鸠所言，"在民法的

---

① See Prosser, Privacy, Calit.L.R., vol.48（1960），p.383.

② See Richard G. Turkington & Anita L. Allen, Privacy, second edition, West Group, 2002, p.24.

③ See Richard G. Turkington & Anita L. Allen, Privacy, second edition, West Group, 2002, p.24.

④ Griswold v.Connecticut U.S. Supreme Court 381 U.S.479（1965）.

⑤ Gert Brüggemeier, Aurelia Colombi Ciacchi, Patrick O'Callaghan, Personality Rights in European Tort Law, Cambridge University Press, 2010, p.3.

慈母般的眼里，每一个个人就是整个的国家"①。日本法学家田中耕太郎也曾指出："私法的基本概念是人（Person）。"② 我国民法典也应当充分反映人文关怀的时代精神。现代科学技术的发展给民法的人文关怀提出了一定的挑战。例如，生物技术的发展使得人体组织和器官的移植甚至克隆都成为可能，人体组织、器官可能成为物法或者债法的调整对象，这些都威胁着人的主体地位和人的尊严。这就需要强调人的尊严作为民法的一项基本原则，任何损害尊严的行为在民法上都是无效的。21 世纪民法的价值理念正在发生深刻的变化，在贯彻私法自治理念的同时，也应当体现民法的人文关怀精神。

就人格权法领域而言，民法的人文关怀精神就是要强化对人格权的保护，维护个人的人格尊严和人身自由。在传统民法中，人格权始终找不到其应有的位置，它或者处于民事主体制度中，作为自然人的固有权利而有简单规定，或者成为侵权法的保护对象，作为侵权的特殊形态而被简略提及。总之，人格权始终未能在民法分则体系中占有一席之地。就我国的情况来看，《民法通则》在"民事权利"一章中集中规定了人格权，体现了立法者在经历"文化大革命"之后，对"人"本身的重视和关爱，彰显了浓厚的人文关怀精神，这也是对传统民法"重物轻人"观念的一次矫正，给人格权将来在中国民法典独立成编积累了宝贵经验。《民法通则》第一次在法律上明确宣告每个人依法享有人格权，包括生命、健康、名誉、肖像、姓名等权利，并第一次赋予权利人在受害之后的精神损害赔偿请求权。《民法通则》公布后，我国才出现了第一例人格权法争议案件，并有了相应的司法裁决。在今天看来，正是《民法通则》关于人格权的开创性规定，才催生了"人格权"观念在中华大地上的萌芽和成长。从那时起，人们逐渐意识到，"挂铁牌""戴高帽""驾飞机""剃阴阳头"等行为是侵犯人格权的行为，是为法律所禁止的行为，也正是从那时起，学术话语和民间讨论才开始讲述"人格权"的故事。

---

① ［法］孟德斯鸠：《论法的精神》下册，张雁深译，商务印书馆 1997 年版，第 190 页。
② 转引自［日］星野英一：《私法中的人》，王闯译，中国法制出版社 2004 年版，第 20 页。

在这些意义上，我们今天将《民法通则》称为"民事权利的宣言书"、"个人人权的护身符"毫不为过，《民法通则》是我国人权保障事业的重大进步。

《民法通则》对各项人格权进行集中规定，并为人格权的保护提供了具体的可操作性规则，为人格权的司法保障提供了法律依据，也使整个人权事业获得了有效的实现机制，彰显了民法典人文关怀的时代特征和精神。我国要制定和发展人格权法，不仅有利于提升全民尊重和保护人格权的一般观念，而且可以加强对各项具体人格权的切实保护，更是对我国《宪法》2004 年修正案关于"国家尊重和保障人权"条款的有效落实。在相当长的时间内，我国的一些学者习惯于从一个极为抽象的层面对"人权"概念进行讨论，但"人权"的概念十分宽泛，学者也未就人权的内涵达成共识，我们应当把抽象的"人权"概念具体化，注重结合具体的时空和语境，将抽象的人格权利落实为具体的法律制度，才有可能在"尊重和保障人权"这一宪法任务上实现突破。因此，我们应当在总结《民法通则》立法和司法实践经验的基础上，通过独立成编的人格权法对生命权、健康权、隐私权、肖像权等诸多具体的人格权利作出规定，以具体彰显人文关怀的价值理念。正如大村敦志所说，使民法真正成为"'活着的人'的法、'想更好地活着的人的法'"①。

（二）民法典采用人格权积极确权模式符合 21 世纪的时代特征

《民法通则》关于人格权的集中规定为我国未来民法典人格权的定位奠定了良好的基础。我国民法典应当反映 21 世纪的时代特征。如果说《法国民法典》是一部 19 世纪风车水磨时代的民法典的代表，《德国民法典》是 20 世纪工业社会民法典的代表，那么我们的民法典则应当成为 21 世纪民法典的代表之作。那么，我国民法典如何反映 21 世纪的时代特征？

随着计算机和互联网技术的发展，人类社会进入到一个信息爆炸的时

---

① 参见 [日] 大村敦志：《从三个纬度看日本民法研究》，渠涛等译，中国法制出版社 2015 年版，第 36 页。

代。互联网深刻地改变了人类社会的生活方式，给人类的交往和信息获取、传播带来了巨大的方便，高度发达的网络使得人与人之间的距离越来越小，我们的生活也与互联网密不可分。在这一过程中，传统民法规则注定会面临来自诸多方面的机遇和挑战：首先，网络技术的发展创造出了很多前所未有的权利类型。例如，声音、特有的肢体动作等，在传统技术条件下的人格利益重要性并不突出，但借助于网络，其经济价值日益凸显，而且也可以作为一种人格权的客体存在。有一些学者甚至认为，网络环境下的人格利益可以成为一种权利。① 其次，在网络环境中，侵权损害易发。网络的无边界性以及受众的无限性，使得侵权言论一旦发表就可以瞬间实现全球范围的传播，而且在网络环境下，信息的传播具有快速性和广泛性，损害一旦发生，就难以恢复原状。这也要求网络环境下的人格权救济方式应当考虑网络的便捷性和广泛性特点。最后，损害赔偿计算具有特殊性。在网络环境下，受众对象广泛，且信息发布成本低廉，一旦造成侵害，后果将极为严重。在损害赔偿额的计算上，应当考虑损害后果的严重性，以及侵权行为的成本和后果的不对称性。

在现代社会，对个人权利的尊重和保护成为人类社会文明发展的必然趋势。现代网络通讯技术、计算机技术、生物工程技术等高科技的迅猛发展给人类带来了巨大的福祉，但同时也改变了传统生产和生活形式，增加了民事主体权利受侵害风险。例如，许多高科技的发明对个人隐私权的保护带来了巨大的威胁，因而有学者认为隐私权变成了"零隐权"（Zero Privacy）②。因此，一些国家的民法典专门对隐私权作出规定。③ 又如，生物技术的发展、试管婴儿的出现改变了对生命的理解，虽然人工器官制造技术、干细胞研究、克

---

① Gert Brüggemeier, Aurelia Colombi Ciacchi, Patrick O'Callaghan, Personality Rights in European Tort Law, Cambridge University Press, 2010, p.575.

② See A. Michael Froomkin, Cyberspace and Privacy: A New legal Paradigm? The Death of Privacy?52 Stan.L.Rev.1461, 2000.

③ 参见《法国民法典》第9条，《葡萄牙民法典》第26条。另外，一些欧盟国家根据《欧洲人权公约》第8条第1款的规定，直接在裁判中保护隐私权。

隆技术和组织工程学的发展为人类最终解决器官来源问题铺平了道路，但与此同时，上述科学技术也对生命、身体、健康等人格权提出了新的挑战。在现代社会，随着医学的进步，受精卵和冷冻胚胎可以成为独立的生命实体。有的国家，如德国，对生命的保护起始于受精卵形成时，德国法院认为受精卵一经形成，便可以发展出生命，也就具备了生命体的属性，应当视为生命加以保护。我国司法实践中也已经出现了相关案例，"无锡冷冻胚胎案"就提出了冷冻胚胎的法律地位问题①，主审法官称："年轻夫妻留下来的胚胎，已成为双方家族血脉的唯一载体，承载着哀思寄托、精神慰藉、情感抚慰等人格利益。"② 那么，冷冻胚胎是否可以受到人格权法的保护？在受到侵害时能否适用精神损害赔偿？人格权法是否应允许有偿代孕？等等，均需要法律作出回应。

人类社会自 20 世纪 80 年代以来，逐渐进入信息时代，个人信息逐渐成为一项重要的社会资源。对个人信息提供法律保护的必要性日益凸显。数字化以及数据库的发展，使信息的搜集、加工、处理变得非常容易，信息的市场价值也愈发受到重视，对信息权和隐私权的保护需求也日益增强。个人信息作为个人享有的基本人权也日益受到法律的高度重视。信息自决权的概念首先由德国学者在 1971 年提出。③ 在欧洲，比较流行的观点仍然是将个人信息作为一项独立的权利对待。④ 但笔者认为，个人信息虽然具有财产和人身双重属性，但其本质上仍然属于人格权，且其在内容上与隐私权难以分离，应该把个人信息权作为人格权法里面一项基本的人格权，或者一项重

---

① 江苏宜兴一对双独年轻夫妻不幸因车祸身亡，小两口生前曾在南京鼓楼医院做试管婴儿，并留下 4 枚冷冻胚胎。为争夺胚胎保留香火，双方老人与医院对簿公堂，要求医院归还胚胎。二审法院判决支持双方老人共同处置 4 枚冷冻胚胎。参见江苏省无锡市中级人民法院民事判决书，（2014）锡民终字第 01235 号。

② 参见《双独夫妻车祸身亡父母医院争夺胚胎》，载《楚天都市报》2014 年 9 月 18 日。

③ Steinmüller/Lutterbeck/Mallmann/Harbort/Kolb/Schneider, Grundfragen des Datenschutzes, BT-Drs.6/3826, 1971, Anlage 1, 87 f.

④ See James B. Rule and Graham Greenleaf ed., Global Privacy Protection, Edward Elgar Publishing, 2008.

要的人格权规定下来。我国司法实践已经开始对个人信息提供保护①。因此，需要在人格权法中明确规定个人信息权，以平衡个人信息利用与保护之间的关系。

基于此，在未来民法典的编纂过程中，必须要强化人格权立法，采取积极确权的模式，重点规定有关生命健康权、名誉权、隐私权、个人信息权以及网络环境下的人格利益保护等问题，这也是回应现代社会对民事立法的挑战和需求，是 21 世纪时代精神的具体体现。

三、积极确权模式具有消极保护模式不可替代的优势

如前所述，消极保护模式主要通过侵权法规则调整人格权关系，而积极确权模式则主要从正面对人格权作出系统规定，确认主体所享有的各项人格权益。在人格权的发展过程中，积极确权与消极保护这两种立法模式都发挥着各自的作用。消极保护方式虽然可以促进人格权的保护，避免行为人责任的过度扩张以及对行为自由的过度干涉，但其不利于确立体系化的人格权法律制度。例如，在英国长期以来一直不承认隐私权，早在 1932 年英国学者温菲尔德就建议英国法院应当将侵害隐私作为一种侵权类型对待，但一直未能得到采纳②。英国普通法也通过"违反保密义务（breach of confidence）"的侵权之诉建立起隐私的概念。③ 但事实上，由于缺乏立法的构建，对新型人格权的保护只能依靠既有的侵权诉由，这虽然能够解决一时的问题，但这种局部保护很难形成科学、完善的人格权保护体系，因此这种做法一直受到批评④。因此，英国法后来通过制定保护个人信息单行法律的方式保护个人

---

① 参见《朱迎光与中国联合网络通信有限公司连云港市分公司、傅红隐私权纠纷再审复查与审判监督民事裁定书》，江苏省高级人民法院民事裁定书，（2015）苏审二民申字第 01014 号。

② 参见王泽鉴：《人格权法》，台北三民书局 2012 年版，第 225 页。

③ David Price and Korieh Duodu, Defamation, Law, Procedure and Practice, London: Sweet & Maxwell, 2004, p.472.

④ Deakin Johnston/markesinis tort law, 6th, 2008, p.860.

信息隐私权 ①。

比较而言，通过积极确权模式确立人格权体系的立法、司法成本较低，有效避免法官造法的不一致性。更重要的是，积极确权模式可以迅速确立系统的人格权框架体系，能够为法官在确认和保护新型人格权时提供明确依据。具体而言，与消极保护模式相比，积极确权模式具有以下积极功能：

一是维护行为自由的功能。自由止于权利，因此，权利的确认本身也是对自由的一种界定。权利的核心和本质都是类型化的自由，权利确认的自由都是具有外部性的自由，确认某种权利，在给予权利人行为自由的同时，也划定了其他人的行为自由界限。就人格权保护而言，消极保护模式无法准确划定权利人和第三人行为自由的界限，难以有效发挥维护行为自由的功能。拉伦茨认为，德国法院通过司法确认一般人格权在内容上极难确定，故侵害一般人格权不适用民法关于侵权行为的规定。② 可见，消极保护模式并不利于全面维护个人的行为自由，这就有必要通过正面确权的方式，划定人格权的保护范围，从而充分维护个人的行为自由。

二是行为引导功能。积极确权的方式能够从正面确立一种行为模式，告诉行为人自己的行为界限，以及违反相关规则的法律后果。当通过立法确认了人格权的具体内容时，权利人与第三人均能够知道自己行为自由的界限以及权利冲突时的规则。例如，德国法院直接援引基本法而创设出一般人格权的概念、扩大具体人格权范围的做法，在法学方法上受到一些权威学者的批评。③ 他们认为，此种做法超越了法院职权，加剧了法律的不确定性④。一些德国学者认为，一般人格权富有广泛性和不确定性的特点，不宜作为法律

---

① 在英国，也将个人信息资料纳入隐私的保护范围之内。在 1998 年英国颁布《资料保护法》，法律的名称为"资料保护"（data protection），但是将其作为隐私而加以保护。该法对可存储数据、数据的加工处理以及泄露范围作出了限定，并且对于个人享有的信息资料的权利作出了明确规定。

② Larenz, Lehrbuch des Schuldrechts, Bd.II.1962, S.366.

③ Larenz, NJW 1955, 521.

④ 参见王泽鉴：《人格权之保护与非财产损害赔偿》，载王泽鉴：《民法学说与判例研究》第 1 辑，台北 1992 年自版，第 31 页。

概念。

三是侵害预防功能。对人格权的积极确认也有利于实现侵害预防功能。例如，《民法通则》第 99 条第 1 款规定："公民享有姓名权，有权决定、使用和依照规定改变自己的姓名，禁止他人干涉、盗用、假冒。"该条不仅从正面规定了人格权，还从反面规定了禁止的行为，对于社会公众具有警示作用，从而有助于预防侵害的发生。同时，积极确权能够明确权利的边界，便于法官识别不同类型的人格权利，尤其是在权利之间发生冲突的情况下，通过积极确权的方式能够使法官明晰不同的权利，从而精准找法，作出正确裁判。显然，仅从侵权抗辩事由的角度无法解决权利冲突的问题，在法律中明确规定权利的位阶极其重要。

四是预防权利冲突功能。积极确权也有利于明确人格权的行使和限制规则，从而预防各项人格权之间以及人格权与其他权利之间的冲突。人格权作为一种具体民事权利，其行使应受到一定限制。例如，隐私权领域中的"公众人物无隐私"的公认原则即反映了隐私权应受限制的原则。此类对权利限制的规则难以通过消极保护实现，也不适合全部交由法官进行自由裁量。在我国，因为立法上缺乏对隐私权的保护，更没有隐私权限制的规定，是通过司法判例来实现的[①]，由于公众人物概念的模糊性以及公众人物隐私权保障的复杂性，完全由法官确定其保护规则并不妥当，而且人格权属于基本民事权利范畴，完全交由法官自由裁量，也有违《立法法》所规定的民事基本权利应当由法律规定的原则。

五是限制自由裁量的功能。从消极保护模式的司法实践来看，其并不利于限制法官的自由裁量权。在大陆法系国家，法国模式仅仅只是以一个抽象的、笼统的损害概念来涵盖各种人格法益的保护，既无法区分人格权利与利益，又无法准确列举权利的类型和内容，从而给法官留下了巨大的自由裁量权。德国的模式虽然列举了所保护的权益的范围，具有较强的确定性，但

---

① 最早在实践中确立这一规则的是《范志毅诉文汇新民联合报业集团侵犯名誉权纠纷案》，参见范志毅诉文汇新民联合报业集团侵犯名誉权案的一审判决，上海市静安区人民法院 (2002) 静民一（民）初字第 1776 号。

内容狭窄的第 823 条难以适应人格权益开放、发展的体系特征。一般人格权制度的创立虽然可以摆脱法条的束缚，但又同样要面临前述法国模式的问题①。上述两种消极确权模式的共同弊病是给予了法官过大的自由裁量权。英美法国家也遇到了同样的问题，以美国隐私权为例，自 1896 年隐私权概念形成之后，1960 年美国联邦法院及各州法院共做成了大约 300 个隐私权的判例。但对隐私权的内容及侵害隐私权的构成要件也各不相同，以至于形成了法律适用的不安定性。因为这个原因，普罗瑟教授对隐私权案例进行详尽的整理，形成了四种侵害隐私权的类型。1960 年，普洛塞教授（Prosser）在总结以往二百多个判例的基础上，不仅对隐私权进行了重新定义，而且将隐私权概括为四种类型②。尽管如此，普洛赛教授仍然抱怨其关于隐私的四种分类并不存在共同点，因而隐私本质上构成了一种集合性的概念。③ 在我国，由于人格权立法仍不健全，这就必然使法官的自由裁量权过大，前述司法实践中创设公众人物的概念对公众人物的人格权进行限制，就反映了这一问题。此外，过大的自由裁量权也会导致裁判标准不一致，从而引发"同案不同判"的现象，损害司法的统一性。因此，只有通过正面确权的方式，才能形成明确、具体的人格权保护规则，从而统一裁判规则，增进法的安定性。

六是人格权宣示和弘扬功能。人格权虽有固有性，但也有法定性，人格权观念的形成有赖于立法的明确规定，也取决于权利主体在观念上的启蒙。只有当法律赋予权利的人在内心深处充分意识到了其法定权利，并积极主动地去追求这种权利，相应的权利才可能真正变成公民的福利。通过独立成编的人格权法对人格权予以系统构建和确认，有助于对公众公开宣示关于人格尊严和人格发展的美好未来前景，并引导公民产生发自内心的人格权观念，激励公民以实际行动去主张自身的人格权和尊重他人的人格权，从而形成关于人格权保护的新观念和新境界。事实上，我国已经有了成功的经验，《物

① Palandt，Kommentar zum Bürgerlichen Gesetzbuch，15.Aufl.，1956，S.674.

② William L. Prosser，Privacy，48，Cal.L.Rev.383–389（1960）.

③ See Prosser，The Law of Torts，3rd ed，1964，p.843.

权法》的颁布就对物权观念的弘扬和物权的切实保护发挥了至关重要的作用。

此外，积极确权模式也是与我国当前的宪法实施机制相契合。从比较法上来看，消极保护模式与宪法司法化有密切联系，因为人格权常常在宪法中加以列举，法官会援引宪法对人格权加以保护。但这种方式在我国是难以实施的。依据我国现行《宪法》规定，只有全国人大常委会才有权解释宪法，法官无权解释宪法。对此，最高人民法院《关于裁判文书引用法律、法规等规范性法律文件的规定》第4条规定："民事裁判文书应当引用法律、法律解释或者司法解释。对于应当适用的行政法规、地方性法规或者自治条例和单行条例，可以直接引用。"该条并未将宪法列入民事裁判文书可以引用的范围之列，因此，法官无法直接援引宪法裁判民事案件，宪法也就不能直接作为法官处理人格权纠纷所援引的裁判依据。这就要求我国必须制定和完善人格权法，特别是对一般人格权作出规定，为法官裁判人格权纠纷提供明确的裁判依据。简言之，宪法中的人格尊严必须经由民法典具体化，透过具体的概念和规则才能成为法官的基本裁判规则，有效地规范民事活动，解决民事争议。

四、人格权法与侵权法的功能区分

我国《侵权责任法》第2条就所保护的权利范围列举了18项权利，其中近半数是人格权，由此表明了对人格权保护的高度重视，该法第15条规定的8种救济方式以及第22条的精神损害赔偿都可以适用于侵害人格权的救济。我国《侵权责任法》通过扩张权益保护范围及采用多种责任形式的方式，强化了对人格权的保护，从而使侵权责任法与人格权法的关系变得更加密切。如果采取积极确权模式，就必要产生如何协调与侵权责任法之间的关系这个问题。但即便如此，也不能忽略侵权责任法与人格权法在法律功能上的区分。

两者之间的关系本质上是权利法和救济法之间的关系。事实上，有关人格权的规则主要是确权、保护、利用和冲突协调四个方面。侵权法虽然也可能会涉及上述规则，但无法对其全面涵盖，因此，这些规则应当规定在人格权法中。人格权法与侵权法的法律功能不同，侵权法不能完全取代人格权法。

第一，人格权的类型确认应由人格权法完成。侵权法主要是救济法，其主要功能并不是正面确认权利，而是预防和填补损害。而人格权法是权利法，其与物权法等法律一样，其主要功能在于确权，即通过规定各类人格权及其内容与效力，从而为侵权法的救济提供法律依据。更重要的是，随着社会的快速发展，各种新型人格权益不断出现，人格权的具体保护、利用等规则，均需要法律作出明确规定，作为救济法的侵权法显然无法胜任这一重任。

第二，人格权的具体内容宜由人格权法规定。每一种人格权都具有其自身的作用或功能，这些权能不是单一的，而是多样的。我国《侵权责任法》第2条虽然对八项人格权进行了宣示性保护，但并没有也不可能进一步规范各种权利的具体权能。例如，肖像权具有形象再现、使用、转让等权能；隐私权的内容可进一步具体化为独处的权利、个人生活秘密的权利、通信自由、私人生活安宁、住宅隐私等。① 就私人生活秘密而言，又可进一步分类为身体隐私、个人信息隐私、基因隐私、健康隐私、家庭隐私等。不同的隐私由于不同类型在权利内容及侵权构成要件上又有所差异。公民和法人的人格权，不管是一般人格权还是各项具体人格权，又都具有较为丰富和复杂的权利内容。正是在这个意义上，只有制定人格权法，才能全面确认人格权的各项具体内容，充分回应私权行使和保护的需求。

第三，人格权的利用、行使规则应由人格权法规定。但在当代社会，人格权制度已经取得了很大发展，人格权种类和内涵在不断扩展。例如，互联网技术的发展使个人信息的经济效用日益凸显，而且侵害个人信息的现象也日益普遍，这也推动了个人信息权制度的发展。不仅人格权的外延在不断扩大，人格权的内涵也在不断扩张。如人格权的商业化利用，使部分人格权不

---

① Patrick O'Callaghan, Refining Privacy in Tort Law, Springer，2013, pp.32–34.

再仅仅是消极防御性权利，而是具有了一定的积极利用权能。① 法律不仅要列举与表彰各种权能，也要具体规定各种权能的行使与表现效果。尽管人格权原则上不能转让，但权利人可以许可他人对其人格权进行利用。例如，肖像权的使用权能与法人的名称权可以转让。尤其是如果未来人格权法中规定个人信息权，也必须规定个人信息的利用规则。还应当注意到，虽然大多数人格权是与生俱来的，如生命健康权等，但还有一些人格权需要通过实施一定的行为才能取得，如名誉权等。法律也应当规定人格权的具体行使、利用规则，这些规则显然非侵权法所能包括的。

第四，人格权与其他权利的冲突规则应由人格权法规定。人格权在行使过程中，常常会与其他权利发生冲突。这些冲突包括人格权与财产权、隐私与新闻自由、名誉权与舆论监督权之间的冲突。人格权在行使过程中，还可能与公权力发生冲突。另外，各项具体人格权之间也可能发生交叉和冲突，因而需要在人格权法中确立解决冲突的规则。侵权法难以确立解决权利行使和权利冲突的规则。此外，为了维护公共利益、社会秩序等，在法律上有必要对人格权作出一定的限制，这些限制规则（如对公众人物人格权的限制、人格权与言论自由的关系等）也很难在侵权法中加以规定，而只能由人格权法规定。

另外，以侵权法吸收人格权法存在难以逾越的立法技术障碍。通过侵权法提供侵害—救济的被动保护不足以充分保护人格权。我国《侵权责任法》体现了鲜明的中国特色，不是依据侵害的对象而是基于归责原则这一"中心轴"构建体系。《侵权责任法》采纳了三元归责原则体系，即过错责任、过错推定责任和严格责任。在该体系下，有关过错责任的一般规则适用于总则部分的内容，适用过错原则之外的特殊归责原则的，如严格责任、过错推定责任等，都是分则的内容。人格权如果置于侵权法中，主要适用过错责任。因此，侵犯人格权很难作为一种特殊侵权纳入。从《侵权责任法》的层面来

① Huw Beverley—Smith, The Commercial Appropriation of Personality, Cambridge University Press, 2002, p.173.

看，第 6 条第 1 款即可适用人格权的侵害，无须在分则中具体列举侵犯人格权的责任，如果列举就会发生体系冲突。侵害人格权也不能专门纳入侵权法总则，因为总则主要规定侵权责任的构成要件和抗辩事由，总则不是根据侵害对象构建的。所以，侵权法虽然能够为人格权提供一定保护，但无法全面体现人格权保护制度。

从上述分析可见，《侵权责任法》的实施虽然强化了对人格权的保护，但这并不影响人格权法的制定和实施。相反，为了配合侵权法共同实现对人格权的确认和保护，应当制定独立的人格权法。

五、人格权法与侵权法的功能协同

单独制定人格权法并不意味着要完全割裂其与侵权法之间的关系。人格权法属于权利法的范畴，积极确权模式是人格权法作为权利法的必然要求。当然，人格权法的独立成编并不会弱化侵权法的功能。相反，如果体系和内容设计得当，则能够与侵权法实现相互补充、相得益彰的效果。例如，知识产权法从传统民法中分离后，形成了一个相对独立的法律部门，但在知识产权受到侵害后，仍需从侵权法中寻找具体的裁判规则，这也实现了知识产权法与侵权法的有机协调。这种经验对人格权立法同样适用。也就是说，可以通过独立成编的人格权法积极确认人格权，再通过侵权法的具体规则保护人格权，从而形成二者的良性互动。

需要进一步探讨的是，在法律适用层面，积极确权模式是否会弱化对人格权的保护？有一种观点认为，采用积极确权模式之后，有关人格权的规定仍然是一个不完全法条。因为，此种规定并没有明确规定侵害人格权的法律后果。因此，还不如将其全部纳入侵权法中予以规定，形成一个完全法条，实现对人格权的周密保护。这种观点是反对人格权法在民法典中独立成编的一项重要理由。笔者认为，此种观点虽不无道理，但缺乏现实可行性，因为侵权法主要是救济法，其无法对人格权进行正面确权，而且侵权法也不可能针对每一种人格权和人格利益设计救济条款，形成完全法条。人格权利纷繁芜杂，且呈现出开放性特性，不可能在侵权法中得以充分。而通过人格权法对人格权进行正面确权，反而可以为侵权法对人格权的保护提供依据，这不仅不会弱化对人格权的保护，反而可以起到一种权利宣示作用，强化对人格权的保护。还应当看到，人格权法既是裁判规范又是行为规范，对行为的生活具有指引功能。因此，从正面规定人格权不仅有利于对人格权提供保护，而且还能指引民事主体的行为，如尊重生命、对生命的救助义务、尊重他人隐私和自由等。即使是英美法也开始通过成文法来确认人格权，例如美国颁布了《隐私法》，英国颁布了《个人信息保护法》。尤其是，美国的一些成文法也确认了对隐私权的保护。美国国会就制定了6部保护个人信息隐私的法律。为强化对隐私的保护，美国一些州也制定了相应的法律。目前美国至少10个州在其宪法中明确了对隐私权的保护。①

尤其需要指出的是，积极确权模式有利于发挥侵权法的裁判功能：一方面，人格权法关于人格权的规定和侵权法的规定可以共同构成人格权保护的完全法条。所谓完全法条，通常是指兼备构成要件与法律效果两个要素的法律条文。作为大前提的法律规范，一般应包括构成要件和法律效果两个部分。但一个完全法条并非仅仅是通过一部法律或者一个孤立的法条能够形成的。事实上，不完全法条的结合运用，并与事实要件相吻合，完全可以得出裁判结论。此种模式也是三段论推理中的一种类型。② 就人格权保护而言，通过人格权法对人格权进行正面确权，再通过侵权法确定相关的保护规则，二者可以共同组成裁判依据。例如，人格权法规定肖像权及其利用规则，如果行为人的行为侵害了肖像权，法官完全可以通过援引人格权法的相关规则，并结合侵权法的侵权责任规则形成一个完全法条，判令侵权人承担侵权责任。另一方面，从逻辑上看，必须先有原权利，才能构成原权利受侵害而产生的救济权。英美法崇尚"救济走在权利前面"，法官可以创设判例直接提供救济，不依赖于成文法对实体权利的确认，必须先有权利才能给予救

① 加利福尼亚州、佛罗里达州、路易斯安那州、阿拉斯加州、亚利桑那州、夏威夷州、伊利诺伊州、蒙大拿州、南卡罗来纳州、华盛顿州。

② 王泽鉴：《民法思维》，北京大学出版社2009年版，第158页。

济，通过创设判例直接提供救济。与英美法系不同，在大陆法系法官依照成文法裁判，必须先有成文法确认的权利才能给予救济。以物权法为例，物权法规定的各类物权当然受到侵权法的保护，但是，并不能认为有关物权的规范和侵权法保护的规范必须合二为一。

而且，物权的保护并不限于侵权请求权，作为物权本身权能的物权请求权在某些情况下更有利于物权的保护。人格权法的保护也是如此，不应当将人格权的确权规则与保护规则都规定在侵权法中，而应当通过人格权法的正面确权，为侵权法提供保护依据。人格权的积极确认模式为司法裁判积极确认和保护人格权提供了明确的充分依据，也有利于发挥侵权法的裁判功能。据统计，仅从 2014 年 1 月至 2015 年 6 月，全国法院公布的人格权案件就达 11 万件 ①。其中不少属于新型的人格利益纠纷。虽然《侵权责任法》第 2 条关于侵权法的权益保护范围采取了开放列举的方式，并采用民事权益的表述方法。但在实践中，由于新型的人格利益不断发展，诉争的人格权类型也日益复杂化。在不少的情况下，即便法官有足够的价值共识去保护某一种新型的人格利益诉求，但鉴于《侵权责任法》第 2 条规定的一般性和抽象性，法官常常难以寻找到足够的裁判依据。另一方面，该条的模糊性也使其无法为民事主体提供足够明晰的行为指引，已经影响到人格权的保护和司法裁判本身的权威性。这就需要协调人格权法与侵权法的功能，以实现对人格权最大程度的保护。

具体来说，人格权法在对人格权进行确认后，在如下几个方面还需要侵权责任法予以协调与配合，从而形成二者在功能上的衔接和互动：

第一，在确认某项人格权之后，需要通过侵权法确定对侵害人格权的侵权救济方式。人格权的具体内涵、行使规则、侵权责任的特殊构成要件等，都应当由人格权法作出具体规定，而侵害人格权的一般构成要件、侵害人格权的责任承担等，则可以由侵权法作出规定。在侵权的构成方面，人格权中的规定有助于确定侵权法所保护对象的具体范围。事实上，侵权法第 6 条第

---

① 参见王竹：《编纂民法典的合宪性思考》，中国政法大学出版社 2015 年版，第 360 页。

1 款规定了因过错侵权的一般条款，一般条款本身可以和权利法所确定的规范结合从来，从而形成完全规范。例如，在侵害姓名权的情形下，《民法通则》第 99 条和《侵权责任法》第 6 条第 1 款就构成了一个侵害姓名权的完全法条。

第二，人格权法对人格权进行正面确权之后，可以同时从反面列举禁止性的规范，禁止性的规范是法律的强制性规定，其可以确定民事主体行为自由的范围，禁止性规定应当在权利列举的规定中列举，而不应当在侵权法中列举。禁止性规范是"命令当事人不得为一定行为之法律规定"，其在性质上属于禁止当事人为一定行为的强行性规范。① 禁止性规范不同于侵权法中的权利救济规则，本质上属于行为规范的范畴，其功能在于规定权利行使的范围，因而不应纳入侵权法的范畴。在人格权领域，禁止性规范通常是由人格权法规定，《民法通则》在列举人格权的规范时，也同时规定了一些禁止性规范，但禁止性规范可与侵权责任法的规定结合起来，同时构成侵害人格权的构成要件。例如，《民法通则》第 101 条规定："公民、法人享有名誉权，公民的人格尊严受法律保护，禁止用侮辱、诽谤等方式损害公民、法人的名誉。"禁止用侮辱、诽谤等方式损害公民、法人的名誉本身就成了侵害名誉权的行为要件，该条可以与《侵权责任法》第 6 条第 1 款关于过错责任一般条款的规定结合起来，从而形成名誉权保护的完整规范。

第三，人格权法中的权利冲突规则能够与侵权法的规定相结合。例如，在实践中，常常出现人格权与言论自由、舆论监督等权利发生冲突。肖像权也可能会与著作权发生冲突。在此情况下，究竟哪一种权利应当得到优先保护，的确需要权利冲突的处理规则。权利冲突规则有助于划定行为人所承担的注意义务，从而有助于确定过错侵权责任中的过错构成要件。如新闻报道可能会使用他人的隐私、肖像等，但其一般并不构成对他人人格权的侵害。这实际上也确定了人格权的权利边界。可见，从某种意义上说，权利冲突规则本质上是划定各项人格权权利边界的规则，这些规则属于人格权设权规范

---

① 参见王轶：《论物权法的规范配置》，载《中国法学》2007 年第 6 期。

的范畴，应当规定在人格权法中。但在发生权利冲突后，在具体判断相关的行为是否构成侵权，应承担何种侵权责任时，则应借助于侵权法规则。而人格权法中的权利冲突规则可以为侵权责任的认定提供前提和基础。

第四，人格权法有关人格权商业利用的规定可以与侵权法中有关财产损害赔偿规则衔接起来，构成完全法条。人格权最初属于消极防御性的权利，此时，侵权法已经足以对人格权提供充分的保护。但随着人格权制度的发展，尤其是人格权商业化利用实践的开展，人格权的积极利用权能在不断发展，人格权逐渐发展成一项主观权利。人格权商业化利用本质上是人格权积极利用权能扩展的结果，因此，有关人格权商业化利用的规则属于人格权的正面确权规范，应当规定在人格权法中。但在行为人未经许可对他人的人格权益进行商业化利用时，则构成侵权行为，具体责任认定和承担则应当适用侵权法规则。以肖像权为例，《民法通则》第99条第2款规定："法人、个体工商户、个人合伙享有名称权。企业法人、个体工商户、个人合伙有权使用、依法转让自己的名称。"该条实际上规定了名称权的积极利用规则。但在名称权受到侵害时，则应依据侵权法规则具体认定行为人的侵权责任，《侵权责任法》第20条就是对侵害人身权的侵权责任作出的具体规定。可见，我国现行立法已经采纳了人格权积极利用与侵权法保护规则相衔接的做法。

第五，人格权法能够细化侵权责任在侵害人格权情形中的具体责任方式。《侵权责任法》第15条与第22条虽然规定了侵权责任承担方式，但仅适用于人格权的责任形式，如赔礼道歉、恢复名誉、精神损害赔偿等的相关的规定过于概括，不利于具体责任形式的适用，有必要在人格权法中对相关责任形式作出细化规定。近年来，由于通过网络侵害人格权行为不端增加，一些国家对人格权的保护措施作了特殊规定，如采用禁令等方式，防止损害后果的扩大。[①] 在最终判决作出之前，法官还可以作出预先裁决，责令行为

---

① 《法国民法典》第9条第2款规定："在不影响对所受损害给予赔偿的情况下，法官得规定采取诸如对有争执的财产实行保管、扣押或其他适于阻止或制止妨害私生活隐私的任何措施；如情况紧急，此种措施得依紧急审理命令之。"

人停止出版、禁止发行流通，或责令将出版物全部或部分予以查禁 ①。德国法也经常采用禁令对侵害人格权的行为进行规制 ②。一些国家的法律普遍赋予受害人删除权、请求声明撤回等权利。这尤其表现在以言论的方式侵害他人名誉的情形 ③。在我国，对人格权的保护措施，有必要在人格权法中进一步细化。以精神损害赔偿为例，《侵权责任法》第 22 条过于概括，而精神损害赔偿责任的具体认定规则非常复杂，该条不能为精神损害赔偿责任的适用提供具体规则。最高人民法院已于 2001 年出台了《精神损害赔偿司法解释》，我国未来人格权法可以以此为基础，总结我国既有的司法实践经验，对侵害人格权的精神损害赔偿侵权责任作出全面的规定。

综上所述，侵权法消极保护人格权模式的存在并不能否认人格权法作为一个独立民事法律部门的必要性。相比较而言，在权利确认上，积极确权模式的优势非常明显。事实上，无论是积极确权还是消极保护，都涉及权利的确认，如一项利益未被法律正面确认为权利和法益，侵权法就很难对其提供保护。在民法典分编之首，设独立一编规定人格权内容，有助于完善民事权利体系，彰显人格利益保护，推动我国人权法制建设，体现了我国民法学者积极探索在新的社会条件下完善民法体系的成果。

---

① ［奥］考茨欧等：《针对大众媒体侵害人格权的保护：各种制度与实践》，余佳楠等译，中国法制出版社 2013 年版，第 170 页。

② BGHZ 138，311，318.

③ ［奥］考茨欧等：《针对大众媒体侵害人格权的保护：各种制度与实践》，余佳楠等译，中国法制出版社 2013 年版，第 284 页。

论人格权请求权

所谓人格权请求权，是指民事主体在其人格权受到侵害、妨害或者有妨害之虞时，有权向加害人或者人民法院请求加害人停止侵害、排除妨害、消除危险、恢复名誉、赔礼道歉，以恢复人格权的圆满状态。在人格权立法过程中，关于是否存在独立的人格权请求权，存在不同观点，在我国民法典制定中，人格权请求权能否从侵权责任编中分离出来，与侵权请求权相分离，是人格权能否独立成编的关键和核心问题。笔者认为，人格权请求权的产生与发展是人格权制度重要的发展趋势，人格权独立成编是我国民法典体例的重大创新，在独立成编的人格权法中是否应当规定人格权请求权，以及如何规定人格权请求权，是我国人格权立法需要解决的重大疑难问题。笔者不揣浅陋，拟就此谈一点看法。

一、人格权请求权是一项独立的请求权

民法中的基础性的民事权利都伴随着相应的请求权，这些基础性权利对应的主要是民法所调整的财产关系与人身关系，在财产关系中，就财产权而言，物权、知识产权甚至债权，都各自具有独立的请求权，人身关系包括人格权关系和身份权关系，身份权关系中已经形成了继承回复请求权、离婚请求权等请求权。人格权（Persönlichkeitsrecht）作为一项保护人格利益（Persönlichkeitsgüter）的绝对权，也应当和其他绝对权一样，具有自身独立

的请求权。① 此种请求权适应人格权发展的需要，同时，也可以发挥对人格权进行保护和支撑的作用，但我国立法尚未规定独立的人格权请求权制度，这也反映了立法的不完备性。人格权请求权之所以是一项独立的请求权，首先是因为人格权具有自身独立的特征，这些特征主要表现在：

第一，人格权请求权是人格权效力的直接体现。人格权具有积极效力和消极效力两个方面。人格权的积极效力是指人格权所具有的支配、控制、依法利用等权能。人格权与其他的绝对权一样，有积极行使的功能。例如，肖像权人有权利用其肖像，并许可他人利用其肖像，如用于广告宣传等。人格权的消极效力是指人格权受到侵害或可能受到侵害时，权利人享有的保护其权利的权能。例如，在名誉权遭受侵害的情况下，权利人有权要求恢复名誉。人格权请求权是基于人格权的效力而产生的，是由人格权所具有的绝对性和排他性而产生的，其旨在使人格权在遭受侵害的情况下恢复到圆满状态。人格权请求权伴随着人格权的产生而产生，人格权被确认之后就当然产生此种效力，从而达到恢复权利人对人格利益的圆满支配状态、防患于未然的目的。

第二，人格权请求权旨在保护人格权，针对侵害人格权的行为采取预防与保护措施。一方面，人格权请求权是专门针对人格权的保护而设立的。例如，消除影响、恢复名誉就是专门针对人格权的侵害而设立的制度。人格权请求权是基于人格权所产生的，人格权的客体主要是精神利益，人格利益大多体现为一种精神利益，其与财产利益一般具有有形的特征不同，尤其是名誉、肖像、隐私、贞操、自由等利益，都是行为与精神活动的自由和完整的利益，且以人的精神活动为核心。在人格权遭受侵害的情形下，损害赔偿的方法主要是一种事后救济，而且其难以有效保护个人的人格尊严，这就需要借助人格权请求权这一人格权自身独特的方式对权利人提供救济。另一方面，人格权请求权具有预防功能，而侵权赔偿请求权主要发挥的是补偿功能。人格权请求权的主要功能在于强化对人格权的保护，确切地说，是强化对人格权的防御性保护，针对一切侵害人格权的行为采取预防与制裁措施，

---

① Vgl. MüKoBGB/ Rixecker BGB § 12 Anh，Rn.58 ff.

以达到防患于未然的目的。在财产权遭受侵害的情形下，通过金钱赔偿可以有效填补受害人的损害，而在人格权遭受侵害的情形下，损害后果往往具有不可逆转性（如隐私一旦公开就无法恢复原状），所以，应当更多地采用消除危险和停止侵害的方式；同时，损害赔偿无法对受害人所遭受的损害提供完全地救济，这就需要通过停止侵害、恢复名誉、消除影响等方式为人格权提供救济。正如德国学者拉伦茨所指出的，人格权请求权的内容具有特殊性，即在人格权有受到侵害之虞时，司法实践准许权利人请求消除危险；在继续受到侵害时，准许请求停止侵害。① 从现代社会的发展来看，预防侵权具有越来越重要的作用。

第三，人格权请求权是基于人格权的支配性和排他性而产生的。所谓人格权的支配性，是指权利人对其人格利益的支配，而不能将其简单地视为对其人身的支配。所谓排他性，是指人格权作为对世权，任何人都负有不得非法侵害权利人人格权的义务。人格权的绝对性决定了人格权的排他性，这一点与物权、知识产权等绝对权无异。权利人所享有的人格权依法可以向任何人主张。由于人格权的权利主体可以禁止任何人实施侵害其权利的行为，所以人格权也被称为绝对权。人格权作为支配权，权利人对其人格利益具有支配的权能，并能产生对抗第三人的效力。也就是说，只要权利人对其人格利益的圆满支配状态受到了不法侵害，权利人都应当有权提出相关请求，以恢复此种圆满支配状态，而且权利人在提出此种请求时，不以行为人的行为构成侵权为前提。相反，债权属于相对权，而非支配权，因此，也就不能产生类似于"人格权请求权"的效力。正如拉伦茨所指出的，人格权请求权使人格权主体能够排除行为人的不法侵害行为，以恢复人格权的圆满状态。② 正是因为人格权具有特殊性，在其遭受侵害以后，要恢复其圆满状态，就必然要采取与救济财产权不同的方式。

第四，人格权请求权是附随于人格权、为人格权所特有的请求权。一方

---

① 参见 [德] 卡尔·拉伦茨：《德国民法通论》上册，谢怀栻等译，法律出版社 2004 年版，第 169—170 页。

② 参见上书，第 326—328 页。

面，人格权请求权附随于人格权，具有较强的人身依附性，不能与人格权相分离而独立存在，而且人格权请求权只能由人格权主体享有，权利人不能将其单独转让，或者允许他人继承，权利人死亡时，人格权请求权也一并消灭。① 因为人格权请求权是为保护人格权而设立的，如果允许权利人将其与人格权分离而转让或允许他人继承，就违背了人格权请求权制度的设立目的，因此，人格权请求权具有人身专属性。另一方面，人格权请求权伴随人格权的产生而产生，人格权被确认之后就应当产生此种效力。任何人的行为只要妨碍或者可能妨碍人格权的行使，无论是否构成侵权，权利人都可以主张人格权请求权。同时，权利人在主张人格权请求权时，并不以其提起侵权诉讼为前提。例如，在个人信息记载有误的情形下，信息权利人有权要求信息控制者采取更正等措施，这些也是人格权请求权行使的体现，但在此情形下，并不需要信息控制者的行为构成侵权。

我国《侵权责任法》第15条规定了侵权请求权，但并没有单独规定人格权请求权，在人格权遭受侵害的情形下，现行立法主要通过侵权请求权对权利人提供救济，为了强化对人格权的保护，有必要在我国正在制定的民法典草案中规定人格权请求权，并与侵权损害赔偿请求权相分离。我国民法典草案人格权编规定独立的人格权请求权，将人格权请求权从侵权请求权中独立出来，除了因为其自身的特点之外，还是因为其与侵权损害赔偿请求权存在重大区别。人格权请求权与侵权损害赔偿请求权的区别主要体现为：一方面，是否考虑过错不同。侵权损害赔偿之债一般适用过错责任原则，其成立需要受害人证明行为人主观上存在一定的过错。而人格权请求权在性质上属于绝对权请求权，绝对权请求权的目的都在于恢复个人对其绝对权利益的圆满支配状态，人格权请求权也不例外，因此该请求权的行使并不要求行为人具有过错。由此可见，在人格权遭受侵害或者有遭受侵害的危险时，赋予权利人人格权请求权，并且不考虑行为人是否具有过错，有利于防止损害的发生或者扩大，这也更有利于人格权的保护。也

---

① Vgl. Jauernig/Teichmann, BGB § 823, Rn.64 ff.

就是说，只要行为人的行为影响到此种圆满状态，权利人即有权主张人格权请求权，以消除相关的危险或者不法侵害行为，而不需要行为人主观上具有过错，这显然更有利于减轻权利人的举证负担。另一方面，是否要求证明实际损害不同。因为人格权请求权主要目的在于"防患于未然"，因此其并不要求损害已经实际发生，在人格权益存在受损的风险时，权利人即可以要求行为人消除危险，而在侵害行为正在进行时，虽然侵害结果还没有发生，权利人也可以要求行为人停止侵害。由于侵权损害赔偿之债以填补受害人实际损害为主要目的，因此，其适用需要受害人证明其遭受了实际损害，即受害人应当证明其损害已经实际发生，并且损害结果达到一定程度，超过社会一般的容忍限度，在被侵害人证明存在实际的精神或者物质损害之后，行为人才需要承担损害赔偿责任。正因为此类责任形式的适用并不要求受害人证明其遭受了实际损害，从而极大地减轻了受害人在人格权遭受侵害情形下的举证负担，同时在损害有可能发生时，即使侵害人无过错也可以行使人格权请求权，这样可以"防患于未然"，发挥损害预防的作用。尤其应当看到，侵权损害赔偿之债作为一种债的关系，应当适用诉讼时效制度。也就是说，如果权利人没有在时效期间内主张权利，债务人将享有时效利益，可以对权利人履行债务的请求提出抗辩。而人格权请求权难以适用诉讼时效。例如，就停止侵害、排除妨害等责任形式而言，由于相关的侵害行为处于持续状态，因此难以适用诉讼时效制度。在请求停止侵害、排除妨碍、消除危险的情形下，由于行为人的侵权行为一直处于持续状态，诉讼时效无法确定起算点，因此，不应当适用诉讼时效。以生命权、健康权为例，只要侵害或者妨碍生命权、健康权的行为一直持续，则权利人即应当有权主张人格权请求权。

二、人格权请求权的独立是现代社会发展的需要

从比较法上看，《德国民法典》并没有规定独立的人格权请求权，而主要通过侵权法规则保护人格权。人格权作为一项绝对权，在请求权体

系中被侵权请求权所替代。① 因此，确切地说，德国法中没有人格权请求权，只有基于人格权损害的请求权（AnsprüchebeiPersönlichkeitsrechtsver-letzung）。但德国法院在司法实践中也发展出了人格权请求权，法院认为，物权以外的其他绝对权，如姓名权，由于缺少类似于物权请求权的保护方法，存在一项法的漏洞，因此，在司法实践中，法官通过案例填补了这一漏洞，即通过整体的类推适用民法典第 12 条、第 862 条、第 1004 条，承认一项不作为请求权，以对抗那些仅仅在客观上不法的对受法律保护的权利的侵害。② 在实践中，德国法进一步将此种不作为请求权延伸为排除妨害请求权（Beseitigungsanspruch），权利人可以请求行为人撤回、改正、补充相关的错误陈述，以及相关侵害人格利益的行为。③2005 年 10 月 25日，德国联邦宪法法院发布裁定，明确指出，针对一项损害他人名誉的言论，应当适用不作为请求权保护一般人格权，其规范基础是民法典第 1004条第 1 款和第 823 条第 2 款结合刑法典第 186 条。④ 可见，德国司法实践在保护一般人格权时较多地借鉴了《德国民法典》第 1004 条所规定的物权请求权，并在此基础上发展出了撤回请求权（Widerrufsanspruch），此种请求权具有一定的独立性，且旨在保护权利人的名誉。⑤ 也就是说，针对客观的、迫在眉睫的不法侵害，权利人可以主张类推适用《德国民法典》第 1004 条所规定的物权请求权来获得保护。而在德国学界，目前通说认为，对人格利益的保护，德国法是将《德国民法典》第 1004 条（所

---

① Vgl. Jauernig/Teichmann BGB §823, Rn.64 ff.；MüKoBGB/Wagner BGB §823, Rn.363.

② BeckOGK/Spohnheimer, 2017, BGB §1004, Rn.13.

③ Verena Fricke, Der Unterlassungsanspruch gegen Presseunternehmen zum Schutze des Persönlichkeitsrechts im IPR, Tübingen, 2003, S.128.

④ BVerfG NJW 2006, 207, 208.

⑤ BeckOGK/Spohnheimer, 2017, BGB §1004 Rn.14. 司法实践在适用该请求权时有时直接适用第 1004 条，有时类推适用第 1004 条，有时直接适用 1004 和第 823 条，有时又类推适用第 823 条和第 1004 条，虽然路径不一，但结果基本一致，即不要求行为人具有过错。BeckOGK/Spohnheimer, 2017, BGB §1004 Rn.326.

有权妨碍排除请求权）类推适用，作为请求权基础，以加害行为具有违法性为要件，不以行为人有故意过失为必要，乃属一种妨害排除的撤回请求权，其功能在于排除对人格利益的侵扰。① 在类型上，人格权请求权包括：停止侵害、排除妨害、改正、撤回、物质损害赔偿、金钱赔偿、获益返还、告知（Auskunft）、对立陈述（Gegendarstellung）。② 德国学者一般认为，侵权损害赔偿请求权以补偿功能（Kompensationsfunktion）为主要功能，妨碍排除请求权更强调预防功能（Präventionsfunktion），不具有补偿功能。③

《法国民法典》也没有规定人格权的保护规则，人格权遭受侵害后，权利人主要依据民法典第 1382 条所规定的侵权法的一般条款予以概括保护。④ 但在实践中，法国法其实已经突破通过侵权法规则保护人格权的界限，而发展出了隐私权、身体权等针对人格权的保护规则。例如，1970 年，《法国民法典》修订时增加第 9 条规定："每个人均享有其私生活受到尊重的权利。"法国最高法院在判决中确认，该条独立于第 1382 条侵权责任，构成一项独立的诉讼，不需要过错等要件。法国最高法院在 1996 年 11 月 5 日的一个著名判例中指出："根据民法典第 9 条，证实损害的存在就足以授予受害人以赔偿"⑤，这就是说，对隐私权的侵害并不要求过错的存在，因为对他人私生活一切任意性的干涉都是非法的。有论者指出，这是对主张侵权责任一般原则吸收民法典第 9 条论点的彻底推翻⑥。巴黎上诉法院的判决认为："公开刊载涉及他人私生活的有关事实，即便情节轻微或者无关紧要，甚至是以为公众所知且公开者没有恶意，这些对于刊载争议文章的违法性毫无影响，因为

① Verena Fricke, Der Unterlassungsanspruch gegen Presseunternehmen zum Schutze des Persönlichkeitsrechts im IPR, Tübingen, 2003, S.137.

② Vgl. MüKoBGB/ Rixecker BGB §12 Anh. Rn.249 ff.

③ Staudinger/Karl-Heinz Gursky, 2012, BGB §1004, Rn.139.

④ See Gert Brüggemeier, Aurelia Colombi Ciacchi, Patrick O Callaghan, Personality Rights in European Tort Law, Cambridge University Press, 2010, p.11.

⑤ Cass. Civ.1ère, le 5 novembre 1996, in Bulletin Civil, I, n° 378.

⑥ Cass. Civ.1ère, le 25 février 1997, in JCP, G., 1997, II, p.22783, note J. Ravanas.

行为人没有获得权利人的授权。"①

《瑞士民法典》最早规定了人格权的一般保护规则，开创了人格权请求权的先河，该法典第 28 条第一款规定人格权受侵害者得诉请排除妨害，该条第 2 款规定其得诉请损害赔偿，或以立法明文规定为限，可以诉请慰抚。一般认为，《瑞士民法典》是最早以明确方式来规定人格权请求权的民法典。根据瑞士学者的解释，《瑞士民法典》和《瑞士债法典》规定了两类不同类型的人格权诉讼，实际上是绝对权请求权诉讼与侵权诉讼的二元模式②。第一种模式是防御性诉讼，即由《瑞士民法典》第 28a 条第一款规定的三种类型的防御性诉讼，包括预防损害诉讼（即对即将发生的、对人格的不法损害而提起的诉讼）、停止侵害诉讼（即针对正在持续的不法侵害行为而提起的诉讼）以及确认权利之诉（即针对侵害行为虽已结束但造成损害仍未完全消除，权利人所提起的请求确认侵害行为不法性的诉讼）。第二种模式是损害赔偿诉讼，即针对人格权遭受侵害所遭受的损失所提起的诉讼，此类诉讼由《瑞士债法典》第 41 条（侵权一般条款）和第 49 条（侵害人格权）所规定。损害赔偿诉讼既包括财产损害赔偿诉讼、精神损害赔偿诉讼，还包括返还侵权得利诉讼。③ 由此可见，在瑞士法中，人格权请求权与侵权请求权是相分离的，这两类诉讼的差别在于是否要证明行为人具有过错、是否适用诉讼时效以及责任的重点在于赔偿损害还是预防和消除危险。④

日本民法典也没有规定人格权请求权，但司法实践也在一定程度上承认了人格权请求权。例如，在"北方杂志案"中，日本最高法院在判决中明确指出：名誉遭受违法侵害者，除可要求损害赔偿及恢复名誉外，对于作为人格权的名誉权，出于排除现实进行的侵害行为或预防将来会发生的侵害的目

---

① Cass. Civ.1ère, le 5 novembre 1996, in Bulletin Civil, I, n° 378.

② Olivier Guillod, Droit des personnes, 4e edition, Basel: Helbing Lichtenhahn, 2015, pp.135–143.

③ 参见石佳友：《人格权立法的历史演进及其趋势》，载《中国政法大学学报》2018 年第 4 期。

④ 参见石佳友：《人格权立法的历史演进及其趋势》，载《中国政法大学学报》2018 年第 4 期。

的，应解释为还可以要求加害者停止侵害。从而揭示出，日本法上在名誉权遭受侵害的情况下，权利人除可以要求损害赔偿及恢复名誉外，对于现实的侵害行为和将来可能发生的侵害行为，权利人还可以请求行为人停止侵害。① 总的来讲，日本的学说总体上倾向于支持本国法院的判例，承认人格权请求权的独立性，否认侵权请求权包括停止行为请求权。②

由此可见，从比较法上看，虽然许多国家的立法没有明确规定人格权请求权，而主要通过侵权请求权保护人格权，但在司法实践中都或多或少地承认了人格权请求权。而《瑞士民法典》则明确规定了人格权请求权。这种模式的优点在于，其针对人格权保护的特殊性，就人格权的保护设置了与物权请求权相类似的绝对权请求权保护方法，而且与侵权请求权相比，人格权请求权的成立并不要求行为人的行为构成侵权，只要其可能侵害人格权，影响人格权的实现，权利人即可提出人格权请求权，且不受诉讼时效限制，这显然更有利于人格权的保护③。此种立法模式值得我们借鉴。

三、人格权请求权的广泛运用是现代民法发展的重要趋势

如前所述，虽然一些国家的立法没有规定人格权请求权，但在司法实践中已经广泛运用了人格权请求权对人格权加以保护。人格权请求权不同于侵权请求权，其在内容上具有特殊性，人格权请求权作为一项独立的请求权，其在内容上具有不同于其他请求权的特点，而且人格权请求权作为伴随人格权而产生的请求权，随着人格权概念的不断发展，人格权请求权越来越显现出其特殊性。人格权请求权随着人格权的发展变化而不断显现其独立存在的

---

① 姚辉：《民法上的"停止侵害请求权"——从两个日本判例看人格权保护》，载法苑精苑编辑委员会编：《中国民法学精萃》（2003 年卷），机械工业出版社 2004 年版，第 578—580 页。

② 杨立新：《人格权法》，中国法制出版社 2006 年版，第 63 页。

③ 参见石佳友：《人格权立法的历史演进及其趋势》，载《中国政法大学学报》2018 年第 4 期。

价值，人格权请求权的内容也会随着侵害人格权方式的变化而相应地变化。一方面，现代民法发展的特点是人格权的种类越来越丰富，在民事权利体系中占据非常重要的地位，关系到每个人的人格尊严，是民事主体最基本，最重要的权利，因此，旨在保护人格权的人格权请求权的重要性也日益凸显。另一方面，进入互联网、高科技、大数据时代后，侵害人格权的侵权方式越来越多样化，如非法窃取个人信息、非法利用个人信息等，这也意味着人格权请求权的类型也需要不断丰富和发展。具体而言，人格权请求权的新发展主要表现在如下方面：

第一，广泛采用停止侵害、排除妨碍等方式，预防侵害人格权行为的发生。在互联网和大数据时代，由于网络环境对人格权的损害后果具有无限放大性，而且互联网的受众具有无限性，因此，侵害人格权的损害后果一旦发生，即可能被无限放大，甚至覆水难收，无法恢复原状。针对人格权侵害的特殊性，各国都广泛采用了停止侵害的方式。例如，如果相关出版、发行的作品可能侵害他人的人格权，则在最终判决作出之前，法官还可以作出预先裁决，责令行为人停止出版、禁止发行流通，或责令将出版物全部或部分予以查禁①。在法国法上，依据《法国民法典》第9条第2款的规定，"在不影响对所受损害给予赔偿的情况下，法官得规定采取诸如对有争执的财产实行保管、扣押或其他适于阻止或制止妨害私生活隐私的任何措施；如情况紧急，此种措施得依紧急审理命令之"。在德国法上，禁制令的救济也是侵害人格权救济中通常采用的方式②。

如前所述，排除妨碍请求权在人格权保护中也得到了广泛的应用。由于排除妨碍请求权并非针对已经发生的损害后果，而是针对可能发生的损害行使排除妨碍的权利，这有利于消除侵害人格权的初始的妨碍源，即在有人格权侵害之虞时，将可能产生的损害排除，这对于预防损害的发生也十分必要。从实践来看，妨碍排除请求权并不需要证明行为人有过错，且

---

① ［奥］考茨欧等：《针对大众媒体侵害人格权的保护：各种制度与实践》，余佳楠等译，中国法制出版社2013年版，第170页。

② BGHZ 138，311，318。

不需要证明实际损害的发生，进而，妨碍排除请求权与损害赔偿请求权得以区分①。

第二，请求撤回声明的权利。所谓撤回，是指在侵害名誉的情形，将侵害人所作的陈述撤回。在德国，近几十年来，司法实践在《德国民法典》第 1004 条所规定的物权请求权的基础上发展出了撤回请求权（Widerrufsanspruch），此种请求权具有一定的独立性，且旨在保护权利人的名誉。② 德国司法实践中，也承认了撤回陈述或者修正其陈述的责任方式。③ 按照德国通说见解，撤回请求权属于排除妨害的一种具体情形，其以侵害行为具有违法性为要件，以侵害人有故意或过失为前提。④ 通过由被告声明撤回其不当言论，有助于防止损害后果的继续扩大，且有利于减少纠纷。

第三，补充、更正及删除请求权的产生。所谓补充，是指相关的文字或信息不完整，而侵害受害人的名誉等权益，则受害人有权要求补充相关内容。所谓更正，是指相关的文字或信息有误，则受害人有权要求予以修改和纠正。所谓删除，是指行为人发布相关的文字或信息造成受害人名誉、隐私等侵害的，受害人有权请求删除相关的文字或信息。例如，德国法中出现了补充和更正请求权（DerAnspruch auf Ergänzung und Richtigstellung），⑤ 以保护受害人的人格权益不受侵害。在有些情况下，即使言论并非直接针对受害人本人，而采用影射等方式，也可以请求加害人进行补充性的更正，以使

---

① Waas, Zur Abgrenzung des Beseitigungsanspruchs gem.§1004 Abs.1 S.1 BGB von dem Anspruch auf Schadensersatz wegen unerlaubter Handlung, VersR 2002, 1205；Wilhelmi, Risikoschutz durch Privatrecht, Mohr Siebeck, 2009, S.54.

② BeckOGK/Spohnheimer, 2017, BGB §1004, Rn.14.司法实践在适用该请求权时有时直接适用第 1004 条，有时类推适用第 1004 条，有时直接适用 1004 条和第 823 条，有时又类推适用第 823 条和第 1004 条，虽然路径不一，但结果基本一致，即不要求行为人具有过错。BeckOGK/Spohnheimer, 2017, BGB §1004, Rn.326.

③ 参见张民安主编：《名誉侵权的法律救济：损害赔偿、回应权、撤回以及宣示性判决等对他人名誉权的保护》，中山大学出版社 2011 年版，第 3 页。

④ 参见王泽鉴：《人格权法》，北京大学出版社 2013 年版，第 431 页。

⑤ MuekoBGB/ Rixecker, 7. Aufl.2015, BGB §12 Anh. Das Allgemeine Persönlichkeitsrecht, Rn.264.

言论更加客观真实。在言论传播到第三人的情况下，如果表意人本身没有足够明确地表达且未加以核实即加以传播，则权利人可以主张隔离相关言论（Anspruch auf Distanzierung），以停止该言论的传播。① 这些请求权的行使并不要求受害人已经遭受现实的损害，也不要求行为人的行为已经构成侵权。甚至权利人认为信息持有者持有信息已无必要的情况下，有权主动要求信息持有者采取措施，删除相关信息。这也是一种积极性的权能，在一定程度上体现了人格权的主动性。

第四，回应权（droitderéponse）的广泛运用。回应权是指定期出版发行的媒体（包括报刊、电台、电视台等）如有涉及他人人格之报道，则被报道者有权做出回应。如果所报道的事实系公权力机构所组织的公共活动，则被报道者无回应权。该权利最早由法国法所规定，有法国学者认为其属于最为典型的人格权②。法国民法采取的做法主要是责令被告自费公告法官对其作出的名誉侵权判决摘要及回应权。《瑞士民法典》在 1983 年修订后，以第28g 条规定了"回应权"。根据该条规定，如果定期出版发行的媒体的报道中涉及侵害他人人格，则被报道者有权作出回应。媒体包括报刊、杂志、电台、电视台等③。德国司法实践也承认了所谓相应报道请求权(Degendarstellungsanspruch)，即权利人有权要求行为人在公开场合（通常是公共媒体）对其之前错误的陈述作出修正，以保护受害人自身社会形象的完整性。④ 此种权利类似于回应权。从广义上说，回应权是人格权请求权的一项积极权能，其基础是主体所享有的人格权（譬如名誉权）。

---

① MuekoBGB/ Rixecker，7. Aufl.2015，BGB § 12 Anh. Das Allgemeine Persönlichkeitsrecht，Rn.265.

② Jean-Christophe Saint-Pau (dir.)，Droits de la personnalité，pp.1001–1002，转引自石佳友：《守成与创新的务实结合：〈中华人民共和国民法人格权编（草案）〉评析》，载《比较法研究》2018 年第 2 期。

③ 参见石佳友：《人格权立法的历史演进及其趋势》，载《中国政法大学学报》2018 年第4 期。

④ Rüdiger Klüber，Persönlichkeitsrechtsschutz und Kommerzialisierung，Tübingen，2007，S.118.

第五，赔礼道歉的产生与发展。自《日本民法典》颁布以来，日本法院就要求侵害他人名誉的行为人在报纸或画刊上发表公开道歉，这被视为是恢复名誉的一种合适的惩罚手段①。除了日本以外，在亚洲一些国家和地区（如韩国、越南、印尼、我国台湾地区等）也承认赔礼道歉是一种强制性的救济方式。而在欧洲，捷克等国家也承认此种救济方式。英格兰和威尔士也颁布了所谓的道歉立法②。

可见，在现代社会，针对人格权保护的特殊性，许多国家都开始在侵权请求权之外，通过一些特殊方式保护人格权，人格权请求权不仅有利于充分保护受害人，而且随着社会的发展，人格权请求权本身也在不断发展完善。例如，在大数据时代下侵害个人信息、数据，就需要通过人格权请求权加以保护，欧盟《一般数据保护条例》（GDPR）规定的更正权、删除权，包括访问权等，很大程度上都是人格权保护请求权的表现形式。

还应当看到，确立人格权请求权还有利于未来新型人格权的生成和发展。人格权是不断发展的权利，随着经济社会发展，人格权的类型也日益丰富，人格权请求权在一定程度上也具有权利生成的作用。也就是说，正是通过权利的保护，新型的人格权不断受到社会的认可。例如，我国现行立法并没有对声音的保护作出规定，但通过人格权请求权的适用，声音的保护也逐渐得到认可，并最终可能形成为一种新型人格权。

四、我国民法典有必要确认独立的人格权请求权

早在 1986 年，我国《民法通则》在确认人格权制度之后，又在第 106 条第 2 款规定："公民、法人由于过错侵害国家的、集体的财产，侵害他人财产、人身的，应当承担民事责任。"该条通过侵权责任对人格权提供救济。《侵权责任法》承袭了这一立法经验，《侵权责任法》第 15 条规定："承担

---

① ［奥］考茨欧等：《针对大众媒体侵害人格权的保护：各种制度与实践》，余佳楠等译，中国法制出版社 2013 年版，第 284 页。

② Compensation Act 2006（UK），s. 2.

侵权责任的方式主要有：（一）停止侵害；（二）排除妨碍；（三）消除危险；（四）返还财产；（五）恢复原状；（六）赔偿损失；（七）赔礼道歉；（八）消除影响、恢复名誉。以上承担侵权责任的方式，可以单独适用，也可以合并适用。"由此可见，在人格权遭受侵害后，我国立法主要通过侵权请求权对人格权提供救济。该条规定了多种责任形式，可以说是采用责任形式对各类侵权行为提供保护。由于责任方式的多样性，因而此种模式被称为大侵权模式。此种方式的优点在于，可以在一定程度上便利当事人的诉讼，可以通过一次侵权诉讼解决损害赔偿和权利的防御性保护问题。但该模式最大的缺陷在于，其没有区分绝对权请求权（如物权请求权、人格权请求权）与侵权损害赔偿请求权，由此所导致的问题在于：一方面，其无法明确区分不同请求权的主张所要求的构成要件。如前所述，对侵权损害赔偿请求权而言，其一般适用过错责任原则，例外情形下适用严格责任，而对停止侵害、排除妨碍、消除影响等预防性的责任形式而言，其并不当然适用过错责任归责原则，而大侵权模式并没有对此进行必要的区分，这可能不利于各种责任形式的准确适用。例如，如果要求所有责任形式的适用都以过错为前提，就会加重原告的举证负担。另一方面，因为绝对权请求权不适用诉讼时效，但是，在"大侵权模式"之下，难以解释为何某些类型的侵权责任不适用诉讼时效。

从司法实践来看，在相关的人格权纠纷中，有的法院也在侵权责任承担方式之外，运用了预防性的救济方式。例如，在著名的"钱钟书书信案"中，北京市第二中级人民法院在充分考虑该案对社会公共利益可能造成的影响后，准确地作出了司法禁令，禁止被告从事拍卖书信的行为，既有效保护了著作权人权利，又保护了原告的隐私权。① 可见，虽然我国立法主要通过侵权法规则保护人格权，而没有单独规定人格权请求权，但从司法实践来看，人格权纠纷的解决并非只能按照侵权处理，在人格权可能遭受侵害的情

① 参见《钱钟书书信案引出新民诉法首例诉前禁令》，载《法制日报》2014年2月26日第5版。

形下，也可能通过人格权请求权对权利人进行救济。

由于人格权是一项独立的支配权，为了保护此种支配权的完整性，法律上有必要承认独立的人格权请求权制度。从我国物权保护的立法经验来看，《民法通则》并没有规定独立的物权请求权，而只是通过第 106 条所规定的侵权请求权对物权进行保护，而《物权法》则规定了独立的物权请求权，规定独立的物权请求权有利于减轻物权人的举证负担，更有利于物权的保护，人格权的保护同样如此。笔者认为，我国立法有必要在侵权请求权之外规定独立的人格权请求权，主要理由在于：

第一，有利于进一步增进立法的体系性与科学性。从立法层面来看，规定独立的人格权请求权，采取人格权请求权与侵权损害赔偿请求权相分离的模式，有利于构建完整的请求权体系。从古典的民法典体系来看，不论是"法学阶梯"模式还是"学说汇纂"模式，都是以财产关系为中心，其所规定的人的制度都是从"主体"的角度而言的，着眼点在于解决主体参与法律关系的资格与能力，并没有肯定人格权的独立地位，在价值上对人的地位重视不够。[①] 而人格权则在于确认人自身所享有、作为其自身组成成分、与其自身不可分离的权利。《侵权责任法》已经规定了多种责任承担方式，但民法典仍有必要对人格权请求权作出规定，以确立此种独特的人格权保护方法[②]，从而不断完善人格权制度。需要指出的是，人格权请求权既不同于物权请求权，也不同于债权请求权，所以，设立独立的人格权请求权有助于区分人格权请求权与其他请求权的关系，并在此基础上构建完整的请求权体系，这一请求权体系包括债权请求权、物权请求权、人格权请求权、继承法上的请求权、亲属法上的请求权。

规定独立的人格权请求权，有利于提升立法的科学性。一方面，把人格权请求权单独规定，使绝对权请求权回归到绝对权制度之中，进而与侵权损害赔偿请求权向区分，明确两种构成要件的不同，避免二者的混淆。我

---

① 陈华彬：《中国制定民法典的若干问题》，载《法律科学（西北政法学院学报）》2003年第 5 期。

② 参见杨立新、袁雪石：《论人格权请求权》，载《法学研究》2003 年第 6 期。

国《物权法》已经将物权请求权独立出来，与侵权责任制度相分离，与此相应，人格权请求权也应当独立出来，置于民法典人格权编之中。另一方面，针对不同类型的人格权配置不同的人格权请求权，更有利于法律规则的准确适用。例如，我国知识产权法规定了侵权责任承担方式，从司法实践来看，在涉及侵害知识产权且没有造成实际损害后果时，都是适用知识产权法的规定，而没有适用侵权法的规定。人格权请求权也同样如此，即在人格权遭受侵害和妨碍的情形下，也应当主要适用人格权请求权。此外，各项人格权之间存在一定的差异，适用于某种人格权的责任形式并不当然适用于其他人格权，如赔礼道歉可以适用于名誉权，但并不当然适用于身体权，因此，针对不同的人格权设置不同的人格权请求权，也有利于使立法更加科学合理。

第二，有助于法官准确适用法律并保障司法的统一。采用各种侵权责任形式保护人格权，极易使法官产生一种误解，即认为所有侵权责任承担方式的适用要件都是相同的，都必须构成侵权才能适用，且权利人需要证明行为人有过错，甚至也不考虑在时效方面是否存在区别，这就不利于一些责任形式的准确适用。我国《侵权责任法》第15条、《民法总则》第179条对各种责任承担方式作出了规定，但两部法律均将各种责任形式规定在一起，给人的感觉是各种责任承担方式的适用条件是相同的，似乎没有必要对不同民事责任形式的适用条件进行区分。但事实上，人格权请求权与侵权损害赔偿请求权在构成要件、诉讼时效的适用等方面存在差异，规定独立的人格权请求权，进而与侵权损害赔偿请求权向区分，这有助于明确两种构成要件的不同，避免混淆，更有利于法官的适用。尤其应当看到，在各种保护人格权的方式中，停止侵害等人格权请求权具有独特的责任要件和功能，应当在立法上确认此种请求权，这也有利于凸显人格权请求权作为绝对权请求权的权利属性。如果立法不对此种请求权作出特别规定，可能也不利于法官准确运用此种请求权，也不利于人格权的保护。

规定独立的人格权请求权，有利于实现"同案同案"，维护司法裁判的统一。我国《侵权责任法》虽然规定了各种责任形式，但并没有规定各项责任形式的适用条件，这就可能导致司法裁判的不统一。从司法实践来看，就排除妨碍、消除危险的法律适用，有的法院要求原告证明被告有过错，有的法院并未作此要求。以信用权纠纷为例，针对个人的信用记录不实造成个人损害的案件，有的法院认为，行为人构成对权利人名誉权的侵害，应当承担删除不良信用记录、张贴书面道歉声明、送达书面道歉说明等责任。① 而有的法院则认为，"商业银行应当遵守中国人民银行发布的个人信用数据库标准及其有关要求，准确、完整、及时的向个人信用数据库报送个人信用信息"，行为人将权利人的相关信用信息报送至中国人民银行征信中心时未能做到准确、及时、完整，构成对权利人名誉权的侵害，应当予以消除。② 在该案中，法院在认定行为人构成对权利人名誉权的侵害并应当承担消除相关不良影响后果的责任时，并没有提及行为人是否需要具有过错。必须看到，司法实践中的同案不同判，会严重损害法律的权威性。所以，在立法时将人格权请求权独立出来，明确人格权请求权的适用并不需要过错，也不需要当事人证明行为人是否具有过错，这也有利于统一司法裁判。

第三，有利于全面、充分保护人格权，适应人格权保护的需要。如前所述，规定独立的人格权请求权，将极大地减轻原告对过错和损害的举证负担，同时，因为人格权请求权不适用诉讼时效，这也有利于对权利人的保护。另外，一旦立法规定了人格权请求权，法官可以依据这一制度，促进人格权本身的发展，促成新类型人格权的产生。例如，从比较法上来看，一些国家的侵权法虽然规定了恢复名誉这一责任形式，但究竟通过何种方式恢复名誉，并不明确，而通过在人格权法中规定更正错误报道、回应权等方式，则能够更加及时地救济权利人。因此，在瑞士，由 Tercier 教授主持的人格权立法草案的理由报告中指出，"人格的范围不能也不应该以严格的方式去界定，应该交由法官根据社会观念和对人格的各种危害的变化，来逐渐填补

---

① 参见《朱某某与尉氏县农村信用合作社名誉权纠纷案》，河南省高级人民法院民事裁定书，（2015）豫法立二民申字第 00159 号。

② 参见《宦某某等诉洪洞联社等名誉权纠纷案》，山西省临汾市中级人民法院民事判决书，（2015）临民终字第 1209 号。

其内容"①。所以，未来一旦我国在人格权法中规定了人格权请求权，法官就可以援引这些规则，创设更正请求权、删除请求权等新类型的请求权，从而丰富和发展人格权的类型，强化对人格权的保护。

第四，有利于发挥预防侵害人格权发生的功能。人格权请求权具有损害预防的功能，即使是在没有构成侵权的情形下，只要有可能将要造成对人格权的侵害，权利人也可以主张人格权请求权，预防未来发生的损害，尤其是在互联网、大数据时代，强化对侵害人格权损害后果的预防更加重要。网络技术在给我们带来极大便利的同时，也给我们的生活带来了一些负面影响，与传统社会的信息传播方式不同，网络信息的传播具有即时性，而且网络的无边界性以及受众的无限性，也使得网络环境对信息的传播具有一种无限放大效应，网络信息一经发布，可以瞬间实现全球范围的传播；在网络环境下，侵害人格权的损害后果具有不可逆性，损害一旦发生，即难以恢复原状。网络环境下损害后果的易扩散性，也使得人格权在现代社会显得十分脆弱，极易遭受侵害，特别是其名誉、隐私、肖像、姓名等精神性人格权，很容易遭到他人的侵犯②。这些都使得网络侵权行为具有易发性、损害后果具有不可逆性。人格权在遭受侵害后，很难恢复原状，因此，就人格权保护而言，应当更加重视对损害后果的预防。这就需要借助人格权请求权，对权利人提供事先救济，使权利人有权在损害发生前向行为人提出请求，从而预防损害后果的发生。

五、结 语

王泽鉴教授指出："人格权之构成法秩序的基石。"③设置独立的人格权编是对民法典体系的重大完善，也是保障人民美好幸福生活的重要内容，突

---

① 石佳友：《人格权立法的历史演进及其趋势》，载《中国政法大学学报》2018 年第 4 期。

② Kenneth C. Creech, *Electronic Media Law Regulation*, Fifth Edition, Elsevier, Focal Press，2007，p.288.

③ 王泽鉴：《人格权法》，北京大学出版社 2013 年版，第 1 页。

出了人格权保护的重要价值。我们的民法典作为一部 21 世纪的民法典，要从跟跑者、并跑者变为领跑者，为解决 21 世纪人类共同面临的人格权保护问题提供中国智慧、中国方案。如此，才能使我国民法典真正屹立于世界民法典之林。

论人格权的商业化利用 [*]

人格权的商业化利用也称为人格权商品化，它是指在市场经济社会，人格权的某些权能可以依法转让或者授权他人使用，包括在其遭受侵害以后通过财产损害赔偿的方式获得救济。人格权商品化是人格权在市场经济语境中的必然发展，是人文主义理念和市场经济相结合的产物。目前，各国多已确认了人格权商品化利用的相关制度。本文拟对我国的人格权立法如何应对人格权商业化利用问题谈几点看法。

一、人格权的商业化利用是现代市场经济发展的结果

在商品经济并不发达的情况下，人格权不可能作为财产进行利用或者交易。如罗马法仅区分有体物和无体物，认为名誉、荣誉等既非有体物，也非无体物，不属于财产。到中世纪，因市场经济尚未确立，因此也缺乏对对人格利益进行财产评价的有效机制，如侵害人格利益不能通过市场价格来计算损失，因此不存在人格权商品化现象，甚至对侵害人格权的行为的制裁也不是补偿性的，而只能是惩罚性的。①

---

* 本文原载《法律科学》2013 年第 4 期，原题目为《论人格权商品化》。

① Eric H. Reiter, Personality and Patrimony: Comparative Perspectives on the Right to One's Image，76 Tul. L. Rev 676.

人格权商品化的实践早在 19 世纪就已经开始了，①19 世纪初人身保险的兴起以及收养市场的出现，已经提出了人格权的商品化现象，②19 世纪末 20 世纪初，一些名人的姓名和肖像已经被广泛用于香水、雪茄、药品等商品。③20 世纪以来，现代广告业的发展使个人的名誉、肖像、姓名等人格权中的经济价值逐渐凸显，并可以大量进行商业化利用。日益普及的大众传媒深刻地影响了人们的日常生活，改变了人们的生活方式和商品的营销方式。借助于大众传媒的传播功能，使人的肖像、姓名的商业化利用价值越来越大，从而具有商品化的现实性④。

随着互联网技术的发展，个人信息逐渐转为通过数字化的形式记载、储存、传播、利用。网络的全球性、开放性和瞬间性以及在储存和利用信息方面的无限性，使各种个人信息资料都可以通过互联网在瞬间收集、整理、存储和传播。网络环境下个人的所有行为都会被转化为个人信息，所有的个人信息碎片都可以会被通过网络数字化的处理形成个人信息的"人格拼图"。例如，通过对个人购物偏好的分析，可以了解个人性格、私生活的信息等；日常生活中个人的某些行为或者偏好等都可能会通过网络进行处理并进行商业化利用。所有这些都表明：人格权商品化利用已经成为现代市场经济社会大量存在的现象。

人格权为什么可以商业化利用，需要从人格权自身寻找原因。笔者认为，人格权商业化利用的原因，主要体现在以下几点：

第一，某些人格权尤其是标表性的人格权本身具有一定的可利用价值。例如，名人的姓名、肖像、声音以及法人的名称等都具有一定的社会知名度，因此在商业上就有相当程度的利用价值，也就具有了一定的

---

① J. P. Wood, The Story of Advertising, New York, New York: Ronald Press Co., 1958, p.123.

② V. Zelizer, Human Values and the Market: The Case of Life-Insurance and Death in 19th Century America, in 84 Am. J. Soc.591（1978）.

③ Huw Beverley-Smith, Ansgar Ohly, Agnes Lucas-Schloetter, Privacy, Property and Personality, Cambridge University Press, 2005, p.1.

④ 参见杨立新等：《制定民法典人格权法编需要解决的若干问题》，中国法学会民法学研究会 2004 年年会论文。

商业价值，可以用金钱加以衡量①。肖像首先是作为商标来使用的（例如肯德基就使用了创始人本人的肖像作为其企业的标志，同时也作为其产品的商标使用），但其使用范围并不限于此。即使是普通人的姓名、肖像等也有用作宣传广告等可能。此外，人格权之外的特定人格利益，如声音、特定人体动作等也都具有利用的可能性。但如果利用权利人的肖像、隐私等做商业上的使用，比如未经同意用名人的肖像做挂历，获取一定的经济利益，这种经济利益的获得是没有法律依据的，可以构成对人格权的损害。

第二，人格权的某些权能具有与人身的可分离性。众所周知，人格权具有固有性和专属性，许多人格权和主体本身密不可分、无法转让，如名誉权、生命健康权等；但也有一些人格权的权能可以在一定程度上与人格权相分离，权利人可以授权他人使用。例如，肖像具有可复制性，从而使肖像权在一定程度上能够与主体相分离，并且能够用于一些商业活动，即权利人自己能够加以利用，也能够授权他人加以使用，甚至某些权利如姓名、肖像等在权利人本身死亡以后，被授权人还可以在合同所约定的范围内继续对这些权益加以使用。

第三，某些人格权的财产价值具有可继承性。严格意义上说，可继承性也是人格权可分离性的必然结果，既然权利人可以通过许可他人使用自己的部分人格权益，并且获得一定的收益，那么人格权中的经济价值在权利人死后就应当可以被继承②。例如，德国联邦法院曾主张人格权是值得保护的价值，能够逾越人的权利能力存在。在死者"人格权"受侵害场合，其人格主体虽消失，但其家属以信托人身份，有权将死者的事务当成自己的权

---

① 例如，英国王妃戴安娜逝世 10 周年之后，围绕戴安娜的各种回忆录等都给作者带来了不菲的收入，仅纪念戴安娜的一首歌曲《风中之烛》专辑在一周内就卖出大约 350 万张；到 2005 年，其销量已达 3180 万张。参见李丹：《公开权研究——比较法的视角》，中国人民大学 2009 年博士学位论文，第 68 页。

② 参见张民安主编：《公开权侵权责任研究：肖像、隐私及其他人格特征侵权》，中山大学出版社 2010 年版，第 11 页。

利处理①。从这一意义上说，死者的部分人格权益是可以继承的。在美国法中，对于死者的姓名、肖像等人格利益，大多数州法规定是可以继承的。②我国实务中曾经发生过有关鲁迅姓名中的财产利益能否由其继承人继承的案例，学界曾经对此展开了讨论。③笔者认为，死者人格利益中的财产价值可以通过继承的方式做相应的保护。只要不违反法律法规的禁止性规定和公序良俗，就应当允许其继承。一般情况下，死者生前知名度和影响力越高，其人格权中所包含的经济价值就越大，其近亲属可以继承的财产利益也就越大，但这种继承不得损害国家利益和社会公共利益。

第四，对可商品化的人格权的侵害可采用财产赔偿的方式予以补救。也就是说，对一些可商业化利用的人格权的侵害，不仅可以通过精神损害赔偿的方式予以救济，更可根据其商品化后的经济价值而对权利人予以补救。例如，对非法利用他人肖像从事商业广告宣传，权利人可要求通过财产赔偿的方式获得救济，这也是可商业化利用的人格权与一般人格权的重大区别。

总之，现代社会，人格权的专属与非专属的概念界限也日渐模糊④。与此同时，人格权商品化理论也在不断发展，该理论主要是近代民法的产物。19世纪德国著名学者基尔克提出了人格权商品化理论。他认为，某些具体人格权同时也是财产权⑤。在19世纪末，虽然立法者已经注意到非法利用他人姓名或肖像以获取利益的行为是客观存在的，但对此并没有引起重

---

① BGHZ 15, 247, 259；50, 133, 转引自黄立：《民法总则》，中国政法大学出版社2002年版，第112页。按照被称为德国人格权法第一人的 Hubmann 的说法，死者虽无权利能力，但在其价值、作品存续的范围内，以之相对的权利即人格权是存在的。即使死者自己不能行使上述权利，亦不妨为其遗属所可保护的利益。转引自［日］五十岚清：《人格权论》，一粒社1989年版，第164页。

② David Collins, Age of the Living Dead: Personality Rights of Deceased Celebrities, 39 Alberta L. Rev.924.

③ 参见杨立新等：《鲁迅肖像权及姓名权案评析》，载《判解研究》2002年第1期。

④ See T. HASSLER, La crise d'identité des droits de la personnalité, in Pet. Aff., 2004, n.244, 3.

⑤ O. Gierke, Deutsches Privatrecht I, Leipzig, 1895, S.706.

视。司法界普遍认为，如果允许通过支付费用的方式利用自己的姓名、肖像供他人获取利益的市场化行为是违背人的尊严的。但自二次世界大战以后，随着人格权观念的发展以及对人格权保护的加强，德国司法实务和民法理论越来越重视人格权的商业化利用问题，利用自己的人格特点在市场中获利的行为不再被认为是不道德的。在著名的"PaulDahlke"一案中，德国联邦最高法院认为，在广告中使用名人的肖像的，在很多情况下只能通过巨额费用才能获取对方的同意，因而肖像权具有一定的价值，从而在法律上承认了人格权市场化的行为①。德国联邦最高法院在此案中也将肖像权归入为"具有财产价值的排他性权利（vermögenswertesAusschließlichkeitsrecht）"。此后，该观点亦适用于姓名权，并认为一般人格权也包含一定的财产价值②。此外，欧洲其他一些国家也广泛承认了人格权的商业化利用。例如，在意大利，非法利用他人姓名、肖像等行为被法学家们界定为对肖像权或姓名权等的侵害。③

市场经济条件下，人格权商业化利用趋势日益明显，例如，名称可以注册为商标，也可以成为商号。特别是名人的姓名、肖像等人格标志具有特殊的影响力，具有较大的商业价值和感召力，当运用名人的形象、姓名用作广告时，对于产品的促销能够产生巨大的推动作用④。所以，人格权商业化利用现象越来越受到大陆法系许多国家的重视。由以上分析可见，人格权商业化利用是人格权在市场经济中的必要发展，对人格权商品化的保护和限制实际上是人格权保护在当代的重要形式。在市场经济社会，人格权与财产权结合在一起，形成一种商业化的利益，任何人侵害这种可商业化利用的人格权，都应当承担相应的损害赔偿责任。

---

① See BGHZ 20, 345, 353.

② 参见 1999 年的德国联邦最高法院关于"Marlene Dietrich"一案（BGHZ, 214, 219）。

③ See P Vercellone, Diritti della personalita e rights of publicity, Rivista trimestrale di diritto e procedura civile, 1995, 1163–1174.

④ 杨立新等：《〈中国民法典·人格权编〉草案建议稿的说明》，载王利明主编：《中国民法典草案建议稿及说明》，中国法制出版社 2004 年版，第 327 页。

二、人格权的商业化利用对人格权概念的发展

人格权的商业化利用也对人格权的概念和内涵产生了一定的影响。主要表现在如下几个方面：

首先，对人格权的专属性的影响。所谓专属性，是指人格权只能为特定的权利人所享有，与权利主体不可分离。自产生以来，人格权就被认为是一种专属性的权利。专属性是人格权与财产权的重要区别。[①] 这种专属性具体表现为：一方面，人格权始终与主体相伴随，主体产生以后就享有生命、身体、健康、姓名等人格权，主体消灭则人格权也不复存在。另一方面，人格权具有不可转让性。与财产权可以与权利主体发生分离不同，人格权与权利主体是不可分离的。即人格权只有权利人本人才能享有，除法律有明确规定外，否则不能转让。但是，在现代社会中，人格权的商品化使人格权的利用与人格权主体分离，对某些人格权，例如姓名权、肖像权、个人信息权等，人格权主体和人格权能利用主体往往并非同一人。例如，权利人可以将个人肖像许可他人利用作为商品广告或者作为注册商标，这也对人格权的专属性产生了一定的影响；同时，某些人格权中的经济价值具有可继承性，在权利人主体资格消灭后，其人格权中的经济价值可以继承。一般而言，只有财产权具有可继承性，而人格权通常与主体不可分离，并不具有可继承性。但伴随着人格权商品化的趋势，某些人格权也具有一定的可继承性。例如，在"王金荣等诉松堂关怀医院"等案中，法院认为，被告擅自使用原告母亲的肖像，构成侵权，因而应当承担损害赔偿责任。在本案中，原告所继承的是死者肖像所具有的财产利益，而不是人格利益。[②]

正是因为人格权商业化利用的发展，人格权与人格权主体发生了一定程

---

① 参见陈民：《论人格权》，载台湾《法律评论》1962 年第 28 卷第 8 期。
② 北京市崇文区人民法院（1999）崇民初字第 1189 号。

度的分离，因此不能将人格权规定于主体制度之中。将人格权规定于主体制度之中，其基础在于人格权与主体的不可分离性，但如上所述，人格权与主体事实上可以部分分离，如果采取这种做法，可能妨碍对人格权的商业化利用，无法对人格权商业化利用作出细致规定，也可能难以协调与主体制度其他规则的关系，并与主体制度的基本精神发生冲突。这从另外一个侧面印证了人格权独立成编的必要性。

其次，对人格权内容的影响。按照传统见解，民法应调整平等主体之间的人身关系和财产关系，因此，将权利区分为人身权和财产权，人格权属于人身权的范畴，其客体主要表现为与财产相分离的人格利益，这正是其与财产权的显著区别。但是，人格权的商品化使得人格利益与财产利益相互结合起来，从而形成人格权和财产权的结合状态。例如，就肖像权而言，权利人可以通过使用自己的肖像获取一定的利益，也可以通过许可他人使用自己的肖像而获得一定的利益。肖像权人既可以自己使用肖像以取得精神上的满足和财产上的利益，也有权同意他人使用自己的肖像以获取适当的报酬。① 再如，就个人信息权而言，权利人对个人信息不仅享有支配的权利，还可以自己利用和允许他人利用个人信息，并可以通过许可他人将包含了个人信息的数据共享。由此，就某项人格权而言，其不再是一个单纯的人身性权利，而同时蕴含了财产权的一些特征，具有人身权和财产权的双重属性。

正是基于这个原因，美国法突出了这些人格权利商品化利用时的财产属性，将之规定为独立的公开权。但笔者认为，尽管人格权商品化导致了人格权财产属性的产生，但应注意到，人格权本质上仍是人格尊严的权利体现，从人格权制度的发展来看，人格权法逐步从物质性的人格权发展到精神性的人格权：过去更多的关注物质属性的人格权，现在则更强调社会属性的人格权② 。法律确认各种精神性人格权，即便其内容具有

① 参见张新宝：《中国侵权行为法》（第2版），中国社会科学出版社1998年版，第302页。

② Philippe Malinvaud, Introduction à l'étude du droit, 9e édition, Litec, 2002, pp.258–284.

财产因素，但仍然凸显的是其人格尊严，财产属性是附属于人格利益属性的，是从人格利益属性中派生出来的，在对人格权中经济价值进行利用时，应当考虑到对个人人格尊严的保护。如果将人格权中的经济价值作为独立的财产权，可能会忽视对人格权尊严的保护。即使就个人信息权而言，虽然具有明显的财产属性，但其主要还是一种人格权，据此，在德国，将个人信息权称为"信息自决权（dasRechtaufinformationelleSelbst-bestimmung）"，在德国法的语境中是指个人依照法律控制自己的个人信息并决定其是否被收集和利用的权利。依据德国联邦宪法法院的观点，这一权利是所谓的基本权利，其产生的基础为一般人格权。① 其内在基础是个人自决和人格受尊重。所以，人格权商业化利用仍然要以个人自决和受尊重作为基础和前提，是个人自决和个人尊严在现代市场社会中的投射和延伸。

再次，对人格权效力的影响。传统上，人格权侧重于排除他人的干涉和侵害，所采取的是一种消极保护方式。即对于物质性的人格权等权利而言，其内容不表现为积极的利用和处分，而是一种消极的保有和维护，只是在其受到外来侵害时才表现出来。法律赋予主体享有人格利益主要是为了使主体维护其生命、身体的安全和健康，人格权的核心是确认并保障民事主体的人格利益免受他人的侵扰，这是一种对消极自由的确认和保障。正是从这个意义上，人格权也可以被称为禁止权。而在人格权商业化利用中，所侧重的是人格权主体如何积极地利用其人格获取利益。在这些权利中，权利人除了可以消极防御第三人的侵害之外，还可以进行积极利用的权利②。人格权的商业化利用方式是多样的，具体表现为：一是权利人对可商品化的人格权的自己利用，例如，权利人将自己的姓名作为注册商标或作为商业名称使用。二是权利人许可他人对自己的某些人格权进行

① BVerfG, Urteil des Ersten Senats vom 15. Dezember 1983, 1 BvR 209/83 u. a.– Volks-zählung –, BVerfGE 65, 1.

② 参见［日］五十岚清：《人格权法》，铃木贤、葛敏译，北京大学出版社2009年版，第15页。

利用。例如允许他人将自己的肖像印刷在各种挂历、宣传手册中。三是某些人格权的内容具有主动行使的特点，因此，这些权利被称为主动的人格权①。例如，个人信息权就是一种主动的人格权，权利人在发现商业机构所搜集的个人信息不完整或错误时，可以要求商业机构对其进行补充和更正。当然，这两者并非截然对立，在私法自治的意义上，人格权的消极保护当然是实现权利主体的意思自治，而对人格权主体通过自己的意志利用其外在人格的承认和保护，也是在另外一个方向实现权利主体的意思自治。

最后，在某些人格权的损害赔偿方面，应当考虑其经济价值因素。正如美国一个案例中，法院判决指出，侵害肖像权的基础在于对个人人格特征商业价值的滥用②。正是因为肖像权具有财产价值，因此可以用金钱赔偿的方式加以救济。对此类人格权益的损害，多数都可以通过财产赔偿的方式加以弥补，这也是人格权商品化与普通人格权的重大区别。

三、人格权的商业化利用的两种立法模式

面对人格权商业化利用的趋势，各国立法和判例都作出了相应调整，由此产生了两种人格权商品化的保护模式，即德国模式和美国模式。

一是德国模式。即在人格权制度范畴内解决人格权益中经济价值的法律保护问题，而不将人格权中的经济价值作为一种独立的权利进行保护。此种观点认为，可以将人格权视为一个统一的权利，其包含两个部分，一部分旨在保护人格的精神利益，另外一部分保护人格的财产利益，该部分可称之为使用权，二者统一构成人格权。在德国，因为独立的、可任意转让的、财产性的人格权违反了德国基本法第 1 条第 1 款关于人的尊严的规定，因此称为

---

① 参见〔日〕五十岚清：《人格权法》，铃木贤、葛敏译，北京大学出版社 2009 年版，第 15 页。

② Rogers v. Grimaldi 875 F2d 994（2ⁿᵈ Cir 1989），1003–1004.

统一权利说的保护方式①。采纳此种观点在理论上的优势在于，即使承认人格权商品化，其仍具有专属性，即无法将一个人的人格权毫无保留地移转给另外一个人（如肖像权不能完全转让，只能是其利用权能的转让）。在统一权利说理论下，人格权的财产部分仍包括在人格权中，无法完全脱离人格权而单独存在，因此所以无法自由转让。在统一权利模式下，人格权中的精神利益和财产利益也可以被加以区分，若其中的财产利益遭受非法侵害，则应以市场价格来计算损害，并对权利人予以补救。例如，在"迪特利希（Marl-eneDietrich）"一案中，迪特利希本人的肖像和手迹被非法用于广告，法官认为对财产价值部分的损害可以要求财产损害赔偿②。对精神利益仍然要按照人格权的性质进行保护，有利于维护主体资格的统一性。总体说来，德国判例学说确立的统一的权利模式承认了人格权的商品化利用，而这种人格权商业化利用也成为德国民法中人格权发展趋势。

二是美国模式。此种观点认为，应当从人格权中将其具有财产价值的部分分离出来，上升为公开权单独进行保护。公开权（publicityrights），又称形象权，指公民对自己的姓名、肖像、角色、声音、姿态以及图像、卡通人物形象等因素所享有的进行商业利用和保护的权利。此种权利常被界定为具有财产权性质的权利③。作为美国法中的一个特有概念，公开权是人格权商品化的一种表现。对于其究竟属于知识产权还是人格权，目前仍有争议。但是，无可否认的是，其与人格利益有密切的联系。公开权概念最初由尼默

---

① Forkel, FS Neumeyer, S.229, 230ff.；Götting, Vermögensrechte, S.137 ff., 167, 275；Magold, Personenmerchadising, S.521 ff., 663 f.；Freitag, Kommerzialisierung, S.73；Seemann, Prominenz, S.148 ff.；von Holleben, Geldersatz, S.87 ff.；Helle, RabelsZ 60（1996），448, 459 ff.；463；G. Wagner, GRUR 2000, 717, 718；Kläver, ZUM 2002, 205, 209；C. Ahrens, Verwertung, S.155 ff., 166 ff.

② 该案的判决要旨是：一般人格权及其特殊表现形式，如肖像权和姓名权，不仅保护人格的精神利益，还保护人格的商业利益。人格权的财产价值组成部分因为肖像、姓名或其他人格标识受到侵害的，人格权主体得请求损害赔偿，此项损害赔偿不受侵害强度之影响。BGH NJW 2000, 2195.

③ Michael Henry（ed.），International Privacy, Publicity and Personality Laws, Reed Else-vier（UK），2001, p.88.

（Nimmer）于 1954 年提出，① 于 1977 年得到了美国最高法院的支持。② 在 1953 年的"美国黑伦实业公司诉托普斯口香糖有限公司"一案中，法院首先承认了公开权的概念。③ 在该案中，第二巡回法院将公开权定义为"对自己的姓名、肖像和角色拥有、保护和进行商业利用"的权利。目前美国法上通常认为"公开权是限制他人未经许可使用自己姓名、肖像及其他方面个人特性（identity）的隐私权的一个分支权利。"④ 美国法律学会于 1995 年出版的《不正当竞争重述》第 3 版规定："侵占个人形象的商业性价值构成侵害公开权"，第 46 条规定："为了交易的目的未经允许而使用他人姓名、肖像和其他具有人格特征的利益，侵占他人在经济上的价值"，将构成不正当竞争。目前虽然美国有一些州法院仍未承认公开权，但实际上这一概念已经基本被美国多数法院普遍接受。

上述两种不同制度安排的区别集中在如下几点：从形式上看，体现为是否承认独立的、可任意转让的财产性的人格权。从价值层面来看，体现的是美国法和德国法在人格权保护价值取向方面的区别。耶鲁大学惠特曼教授曾经提出美国和欧洲在对个人私生活保护方面存在着不同的价值观，美国法主要保障的是个人的人身自由，而欧洲法主要保护个人的人格尊严⑤。正是因为这种价值层面的区别而导致了两种模式的差异，美国的公开权制度就是将

---

① 公开权是从隐私权（Right of Privacy）中发展起来的。1954 年尼默（Nimmer）发表了一篇《论公开权》的论文，最先使用了公开权的概念。他认为，"公开权是每个人对其创造和购买的公开的价值享有控制或获取利益的权利。"Nimmer, The Right of Publicity, 19 Law & Contemp. Prob, 203, 216 (1954).

② 转引自程合红：《商事人格权论》，中国人民大学出版社 2002 年版，第 56 页。

③ Haelan Laboratories v. Topps Chewing Gum, 202 F.2d 866 (C.A.2.1953)。在本案中，Topps Chewing Gum 未经原告 Haelan Laboratories 的同意而使用其姓名和照片，Haelan Laboratories 作为一个棒球运动员具有一定的知名度，而被告侵占了原告的利益。法律认为，公开权是否是财产权并不重要，关键是被告侵害了原告金钱上的价值。

④ Michael Henry, International Privacy, Publicity and Personality laws, London: Butterworth, 2001, p.476.

⑤ James Q.Whitman. The Two Western Cultures of Privacy: Dignity versus Liberty, 113 Yale L.J.1151 (2004).

权利人的隐私、肖像等权利中的财产价值凝聚为一种独立的财产权，认为将财产利益予以利用是个人自由的体现，其独特的作用首先在于对个人自由的全面维护，因此应对这种自由予以保护。而以德国为代表的欧陆国家更注重对人格尊严的保护，因此人格权商业化的利用仍然是在人格权内部发展，形成人格权内容的一部分，而未将之作为独立的权利。德国法并不是将人格权中的经济价值独立为一种权利进行保护，而是通过变通解释传统人格权法的规则对人格中的经济价值予以保护；而在美国法上，随着传媒业、广告业的发展，人格权中经济价值日益凸显，为克服隐私权概念的局限性，美国法上承认了独立的公开权，将人格权中的经济价值确立为独立的财产权，以为其提供更全面的保护。

美国法中的公开权概念的产生，与其缺乏人格权的抽象概念密切相关，特别是其没有列举具体人格权类型，只有较为宽泛的隐私权的概念，关于姓名、肖像等权利往往包括在隐私权内予以保护。由于美国公开权制度是美国法律体系中的一个特有的产物，完全照搬到中国来很可能造成"水土不服"的问题。一方面，如果引入公开权的概念，将对我国现有的人格权体系造成不必要的冲击。在美国法中，关于公开权是否能否自由移转、继承虽然也存在争论，但通说认为公开权应为一种财产权，其专属性较弱，因此可以转让、继承[1]。比较而言，我国继受的是大陆法系的人格权理论，若在此基础上承认可以自由转让、继承的人格权，很可能对既有体系造成过大的冲击。所以，我们仍然应当在大陆法系的传统下解释人格权商品化现象。另一方面，公开权制度并非是体系一贯的产物，其产生没有彰显人格权的本质属性，没有将人格尊严的属性强调出来，无法实现对人格权的整体考察。就可商品化的人格权而言，如姓名、肖像等，确实具有双重性，但此类人格权的主导属性是人身性而非财产性。例如，就肖像权而言，每个人，无论穷富贵贱，均享有肖像权，任何人的肖像权都具有不可侵害性，应当受到法律的保护，因此虽然肖像权可以利用，但其本质上还是一种人身性权利。单独突出

---

[1] Thomas McCarthy, The Right of Publicity and Privacy at ξ 5.5 (B) (4), 1995.

公开权，可能不利于彰显其人格尊严的不受侵害性价值。

笔者认为，应当承认在市场经济条件下，某些人格权具有一定经济价值，可以作为商业利用的对象，但这并不改变其人格权的本质属性，只要承认人格权的经济价值即可。这只是某些人格权的内容或权能上的扩充，而没有必要创设诸如公开权、商品化权之类的新型独立权利。在这一点上，我们应当结合我国实践，借鉴德国的统一权利模式，承认人格权中包含财产利益和精神利益两部分，财产利益可以进行商业化利用并作为交易的对象，侵害了这一财产利益应当承担损害赔偿责任。

四、我国对人格权的商业化利用应采用的立法对策

笔者认为，我国立法应当确认人格权的商品化现象，并采取相应的对策。主要有如下几点：

（一）建立人格权商业化利用制度适应人格权商品化的趋势

人格权商业化利用是市场经济发展的新现象，如前所述，广告业和现代传媒业等新型产业的发展，极大地推进了人格权商品化的进程，而自从人类社会进入信息社会后，互联网和数字化技术的发展，极大地促进了个人人格权的商品化。从未来的发展趋势来看，人格权商业化利用现象将会越来越普遍，并将成为民法中一个新的不可忽视的问题。一方面，我们要充分肯定人格权本质上是一种精神权利，其内容主要以精神性利益为主，通过人格权制度来彰显个人人格尊严，维护个人人格自由。另一方面，我们也要承认人格权商业化利用的现实。人格权不再是与财产绝缘的纯粹精神性权利，不仅某些标表性人格权可以商品化，一些精神性的人格权如隐私权也可以商品化，此外，人格权之外的一些特殊的人格利益，如声音、形象等也可以商品化，甚至一个人的日记、动作、神态以及其表演的形象等等，都可具有商业化使用的价值，对此有必要在法律上予以保护。以上诸种发展要求我们在未来的人格权立法中建立人格权商品化制度，以应对人格权商品化的挑战。

事实上，我国现行立法也体现了财产利益是包含在人格权之中的思想。例如，《民法通则》第100条规定，公民享有肖像权，未经本人同意，不得以营利为目的使用公民的肖像。该条从反面确认了不得擅自对他人肖像进行商业化使用，这是规定在人格权条款中的，而并非在肖像权之外确认了一种独立的权利。至于某些利益，如虚拟人物的商品化等，可以通过反不正当竞争法予以保护，没有必要将其确认为一种独立的权利。有学者认为，"因社会经济活动的扩大，科技的发展，特定人格权既已进入市场而商业化，具有一定经济利益的内涵，应肯定其兼具有财产权的性质"①。此种观点有一定的道理，但笔者认为，人格权的商业化利用并没有改变人格权的性质，从根本上说，它只是使人格权的内容和权能，增加了经济利用的性质，但人格权本身的固有属性并没有改变。所以，对人格权商业化利用仍然需要在人格权法中加以规定。

在我国当前人格权法立法不完善的情况下，司法实践中对商品化的权利采取了通过知识产权间接保护方式。例如，在上海世纪华创文化形象管理有限公司诉被告武汉中百连锁仓储超市有限公司等侵犯影视作品《迪迦奥特曼（UltramanDyna）》形象权纠纷一案中，法院主要采取了著作权的方式对可商品化的人格权进行保护②。笔者认为，间接保护方式只是一种权宜之计，为了更全面地保护商品化的人格权，未来民法典中有必要特别确认人格权中的财产利益。另外，既然人格权商品化不形成独立的权利，而仍然包含在人格权中，所以也就不应该通过知识产权法、反不正当竞争法等加以保护。在人格权法中，需要确认人格权中的财产利益，并对其商品化利用的方式设立相应的法律规则。例如，人格权法有必要规定人格权许可利用合同，该合同发生争议时的解释规则，以及何种情形下可以解除合同等。

以上讨论了比较法上存在的两种立法模式，笔者认为应当采取德国法模式，即在人格权法范围内解决人格权商品化的保护问题，但针对这一模式，

---

① 王泽鉴：《民法总则》（增订版），中国政法大学出版社2001年版，第134页。

② 上海世纪华创文化形象管理有限公司诉张飞燕等侵犯著作权纠纷案，福州市中级人民法院民事判决书（2009）榕民初字第1938号。

也可能存在两种具体的立法方式：一是在人格权法中以专章的形式规定人格权商品化的相关问题。二是在相关具体人格权中设计具体的条文分散规定。笔者认为，集中规定的立法模式更加简约，也有助于避免分散规定可能带来的体系冲突。因此，应当在人格权法中以专章的形式对人格权商业化利用制度作出规定。

（二）损害赔偿

既然承认应当在人格权范畴内解决人格权商业化利用问题，在侵害他人具有商品化的人格权的情形下，首先还是应考虑适用精神损害赔偿制度加以救济。精神损害赔偿本身具有调节功能，在财产损害不足的情况下，可以通过精神损害赔偿的方式予以调节。需要指出的是，自《民法通则》确认精神损害赔偿以来，无论是理论界还是实务界，大多认为对人格权的侵害主要应采用停止侵害、恢复名誉、消除影响、精神损害赔偿等方法，并不注重对财产损害的赔偿。有观点甚至认为，一旦使用财产损害赔偿容易导致对人格利益的异化。此种观点显然没有注意到市场经济下人格权商品化的发展趋势。在商品化趋势下，单纯的精神损害赔偿已无法对人格权中的财产利益进行有效的保护，而必须借助传统的财产损害赔偿方法。保护人格权中的财产利益是人格权保护的一个重要内容，在现实生活中，发生非法将他人人格权商业化利用的情况时，被侵权人大都认为其首先在经济方面遭受到了损失，只有在极少的案件中，当事人认为其主要遭受到精神利益的损害。如果仅仅提供对精神痛苦的抚慰，而不对财产损失进行补偿，尤其是在不法行为人侵害他人人格权取得非法的巨大经济利益的情况下，如果不予补偿将可能导致对受害人严重不公平的后果。因此，对人格权的侵害应当区分精神损害和财产损害，并进一步分别计算赔偿额。

（三）财产损害赔偿的计算

在财产损害赔偿的具体计算方式上，应当考虑人格权商业化利用的现象。《侵权责任法》第 20 条规定："侵害他人人身权益造成财产损失的，按照被侵权人因此受到的损失赔偿；被侵权人的损失难以确定，侵权人因此获得利益的，按照其获得的利益赔偿；侵权人因此获得的利益难以确定，被侵权人和侵权人就赔偿数额协商不一致，向人民法院提起诉讼的，由人民法院根据实际情况确定赔偿数额。"该规则被称为获利视为损害的规则。例如，在"崔永元与北京华麟企业有限公司侵害肖像权、名誉权案"中，一审法院认为，"因为原告未举出其他证据证明其遭受了经济损失，所以，对其要求赔偿经济损失的诉讼请求，本院不予支持"。① 此种做法在实践中比较普遍，法院因原告无法证明其损失而驳回其诉讼请求。在某些判决中，法院通过适当提高精神损害赔偿的方法来弥补受害人的损失，但是，以精神损害赔偿来替代财产损害赔偿也是不妥当的。因为精神损害赔偿的目的主要是抚慰受害人，并不能达到剥夺侵权人收益的目的。另一方面，精神损害赔偿的数额是有限的，无法达到制裁侵权人的目的，甚至在一定程度上鼓励了侵权行为。例如，在上述案例中，原告认为，被告未经许可利用原告的肖像做广告，在全国 90 家电视台播放。同时，被告还四处散发该广告。被告从中获取了大量利益，因此，要求被告赔偿其经济损失 170 万元。该数字是否准确无法查证，但是，法院完全驳回原告赔偿经济损失的请求，确实不妥，无法起到遏制被告的侵权行为的目的。

就赔偿标准而言，首先应按照实际损失赔偿。尽管侵害的对象是人身权益，但是，其造成了财产损害，所以，也适用财产损害赔偿的原则。另外，从侵权责任法的一般原理来说，损害赔偿就是按照受害人的现实损害进行赔偿，所以，该条规定也符合一般原理。因此，在造成财产损失的情况下，受害人应当举证证明损害的存在和范围，据此确定赔偿的数额。其次，在难以确定损失情况下的赔偿。在侵害肖像权的情况下，根据《侵权责任法》第20 条的规定，可以按照如下两个标准进行赔偿：

一是获利标准。获利标准也称为侵权获利标准，这就是说，在受害人的

---

① 参见《崔永元与北京华麟企业有限公司侵害肖像权、名誉权案》，(1999) 朝民初字第4247 号。

损失难以确定时，可以按照侵权人的获利进行赔偿。《侵权责任法》第 20 条被称为是将获利视为损害的规则。这一规定符合侵权责任法上的完全赔偿原则，即只要是与侵权行为有因果关系的损害，都应当予以赔偿，以使受害人恢复到如同损害没有发生的状态。该条适用于侵害他人人身权益的情况，被侵害人身权益包括的范围非常宽泛，不仅包括人格权、身份权，而且包括权利以外的利益，但是不能包括财产权益。它适用的典型情形就是侵害肖像权。这一规则主要运用于可商业化利用的人格权受侵害的情形。例如，某企业未经某著名演员的许可将其肖像印刷在其广告和商品包装上，该演员无法证明自己遭受的损失，但可以证明企业因此获得的利益，可以按照其所获的利益赔偿。此种赔偿在性质上属于财产损害赔偿的一种，应当包括侵权人获取的利益或节省的费用。又如，某人未经他人许可而利用他人肖像做广告，因此节省了相应的广告费用，所以，其应赔偿聘请同类的人做广告所应支付的费用。如果某个肖像权人是明星等公众人物，使用其肖像所得利益比使用普通人的肖像更为巨大。一般而言，肖像权人的名气和获益成正比关系，因此，在计算损害赔偿金额时，可以考虑各明星肖像使用许可的市场价格。对于肖像的非商业化的利用，如果确实造成精神损害，应当赔偿精神损害。

二是法院酌定标准。酌定的情形适用于获利难以确定的情况，也包括了侵权人没有获利的情况。在此情况下，受害人仍然无法证明自己的损失，因此，运用前述标准来赔偿是不可能的，只能通过法院酌定的办法来确定赔偿额。法院在酌定赔偿数额时，虽然没有最高或最低限额的限制，但是也应当谨慎确定，避免赔偿数额过高或过低。就侵害肖像权的案件来说，法院在酌定赔偿数额时，应考虑侵权人的过错程度、具体侵权行为和方式、造成的损害后果和影响等因素综合考量确定①。在司法实践中，有的法院认为："如果有一般许可使用费可以参照，法院可以结合侵权人过错、侵权的情节、该许可使用的范围、时间、受害人知名度等因素，参照许可使用费确定赔偿数

---

① 参见全国人大常委会法制工作委员会民法室编：《侵权责任法条文说明、立法理由及相关规定》，北京大学出版社 2010 年版，第 76 页。

额。"① 此种看法不无道理。

在确定损害赔偿的时候要考虑侵害方式。在确定损害赔偿时，肖像制作的背景、是否具有私人或公共属性、如何制作的、是否公开制作、使用何种设备（如是否使用长聚焦镜头）、肖像的类型与特征是什么、制作了多长时间、肖像的尺寸大小如何、肖像以前是否可以获得、有无涉及隐私部位、肖像是否曾被复制、被告是否从中获利、肖像所要传递的信息是否具有娱乐价值、肖像权人的地位和特征如是否属于公众人物、本人是否愿意出版肖像、出版肖像对本人是否有实际的不利等情况，都应当酌情予以考虑。如果侵害肖像权造成了对其他人格利益的侵害，如散布他人裸体照片，导致他人的名誉、隐私等权利受侵害，表明受害人的损害后果是综合性的，较为严重，在计算损害赔偿数额时应当予以考虑。

四、结　语

世易时移、变法宜易，在人类社会已经进入 21 世纪的今天，人格权已经成为民法新的发展领域，但我们在关注人格权的发展时，也要关注人格权内部的最新发展，即人格权商业化利用趋势，我们的人格权立法应当积极应对这一发展趋势。

---

① 参见《张柏芝诉梧州远东美容保健品有限公司肖像权案》，(2005) 锡民初字第 101 号 (2006 年 4 月 10 日)，(2006) 苏民终字第 109 号 (2006 年 7 月 13 日)，载《人民法院案例选》2006 年第 4 辑，人民法院出版社 2007 年版。

论网络环境下人格权的保护 *

随着计算机和互联网技术的发展，人类社会进入到一个信息爆炸的时代。互联网深刻地改变了人类社会的生活方式，给人类的交往和信息获取、传播带来了巨大的方便，使地球成为真正的"地球村"。互联网技术创造出来的"虚拟空间"，极大地扩张了人们活动的领域和空间，使得信息的发布和收集更为容易，更为简便①。但网络在促进社会发展、方便传递信息的同时，利用网络披露他人隐私、毁损他人名誉等行为也大量存在。因此，网络环境下的人格权就成为一个需要研究的新课题，人格权法也应对此有所体现。

一、网络环境下人格权的特殊性

互联网不仅在受众上有无限性和超地域性，且登录和使用具有自由性，一旦被不正当使用，就可能对个人人格权益构成严重威胁，并可能造成严重的损害后果，法律有必要对其加以规制②。在网络环境下，人格权概念本身

---

* 原载《中国地质大学学报》2012 年第 4 期。

① Douglas Thomas &Brain D.Loader, Cybercrime, Routledge, London and New York, 2000, p.10.

② Margaret C. Jasper, Privacy and the Internet: Your Expectations and Rights under the Law, New York: Oxford University Press，2009, Introduction.

并没有发生变化，法律有关人格权的规定可以适用于网络环境下的人格权，但与现实生活中的人格权相比，网络环境下的人格权有自身的特点，主要表现为人格利益的特殊性：

第一，网络环境下的人格利益具有集合性。在网络环境下，各种人格利益通常是相互交织在一起的，对某一人格权或人格利益的侵害可能同时构成对其他人格权或人格利益的侵害。例如，在网络上非法披露他人隐私，可能既侵害隐私权，同时也构成对他人名誉权的侵害。这些人格利益和权利一起，组合成了人格权益。《侵权责任法》第36条中提到侵害民事权益，但没有具体列举被侵害的权益，从实践来看，在网络环境下遭受侵害的权益主要是人格权益，网络环境下的人格权保护不仅仅保护各种具体的人格权，还包括其他的人格权益。

第二，网络环境下的人格利益具有扩展性。网络环境中的人格权是对各种人格权的统称，并非一种具体的人格权类型，也不是一种新类型的、框架性的权利。与现实人格权一样，网络环境中的人格权以名誉、肖像、隐私等各种人格利益为客体，但因为网络的放大效应和受众的无限性，现实中并不重要的人格利益在网络环境中就成为需要保护的重要人格利益，从而体现了拓展性的特点。例如，自然人的声音虽然并非一种独立的人格权客体，但在网络环境下极易受到侵害，应将其作为一种网络环境下的重要人格利益而加以保护。还要看到，在网络环境下，人格利益的范围较之前任何时代都有所拓宽，除了具有个性化特征的声音、肢体语言、形体动作、可被利用的个人偏好信息都有被法律保护的意义。在此要特别注意对个人信息的保护，例如，在网络上，利用搜索引擎和云计算技术可以将资料的碎片汇集到一起，从而实现对各种个人信息的收集、整理、加工等，这些个人信息一旦被商业机构收集和利用，将会给个体带来不良后果。这表明，在网络环境下，一旦个人信息被非法利用和擅自披露，就会对权利人的权益造成重大侵害。例如，在"网络暴力第一案"中，原告个人家庭住址等信息被被告在网上披露后，很多网民据此前来围堵，给原告生活安宁造成很大侵扰。① 再如，在网络上披露某女明星的年龄，将导致该明星的演艺生涯受到影响②。当然，网络环境下的人格利益具有扩展性，并不意味着在网络环境下某些极易遭受侵害的人格利益就应上升为人格权，只是在客观上凸显了其保护的必要性和重要性。

第三，网络环境下的人格利益结合了虚拟性与实体性。一方面，网络环境具有虚拟性，即网络环境并非实体的空间，在非实名制的情况下，行为人往往使用不表彰其身份的网名，行为人与受害人之前并不存在直接的接触，侵害行为的发生通常是借助于虚拟网络环境而发生和实现。但网络人格权的虚拟性并不意味着，对其的侵害不会导致现实的损害后果。例如，在网络上侮辱他人也会导致受害人的社会评价降低，从而构成对名誉权的侵害。在网络环境下，人格权的侵害环境和手段都是虚拟的，甚至当事人也是通过网名隐匿的，但遭受侵害以后会导致现实的损害后果③。另一方面，网络环境下的人格权本身也是实体性的权利，其侵害行为虽然是在虚拟空间发生，但其损害后果却是实际存在的，并会对权利人造成现实的损害。从这个角度来看，现实生活中的人格权和网络环境下的人格权是没有本质区别的，这也再次表明，网络环境下的人格权并非人格权的新类型，也并非产生了新的人格利益，只不过，某种人格利益在网络环境下，其表现形式、保护方式等具有特殊性。

第四，网络环境下的人格利益可商品化。互联网的传播迅速、受众广泛、成本低廉，权利人极易实现对人格权益的积极利用，获取经济利益，实现人格权益的商业化利用。例如，某微博明星与某企业签订商品代言协议，将其为某企业所代言的商业广告短片上传到其微博，这就实现了姓名权、肖像权等人格权益的商品化利用。这意味着，在网络环境下，人格利益的可商业化利用现象十分明显。在实践中，一些商业网站常常通过收集、利用个人

---

① 参见傅沙沙：《网络暴力第一案：司法建议监管网民言论引争议》，载《新京报》2008年12月19日。

② 《泄漏女星年龄网站被告索赔》，载《参考消息》2011年10月19日第9版。

③ 参见于雪锋：《网络侵权法律应用指南》，法律出版社2012年版，第7页。

偏好信息等，来从事对个人构成不当侵扰的商业用途。当然，如果其广告宣传内容具有虚假性，所产生的后果也更为广泛和严重，并有可能对公共利益构成侵害。因此，有必要对网络环境下的人格权的商业化利用予以特别规范。

第五，网络环境下的人格利益的保护方式具有特殊性。在网络环境下，人格权是与网络联系在一起的，对网络人格权的侵害也大多借助于网络而发生。在手机和网络形成交互平台时，也可能借助于电信渠道来实施侵权行为。相应地，网络环境下的人格利益的保护方式应当具有特殊性。其主要表现在：一方面，救济方式具有特殊性。网络环境下的人格权救济方式应当考虑网络的便捷性和广泛性特点。例如，行为人的赔礼道歉声明通常应当在同一网络的首页进行；网络服务提供者可以采取删除、屏蔽、停止服务等网络上特有的方式保护受害人。另一方面，损害赔偿计算的特殊性。在网络环境下，受众具有广泛性，且信息发布成本低廉，一旦造成侵害，后果将极为严重。在损害赔偿的计算上，应当考虑损害后果的严重性，以及侵权行为的成本和后果的不对称性。此外，尽管侵权法对网络环境下的侵权提供了事后的救济，但其并没有对人格权的范围、界限、行使的规则等非常重要的内容加以规定，故应在人格权法中规定网络环境下的人格权规则。

二、在人格权法中专门规定网络环境下人格权保护的必要性

虽然我国《侵权责任法》第 36 条也将网络侵权作为一种侵权形态进行了规定，但侵权责任法的规定不能代替人格权法的功能。一方面，侵权责任法只是救济法，并没有确权的功能，不能代替人格权法的作用。网络环境下所涉及的各项人格权益，侵权责任法并不能进行全面的列举，还需要通过人格权法来进行全面的确认。另一方面，即便就侵权形态而言，侵权责任法的规定比较原则，仅仅从责任主体与责任后果方面进行规定，但对侵害方式、侵害客体、损害后果等没有进行全面的规定。由于受其功能的限制，侵权责

任法主要是救济法，无法对网络环境下侵害人格权权益的具体方式、侵害客体等进行全面的规定。这就需要人格权法对网络环境下的人格权保护进行单独规定。

由于网络环境下的人格权保护具有特殊性，在法律规范时，也不宜与具体人格权混为一体，在人格权法中应体现其特殊性。要表现其特殊性，可以在每一具体人格权条文中设置网络环境下的保护款项，但这样一来，不仅会出现叠床架屋的累赘，不符合立法简约化的精神，还会因为立法空间有限而不能完全保护，显然不妥。要避免这些欠缺，就应当对网络环境下的人格权保护进行专门统一规定，而这类人格权的共性为其专门的集中规定提供了基础。具体说来，这些共性表现为：

第一，主体具有一定的虚拟性。与现实世界所不同的是，在网络世界中，我们所面对的不是真实和可以辨识的个人，而是作为个人代号的网名、IP 地址等符号或数字。在现实生活中人格权都是由特定的主体所享有，主体具有确定性，但是在网络环境下，由于网络的虚拟性（非物质性），网上的交流具有几乎是实时的特点，双方所使用的往往都不会是真实的姓名，而只是注册的用户名或网名。曾有一句名言："在互联网上，没人知道你是一条狗"（On the Internet, nobody knows you are a dog）①。尽管借助一定的技术手段，可以找到行为人的 IP 地址，但是对于行为人的确定却不容易，尤其是侵权人在开放性的计算机室（比如公用网吧）里上网发布侵害他人人格权的信息时更是如此②。

第二，损害的易发性。在网络环境中，侵害他人权益的行为十分容易发生，例如，网络上随意剽窃他人文章，比现实世界中更为容易；发布针对他人的诽谤行为或者侵害他人隐私的言论，很容易完成，这类言论特别是在论坛、微博等平台中很容易发表，发表后又很容易得到他人的围观、评论和传

---

① David Price and Korieh Duodu, Defamation, Law, Procedure and Practice, London, Sweet & Maxwell, 2004, p.415.

② David Price and Korieh Duodu, Defamation, Law, Procedure and Practice, London, Sweet & Maxwell, 2004, p.420.

播。在网络环境中，受害人和加害人身份角色之间更容易发生转换。一方面，所有人都可能成为网络诽谤行为的受害者，而并不仅限于名人；另一方面，每个普通用户如果发表或者有过失地转发此种诽谤言论，或者侵害他人隐私的言论，同样可以构成加害者。

第三，侵害客体的特殊性。如前所述，网络环境下的人格权具有集合性，侵害行为通常构成对多种人格权益的侵害，而并非仅是某一单项的人格权益。同时，网络环境下的人格权具有可商品化特点，对其进行侵害可能既构成对人格利益的侵害，同时也构成对权利人财产权益的侵害。例如，在网络环境下，各种个人信息的碎片都可能通过互联网数据加工处理，以数据资料的形式表现。个人的购物偏好，在现实生活中不一定具有现实意义，但是在网络环境下其经过整理加工之后所形成的数据资料具有经济价值。再如，在网络环境下，个人的肖像可以进行技术加工，一个人的头像可以与另一个人的身体嫁接，或者将一个人的肖像与他人的声音连接起来，这就使得网络环境下个人的肖像利益也具有其独特的特点。

第四，侵害方式在技术上的特殊性。这表现在，一方面，侵权行为具有隐蔽性、侵权地域具有不确定性。因为网络空间具有匿名性和分散性，所以在互联网空间发生的侵权行为往往很难确定实际侵权行为人，或者即使可以通过技术手段追踪，但维权成本也过高。[1] 例如，某人坐在家里，就可以以匿名的形式发布侵害他人名誉的言辞，使侵权行为更为隐蔽，对人格权的保护变得更为困难。另一方面，网络的技术性越来越强，使得对人格权的侵害更为复杂。网络环境下侵害人格权通常需要使用一定的技术手段。例如，Cookie 的运用，黑客用于远程攻击的木马程序、群发邮件技术等。[2] 而网络黑客是通过各种手段侵入他人电脑窃取个人数据、证券交易的有关记录等行为，技术性就更强。此外，网络环境下，个人的信息和数据都可能会被进行数字化处理，而这种处理方式增加了个人数据被利用、查知、传播的可能

---

[1]　张新宝、任鸿雁：《互联网上的侵权责任：〈侵权责任法〉第 36 条解读》，载《中国人民大学学报》2010 年第 4 期。

[2]　张新宝：《隐私权的法律保护》，群众出版社 2004 年版，第 164—168 页。

性。所以，在网络环境下，个人信息权无法通过对隐私权的保护完全实现，有必要单独予以处理，欧盟的一些指令和德国的《个人数据保护法》就通过单行法的方式对个人信息权予以保护，这表明传统的隐私权保护已经不能完全适应网络环境下的个人信息保护的需求。

第五，损害后果易扩散性。网络无边界、受众具有无限性、网络的超地域性，使得侵权言论一旦发表，就可以为全球用户所知晓；如果是诽谤性的不实言论，就会在大范围内造成对受害人名誉权的严重侵犯。如在网上传播他人的裸照，损害的后果可能短时间内向全世界传播，他人可以无数次地下载，由此造成的损害后果巨大而且不可逆转。网络环境下，主体在传统世界中所享有的权利，很容易遭受侵害，"人"在此种环境中具有很明显的脆弱性，特别是其名誉、隐私、肖像、姓名等精神性人格权，很容易遭到他人的侵犯①。

第六，网络侵犯人格权的后果更为严重。由于互联网具有多维、多向、无国界、开放性等特点，通过网络手段侵害他人人格权，一旦特定信息在网上公布，则迅速地传播流转，影响极为广泛，损害后果无法准确确定，甚至可以说，会导致难以预测的后果。所以，在网络环境中的侵权行为，其侵害后果具有不可逆转性，即使可以在一定范围内消除影响，但往往不易完全恢复原状。通过赔礼道歉等方式并不能及时、完全地消除损害后果，恢复到权利未受侵害的状态②。甚至有许多学者认为，网络侵权发生以后，是不可能恢复原状的，只能请求损害赔偿。就损害赔偿而言，在网络环境下，损害的范围难以完全确定，举证比较困难；另一方面，因为其波及面较广，这种损害相比实体环境下也更严重。例如，在国内某个网站上发布了某些侵害他人人格权的信息，即便在国内各网站上被消除，但不能或很难删除国外网站上的信息，因而可以说，此种后果是很难彻底消除的。就损害赔偿而言，也因

---

① Kenneth C. Creech, Electronic Media Law Regulation, Fifth Edition, Elsevier, Focal Press, 2007, p.288.

② Douglas Thomas & Brain D.Loader, Cybercrime, Routledge, London and New York, 2000, p.22.

为隐私的传播及诽谤言辞，范围难以把握，所以，损害的确定性和损害的计算都很困难。

第七，责任主体有一定的特殊性。我国《侵权责任法》第36条第1款规定："网络用户、网络服务提供者利用网络侵害他人民事权益的，应当承担侵权责任。"在网络环境下，侵权责任主体具有复合性，除了网络用户之外，如果网络服务提供者符合《侵权责任法》第36条第2、3款规定的条件，也应当承担侵权责任。就网络用户而言，在网络环境下，信息发布者之外的其他传播者在一定条件下也可能需要承担侵权责任。例如，在网络上非法传播诽谤信息、非法传播他人的隐私，也可能构成侵权。就网络服务提供者而言，其所提供的网络服务有所区别，如BBS、贴吧、搜索引擎服务均不相同，这样，不同的网络服务提供者所应承担的责任应当有所区别，其注意义务也应该有所差别，在责任的认定上要根据不同服务的性质而具体确定。

第八，限制和免责事由具有特殊性。一方面，从加害人的角度看，在网络环境中，网络用户和网络服务提供者的注意义务不同，其免责事由也相应地有所差别。比如，网络用户在未经他人同意的情况下，擅自发布他人隐私等，就当然构成对他人人格权的侵害。而网络服务提供者的注意义务则与网络用户不同，如果其在不知情的情况下为网络用户提供了信息传播服务，则需要在受害人通知其采取相应侵害制止措施而未采取的情况下，方须承担侵权责任。另一方面，从受害人的角度看，在网络环境下，对公众人物人格权的侵害与对一般公众人格权的侵害，在责任限制和免责事由方面存在一定差别。与一般公众相比，公众人物的人格权应当受到适当限制。当然，在网络上的公众人物人格权限制规则的适用应当更加谨慎，公众人物也应当受到更多的保护，其家庭住址等个人信息不得随意发布。这主要是考虑到，在网络环境下，网络传播具有广泛性、及时性等特点，受害人可能遭受更严重的损害，而且，此种损害往往难以消除。此外，网络环境下还应当注重人格权保护与信息传播之间的平衡。在网络环境下，应当注重自然人人格权的保护，同时也应保障公众的知情权以及信息传播的自由等。

在布局形式上，可以考虑借鉴《侵权责任法》第四章关于责任主体的特殊规定的立法体例，考虑在人格权法中设立单独一章规定"特殊主体及特殊环境下的人格权"，将网络环境下的人格权保护与死者人格利益、胎儿人格利益等特殊问题一并规定，这样既节约了立法空间，又表明它们属于人格权法中的特殊规定。由于在立法技术上无法在每一项具体人格权条款下分别规定互联网侵权问题，否则不符合立法的简约化，而对网络环境下的人格权进行统一规定是比较妥当的。同时也要对网名等特殊人格利益的保护予以规定。

三、人格权法对网络环境下人格权进行保护的重点

对网络环境下人格权的保护是各个法律部门共同的任务，也是整个民法适应社会生活需要所应当规范的重点。对网络环境下人格权的保护应当主要从两个方面进行，一方面是从权利的救济角度，即侵权损害赔偿责任角度，另一方面则是从人格权法的角度进行保护。就网络环境下人格权的保护而言，主要应当从以下几个方面进行规定：

（一）全面确认网络环境下的各项人格权益

网络环境下的人格权主要涉及如下几类：

一是姓名权。自然人的姓名权在网络环境下也是重要的民事权益，应当受到法律保护。姓名权的客体包括户口本上的姓名，也包括其别名、笔名等所有具有一定知名度、可以与特定自然人相联系的名称。网上侵害他人姓名权主要包括：恶意抢注他人的姓名作为自己的网络域名[①]、恶意利用他人的姓名作为自己的网名、假冒他人的姓名从事侵权行为等等。网名如果能够辨认为某个具体的个人，即与真实的个人联系在一起，具有可识别性，则和笔

---

① 例如，美国好莱坞著名女星朱莉娅·罗伯茨（Julia Roberts）和世界知识产权组织（WIPO）共同起诉美国新泽西州普林斯顿市的 Russell Boyd 公司注册了一个以 "Julia Roberts" 命名的域名，侵犯了罗伯茨的权利，WIPO 仲裁委员会根据普通法的判定，罗伯茨对其姓名享有权利，这家公司主观上出于恶意注册 "JILIAROBERTS.COM" 的域名，侵犯了罗伯茨的姓名权，仲裁委员会要求其停止侵权行为，取消该域名。

名、别名等一样可受到姓名权的保护①。如个人姓名、职务在现实生活中并不是隐私，但是在网络环境下则可能成为一种重要的隐私，披露者将承担相应的侵权责任。在网上擅自删除他人的网名，也可能构成对人格权益的侵害。

二是名称权。法人名称权在网络环境下也需要保护，如以某公司的名称作为域名，或者未经许可，在自己的网站上使用其他企业名称进行广告宣传，不仅侵犯了该企业的名称权，而且导致消费者对服务主体造成混淆，扰乱了市场秩序，构成不正当竞争②。

三是名誉权。在网络环境下，侵害名誉权的行为较为普遍，具体表现形态主要有：在博客中攻击他人③，在论坛网帖、博客等诽谤他人④，等等。近年来，侵害网络名誉权的案件层出不穷，表现形态多种多样，既有对自然人名誉权的侵害，又有对法人名誉权的侵害，所以，在网络时代，名誉权的保护应当成为重要内容。

四是隐私权。在网络环境下，对隐私权侵害的表现形态有多种，例如网上擅自披露他人的私生活秘密，公布他人的个人信息，都会对个人生活安定造成不当的侵害。尤其是随着人工搜索技术的发展，利用网络搜集个人信息更加方便，⑤ 而这些信息一旦传播，对其恢复也更加困难。据此，许多学者

---

① 彭姣时、韩桂琼：《侵害网络姓名权一案昨开庭审理未当庭宣判》，载《广州日报》2007 年 10 月 26 日。

② 《深圳市人某人装饰设计工程有限公司诉深圳市海某装饰设计工程有限公司侵犯企业名称权及不正当竞争纠纷案》，(2010) 深宝法知产初字第 161 号。

③ 博客的注册用户"沈阳"，在浏览网站的过程中，认为作者为"秦尘"的文章有侮辱诽谤自己的内容，使其名誉受到了侵害，而该博客的托管网站——"博客网"未能及时删除这些文章。于是，"沈阳"于 2006 年 3 月 3 日将"秦尘"告上法庭。此案为国内首例博客告博客侵犯名誉权。2006 年 10 月北京市海淀区人民法院就此案作出了判决，认定被告侵权成立，责令被告在网站上发表道歉声明。

④ 《海大装饰公司诉新浪公司侵犯名誉权》，(2005) 深中法民一终字第 3747 号。

⑤ 《"人肉搜索"侵权案的法律分析——严某诉王某、甲公司名誉权纠纷案法律问题研究》，载北京市高级人民法院《审判前沿（新类型案件审判实务）》（总第 25 辑），法律出版社2010 年版。

认为，网络隐私权是信息网络时代的重要人权。在现实生活中，生活安宁表现为住所不受他人侵害；而在网络环境下，表现为个人虚拟空间安宁不受打扰，如个人电子邮箱不受他人侵入、窥探、垃圾邮件骚扰等。网络隐私形成了一种新的空间隐私。在网络隐私权下，权利人对其个人信息、生活安宁等都是在虚拟空间中享有的一种权利，而不是在现实生活中享有的权利，这也是网络环境的特殊性①。

五是肖像权。网络上经常出现以"晒某大学校花素颜照"②，甚至公布他人的裸体照片，将他人的头像与色情图片剪接在一起等，这些行为都侵害了权利人的肖像权。《民法通则》第100条规定："公民享有肖像权，未经本人同意，不得以营利为目的使用公民的肖像。"但在网络环境下，对肖像权的侵害大都是不以营利为目的的，或者营利性很难认定，这就凸显出《民法通则》的保护模式在网络环境下很难起到制裁加害人、保护权利人的功能。

六是个人信息权。个人信息（personaldata）是指与特定个人相关联的反映个体特征的具有可识别性的符号系统，它包括个人出生、身份、工作、家庭、财产、健康等各方面信息的资料。个人信息，例如，家庭住址、手机号码等，可能成为网络环境下的重要人格利益。

七是其他人格利益。例如，声音虽然在通常情况下不能构成独立的人格利益，但是，在网络环境下，声音可以成为重要的人格利益，在网络上侵害这些人格利益主要表现为，模仿他人的声音，或者对他人的声音进行修改。例如，在某著名喜剧演员起诉北京新浪互联信息服务有限公司和北京星潮在线文化发展有限公司侵犯肖像权案中，两公司通过全国多家卫视发布手机游戏下载广告，而此广告未经许可将该演员在小品中的表演形象篡改为动画形象，并配之以与该演员相类似的方言口音③。

---

① 参见张新宝：《侵权责任法原理》，中国人民大学出版社2005年版，第256页。
② 肖耿：《网曝时代电子照片遭滥用公民肖像权再引关注》，载《人民日报》2010年8月25日。
③ 肖耿：《网曝时代电子照片遭滥用公民肖像权再引关注》，载《人民日报》2010年8月25日。

（二）强化在网络环境下对个人信息权的保护

随着互联网技术的发展和各种新媒体的广泛运用，个人信息越来越商品化。例如，网络的开放性和互联性，使得商家非法利用他人个人信息创造更大商业价值的机会剧增，进而使"信息真正成为金钱"①。在实践中，利用他人信息进行推广商品、广告宣传，使得个人信息的商业化利用具有更大的价值，也更容易遭受侵害。尤其应当看到，在信息社会，个人信息的收集、储存越来越方便，而且信息的交流、传播越来越迅速，信息越来越成为一种社会资源，深刻影响了人们社会生活的方方面面。所以，法律需要适应信息社会对个人信息保护提出的迫切要求。

网络的全球性、开放性和瞬间性，使得网络在储存和利用信息方面存在着无限的空间和可能性，导致各种个人信息资料都可以通过互联网在瞬间收集、整理、存储和传播，并通过网络途径进行散布。例如，通过对个人购物偏好的分析，可以了解个人个性、私生活的重要特点等。网络环境下，个人信息的传输不仅可以实现瞬间传递，而且其传播面可以波及全球，受众对象也具有广泛性。由此决定了网络环境下对个人信息的侵害，较之于任何纸质媒体，其影响面更大，对个人人格利益的侵害更为严重。所以互联网的发展，使得个人信息的搜集、储存和交流成为生活不可或缺的组成部分，与此同时又带来对个人信息的严重威胁，个人信息在网络传媒下时时都有被侵害的可能。② 为此，有必要在人格权法中对个人信息权，尤其是网络环境下的个人信息权保护做出专门规定。

（三）对侵害网络环境下人格权损害后果的确定

侵害网络环境下人格权的现象较为常见，受害人维护权利的事例则比较少，其中很重要的原因就是对损害后果的举证比较困难，尤其是对实际遭受

---

① 刘德良：《网络时代的民法学问题》，人民法院出版社 2004 年版，第 333 页。

② See Daniel J. Solove & Paul M. Schwartz, Information Privacy Law, Third Edition, Wolters Kluwer, 2009, p.1.

的损失举证比较困难。网络侵权具有某些与现实世界不同的特点。这种不同在于，由于互联网的受众的无限性和传播的及时性，一旦实施侵害行为，其损害后果常常表现为：首先，损害后果的难以估计。网络的受众对象是无限的，其传播速度非常快，传播范围也极大，侵权的信息等还可以被无数次下载或浏览，所以，损害后果往往是严重的，而且很难估计。其次，通常造成精神权益的损害，不可能侵害物质性人格权。传统意义上的生命权、身体权、健康权在网络环境中受到侵害的可能性较小，而名誉权、隐私权受到的侵害可能性较大，所以，受害人往往都会遭受精神损害。再次，损害举证的困难。对侵害网络环境下的人格权，受害人是否遭受了损害，损害的严重程度等，都难以举证证明。例如，侵害主体就不仅仅限于最初的信息提供者，还可能包括网站服务提供者、管理者以及其他网络参与者。针对这些特点，法律上应当减轻受害人在损害后果上的举证责任，综合运用举证责任倒置等一系列技术规则来实现这一目的。

（四）规定侵害网络人格权的特殊责任承担方式

在侵害网络隐私权的情况下，受害人可以采取传统的请求停止侵害、恢复名誉、消除影响、赔礼道歉等方式。但是，由于网络人格权侵权的特点，应当规定人格权请求权，发生了侵权行为之后，在责任承担方式上具有特殊性。

第一，在网络侵权的情况下，应当大量采取停止侵害的方式。这是因为网络传播具有即时性，在网络环境下，个人人格权被侵犯，停止侵害的基本方式就是及时删除侵权信息，如果某种侵权的信息被他人的网站所采纳储存，受害人也有权要求任何储存该信息的人予以彻底删除。如果侵权方式是非法收集使用个人资料信息，那么，停止侵害的方式就是立即删除存储于侵权者数据库中的个人信息。如果采用"人肉搜索"的方式侵权，停止侵害是指立即制止此种行为。

第二，消除影响的特殊性，在网络侵权的情况下，经常需要侵权人通过发布公告的形式来消除影响。例如，海大装饰公司诉新浪公司侵犯名誉权案中，法院认定被告应于本判决生效之日起 5 日内在新浪网深圳房产的页面上向原告赔礼道歉、消除影响①。

第三，在网上采取赔礼道歉的责任方式也具有特殊性。例如，海大装饰公司诉新浪公司侵犯名誉权案中，法院认定被告应该向原告赔礼道歉，道歉内容必须经本院审查认可。逾期不赔礼道歉，本院将向社会公开本案判决结果，公布费用由被告负担②。在陈堂发诉中国博客网案中，法院审理认为，未尽到"善良管理人"的注意义务，应承担相应的法律责任③。被告还应当在该网首页向原告陈堂发刊登致歉声明④。这是因为互联网传播的无边界性和受众的无限性，所以赔礼道歉公告一旦发布就会对侵权人起到有效的遏制作用，甚至比赔偿精神损害更能起到抚慰受害人的作用。但赔礼道歉一旦在网上做出，尤其是一旦在原来发布侵权信息的网络上发出，应当刊载在原侵权网站的显著位置。

第四，网络侵权时要考虑损害赔偿责任方式的特殊性。网络环境下的人格权，不仅涉及保护的问题，还涉及利用的问题，这是传统的人格权所无法规范的，尤其是其中的利用问题。一方面，对具有财产利用价值的人格权，应该注意赔偿其财产损失，比如在网上擅自利用他人肖像发布广告。另一方面，在损害赔偿的具体计算问题上，要考虑网络侵权发布面广、影响大等，不能单纯根据现实空间中实际营利的计算标准，更需要通过网络的点击量等来判断侵权后果波及范围，据此来确定损害赔偿的数额，在网络侵权的情况下，通常来说，应该比现实空间中侵权损害赔偿数额更大。

第五，关于精神损害赔偿的适用。对网络环境下人格权的保护，应当加大精神损害赔偿的力度。因为一方面，如前所述，由于网络的放大效应和受众的无限性，人格权一旦遭受侵害，损害后果将难以计算，完全通过财产损害赔偿将无法对受害人提供全面的救济。因此，精神损害赔偿便成为一种有

---

① 《海大装饰公司诉新浪公司侵犯名誉权》，（2005）深中法民一终字第 3747 号。
② 《海大装饰公司诉新浪公司侵犯名誉权》，（2005）深中法民一终字第 3747 号。
③ 参见《被斥"烂人烂教材"副教授怒告中国博客网》，载《东方早报》2005 年 11 月 4 日。
④ 同上。

效的损害救济调整机制。另一方面，对网络环境下人格权的侵害，受害人既可能遭受财产损害，又可能造成受害人的精神损害，因此，可以并用财产损害赔偿和精神损害赔偿。考虑到网络侵权造成后果的严重性，尤其是对受害人造成了较为严重的精神损害，因此应当注重发挥精神损害赔偿的调整、制裁的功能。《侵权责任法》第22条规定："侵害他人人身权益，造成他人严重精神损害的，被侵权人可以请求精神损害赔偿。"这就是说，精神损害的后果不是轻微的损害后果，而应当是严重的侵害后果。造成严重精神损害是获得精神损害赔偿的法定必要条件。所谓严重是指后果的严重性，即超出社会一般人的容忍限度的损害。[1] 或者说，是指社会一般人在权利遭受侵害的情况下，都难以忍受和承受的精神痛苦和肉体痛苦。在网络侵权时，只要行为人的行为构成侵权，可以认定该行为已经造成严重精神损害。因为此种侵权是向全世界传播，受众是无限的，且可以无数次下载，已经对受害人造成了广泛的社会影响，应当通过使加害人赔偿一定数额的精神损害金而给加害人一定的制裁。所以应当认定已经构成严重精神损害，并应当加大精神损害赔偿的力度，以为受害人提供更为全面的救济。

四、结　语

我国"十二五"规划纲要明确提出，要健全网络与信息安全法律法规，加强网络与信息安全的保障，网络安全的一项重要内容就是加强对网络环境下个人人格权益的保护，有效规范与保障网络安全应当以充分保障私权为基本前提，只有充分保护个人人格权益，才能够有效防止网络侵权行为的发生，净化网络环境，充分发挥网络环境的积极作用。这就对我国正在进行的人格权立法提出了新的挑战。

---

[1]　参见张礼洪：《意大利法中非财产性人身损害赔偿制度及其启示》，载全国人大常委会法工委民法室和中国人民大学法学院主编：《2009年中日侵权责任法研讨会会议资料》，第43页。

论一般人格权

一般人格权（DasallgemeinePersönlichkeitsrecht），是相对于具体人格权而言的。所谓具体人格权，又称为个别人格权（EinzelnePersönlichkeitsrecht），是指由法律具体列举的由公民或法人享有的各项人格权，如生命健康权、姓名权、肖像权、名誉权等。所谓一般人格权则是法律采用高度概括的方式而赋予公民和法人享有的具有权利集合性特点的人格权，是关于人的存在价值及尊严的权利。① 一般人格权的产生是人格权法发展的重要标志，本文拟对一般人格权问题谈几点看法。

一、一般人格权的产生和发展

在人格权制度的发展历史上，首先出现具体人格权，然后才形成一般人格权的概念，而一般人格权的产生和发展，标志着人格权制度的日趋完善。1804 年的《法国民法典》受法国《人权宣言》的影响，极其重视个人的自由，提出了契约自由、过失责任和无限制所有权的近代民法三大基本原则，从而为后世资产阶级民法提供了蓝本。但该法典中却未提及人格权的概念，更未涉及一般人格权的概念。在《法国民法典》几次修订中，修订者曾建议在法国民法典中规定一般人格权，但并没有被多数人接受。1959 年，Nerson 指出：

---

① 王泽鉴：《民法总则》，中国政法大学出版社 2001 年版，第 126 页。

"有一件事是大家所一致接受的：在法国，每个人都认为在技术层面并不存在着一个所谓的一般人格权。"① 由于《法国民法典》第 1382 条规定了侵权责任的一般条款，已经可以对各项人格利益提供救济，因此，从整体上看，法国学者并不主张借鉴德国法上的一般人格权概念。②

一般认为，一般人格权概念产生于德国。在德国，哲学家康德在其哲学体系中提出了人格的理论，将人格视为自由展开的能力，已经类似于后世的一般人格权理论。③1866 年民法学家诺依内尔（Neuner）提出了人格权的概念，他认为人格权是主张自我目的并且展开自我目的的权利，人格权作为一种新型的权利，能够融入到潘德克顿法学体系之中，并将人格权界定为人自身目的存在和人自我目的的宣示和发展的权利。④ 一般认为，诺依内尔是一般人格权的首倡者。⑤ 在 1895 年，德国学者基尔克曾在其《德国私法》一书中，强烈呼吁应当在法律上采纳一般人格权的概念，但 1900 年的《德国民法典》并没有采纳这一观点，也没有接受一般性的、广泛的人格权，而只是规定了生命、健康、姓名等个别的人格权。按照拉伦茨的看法，《德国民法典》之所以没有采纳一般人格权的概念，是因为难以给这种权利划界，而划界则明显地取决于在具体财产或利益的相互冲突中，究竟哪一方有更大的利益。⑥ 梅迪库斯认为，"民法典有意识地既未将一般人格权，也未将名誉纳入第 823 条第 1 款保护的法益范围。"⑦ 直到第二次世界大战以后，德国

---

① Nerson, «De la protection de la personnalité en droit français», in *Travaux de l'Association Henri Capitant*, t.13, Dalloz, 1963, p.86.

② Marino, *Responsabilité civile*, *activité d'information et média*, PUAM-Economica, 1997, p.210.

③ Kant, Kritik der praktischen Vernunft, 1788, Erster Teil, I, Buch, 3.

④ Neuner, Wessen und Arten der Privatrechtverhaeltniss, 1866, S.15.

⑤ Stefan Gottwald, Das allgemeine Persönlichkeitsrecht: ein zeitgeschichtliches Erklärungsmodell, Berlin: Berlin-Verl. Spitz [u.a.], 1996, p.12.

⑥ [德] 卡尔·拉伦茨：《德国民法通论》，王晓晔、邵建东等译，法律出版社 2003 年版，第 171 页。

⑦ [德] 迪特尔·梅迪库斯：《德国民法总论》，邵建东译，法律出版社 2000 年版，第 805 页。

民法开始强化对人格权的保护。战后基本法对人类尊严的重视，促使了民法人格权理论的发展。依据基本法的规定，德国法院采纳了德国学者 Nipperdey、Nawiasky 等人的主张，认为宪法所确认的权利可以适用于私法关系，从而根据德国战后基本法第 2 条关于"人类尊严不得侵犯。尊重并保护人类尊严，系所有国家权力（机关）的义务"，"在不侵害他人权利及违反宪法秩序或公序良俗规定范围内，任何人均有自由发展其人格的权利"的规定，确定了"一般人格权（das allgemeine Persönlichkeitsrecht）"的概念。在 1954 年的 Schacht-Leserbrief 的案例（"读者来信"案）中，法院判决认为，被告的行为将原告置于一种错误的事实状态中，让读者误以为其同情纳粹，这侵害了原告的人格。法院根据德国基本法第 1 条关于人格尊严的规定，认为一般人格权应当被视为由宪法所保障的基本权利，并推导出一般人格权的概念①。此后，在 1957 年的一个案例中，法院明确地将一般人格权解释为《德国民法典》第 823 条第 1 款中的"其他权利"（即绝对性权利）。②

需要注意的是，根据联邦最高法院以后的相关判例，一般人格权最直接的法律渊源为民法典第 823 第 1 款所规定的"其他权利"，德国民法学上称其为"框架性权利"。德国法院采用一般人格权的概念，解释出一系列具体的人格权。例如，德国法院在司法实践中根据"一般人格权"而具体确定出对肖像的权利、对谈话的权利、秘密权、尊重私人领域的权利等，完备了对人格利益的司法保护。③从德国判例来看，一般人格权的具体保护对象包括：隐私、肖像、名誉、形象、姓名、同一性、信息自决、尊严、荣誉、名誉等。④在某些案例中，德国联邦法院认为，侵害一般人格权并非直接导致精

---

① Schacht-Brief Decision, 13 BGHZ 334 (1954). 有关本案的介绍，可参见 [德] 迪特尔·梅迪库斯：《德国民法总论》，邵建东译，法律出版社 2000 年版，第 805—806 页。

② BGH, 02.04.1957, BGHZ 24, 72.

③ 参见施启扬：《从个别人格权到一般人格权》，载《台湾大学法学论丛》第 4 卷第 1 期。

④ Gert Brüggemeier, Protection of personality rights in European Tort Law, Cambridge University Press, 2010, p.25.

神损害赔偿，而只是产生恢复原状的效力，剥夺行为人因侵害一般人格权而获得的全部利益。自"骑士案"①之后，一些案例表明侵害一般人格权也会产生精神损害赔偿。②

不过，德国法院直接援引基本法而创设出一般人格权的概念、扩大具体人格权的范围的做法，在法学方法上也受到一些权威学者，如拉伦茨等人的批评。他们认为此种做法超越了法院的职权，加剧了法律的不确定性③。一些德国学者认为，一般人格权的概念富有广泛性和不确定性的特点，不宜作为法律概念。例如，拉伦茨认为，一般人格权在内容上极难确定，故侵害一般人格权不适用民法关于侵权行为的规定。④ 也有人认为，因为一般人格权在内容上"无止境地扩大"，因此可能危及法律的安全性，对言论自由及新闻自由也可能发生妨碍。⑤ 但是，大多数德国学者认为，法律不可能通过列举的方式将各种具体的人格权列举穷尽，为扩大人格权的保护范围，需采纳一般人格权的概念。尤其是一般人格权的概念可广泛运用于对自然人人格利益的保护，从而可弥补法律规定的不足。因此，采纳一般人格权的概念是必要的。目前，在德国，一般人格权概念已得到广泛确认。

受德国法的影响，一些大陆法系国家在民法典中明确承认了一般人格权。例如《匈牙利民法典》85 条承认了一般人格权。《葡萄牙民法典》第 70 条第 1 款规定了一般人格权。在荷兰，受《欧洲人权公约》的影响，荷兰最高法院已经确认要尊重每一个公民私生活的一般权利，与该权利相同的称谓为隐私权、保护隐私的权利、人格权、一般人格权等⑥。尽管一般人格权的

---

① 26 BGHZ 349（1958）.

② Basil S.Marksinis：Protecting Privacy.Oxford University Press，1999，pp.36-37.

③ 参见王泽鉴：《人格权之保护与非财产损害赔偿》，载王泽鉴：《民法学说与判例研究》（第 1 辑），台北 1992 年版，第 31 页。

④ Larenz, Lehrbuch des Schuldrechts, Bd.II.1962, S.366.

⑤ Palandt, Kommentar zum Bürgerlichen Gesetzbuch, 15.Aufl., 1956, S.674.

⑥ Supreme Court, 12 June 1992, NJ 1992, 589.Supreme Court, 6 January 1995, NJ 1995, 422, para 5.10: right to be let alone derives from the general personality right.

法律属性并不确定，但其被认为是其他一些权利（如隐私权）的基础。①《日本民法典》中没有承认独立的人格权制度，只是在第 710 条中规定，"不问是侵害他人身体、自由或名誉情形，还是侵害他人财产权情形，依前条规定应负赔偿责任者，对财产以外的损害，亦应赔偿。"但是，自从 20 世纪 50 年代开始，也逐渐以个别增加的方式发展人格权制度。② 一些学者主张采纳"一般人格权"概念，实务采取了扩张解释《日本民法典》第 709 条"权利的侵害"的态度，认为它与《法国民法典》第 1380 条同样包含了广泛的各种"法律上应受保护的利益的侵害"，因此不存在有将认定损害赔偿的前提仅限于具体人格权的必要。③

在美国法中，并不存在着人格权或一般人格权的概念，因为英美法从中世纪后期就产生了诽谤法，并形成了一个完整的体系，对名誉等权利进行保护，使得名誉权等人格利益置于侵权法的保护之下，这就限制了人格权作为独立民事权利的理论发展。尤其是英美法中并没有统一的人格概念，有关姓名、肖像、名誉等人格利益是分别依照仿冒之诉、诽谤之诉等相应的诉因进行的，所以难以形成统一的人格权概念。值得注意的是，从上个世纪初以来，美国的隐私权制度得到迅速发展，隐私权包容的范围非常宽泛，已经具有了与一般人格权相同的功能。

由此可见，从比较法上看，各国都在不断强化对人格权益的保护，即在具体人格权之外，也逐步强化对人格利益的保护，许多国家都通过一般人格权实现对新型人格利益的保护，这也使得人格权益的保护体系更为完整，在保护范围上也更为周延。经过几十年的发展，一般人格权的内容已经非常丰富，已经形成了体系化和类型化的内容结构，同时，一般人格权在性质上属于框架性权利，可以为许多新型人格利益的保护提供法律依据，从而不断满

---

① M Smits, Constitutionalisering van het vermogensrecht in JM Smits at (eds) Preadvtezenuitgebracht voor de Nederlandse Vereniging voor Rectsvergelijking (2003) 124.

② 邓曾甲：《日本民法概论》，法律出版社 1995 年版，第 116 页。

③ 参见星野英一：《私法中的人——以民法财产法为中心》，中国法制出版社 2004 年版，第 181 页。

足社会发展的需要。

我国《民法通则》在"民事权利"一章中单设了"人身权"一节，其中详细规定了各种具体的人格权，但《民法通则》并没有规定一般人格权的概念。虽然在第 101 条中作了"公民的人格尊严受法律保护"的规定，但该法第 120 条却只规定具体人格权的损害可以请求加害人承担民事责任，侵害人格尊严的侵权行为并不包括在内。王泽鉴先生在评述我国《民法通则》时曾指出，此种列举方式对人格权的保护较欠周全，由于无一般人格权制度，因此在自由、贞操、隐私等人格利益遭受侵害时应如何处理尚缺乏依据。[①] 从我国立法和司法实践来看，也越来越注意到具体人格权之外的一般人格权制度的重要性。从实践的趋势来看，一方面，对具体人格权的类型和内容越来越丰富；另一方面，对一般人格权制度也越来越予以认可。《侵权责任法》第 2 条第 2 款所规定的侵权责任法保护的人格权益就不仅仅包括各种具体人格权，还涉及其他的"人身权益"，这实际上涉及对一般人格权的保护。2001 年 2 月 26 日，最高人民法院《关于确定民事侵权精神损害赔偿责任若干问题的解释》第 1 条也规定："自然人因下列人格权利遭受非法侵害，向人民法院起诉请求赔偿精神损害的，人民法院应当依法予以受理：（一）生命权、健康权、身体权；（二）姓名权、肖像权、名誉权、荣誉权；（三）人格尊严权、人身自由权。违反社会公共利益、社会公德侵害他人隐私或者其他人格利益，受害人以侵权为由向人民法院起诉请求赔偿精神损害的，人民法院应当依法予以受理。"从而将人身自由权和人格尊严权作为精神损害赔偿制度保护的范围。按照起草人的解释，"人格尊严"在理论上被称为"一般人格权"，是人格权利一般价值的集中体现，因此，它具有补充法律规定的具体人格权利立法不足的重要作用。在处理具体案件时，可以将人格尊严作为一般人格权以补充具体人格权。[②] 由此可见，最高人民法院实际上也已经将宪法关于"中华人民共和国公民的人身自由不受侵犯"和"中华人民共

---

① 王泽鉴：《民法学说与判例研究》第 6 册，中国政法大学出版社 1998 年版，第 293 页。

② 陈现杰：《〈最高人民法院关于确定民事侵权精神损害赔偿责任若干问题〉的解释的理解与适用》，载《人民法院报》2001 年 3 月 28 日。

和国公民的人格尊严不受侵犯"的规定，解释为人身自由权和人格尊严权，这实际上是通过司法解释确认了一般人格权。最高人民法院的司法解释，不仅弥补了我国因一般人格权制度的欠缺而导致的人格权制度的不足，而且也为充分而全面地保护公民所享有的各项人格利益提供了依据。从全面保护公民的人格利益出发，确有必要在民法上建立一般人格权制度并促使人格权制度日趋完善。2017 年《民法总则》第 109 条规定："自然人的人身自由、人格尊严受法律保护。"该条对一般人格权作出了规定，不仅弥补了我国因一般人格权制度的欠缺而导致的人格权制度的不足，而且保持了人格权益保护范围的开放性，为充分而全面地保护个人所享有的各项人格利益提供了依据。

二、一般人格权的内容

依据我国《民法总则》第 109 条的规定，一般人格权包括人身自由与人格尊严两方面的内容。

（一）人格尊严

所谓人格尊严，是指作为法律主体得到承认和尊重，换言之，是人作为人应当受到的尊重。人在社会生活中生存，不仅仅是维持其生命，而是要享有有尊严的生活。因此，人格尊严是人作为社会关系主体的一项基本前提。其是指公民作为一个人所应有的最基本的社会地位并且应当受到社会和他人的最基本的尊重，是公民基于自己所处的社会环境、地位、声望、工作环境、家庭关系等各种客观条件而对自己和他人的人格价值和社会价值的认识和尊重。

人格尊严做为一种法益，是在 17 至 18 世纪，从传统到现代社会的转变过程中，由启蒙哲学家从自然法理论中产生的。基于基督教伦理和教会法，通过格劳秀斯（Grotius）、托马斯（Thomasius）、普芬道夫（Pufendorf）和其他学者的著作，作为 persona 的一项典型特征，被广泛的认可和接受，并被 19 世纪以后的法律所普遍采纳。① 第二次世界大战以后，由于战争给人类带来的深重灾难、纳粹对人格尊严的严重践踏，促使世界各国对此加以反思，并将人格尊严置于极为重要的地位，而于法律中加以确认。尤其是 1948 年《世界人权宣言》中确立了对人格尊严的保护，进一步促进了人格尊严价值的传播。各国在其宪法中一般都宣告保护人的尊严；而当代主要的人权公约，如 1966 年《公民权利和政治权利国际公约》、2000 年欧洲联盟《基本权利宪章》等，都对人的尊严予以突出的保护。将人格尊严纳入一般人格权并作为其重要内容的做法始于德国。从制度史的角度来看，德国法上的一般人格权就是法官依据其《基本法》第 1 条关于人的尊严的规定发展起来的。"从'人格尊严'这一最高宪法原则的意义上来说，并不能够直接得出传统意义上对自由的保护，但是从当代社会的发展和对人格保护的需要来说，（一般人格权）存在其出现的必要性。"② 从发展趋势来看，人格尊严现在越来越多地被认可为一种可诉之权利，日益突出并占据优势地位③。《欧洲民法典草案》的起草者认为在民法中有必要为隐私和人格尊严设置专门的条款，并转换成一条私法规则作为欧洲人权宪章的第一条庄严地公布于世。④

在我国，人格尊严是《宪法》规定的政治权利，同时也应作为民法上的一般人格权来对待。我国《民法通则》第 101 条规定，"公民、法人享有名誉权，公民的人格尊严受法律保护。"我国有关特别法也对自然人的人格尊严作出了规定。例如，《妇女权益保障法》第 42 条第 2 款规定，"禁止用侮辱、诽谤等方式损害妇女的人格尊严。"我国《精神损害赔偿司法解释》第 1 条也确认了"人格尊严权"的概念，这是其成为一般人格权内容的法律依据。《民法总则》将人格尊严保护规定在民事权利之首，一方面，表明人格尊严作为

---

① Gert Brüggemeier, Aurelia Colombi Ciacchi and Patrick O'Callaghan Edited, Personality Rights in European Tort Law, Cambridge University Press, 2010, p.7.

② BVerfGE 54, 148 [153].

③ see C. MCCRUDDEN, Human Dignity and Judicial Interpretation of Human Rights, in 19 Eur. J. Int. L.655, 667 (2008).

④ 这就是现在的 Sect. VI.–2：203。see K. VON BAR, Non-Contractual Liability Arising out of Damage Caused toAnother, Oxford, 2009, p.418.

保护民事权利的价值来源和价值基础，也表明其具有最高价值，私权本身是为了保障个人的尊严，尊严是私权的基础和依归，这实际上是将人格尊严保护作为民法典规则的价值基础。《民法总则》将人格尊严保护置于各项民事权利之首加以规定，人格尊严体现人格权保护的基本价值，表达了人格权保护的根本目的。换言之，法律之所以保障各种人格权，很大程度上就是为了维护个人的人格尊严。另一方面，法律的终极目标是个人的幸福和福祉，而这一切都离不开对人格尊严的保护。正如有学者所指出的，人不是为社会和国家而存在的，相反，社会和国家是为人而存在的。人是目的，社会和国家是手段，因此，维护个人的人格尊严也是国家的重要目的。[①] 可见，确认人格尊严原则对于维护社会的和谐具有重要的意义。还要看到，确认人格尊严作为一般人格权，有利于保持人格权法的开放性，提升对各种新型人格利益的周密保护。

人格尊严原则作为一般人格权的重要内容，具有弥补具体人格权因具体列举而难以满足对人格利益的全面保护的功能，即人格尊严原则具有补充性。许多学者认为，对人格尊严权的保护就是对一般人格权的保护。[②] 其原因在于：一方面，人格尊严是具体人格权立法的基础。公民的各项人格权都在不同程度上体现了人格尊严的要求，表现了我国法律对人格尊严的尊重。事实上，许多侵害人格权的行为，如污辱和诽谤他人、宣扬他人隐私、毁损他人肖像、虐待他人等，均有损他人的人格尊严。另一方面，人格尊严作为一般人格权可以弥补我国民法关于具体人格权规定的不足。在有关立法中，提出了人格尊严权的概念，但这并非意味着人格尊严就成为了一项具体的人格权，实际上，人格尊严应当属于一般人格权的内容，而不应当成为一种具体的人格权。例如，《民法通则》第101条规定，"公民、法人享有名誉权，公民的人格尊严受法律保护，禁止用侮辱、诽谤等方式损害公民、法人的名誉。"该规定实际上就是将人格尊严作为一种补充性的条款来规定的。也就

[①] 参见王家福主编：《人权与21世纪》，中国法制出版社2000年版，第7页。

[②] 参见杨立新主编：《民商法理论争议问题——精神损害赔偿》，中国人民大学出版社2004年版，第8页。

是说，对于公民的名誉权，一般适用名誉权的规定，但对公民名誉感的侵害，虽不能适用名誉权的规定，但可以通过侵害人格尊严而加以保护。这就体现了人格尊严的补充适用性。① 当现行立法对具体人格权的规定不足或者存有漏洞的时候，可以依据侵害人格尊严的规定进行弥补。例如，在著名的"超市搜身案"中，超市保安怀疑消费者偷拿财物，对其进行搜身，这实际上就侵犯了消费者的人格尊严，而并没有侵害原告的名誉权。② 再如，马某诉崔某一般人格权纠纷案，被告在原告举行结婚仪式前，故意将垃圾撒在其家门口，被告应当赔偿原告精神损失③。此案实际上是侵害原告的人格尊严。

（二）人身自由

人身自由有广义和狭义之分，从狭义上理解，人身自由特指身体活动的自由，从这个意义上理解，人身自由在性质上应当属于具体人格权的范畴，对此，笔者将在下文讨论。而从广义上理解，人身自由不仅包括人身自由权，还包括精神的自由、个人依法享有的自主决定的权利，从这一意义上说，人身自由在性质上又属于一般人格权的范畴。我国《民法总则》第109条所规定的"人身自由"，应理解为一般人格权的内容。

人身自由作为一般人格权的内容，首先可以解释为对一些新型人格权加以保护的基础。例如，在德国法上，由于民法典中本来也没有隐私权的概念，因此，无法沿用隐私权对个人信息加以保护。随后，德国法院发展出了所谓的"信息自决权"，其理论基础就是一般人格权。除此之外，对于一些新的人格利益，如果援用具体人格权无法保护，也可以援引一般人格权中的人格自由加以解释和保护。具体来说，人身自由包括如下几个方面的内容：

第一，身体活动的自由。此处所说的身体活动自由，主要是肢体行为等

---

① 参见唐德华主编：《最高人民法院〈关于确定民事侵权精神损害赔偿责任若干问题的解释〉的理解与适用》，人民法院出版社 2001 年版，第 30 页。

② 参见《钱缘诉上海屈臣氏日用品有限公司搜身侵犯名誉权案》，(1998) 沪二中民终字第 2300 号。

③ 《河南省济源市人民法院民事判决书》(2011) 济民一初字第 238 号。

物理活动上的自由。这就是说个人可以自由支配其身体组成部分，并且进行自由活动。在德国 1957 年的 Elfes 案件中，法官 Dieter Grimm 根据德国基本法第 2 条，提出了"自由发展个人人格的权利"。① 从保障人权的角度看，"保障人身自由权是保障一切人权的基础"已成为各国的共识，这也表明了人身自由原则的极端重要性。② 因此，身体活动自由是人身自由的重要内容。

第二，自主决定。关于自主决定是否应该成为一项独立的人格权，存在不同观点。从比较法上看，一些国家通过判例确立了自主决定权，例如美国罗伊诉韦德堕胎案（Roe v. Wade）一案中确认堕胎自由属于个人自主决定的范围。③ 我国也有不少学者主张将自主决定权作为一项独立的具体人格权。笔者认为，自主决定不应作为一项独立的人格权。主要理由在于：一方面，自主决定是私法自治的延伸，如果将自主决定权作为一项独立的人格权，其范围将很难决定，而且有很多具体的人格权都会涉及自主决定，也就容易造成不必要的竞合。自主决定的范围比较模糊，如果将其认可为独立的人格权，则很难确定权利的边界，也容易导致此种权利与其他权利不易区分。另一方面，人格权法上的自主决定是与人格利益联系在一起的，例如，我国《侵权责任法》规定了患者自主决定权，再如，我国《婚姻法》所规定的婚姻自主是对婚姻利益的一种自主决定。这些自主决定权都是人格自由的内容，而不宜作为一项具体人格权。人格权法上的自主决定不是一般意义上的自主决定，而是指可以包含在一般人格权的人格自由之中人格利益。

笔者认为，自主决定可以作为人身自由的内容，从而弥补具体人格权规定的不足。由于人身自由的内涵十分宽泛，可以将自主决定包含其中。从我国现行立法来看，有的法律将自主决定作为具体人格权的内容。例如，我国《侵权责任法》规定了患者自主决定权，此种权利很难包括在隐私权之

---

① Donald P.Kommers: The Constitutional Jurisprudence of the Federal Republic of Germany, Duke University Press，1997，p.315.

② 参见谢佑平：《公民人身自由权的宪法保障与司法保护》，载《河南省政法管理干部学院学报》2005 年第 1 期。

③ See Roe v. Wade，410 U.S.113（1973）.

中。它和隐私权不同在于，患者自主决定权很难说是对私生活的决定，其主要是对个人事务的自由决定。但是，如果医疗机构侵害了患者的自主决定权，没有造成患者的损害，是否可以作为侵害一般人格权，而请求精神损害赔偿？例如，在日本曾经发生过违反患者的意愿为其输血的案件，虽然没有导致患者的生命权或健康权的侵害，但是，侵害了其自主决定[1]。对此，侵权法上没有明确规定，笔者认为可以通过一般人格权制度为受害人提供保护。

第三，精神活动的自由。它是指自然人按照自己的意志和利益，在法律规定的范围内自主思维的权利，是自然人自由支配自己内在思维活动的权利，[2] 是自然人进行意思表示或其他民事活动的意志决定自由。[3] 在我国台湾地区，有学者认为，在欺诈、胁迫等情形下，受害人有权请求侵害精神活动的自由的赔偿。也有学者主张精神自由权的概念。[4] 笔者认为，精神自由权不宜规定为具体人格权，但其可以作为一般人格权在例外情形下保护受害人。尤其是考虑到精神自由概念的模糊性，法官认定侵害精神自由时应当尽到尽可能充分的论证义务。

三、一般人格权与具体人格权的关系

我国学界关于一般人格权的本质，存在不同的认识，概括起来有如下几种学说：

1. 人格关系说。一般人格权，在瑞士法中称为"人格关系"。不过，瑞士学者对一般人格权或"人格关系"均无明确的定义。我国台湾地区学者施启扬在对瑞士民法的规定进行解释时，也认为人格关系（persönliche Verhalt-

---

[1]　参见日本最高法院判决，平成十二年（2000年）2月29日，民集54-2-582。

[2]　参见杨立新：《人格权法专论》，高等教育出版社2005年版，第324页。

[3]　参见冉克平：《论人格权法中的人身自由权》，载《法学》2012年第3期。

[4]　参见杨立新主编：《民商法理论争议问题——精神损害赔偿》，中国人民大学出版社2004年版，第8页。

nisse）即为一般人格权。他提出应该将台湾民法中关于侵害"人格法"的规定（第 18 条）改为侵害人格关系，"因为人格权是一个'上层概念'，人格权中的各种具体内容权利，只是一种地位或资格，与一般权利在性质上并不相同。"①

2. 概括性的权利说。大多数德国学者将一般人格权视为一种概括性的权利。如拉伦茨认为，一般人格权具有"概括广泛性"。② 而另一个德国学者莱普迪（Nipperdey）则认为一般人格权不仅涉及国家和个人的关系，而且也涉及《德国民法典》第 823 条所包括的具体人格权，一般人格权范围极为广泛，在内容上是不可列举穷尽的。③ 法官的任务只是依有关价值观念将一般人格权具体化并确定其界限。因为人格的本质不易明确划分其界限，一般人格权作为概括性权利，在内容上是不易完全确定的。④ 按照许多德国学者的观点，一般人格权是一种"渊源权（MuttergrundrechtQuellrecht）"，或"权利的渊源"，由此可引导出各种具体的人格权⑤。按照艾内克卢斯（Enneccerus）等人的观点，依据"一般人格权"可发掘出某些具体的人格权，这样可扩大人格权的保护范围。⑥

3. 个人的基本权利说。在 20 世纪 50 年代，德国学者胡伯曼针对否定一般人格权的观点而主张，否定一般人格权实际上否认了个人的基本权利。他认为，一般人格权不同于人格权本身，亦不同于各项具体人格权。他将一般人格权分为：发展个人人格权的权利、保护个人人格权的权利、捍卫个人独立性的权利，这三种权利分别受到公法、私法等法律的保护，并共同组成为

---

① 施启扬：《关于侵害人格权时非财产上损害赔偿制度的研究修正意见》，载台湾《法学丛刊》，1976（83），第 41 页。

② Larenz, Lehrduch des Schuldrechts, Bd.II, 1962, S.366.

③ Stig Strömholm, Right of Privacy and Right of the Personality, Stockholm, Norstedt, 1967, p.57.

④ 施启扬：《从个别人格权到一般人格权》，载台湾大学《法学论丛》（4—1），141 页。

⑤ 施启扬：《从个别人格权到一般人格权》，载台湾大学《法学论丛》（4—1），141 页。

⑥ Enneccerus-Kipp, Lehrbuch des bürgerlichen Rechts, Recht der schuldverhältnisse, 1995, S.937.

一般人格权。①

4. 一般权利说。有学者认为，一般人格权相当于知识产权的概念，而具体人格权则相当于著作权、商标权等具体的知识产权。有学者认为，从实际产生过程来看，一般人格权的概念不是作为具体人格权的抽象而提出的，而是作为具体人格权的补充而提出的，也就是说，一般人格权不是一种抽象权利，而是一种现实权利。②

以上四种学说从不同角度阐述了一般人格权的本质。笔者认为，一般人格权既是各种权利的概括，同时也是各种具体人格权产生的基础。一般人格权具有渊源权的功能。一般人格权作为个人的基本权利，最本质地表现了人格权的特点。但是，一般人格权不能等同于人格关系，因为人格权是人格关系的内容，而不同于人格或人格关系。要真正了解一般人格权的本质，还必须清楚一般人格权与具体人格权之间的关系。具体来说，两者之间应当具有如下关系：

第一，抽象的和具体的关系。具体人格权就是指由法律具体列举的由公民或法人享有的各项人格权，如生命健康权、姓名权、肖像权、名誉权等。一般人格权作为民事主体全部人格利益为标的的总括性权利，是指以民事主体依法享有并概括和决定其具体人格权的人格利益。正如哲学上的一般和具体、普遍和个别的关系一样，一般人格权和具体人格权实际上也是这种一般和个别的关系。也就是说，一般人格权是一般性的权利，而具体人格权是个别的人格权。一般人格权确定了人格权的基本价值，其包容的价值非常抽象、概括；具体人格权具有确定的内涵和外延，并且被法律确定为特定的权利。

一般人格权也可以说明具体人格权存在的正当性。一般人格权凸显以人为本的理念，明确了人格权立法的目的与宗旨，因为人格权要作为一项独立的制度而存在，必须要有自身的原则与宗旨。对一般人格权的确认，将有助

---

① Stig Strömholm, Right of Privacy and Right of the Personality, Stockholm, Norstedt, 1967, p.39.

② 胡吕银：《一般人格权探析》，载《学海》2001 年第 5 期。

于解释个别人格权保护的目的，如对公民的生命健康、名誉、肖像、隐私等各项具体人格权的保护，都是由公民依法享有人身自由和人格尊严所决定的，同时也将表明我国法律对人格利益的高度重视。例如，确认公民享有人身自由和人格尊严为一般人格权，这不仅是对公民作为人的共同价值的确认，也是对社会主义条件下公民价值的认可，同时也表明公民能够在不违法的条件下自由从事各种活动，享受各种人身利益和财产利益。[①]

第二，本源和派生的关系。尽管从人格权发展历史来看，先有具体人格权，之后逐步形成一般人格权，但是，由于一般人格权确定了人格权的基本价值，因此在产生一般人格权之后，又推动了具体人格权的发展。尤其是一般人格权揭示了人格权的基本价值，因此从中派生了许多具体人格权。从这个意义上说，两者之间是本源和派生的关系。一般人格权是和具体人格权是相对应的，一般人格权具有统摄和创设的功能，相当于一种渊源权。

由于一般人格权确定了民法中的基本价值，因此它和民法的基本原则具有相似性。因为民法基本原则是一项克服成文法局限性的立法技术，它在普遍性、概括性等方面和一般人格权有些相近。但规定一般人格权和设立民法基本原则并不冲突，因为民法基本原则更为抽象，其普遍适用于民法的各个部门，基本原则本身不具有创设权利的功能，而一般人格权具有创设权利的功能，且法官可以依据一般人格权来确定哪些属于人格利益或非人格利益，这种功能是基本原则所不具有的。但二者都具有概括和抽象的特点，都给法官留下了一定自由裁量的空间。

第三，既定和补充的关系。尽管在法律上，人格权不能实行法定列举主义，但是也不能任由当事人对其进行自由设定。同时，人格权作为一种需要予以规范的权利，也不能由法官任意裁量。否则，将造成人格权创设的混乱，并会在一定程度上威胁个人行为自由，例如实践中出现的"亲吻权"、"悼念权"等[②]。如果其中存在需要法律提供保护的合法人格利益时，则将其

---

① 刘心稳：《试论人身权》，载《政法论坛》1988 年第 2 期。

② 参见《陶莉萍诉吴曦道路交通事故人身损害赔偿纠纷案》，（2001）广汉民初字第832 号。

归入到具体人格权或者一般人格权特别是其中的人格尊严中加以保护，对不宜提供法律保护的部分，则不能上升为人格权。由于许多新型人格利益不可能在法律上获得权利的地位，因此需要借助一般人格权来补充。在具体人格权类型化还不丰富时，可以适用一般人格权来保护各种新型的人格利益。例如，侮辱他人并未为第三人知道，受害人的社会评价未降低，故不构成侵害名誉权，同时也不构成对身体权的侵害，此时具体人格权没有受到侵害，则就可以通过一般人格权来对受害人加以保护。

第四，一般和特殊的关系。在一般人格权与具体人格权的法律适用上，一般认为，在具体处理案件时，应当优先适用具体人格权的规定，而将一般人格权作为补充适用的条款。① 拉伦茨认为，对于"一般人格权"和"特别人格权"的关系可做如下概括："一般人格权作为任何人都应当尊重的权利，是所有特别人格权的基础，特别人格权是一般人格权的一部分。因此，从法律逻辑上说，一般人格权，优先于特别人格权。在法律适用中，如特别人格权受到侵害，但因难以划界从而不能援引关于一般人格权的规定，则优先适用特别人格权。与'一般人格权'相比，特别人格权在内容上规定得较为明确，或者还可以规定出来。"② 所以，一般人格权和具体人格权之间可以说是一般和特别的关系。如果某种人格利益受到侵害以后，能够从具体人格权中找到法律适用的依据，首先应当适用具体人格权的规定。如果没有具体人格权的规定，则可以按照一般人格权的规定来适用。

四、一般人格权的适用

一般人格权是一种高度概括的权利，其适用应当受到一定的条件限制，因为一般人格权规定是弹性较大的条款，具有很强的包容性，适用一般人格

---

① 陈现杰：《人格权司法保护的重大进步和发展——〈最高人民法院关于确定民事侵权精神损害赔偿若干问题的解释〉的理解与适用》，载《人民法院报》2001 年 3 月 28 日。

② [德] 卡尔·拉伦茨：《德国民法通论》（上册），王晓晔、邵建东等译，法律出版社 2003 年版，第 173 页。

权给予法官很大的自由裁量空间，如果对一般人格权的适用缺乏限制，那么就会使得一些不应受到人格权保护的利益受到一般人格权的保护，并无限制地扩张了精神损害的范围，其结果会造成法律的不确定性，所以一般人格权的适用应当具有严格的条件限制。笔者认为，一般人格权适用的条件主要包括如下几个方面：

1. 必须发生侵害不能为具体人格权所包含的合法的人格利益之行为

一般人格权只有在侵害人格利益的情况下才能适用。但这并不意味着所有侵害人格利益的行为都应该适用一般人格权。一般人格权只有在不能适用具体人格权时才有适用余地，因为一般人格权只是补充具体人格权的规定，如果具体人格权有适用余地，则不必适用一般人格权；法律有具体条款规定，必须先适用具体规定，只有在穷尽了具体条款之后，才能用一般条款进行裁判，否则就会出现"向一般条款逃逸"的趋势。我们借鉴德国法上一般人格权的概念，必须要注意到这样的事实，即《德国民法典》中具体人格权的规定并不发达，德国法官在实践中从一般人格权中解释出具体人格权。因为我国《民法总则》已经规定了一些重要的具体人格权，在此情况下不必要通过援引一般人格权解释出众多的具体人格权，也没有必要通过一般人格权发展出具体的人格权。而应当优先适用具体人格权的规定，只有在没有相关具体人格权的规定时，才有必要适用一般人格权的规定补充有关具体人格权规定的不足。

2. 无法类推适用和准用具体人格权

在侵害新型人格利益的情况下，法院往往最多只能通过类推适用的方法对其提供及时的保护，这种办法也在一定程度上为自然人人格利益提供保护。在一般人格权设立以后，也应给予法官保护新型人格利益自由裁量的空间和技术手段。因此在出现新的人格利益需要作为权利加以保护之后，法院也不必要采用类推的方式保护人格利益。由于我国《民法通则》没有建立一般人格权保护制度，因此，在司法实践中，对于侵害一般人格权的侵权行为，只能采取法律类推的方式，对受害者进行法律保护。最明显的例证是，

《民法总则》第185条对侵害英烈等的姓名、肖像、名誉、荣誉四项人格利益的民事责任作出了规定，但侵害英烈等上述四项人格利益之外的人格利益，如隐私，则无法适用《民法总则》第185条的规定，这就需要类推适用该条对相关的行为予以规范。再如，关于简称的保护，《民法总则》虽然规定了法人、非法人组织的名称权，但并没有对法人、非法人组织的简称保护作出规定，这也需要类推适用名称权的规则。

不过，从立法上看，司法上的类推适用仅属于权宜之计，其存在明显的缺陷。一方面，类推适用给法官过大的自由裁量权，容易造成法律适用的不安定性。因为各种新型具体人格权是大量存在的，很难完全借助于法官的自由裁量权予以判断。另一方面，某些新型人格利益往往可能超出具体人格权内容的涵盖范围，此时类推适用有可能造成牵强附会、造成体系上的不和谐。例如名誉和隐私存在较大的差异性，自然人的一般人格权包括人身自由和人格尊严，而名誉权则是具体人格权中的一项具体的权利，二者并不是同一概念。对法律尚未规定为权利的具体人格利益，采取类推方式保护的方法是不足取的。只有全面建立一般人格权的民法保护机制，才能全面实现宪法关于保护公民人格权的原则，切实保护公民的一般人格权。因而，凡是在不能类推的情况下，才能通过一般人格权进行保护。

另外，在某些情况下，法律可能规定，在特殊情况下，要准用其他具体人格权的规则。例如，法律可能规定，就声音的侵害，可以准用侵害肖像的规定。在这些情况下，因为法律规定了准用的规则，因此，法官也不能直接适用一般人格权的规则。

3. 新的人格利益符合一般人格权所承载的价值

如前所述，一般人格权的价值包括人格自由、人格尊严，这也应该成为对新型人格利益进行司法保护时的重要判断标准。当某种新的人格利益出现以后，应该根据一般人格权所承载的价值判断其是否需要得到保护。在实践中存在着这样一些案例，如在他人墓碑上书写侮辱他人的言辞或砸毁他人的墓碑，或者故意向他人发出噩耗以愚弄他人，殡仪馆将原告父亲的骨灰盒弄错致使原告遭受精神痛苦等，在这些案件中，如何确定是否应该适用一般人格权应当分为两个步骤加以考虑：一是法官应当判断是否存在人格利益遭受侵害的情形。这就是说，法官应当首先判断受侵害的利益究竟是财产利益还是人格利益。例如，毁损他人的墓碑，虽然也包含了财产利益的侵害，但其主要是对人格利益的侵害。二是应当根据社会一般人的看法、生活习惯、传统伦理道德等多种因素来考虑，原告所遭受侵害的人格利益是否符合一般人格权的价值。同时，法官还应当结合具体案件的情况，通过衡平考虑各种应受法律保护的利益和价值判断受害人的利益是否需要保护。① 例如，在原告吴剑波等诉被告鄱阳县殡仪馆人身损害赔偿纠纷一案中，原告的父亲去世后，原告与殡仪馆协商好了火化时间，但嗣后因为设备故障，导致原告的父亲没有按照约定的时间火化，也影响到原告父亲的按时安葬。法院认为，"关于侵犯死者的人格尊严权方面：就人格尊严权这个概念在民法上来说，不是一个具体的人格权，属于一般人格权的范畴"②。笔者认为，此种观点不无道理。从社会一般人的观念来看，被告的行为虽然没有造成原告财产损失，但造成了原告人格尊严的损害，我国现行立法没有规定此种行为侵害了原告的何种人格利益，此时，即可通过一般人格权对原告进行兜底保护。

4. 加害人的行为违反善良风俗

在侵害一般人格权的情况下，通常来说，行为人的行为都违反了善良风俗。根据我国《精神损害赔偿司法解释》第 1 条第 2 款规定，"违反社会公共利益、社会公德侵害他人隐私或者其他人格利益，受害人以侵权为由向人民法院起诉请求赔偿精神损害的，人民法院应当依法予以受理。"依据该条规定，侵害其他人格利益的责任应以行为人的行为违反社会公共利益、社会公德为要件。笔者认为，该条规定中的"人格利益"并非指一般人格权，但其所规定的责任要件也可适用于一般人格权。主要原因在于：一方面，由于一般人格权包含的范围非常宽泛，应当对其做必要的限定。毕竟一般人格权的规定属于弹性很大的条款，其保护的法益范围不宜过宽，不然就会危及法

---

① Fuchs, Deliktsrecht, 2 Aufl., 1996, S.35.
② 参见江西省鄱阳县人民法院（2006）鄱民一初字第 951 号。

律的稳定性，给法官随意裁判提供机会。另一方面，现行立法缺乏规定，通过善良风俗原则加以限制能够将社会生活中的最低限度的道德要求引入法律裁判过程中，提供了这些道德要求法律化的途径。

此外，在通过适用一般人格权对受害人提供精神损害补救时，也应当考虑受害人是否实际遭受了精神损害，应当结合社会的一般观念和受害人个人的感受来确定是否遭受精神损害以及受害程度。

五、一般人格权的救济

在侵害一般人格权的情形，虽然受侵害的仅是一种法益，但是，法律也为受害人提供了充分的救济。因此，受害人可以按照侵权法的一般规则，请求获得救济。例如，受害人因此遭受的财产损失，加害人应当予以赔偿。再如，受害人主张加害人赔礼道歉、消除影响的，法院也可以支持。

在一般人格权遭受侵害的情形下，受害人能否主张精神损害赔偿？从比较法上看，1959 年，德国联邦政府在向联邦议院提呈了《关于修订民法中保护人格与名誉的法律草案》，其中建议肯定侵害一般人格权的精神损害赔偿责任，但该草案受到了强烈批评，有观点认为，这一规定可能使媒体的新闻自由受到单方面限制，将不当影响信息的传播，后该草案并没有获得通过。[①] 到目前为止，关于一般人格权遭受侵害后权利人能否主张精神损害赔偿责任，立法中并不明确，但司法实践实际上是肯定了受害人的精神损害赔偿请求权。

侵害一般人格权，是否可以请求精神损害赔偿？对此，也值得探讨。《民法总则》第 109 条就人身自由和人格尊严作出了规定，学界通常理解为是确立了一般人格权。从《侵权责任法》第 22 条的规定来看，精神损害赔偿的适用前提是"侵害人身权益"，这一适用条件比较宽泛，只要可以被解释为

---

① 参见《德国民法人格与名誉保护新规则法草案》，王洪亮译，载《中德私法研究》2018 年第 3 期。

人身权益的权利和利益，受到侵害之后，都可以请求精神损害赔偿。一般人格权属于"人身权益"的一种类似，因此，侵害一般人格权也可以依据《侵权责任法》第22条主张精神损害赔偿。

具体来说，《民法总则》第109条所规定的"人身自由"、"人格尊严"，可以具体包含如下几种类型：一是各种新型的人格利益。现代社会进入了一个互联网、大数据时代，科学技术发展日新月异，这也使得许多新型人格不断涌现，亟须法律作出应对。市场经济的发展、商业模式的改变以及网络营销等发展，在深刻改变我们消费方式的同时，也对我们的个人信息安全、隐私权保护等构成了一定的威胁。征信制度、黑名单制度的建立也都给个人信息的保护带来了挑战。各种名目繁多的评级、企业自己建立的黑名单制度，因信息失真导致评价不准确，不仅会导致对他人名誉、信用等的损害，也会影响他人正常的经营活动。因此，信用利益的保护在现代社会显得越来越重要。正是因为上述原因，导致新型人格利益不断出现，我国《民法总则》第109条确立一般人格权，能够有效应对社会生活的发展需要，许多新型人格利益遭受侵害后，都可以借助一般人格权加以调整。例如，声音、肢体动作、悼念等，只要侵害了这些利益，损害了人格尊严和人身自由等基本价值，就可以受到一般人格权的保护。二是《民法总则》第185条所列举的四项英烈的权益之外的其他人格权益，都可以依据《民法总则》第109条获得保护。例如，侵害英烈的隐私、个人信息，无法类推适用死者人格权利益的保护规则，就有必要通过一般人格权来保护。三是其他具体人格利益无法包含的利益，具体而言，主要包括如下几种：

1. 遗体利益

死者的遗体不仅关系死者的人格尊严，而且也关系生者的人格利益。关于自然人死亡以后，遗体在法律上具有何种性质，是否应当受到人格权法的保护，存在争议。笔者认为，遗体不同于自然人的身体，其不具有生命特征，不能够作为自然人身体权的对象。身体区别于遗体的地方在于它是活体，自然人死亡后，身体就转化为遗体，因此，也就谈不上身体利益了。自然人一旦死亡，其主体就归于消灭，身体权也就当然随之消灭了。因此，即使存在着所谓的延伸利益，其也不是死者的利益了，因为死者不再是民事主体，不可能独立享有任何利益。在民法上，除了人之外，所有的物都无法成为权利的主体①。遗体既非活体，当然就不会承载人格。其次，遗体也不同于单纯的物，不能简单地将其视为权利客体。遗体本身体现了一定的精神利益，不能将遗体简单地作为所有权的客体，因为遗体寄托了近亲属的个人感情、对死者的怀念、死者和生者的尊严，也体现了一定的善良风俗。

依据《精神损害赔偿司法解释》第 3 条的规定，行为人"非法利用、损害遗体、遗骨，或者以违反社会公共利益、社会公德的其他方式侵害遗体、遗骨"的，死者近亲属有权主张精神损害赔偿责任。该条实际上已经对遗体的保护作出了规定。但死者近亲属究竟对死者遗体享有何种人格利益，该条并没有作出规定。笔者认为，在行为人侵害死者遗体的情形下，死者近亲属应有权主张其一般人格权遭受侵害，并据此请求行为人承担侵权责任。从我国司法实践来看，在侵害死者遗体的情形下，法院也大都通过一般人格权对受害人提供救济。例如，在"汪某某、李某某与程某某、程某某等一般人格权纠纷案"中，法院认为，"父母对子女具有人格上的利益。汪某某死亡后，其父母汪某某、李某某有权对遗体进行告别、悼念，且遗体的处理属于其父母汪某某、李某某的人格权利。而上诉人程某某在死者的母亲李某某没有到场的情况下，也没有充足证据证明其已获得汪某某、李某某的明确授权以及征询汪某某母亲李某某意见的前提下，代为签字同意火化死者汪某某的遗体，侵犯了汪某某和李某某的一般人格权，上诉人程某某存在一定过错，应当承担赔偿责任"。②

2. 祭奠利益

祭奠利益是指公民基于亲属关系等而产生的对死者表示追思和敬仰的利

---

① 参见余能斌等：《论人体器官移植的现代民法理论基础》，载《中国法学》2003 年第 6 期。

② 参见《湖北省随州市中级人民法院民事判决书》，（2015）鄂随州中民一终字第 00304 号。

益。① 中华民族历来重视通过祭奠仪式寄托生者对逝者的悼念和追思，因此，祭奠利益在性质上应当是一项重要的人格利益。我国现行立法并没有对祭奠利益作出明确规定，笔者认为，祭奠利益应当是属于一般人格权的范畴。从我国司法实践来看，侵害他人祭奠利益的行为主要体现为破坏他人坟墓、遗失他人骨灰等。例如，在"孟某与孟某等一般人格权纠纷案"中，法院认为，"孟某与孟某均系孟某某与宋某某之子女，现双方因宋某某去世后的祭奠等问题发生争议。对此本院认为，孟某某、孟某、孟某作为宋某某的直系亲属均有知悉宋某某的去世、遗体告别及祭奠的权利，但孟某某、孟某未能知悉宋某某的去世，孟某在将宋某某火化后亦自行处理了其骨灰"，该行为侵害孟某某等人的一般人格权。②

3. 墓碑、坟墓等体现的人格利益

墓碑和坟墓记载了死者的相关信息，还可能包含了生者对死者的相关评价，因此是重要的死者人格利益。同时，墓碑和坟墓虽然是有形财产，但也寄托了生者对死者的哀思，其中也包含了人格尊严和人格利益，应当受到法律保护。从司法实践来看，侵害他人墓碑、坟墓的，一般通过一般人格权对受害人提供救济。例如，在"邱某某、王某某一般人格权纠纷案"中，法院认为，由于上诉人邱某某家祖坟没有墓碑、安葬刘某某的时间较长久，墓冢不明显，因此，上诉人王某某在平整屋后土地之前没有提前与墓冢的后人协商，在听到提醒、阻止之后，也未停工协商处理，上诉人王某某存在过错，其行为导致邱某某家族今后无法寄托对亲人的哀思，给上诉人邱某某的家族成员带来精神上的损害。③

4. 婚姻仪式中体现的人格利益

我国有重视婚姻仪式的传统，婚姻仪式也寄托了个人对婚姻关系的重视，个人对婚姻仪式应当享有重要的人格利益。行为人破坏他人的婚姻仪式，将有损他人的人格尊严，侵害他人的一般人格权。例如，在"赵某某、

---

① 参见张红：《侵害祭奠利益之侵权责任》，载《法学评论》2018 年第 2 期。
② 参见《北京市高级人民法院民事裁定书》，(2018) 京民申 118 号。
③ 参见《四川省宜宾市中级人民法院民事判决书》，(2015) 宜民终字第 1369 号。

郎某某、赵某某与扎兰屯市金百灵大酒店有限责任公司人格权纠纷案"中，法院认为，"被告扎兰屯市金百灵大酒店在婚庆订单上明确写明新娘名字的情况下，婚庆主持人在婚礼现场两次说错其名字，可见被告作为专业的婚庆服务机构，未尽到相应的义务，存在过错。然三原告人格权是否受到损害，应依据婚礼主持人的错误是否得以消除及是否造成严重后果加以判断"。①在该案中，行为人在婚姻仪式上两次念错新娘的名字，破坏了他人的婚姻仪式，应当构成对他人一般人格权的侵害。除破坏婚姻仪式外，如果行为人损坏了他人与婚姻相关的特定纪念物品，也可能侵害他人的一般人格权。例如，在"白某某与莒县施华洛婚纱摄影店一般人格权纠纷案"中，法院认为，"婚庆录像是属于具有人格象征意义的特定纪念物品，加之婚礼仪式的特殊性和不可重复性，录像光盘的丢失给被上诉人造成一定程度的伤害，原审支持被上诉人的精神损害抚慰金并无不当"。②在该案中，法院实际上认为，丢失他人的婚姻仪式录像光盘，也构成对他人一般人格权的侵害。

一般人格权是由法律采取高度概括的方式赋予自然人享有的具有包容性的、以人格利益为内容的权利。它不仅具有兜底条款的作用，而且为法官判断何种人格利益应当受法律保护提供了判断标准。一般人格权"随着人格自觉、社会进步、侵害的增加而扩大其保护范畴"。③日本法学家星野英一先生指出，一般人格权的产生，使得对那些需得到保护而实体法条文未具体规定的人格利益，或伴随社会发展而出现的新型人格利益给予保护成为了可能。④因此，在法律上确认一般人格权，将会为随着社会发展而出现的需要法律保护的新型人格利益上升为独立的权利形态提供充分的空间，形成一种开放的人格权体系，不断扩大人格权保障的范围。从未来发展趋势来看，很

---

① 参见《内蒙古自治区扎兰屯市人民法院民事判决书》，（2016）内 0783 民初 944 号。

② 参见《山东省日照市中级人民法院民事判决书》，（2016）鲁 11 民终 546 号。

③ 王泽鉴：《侵权行为法 一般侵权法》（第 1 册），中国政法大学出版社 2001 年版，第 137 页。

④ ［日］星野英一：《私法中的人》，王闯译，载梁慧星主编：《为权利而斗争》，中国法制出版社 2000 年版，第 359 页。

多新型人格利益借助一般人格权受到保护，并且在成熟的时候发展为独立的人格权利。在一些新的人格利益产生之后，在确定此种利益是否构成人格利益，应当考虑这些利益是否体现了人格尊严和人身自由、侵害这些人格利益是否违反了一般人格权中所包含的价值。

认定侵害名誉权的若干问题 *

一、问题的提出

《民法通则》第 101 条规定："公民、法人享有名誉权，公民的人格尊严受法律保护，禁止用侮辱、诽谤等方式损害公民、法人的名誉。"名誉权是民事主体享有的一项重要的人身权。从我国司法实践来看，侵害名誉权的纠纷在各种人身权侵害案件中居于首位，且有不断增长的趋势。然而，在处理侵害名誉权的案件中，最关键的问题乃是正确解决行为人的行为是否构成侵害他人名誉权问题。而解决这一问题又必须正确确定名誉权的客体范围、认定名誉权侵害的标准。下面试举两例说明之：

案例一：被告甘某与原告张某系老同学。1986 年 2 月 24 日晚，甘某因一只鸡与其侄子发生争吵，甘被其侄子打伤，即向公安局控告，经公安派出所解决，决定对甘之侄子行政拘留 15 天。甘之侄子不服，向市公安局申诉，同时向所在单位市商业局反映。商业局局长张某为便于安排工作，到市公安局了解了甘某侄子被处罚一事。事后因公安局对甘之侄子的处罚决定未予执行，甘怀疑是张某到公安局说情的缘故，遂于 1988 年春节前夕书写春联一副，从邮局寄给张某，春联中有辱骂张某的言词。张即以其名誉受侵害为

---

* 原载《法学研究》1993 年第 1 期。

由提起诉讼。一审法院审理认为：被告甘某的行为已构成对原告名誉权的侵犯。故判决：一、甘某对张某应停止侵害，书面向张某道歉，并消除影响，恢复名誉；二、由甘某赔偿张某精神损失费150元。

案例二：原告王、郑二人为夫妻，与被告汤某为同一单位职工。郑与汤素来不睦，经常吵架。汤某为报复，欲挑拨王、郑夫妻关系出气，遂以"一个在王某手下工作的受害女人"的名义，写匿名信，寄给郑某。信中说："王是一个男人，在家里得不到女人的温暖，到我这里纠缠，多次与我发生两性关系，闹得我不得安宁。希望你以后对王好一点，好好管着点，免得以后再来找我。"郑某收到信以后，气得患病，多次与王某吵架，双方夫妻感情恶化，郑某几次欲寻短见，被劝止。后王、郑查出是汤所为，遂向法院起诉，要求被告承担侵害名誉权责任。一审法院认为，被告汤某已构成对原告王、郑二人的名誉权的侵犯，责令其恢复王、郑名誉并赔偿损失。

在上述两个案例中，被告针对原告张某（案例一）、原告郑某（案例二）所实施的侮辱行为，均没有第三人在场，难以认定对受害人的社会评价因被告的行为而受到不良影响，也不能确定因被告的侮辱行为是否使公众对受害人的名誉评价降低。那么，在上述两个案例中，被告的行为是否构成对原告的名誉权的侵害？被告是否应负恢复名誉的责任？若不构成对原告的名誉权的侵害，其行为的性质是什么？这是当前处理侵害名誉权纠纷所迫切需要解决的问题。

二、名誉权的客体是否应包括名誉感

在上述两个案例中，认定被告的行为是否侵害原告张某（案例一）、郑某（案例二）的名誉权，首先需要确定被告的行为是否构成对原告名誉的损害。按照一般理解，名誉乃是名誉权的客体。名誉包括对某个公民的品德、声望、信用、才能、精神风貌、作风等方面的社会评价，以及对某个法人的信用、资产、经营能力、产品质量、服务态度等方面的客观评价。就公民的名誉来说，它是客观的社会评价，而不是某个公民的自我评价。它可能通过一定范围的大多数人的意见公开表示出来，或通过人们对某人的赞扬、评论等方式反映出来。也可能只体现在人们的观念之中而并不通过一定的方式表现出来。名誉也具有时代性。在不同的时代、不同的社会制度中，人们的名誉观念和意见是不同的。例如，在古罗马法中，名誉乃是完全的人格的权利能力的外观形象。但在日耳曼法中，名誉乃是指特定人不受非难且来自他人的尊敬。① 自然人的名誉作为一种社会评价，关系到人们在社会生活中的地位和尊严、他人对该人的信任程度，尤其关系到主体如何正常地行使权利、承担义务的问题。既然名誉是一种社会评价，那么只有当某人的有过错的行为影响到社会成员对受害人的评价，或造成一定的社会影响时，才能构成对名誉权的侵害。在上述两个案例中，由于行为人的侮辱行为都没有公开进行，很难认定受害人的社会评价因行为人的侮辱行为而被降低。在案例一中，被告甘某因怀疑公安局对其侄子的处罚决定未予执行，是因为张某到公安局去说情，遂用书面形式对张某进行侮辱，无疑有损张某的人格尊严。但甘某是采用写春联直接寄给张某本人的方式来侮辱张某的，并未把侮辱言词向他人扩散或告知他人，故不能认定对原告的社会评价因被告的行为而受损。在案例二中，被告汤某为寻求报复，采用写匿名信寄给原告郑某的方式，捏造虚假事实刺激郑某，试图导致原告郑某与其夫王某的夫妻关系恶化。但被告并未向他人公开散布匿名信的内容，故不能认定被告的行为构成对原告郑某的名誉权的侵害。总之，在上述两个案例中，虽然被告实施了侮辱他人人格的行为，但不能认定被告的侮辱行为有损他人名誉，构成对他人名誉权的侵害。

有人认为，在直接针对受害人实施侮辱行为，没有第三人在场时，行为人的行为虽未毁损他人名誉，但构成对他人名誉感的损害。② 我国台湾学者史尚宽先生提出："侮辱为名誉感之侵害。"③ 根据这些学者的观点，损害名誉感亦构成对名誉权的侵害。因此，在上述两个案例中，被告的行为虽未损

① 龙显铭：《私法上人格权之保护》，中华书局1948年版，第70页。
② 杨孜：《民法上的公民名誉权问题》，载《政治与法律》1987年第4期。
③ 史尚宽：《债法总论》，台湾1954年版，第147页。

害原告张某、郑某的名誉，但损害了他们的名誉感，应认为构成对受害人的名誉权的侵害。

名誉权的客体是否应包括名誉感？所谓名誉感，是指公民对自己内在价值（如素质、素养、思想、品行、信用等）所具有的感情。名誉感"为与地位相当之自尊心（对于自己价值之感情）"。[①] 在我国，主张名誉权的客体应包括名誉感的主要理由是：侮辱行为主要是针对名誉感的，一般不会使被侮辱者的社会评价受到不良影响，即使有影响，也是显著轻微的。名誉感极易受到损害，假如不保护名誉感，那么侮辱行为就不能受到追究，受害人的权益难以获得有效的保护。[②]

诚然，名誉与名誉感是密切联系在一起的。在许多情况下，不法行为人毁损他人名誉，也在不同程度上损害了受害人的名誉感。但是，名誉与名誉感毕竟不同，名誉是一种社会评价，名誉感是自然人内心的情感和自我评价。所以，在很多情况下，损害他人的名誉感并不一定会损害他人的名誉。例如，在前述两个案例中，被告甘某对原告张某、被告汤某对原告郑某所实施的侮辱行为，只是损害了原告张某、郑某的名誉感，不能认定二被告的行为损害了原告的名誉。

从法律保护名誉权的目的和名誉权的本质特征出发，笔者认为，名誉权的客体不应包括名誉感。其理由是：一方面，法律对名誉权保护的目的在于使对受害人的社会评价不因他人的非法行为而降低，以维护公民和法人在社会生活中的地位和尊严，保持人与人之间的正常的交往和秩序。诚如龙显铭所说：名誉可分为"内部的名誉（dieinnereEhre 即名誉感）"与"外部的名誉（dieaussereEhre）"。"内部的名誉"即名誉感，"乃与他人之诽谤无关系而存在，故不能为他人之行为所侵害，即此种意义之名誉，全为主观上之道德上者，不能为法律之对象。而为法律之对象者，乃外部的名誉，此外部的名誉，乃他人对于特定人之属性所给与之评价，而建立于特定人在人类社会

---

① 史尚宽：《债法总论》，台湾 1954 年版，第 147 页。
② 王崇敏：《公民名誉权问题研究》，载《海南大学学报》（社科版）1991 年第 1 期。

内所有价值之承认上面。"①19 世纪的西方学者常将名誉与名誉感混为一谈，而至 19 世纪末期以来，则对两者作出了严格的区分，②由此也表现了人们对名誉、名誉权认识的深化。假如把名誉感作为名誉权的客体，则不能确定法律保护名誉权的目的。另一方面，名誉权作为人格权的一种，具有其特定的客体，并以此同其他人格权的客体相区别。从审判实践来看，许多仅仅针对受害人所实施的侮辱行为，如果仅仅只是损害了受害人的名誉感，则不能认为是侵害了名誉权。如果名誉权的客体包括名誉感，则不仅不能确定名誉权的特定的客体，而且由于名誉权要以名誉感为客体，那么其他的人格权（如姓名权、肖像权、荣誉权等）也要相应地以某种情感为客体，则对人格权的保护的范围就过于宽泛，势必使有关人格权侵害的案件猛增，反而并不利于社会的安定和人与人之间的和睦相处。尤其应当看到：名誉感虽容易受到伤害，但法律保护名誉感是极为困难的。某人的名誉感与其应有的社会地位和社会评价应该是一致的，但在许多情况下也可能是不一致的。例如，某人自信自己有某种能力而实际上并无此能力，或本来具有某种能力而因为过于自卑而不相信自己有此能力。这就表明名誉感本身可能是不真实、不实际的。即使名誉感与其社会评价是一致的，而由于每个人受各方面的因素的影响使其具有不同的性格，并因此表现出对他人行为的不同反应。例如，有人因感情脆弱、生性多疑、患得患失，或因为自我承受能力差，而对他人的言行极为敏感，对一般的善意玩笑会误以为是侮辱人格，对正当的表扬会误认是贬低其人格等等。法律对这样的名誉感不可能也没有必要提供保护。

名誉权的客体包括名誉感的观点，也不能解释法人的名誉权。法人的名誉权是社会对其生产的产品、经营状况、信誉等方面的综合评价。法人的名誉受到损害，就会使其产品滞销，造成直接的经济后果。所以，法人的名誉对其生存和发展至关重要。但是，法人作为一种社会组织，不像自然人那样具有情感和自尊心，因此，认为名誉权的客体应包括名誉感的观点，不能解

---

① 龙显铭：《私法上人格权之保护》，中华书局 1948 年版，第 70—71 页。

② 龙显铭：《私法上人格权之保护》，中华书局 1948 年版，第 70—71 页。

释法人名誉权的客体。

那么，法律不保护名誉感，是否意味着受害人的权益不能得到有效的保护呢？笔者认为，侮辱行为大都构成侵害行为，并应受到法律的制裁。但如果侮辱行为不构成对他人名誉权的侵害，则制裁侮辱行为，并非因为名誉感要受到保护，而是因为公民的人格尊严受到损害，因此应使行为人负民事责任。有关这个问题，我们将在后面详谈。

由于名誉权的客体不应包括名誉感，所以在上述两个案例中，被告仅仅针对原告实施侮辱行为，损害原告的名誉感，而并没有使对原告的社会评价降低，因而不能认为被告侵害了原告的名誉权。

三、侵害名誉权的确定

如何确定名誉权受到侵害是与名誉权的客体密切联系在一起的。既然名誉权以名誉而不应以名誉感为客体，而名誉又是一种社会的评价，那么，认定某人的行为是否侵害他人的名誉权，不应以受害人的自我感觉而应以行为人的行为是否造成受害人的名誉受损为判定依据。这就是说，应以客观标准而不是以主观标准为判断依据。正如史尚宽先生所指出的："故决定对于他人名誉有无毁损，不仅以其行为之性质上一般的是否可为毁损名誉，尚应参酌主张被毁损之人之社会地位，以决定其行为对于其人之名誉是否可为毁损，即应为各个之具体的决定。有名誉之毁损与否，非依被害人之主观，应客观的决定之。"①

以主观标准认定侵权责任，总是带有很大程度的主观任意性，在侵害名誉权领域也是如此。依此标准认定名誉权的侵害，首先需要了解受害人的自尊心、性格特征、在行为人实施侮辱行为时所具有的心理状态，同时还需要确定行为人对受害人的主观状态的了解和预见程度（如是否知道受害人易受刺激等）。显然，如何判定上述情况，对法官来说是极为困难的。正是因为

---

① 史尚宽：《债法总论》，台湾1954年版，第145页。

主观标准具有不确定性，而要以受害人的感觉和反应来认定责任，因此运用主观标准常常要给行为人强加某种责任。所以，以主观标准来判定名誉是否受损并不妥当。至于受害人的自尊心、主观心理、性格特征以及对他人的行为反应等，只能作为在确定名誉权侵害的责任范围时的考虑因素。

以客观标准认定名誉权的侵害，是由名誉权的概念和性质本身所决定的。既然名誉权是指公民和法人享有的、应受社会公众公正评价的权利，那么只有在行为人所实施的侮辱、诽谤等行为影响到社会公众对受害人的评价时，才能构成对名誉权的侵害。正如在美国的一个判例中法院所宣称的：若原告不能证明任何第三人听到被告对原告所作出的诽谤言词，则不构成毁损名誉。因为"侮辱的特点是以言词对他人陈述，而不是原告的自我估计"。①所以，在认定名誉权是否受到侵害时，既不能以受害人的感觉为标准，也不能以行为人的观念为依据。行为人实施一定的行为但并未致受害人的名誉受损，即使受害人因此而感到受辱，并造成受害人极大的精神痛苦，也不能认为侵害名誉权。反之，如果行为人的行为客观上造成受害人名誉毁损，虽然受害人并未感觉其自尊心和名誉感受到损害，亦可以构成对名誉权的侵害。例如，无行为能力人和限制行为能力人受到侮辱、诽谤，若能够确定此种侮辱和诽谤行为足以使受害人名誉受损，则虽然受害人不能或不完全意识到其名誉权受到侵害，其监护人亦有权请求保护无行为能力人和限制行为能力人的权利。②

行为人的行为客观上致受害人名誉受损，是认定名誉权侵害的基本要件，也是客观标准所包括的主要内容。由此可见，使用客观标准要考虑两方面的内容：一方面，要考虑行为人的行为性质、行为方式、特点以及在何时、何地实施的行为。在实践中，毁损他人名誉的行为主要包括：以语言或行为等方式公然贬低他人的人格，破坏他人的名誉；以捏造的虚假事实予以

---

① Sheffill v. Van Deusen，15 Gray（Mass.），485.

② 魏振瀛：《侵害名誉权的认定》，载《中外法学》1990 年第 1 期。对此，英美法有不同的观点。根据英美法，若对某个未成年人作出口头诽谤，而该未成年人不懂，则不得视为诽谤。参见 Sullivan v. Sullivan.48111. App.435（1892）.

散布，毁坏他人的声誉；以捏造的虚伪事实向有关国家机关或其他机关告发和检举，以损害他人名誉等。这些行为在行为方式和特点等方面可能是不同的，但在认定侵害名誉权中应予以考虑。当然，在考虑行为人的行为时，也应充分考虑行为人的主观动机（如出于泄私愤、图报复而毁损他人名誉）和手段（如无中生有、编造谣言、栽赃陷害、言词恶毒等）以及行为实施的环境（如在大庭广众之下传播等）。另一方面，要考虑行为人的行为是否构成对他人名誉的毁损。这不仅要确定行为人的行为和毁损名誉的后果之间具有因果联系，尤其要确定行为人的行为是否使他人的社会评价降低。

名誉权侵害的直接后果是社会对受害人的评价的降低。此种损害后果比无形财产损失更难以确定。在某些情况下，受害人的名誉受到毁损，具有一定的外在表现形态，如受到他人指责、嘲笑、轻视、议论、怨恨，亲朋好友对受害人产生不信任感，甚至与受害人断绝关系等。有时毁损名誉虽不具有外在表现形式，但可以通过民意测试、舆论调查等方式而查明。当然，在许多情况下，名誉受到毁损的事实表现得并不明显，对受害人来说，要证明其名誉受到毁损往往是很困难的。如何认定名誉受损的事实，在学术界有不同的看法：一种观点认为，在此情况下，可采取举证责任倒置的办法。即受害人仅负有证明侵权事实存在的责任，而应由加害人证明受害人的社会评价没有下降，如果不能证明这一点，就要由加害人承担责任。另一种观点认为，如果根据一般人的经验可以推断出名誉受损的事实，就可以认定名誉权受到了侵害。还有一种观点认为，受害人因加害人的行为产生精神痛苦，就可以认定受害人的名誉权受到侵害。笔者认为，上述几种观点都不够确切。第一种观点虽有利于受害人，但该观点要求由受害人证明侵害名誉权的事实，而证明该事实，前提仍然是要确定是否毁损名誉，所以这一办法并没有解决受害人举证困难的问题。第二种观点过于原则和抽象，在实践中不易把握。例如，根据什么事实、在什么情况下才能作出侵害名誉权的推断，在认识上也往往因人而异。第三种观点实际上是以受害人的主观状态作依据，这和主观标准并没有严格区别。

无论因毁损名誉致受害人的社会评价的降低是否具有一定的外在表现形

式，只要行为人所实施的侮辱诽谤的行为已为第三人所知，就足以认定受害人的名誉受损。在英美法中，法官曾确定了"公示"（publication）作为认定名誉毁损事实的标准。所谓"公示"，是指将侮辱言词传达给第三者。美国《侵权法重述》（2 版）第 577 条规定："公开的诽谤是指将诽谤言词传达给被诽谤者以外的人。"立法者在对该条的注释中指出，即使将诽谤的言词传达给被诽谤者的代理人和仆人，亦构成毁损名誉。这一经验是值得借鉴的。一般来说，诽谤行为都具有公开的、向受害人以外的第三人散布的特点，但侮辱行为可能仅针对受害人进行，而并不为他人所知道。如在无人在场时，撕破他人衣服、强行与女子接吻、恶毒辱骂他人或以寄信的方式辱骂他人等，可能并不为第三人所知道。若受害人不能证明第三人知道行为人对其实施的侮辱行为，则不构成名誉权的侵害。反之，则构成对名誉权的侵害。为什么应以受害人以外的第三人知悉为判定名誉受损的标准？其原因在于：第三人知道表明行为人的行为已产生了社会影响。最高人民法院《关于贯彻执行〈民法通则〉若干问题的意见（试行）》的第 140 条规定："以书面、口头等形式宣扬他人的隐私，或者捏造事实公然丑化他人人格，以及以侮辱、诽谤等方式损害他人名誉，造成一定影响的，应当认定为侵害公民名誉权的行为。""以书面、口头等形式诋毁、诽谤法人名誉，给法人造成损害的，应当认定为侵害法人名誉权的行为。"由此可见，"造成一定影响"和"造成损害"是侵害名誉权的基本特征。而造成一定影响，并不一定必须在大庭广众之下实施侵权行为，也包括除当事人以外的其他人知道并使他们对受害人的评价降低。只要有一个人知悉，就可以认定受害人的名誉在其心目中已受影响。第三人也是社会的一员，只要告知或使第三人所知悉，则足以影响受害人的地位，至于知悉人数的多少，只是表明行为人的行为的影响程度而已。

尤其需要指出，社会评价是存在于公众的心理之中的，公众的心理可能表露，也可能在相当长的时期内并不表露出来，因此，在许多情况下无从判定。但只要能确定第三人已知悉，则可以确定行为人的行为已影响了受害人以外的人。至于第三人知悉后，是否确实对受害人产生了和以往不同的看法和印象，知悉的第三人是否会向其他人传播，则不予考虑。受害人在了解和认识到行为人的行为已为第三人知道以后，受害人因此而产生精神上的痛苦、激愤、忧虑等情绪，此种精神损害的后果不过是因毁损名誉所造成的后果。若行为人实施其行为时没有第三人在场，行为人没有向第三人传播，受害人对第三人知悉的事实产生误解，或者因受害人的原因而使第三人知悉，则受害人虽遭受精神损害，此种精神痛苦和损害并不是因行为人毁损名誉的行为所致。

所以，受害人要证实行为人的行为侵害了其名誉权，必须证明行为人所实施的侮辱、诽谤等行为因行为人的过错而为第三人所知悉。第三人知悉则足以表明其名誉已受损。在讨论第三人知悉时，应注意以下问题：

1. 行为人所实施的侮辱、诽谤等行为因行为人的过错而为第三人知悉，则构成毁损名誉。若因原告的过失而使第三人知悉则不构成侵害名誉权。①在案例二中，尽管被告所写的匿名信仅寄给原告郑某，但信中的内容涉及对原告王某的诽谤之词，而郑某对王某来说，事实上应视为除行为人以外的第三人，因此被告的行为虽不直接针对原告王某实施，亦因为其诽谤行为已为第三人所知悉，故构成对原告王某的名誉权的侵害。仅针对原告实施的侮辱和诽谤行为，由受害人加以传播并为他人所知，不能构成名誉权的侵害。因为被告的行为客观上并没有导致原告的名誉受损，而社会对原告的社会评价降低，乃是因为受害人告知他人造成的，因此不能认定被告的行为构成对他人名誉权的侵害。所以，在案例一中，被告甘某直接将春联寄给原告张某本人，并在信中对张某进行侮辱，因他人并不知晓，因此不影响他人对张某的社会评价。而在案例二中，倘若被告将信直接寄给原告王某，因他人不了解信的内容，故不能认为王某的社会评价已有降低。即使王某将信的内容告知他人（如郑某），亦不能认为构成对王某的名誉权的侵害。

2. 侮辱和诽谤行为构成对他人名誉权的侵害，仅以这些行为为第三人知悉为已足，至于这些行为是公开进行的还是非公开进行的，则不予考虑。例

---

① 在美国一案例中，原告为一盲人，在收到寄来的侮辱信后，被迫将信给他人看，此时不能认定原告有过失。参见 Allen v. Wortham 89Ky，485 133 W.73（1890）。

如，在案例二中，被告采用寄匿名信的方式，捏造事实诽谤原告王某，其行为虽然是不公开的，但因为他是将信寄给原告郑某而不是王某本人，所以其诽谤他人的行为已为除王某以外的人所知，因此构成对王某名誉毁损。应当指出的是，若侮辱言词是含糊的，不能确定该言词是指向原告，则原告应负有举证责任证明该言词是针对原告的。如果被告虽未提及原告的姓名，但社会一般人可以从该言词的内容中得知是针对原告的，亦可认定该行为构成对原告名誉的损害。

3. 行为人实施的侮辱、诽谤他人的行为，为行为人的近亲属知悉，亦可视为第三人知悉。有人认为，行为人的传述被行为人的配偶或其他家庭成员知悉，考虑到他们之间特殊的、亲密的关系，不应认为是第三人知悉，因此行为人的行为不构成侵害名誉权。行为人的近亲属知悉，亦会影响他们对受害人的评价，故应认为已毁损受害人的名誉，但行为人的近亲属知悉后未向他人传播的，可以定为情节轻微，而应依具体情况处理。①

4. 行为人所散布的言词在内容上是真实的，是否构成毁损名誉？根据英美诽谤法，在毁损名誉的诉讼中，并不要求被告陈述的内容是虚假的。只要被告所实施的行为在第三人看来是对原告名誉的贬损，就可以构成毁损名誉。② 反之，即使行为人所散布的言词是虚假的，若行为人并无恶意，且客观上没有使原告的名誉受损，亦不构成对名誉权的侵害。③ 笔者认为，在一般情况下，若行为人所散布的言词在内容上是真实的，则只能视为对客观事实的陈述，不应构成毁损名誉。但行为人向第三人传播和披露原告的隐私，若其言词的内容是真实的，则虽不构成对原告名誉权的侵害却构成对隐私权的侵害。行为人传播的事实在内容上是真实的，则不构成对原告名誉权的侵害，这正是名誉权与隐私权相区别的重要特点。

总之，在名誉权侵害纠纷中，应以因被告的过错而使第三人知悉作为确

---

① 魏振瀛:《侵害名誉权的认定》，载《中外法学》1990 年第 1 期。

② Richard A.Epstein, Cases and Materials On Torts , Little Brown and Company, 1984, p.1099.

③ Ratcliffe v Evans (1892) 2 QB 524.

定原告的社会评价是否降低的重要标准。根据这一标准，在案例一中，法院认为被告的行为已构成对原告名誉权的侵犯，并要求被告恢复原告的名誉，显然是不恰当的。在案例二中，被告寄匿名信给郑某，并未毁损郑某的名誉，但因为信中的内容贬损了郑某之夫王某的名誉，且被告已向第三人传播（即寄信给郑某），故构成对原告王某的名誉权的侵害。

四、名誉权与人格尊严

如前所述，行为人直接侮辱某人，而并未将侮辱的言词和侮辱的行为向第三人传播，不构成对受害人的名誉权的侵害。但是，这并不意味着对受害人的人格权不应予以保护。笔者认为，行为人的行为虽未侵害受害人的名誉权，并不意味着未侵害受害人的其他人格权。在许多情况下，直接侮辱他人的行为，可构成对他人人格尊严的侵害。[①]

人格尊严是公民基于自己所处的社会环境、地位、声望、工作环境、家庭关系等各种客观条件而对自己的人格价值和社会价值的自我认识和评价。人格尊严基本上属于公民对自身人格的认识和以自尊心为内容的。它是公民重要的人格权利或称为一般人格权，应受到法律的切实保护。我国《宪法》第 38 条确认公民的人格尊严不受侵犯，《民法通则》第 101 条也规定："公民的人格尊严受法律保护。"这些都是保护公民人格尊严的法律依据。法律保护公民的人格尊严不受侵犯，是否应把人格尊严作为一项独立的人格权予以保护？对此，我国民法学者大多主张，人格尊严应包括在名誉权中，不应作为一项独立的人格权。按照这些学者的观点："公民的名誉权包括名誉和人格尊严两项内容。"[②]《民法通则》第 101 条规定："公民、法人享有名誉权，公民的人格尊严受法律保护，禁止用侮辱、诽谤等方式损害公民、法人的名誉。"该条实际上是把人格尊严包括在名誉权之中的。此种观点是否妥当，

---

① 魏振瀛:《侵害名誉权的认定》，载《中外法学》1990 年第 1 期；孟玉:《人身权的民法保护》，北京出版社 1988 年版，第 65 页。

② 王冠:《论人格权》上，载《政法论坛》1991 年第 3 期。

值得商榷。笔者认为，名誉权和人格尊严应作为两种不同的人格权予以确认和保护。其理由在于：第一，名誉权和人格尊严的内容和客体不完全相同。侵害公民名誉权的行为，都会在不同程度上损害公民的人格尊严，但侵害公民人格尊严的行为，未必造成对受害人的社会评价的降低，因此不能认为是侵害了公民的名誉权。如上两个案例中，被告针对原告张某（案例一）、原告郑某（案例二）所实施的侮辱行为，均没有第三人在场，被告也没有将其侮辱他人的行为向第三者传播。因此只能认定被告的行为侵害了原告张某、原告郑某的人格尊严，但并未侵害原告的名誉权。所以，如果认为名誉权包括人格尊严，必然会把名誉感和自尊心作为名誉权的客体，不适当地扩大名誉权的保护范围，显然在理论上不能成立。第二，从责任形式上看，在侵害公民的人格尊严的情况下，法院可以根据具体情况责令行为人具结悔过、赔礼道歉、赔偿损失，但不得要求行为人承担恢复名誉的责任。因为，既然行为人的行为未造成受害人的名誉贬损，当然就谈不上恢复名誉。所以，在上述两个案例中，法院责令被告为原告恢复名誉，显然是不妥当的。而在名誉权侵害发生以后，法院可以责令被告承担恢复名誉的责任。第三，由于名誉权在内容和客体上是特定的，不能无所不包，因此许多损害公民人格尊严的行为，如恐吓和胁迫他人造成他人精神痛苦和情绪紧张、电话骚扰给他人造成极度不安等，都很难适用民法通则关于名誉权的规定对受害人予以保护。第四，从主体上看，名誉权的主体包括自然人和法人，而人格尊严的主体仅限于自然人。基于上述理由，笔者认为，应将名誉权和人格尊严分别作为不同的人格权予以保护。这不仅对我国人格权制度在内容和体系上的完善具有重要意义，而且对切实保护公民的人格权利至关重要。值得注意的是，1992年4月3日颁布的《妇女权益保障法》第39条关于"妇女的名誉权和人格尊严受法律保护。禁止用侮辱、诽谤、宣扬隐私等方式损害妇女的名誉和人格"的规定，将名誉权和人格尊严分别开来，作为两种不同的人格权对待，较之于《民法通则》第101条的规定已有了明显的改进，同时也表明我国人格权立法也正在逐步趋于完善。

隐私权概念的再界定 [*]

自美国学者沃伦（Wallen）和布兰代斯（Brandeis）于 1890 年在其《论隐私权》① 一文中将隐私界定为一种"免受外界干扰的、独处的"权利后，隐私权日益引起学界、司法实务界的广泛关注。经过多年的发展，人们虽然对隐私的概念达成一些基本的共识，但在一些领域，仍然存在争议。例如，在最初将隐私作为"独处权"加以理解的基础上，现代学者逐渐扩张了隐私的内涵，将其扩大到信息隐私、空间隐私以及自决隐私等领域，但对隐私权的边界究竟如何确定，人们始终未达成一致。在各国的民法判例和学说中，有关隐私概念的学说林林总总，众说纷纭。笔者认为，在我国民法典制定过程中，如何准确界定隐私权的概念与性质，已成为人格权制度中必须解决的一个重大理论问题。

一、隐私权属于民事权利范畴

从比较法上看，隐私权究竟是民事权利，还是宪法权利，不无疑问。在美国法中，隐私权概念提出后，最初是通过判例而将其承认为一种民事侵权所保护的权利。但此后，美国法院（尤其是联邦最高法院）又通过一系列的

---

* 原载《法学家》2012 年第 1 期。

① Samuel D. Warren & Louis D. Brandeis, The Right to Privacy, 4 Harv. L. Rev., 1890.

判例，将其上升为一种宪法上的权利，创设了"宪法上的隐私权"（constitutionalprivacy），并将其归入公民所享有的基本权利类型中，作为各州及联邦法令违宪审查的依据之一。其中最突出的是法院根据美国《宪法》第4和第5修正案将隐私权解释为是公民享有的对抗警察非法搜查、拒绝自我归罪（self-incrimination）的权利①。1964年，Prosser将大量的侵犯隐私权的判例进行了归纳，从而形成了对隐私权案件的四分法。②1965年，在Griswoldv. Connecticut一案中，正式将隐私权确立为独立于第4、第5修正案的一般宪法权利③。1973年，法院又在罗伊诉韦德堕胎案（Roev.Wade）中确认堕胎自由是宪法保护的隐私权④，自此以后，美国法正式将自主决定确认为隐私权的重要内容。但是，美国的判例法也仍然将隐私权作为侵权法保护的一项民事权利。总之，隐私权作为美国宪法中一项基本权利之外，也仍然是一项重要的民事权利。

大陆法国家在人格权发展过程中逐步借鉴了美国法的隐私权概念，但这个过程是一个吸收、消化并逐步发展的过程。例如，在德国，隐私权随着社会经济的发展，逐渐地形成和完善。1983年，德国联邦宪法法院做出了一个里程碑式的裁判，认为对抗不受限制的搜集、记录、使用、传播个人资料的个人权利也包含于一般人格权之中。⑤因而，隐私权成为民法一般人格权的重要内容，在德国法上，虽然普遍认为隐私权属于一般人格权的范畴，但在司法裁判中，也认为隐私权属于宪法权利的范畴。因为一方面，隐私权产生于对宪法基本权利的解释，宪法法院根据《德国基本法》第2条第1款的

---

① See Richard G. Turkington & Anita L. Allen，Privacy，second edition，West Group，2002，p.24.

② 他将隐私权的保护范围归纳为四种：一是不合理地侵入他人的隐私（Intrusion upon seclusion）；二是窃用他人的姓名或肖像（Appropriation of name or likeness）；三是不合理地公开他人的私生活（Publicity given to private life）；四是公开他人的不实形象（Pulicity given to unreal image）。但在当时隐私权仍然是一种普通法上的权利。See Prosser，The Law of Torts，3rd ed，1964，p.843.

③ Griswold v.Connecticut U.S. Supreme Court 381 U.S.479（1965）.

④ See Roe v. Wade，410 U.S.113（1973）.

⑤ BVerfE 65，1.

规定承认，个人享有人格尊严、肖像权、对自己的言语的权利以及包括私密和独处在内的隐私权 ①。隐私权是宪法所保护的人格尊严的具体体现，保护隐私有利于实现宪法所确认的促进个人人格自由发展的目标 ②。另一方面，通过将隐私权与宪法上的基本权利建立起关联，也极大地提升了隐私权的地位。按照德国法院的看法，依据宪法原则，私生活领域受到保护，不能公之于众。③ 因此，在德国，隐私权成为宪法意义上的一般人格权及私法意义上的一般人格权的范畴 ④。

隐私权的这种双重属性对于我国隐私权的相关研究也产生了一定的影响。我国也有学者认为，隐私应当成为宪法性的权利。只有将隐私权提升到宪法层面，才能体现出其应有的地位，并强化对隐私的保护。⑤ 此种观点不无道理。应当看到，宪法作为一国的根本大法，应当对于一国公民包括基本民事权利在内的各项基本权利予以明文列举。其作用应当包含两个层面，一方面为公民的基本权利构建一个全面的体系，为公民基本权利的确定提供价值基础。例如，宪法确认了公民的人格尊严、人格平等、人身自由受法律保护，这就为公民人格权的保护提供了基本的价值依据。如果宪法确认隐私权，将有利于对隐私权的保护。另一方面，宪法中的权利确定主要是国家或政府的义务，如果在宪法中规定公民享有隐私权，则一定层面上确立了国家或政府采取措施保障公民隐私权的积极义务。从国外隐私权发展过程来看，一些国家将隐私权提升为宪法的基本权利是与所谓"国家积极义务学说"相一致的 ⑥，隐私成为宪法上权利可以为政府设置相应的义务，从而可以通过

---

① Blanca R. Ruiz, Privacy in Telecommunications, Kluwer Law International, 1997, p.51.

② Margaret C. Jasper, Privacy and the Internet: Your Expectations and Rights under the Law, New York: Oxford University Press, 2009, p.53.

③ Vgl. BGH, NJW1988, 1984.

④ 王泽鉴：《人格权的具体化及其保护范围·隐私权篇》上，载《比较法研究》2008 年第 6 期。

⑤ 参见尹田：《论人格权的本质》，载《法学研究》2003 年第 3 期。

⑥ See D. Grimm, *The Protective Function of the State*, in G. Nolte, ed., *European and US Constitutionalism*, Cambridge, 2005, p.137.

违宪审查机制来防止政府侵犯隐私权情形的发生，更好地促进公民隐私权保护的实现。

毫无疑问，通过宪法对隐私的保护是符合我国《宪法》的宗旨和原则的。虽然我国《宪法》未确立隐私权，但《宪法》确认了公民人格尊严应受保护，这在很大程度上可以作为隐私权的宪法基础。另外，我国《宪法》关于通信秘密的规定，也可以在一定程度上解释为是关于隐私权的规定。可以说，民法所确认的隐私权是宪法保护公民人格尊严的具体化，从这一点出发，民法规定隐私权内容和宪法是不冲突的。所以，和其他民事权利一样，隐私权当然具有其宪法基础。但从隐私权保护的角度看，隐私权应植入民事权利的范畴，隐私权的保护应主要通过民事法律完成。将其归结为宪法权利本身并无助于隐私权的全面保护，也无法替代关于隐私权的民法规范。笔者认为，不宜将隐私权作为一种宪法权利。其原因在于：

第一，如果隐私权是一种宪法上权利，则应当在宪法中作出特别规定，这就需要通过宪法的修改来实现这一目标。由此带来的问题是，人格权中，生命权、健康权、姓名权、名誉权、肖像权等也都是十分重要的权利，甚至在某些情况下生命健康权还要优先于隐私权予以保护，如果将隐私权纳入宪法予以保护，那是否上述其他的人格权也都要纳入宪法予以保护呢？如果答案是肯定的，那宪法又是否有足够的容量来实现这一目标呢？

第二，隐私的范围非常宽泛，而宪法作为根本大法，其立法是粗线条的、抽象的，缺乏具体的规定，因此不可能涵盖生活中各种各样的隐私侵权类型。如果将隐私权仅限制在宪法的层面，则不利于受害人寻找法律依据保护自己的权利。"而将隐私权作为私法上人格权的一种，使得被害人能够依据侵权行为的规定请求救济。"①

---

① 参见王泽鉴：《人格权的具体化及其保护范围·隐私权篇》中，载《比较法研究》2009 年第 1 期。

第三，如果只将隐私作为宪法权利，则对隐私的保护需要启动宪法诉讼的程序，而我国目前没有宪法法院，也没有宪法法庭。由于缺少相应的救济途径，即便宪法规定了隐私权保护，那也将处于一种闲置状态，而无法得到实际运用。宪法法院、宪法法庭的设立牵涉国家的根本体制，不是一朝一夕可以完成的，未来如何构建仍不确定，而公民隐私权的保护是现实而迫切的，必须由法律予以充分的保护。因此，将隐私作为宪法上权利，在实际操作上是不现实的。

第四，我国是成文法国家，法官在进行裁判时，需要引用成文的法律作为裁判的依据。而目前我国《宪法》并无明确的关于隐私权的规定，因此法官无法直接通过适用《宪法》来作出裁判。2009 年最高人民法院发布的《最高人民法院关于裁判文书引用法律、法规等规范性法律文件的规定》第 4 条规定："民事裁判文书应当引用法律、法律解释或者司法解释。对于应当适用的行政法规、地方性法规或者自治条例和单行条例，可以直接引用。"从该条规定来看，并没有将《宪法》列入民事裁判文书可以引用的范围之列，因为《宪法》并不是一般性的法律，而是根本大法。

第五，隐私权是一项具体的民事权利，我国《侵权责任法》第 2 条已经明确规定了隐私权是侵权法的保护对象。该法对隐私权遭受侵害的受害者提供了必要的救济方法，故没有必要在民法之外再另寻途径予以保护了。如果将隐私权理解为宪法上的权利，在受害人受到侵害时，反而不利于其寻找法律依据、获得法律的保护。

第六，将隐私权作为一项民事权利予以保护并不意味着国家或政府在尊重、保护公民隐私方面就不负有相关义务，相反，隐私权作为公民的一项权利，是包括国家、政府在内的所有社会主体都必须予以尊重的。政府作为公权力机关，不仅不能非法侵害公民隐私权，而且应当采取积极措施保障公民隐私权的实现。现实中，也存在政府违法侵犯或者限制公民隐私的行为，这完全可以通过行政法、刑事诉讼法等法律制度加以规制，而无必要在此之外确立宪法上的隐私权。

二、隐私权是具体人格权

对于隐私权性质的界定，理论和实务上还存在其究竟是一般人格权还是具体人格权的争议。在美国法上，自隐私概念产生以后，一直存在着范围不断扩张，内容日益宽泛的趋向。隐私权的概念中包括了名誉、肖像等人格利益 ①，Prosser 曾经抱怨其关于隐私的四种分类并不存在共同点，因而隐私本质上构成了一种集合性的概念。② 此外，美国一些学者甚至认为，其最高法院在 Griswold 案中所建构的一般性的、宪法上的隐私权，似乎是受到了德国一般人格权制度的启发。③ 在德国，隐私权属于一般人格权的范畴。早在 1957 年，德国联邦法院（BGH）在著名的"读者来信"（Leser-brief）案中认为，自主决定权应为一般人格权的重要组成部分④。此后，按照德国联邦宪法法院和联邦最高法院的判决，隐私领域（SphärederPrivatheit）逐渐被纳入一般人格权的保护范畴。⑤ 从德国隐私权发展的进程来看，其具有如下两方面特征，一方面，在权利谱系上，承认了隐私权是一般人格权；按照德国学者的通说，对隐私予以尊重是一般人格权的结果和具体化。⑥ 另一方面，在具体内容上，持续强调信息自决权在隐私权保护中的重要性。⑦ 其他国家也有类似德国的做法，如法国自 1970 年修改《民法典》，增加私生活的保护后，隐私的概念和内容就不断地扩张，逐步涵盖了多项人格利益。⑧

---

① See Prosser, Privacy, Calit.L.R., vol.48, 1960, p.383.

② See Prosser, The Law of Torts, 3rd ed, 1964, p.843.

③ See Blanca R. Ruiz, Privacy in Telecommunications, Kluwer Law International, 1997, p.49.

④ 王泽鉴：《人格权的具体化及其保护范围·隐私权篇》上，载《比较法研究》2008 年第 6 期。

⑤ Vgl. BVerfGE 54, 148, 154；BVerfGE 35, 202, 220；BGH JZ 1965, 411, 412f.

⑥ Vgl. Amelung, Der Schutz der Privatheit im Zivilrecht, Mohr Siebeck, 2002, s.7.

⑦ See Margaret C. Jasper, Privacy and the Internet: Your Expectations and Rights under the Law, New York: Oxford University Press, 2009, p.52.

⑧ Thierry Garé, Le droit des personnes, 2e édition, Collection Connaissance du droit, Dalloz, 2003, p.75.

在我国人格权法制定过程中，对隐私如何定位，是否应借鉴德国的模式，将其规定为一般人格权，不无争议。应当看到，隐私权在现代社会的重要性日益突出，随着时代的发展，人们从农业社会进入到工业社会，从熟人社会进入到陌生人社会。隐私已经成为人们保障自己私生活的独立性、保持私人生活自主性的重要权利。随着高科技的发展，例如针孔摄像机、远程摄像机、微型录音设备、微型窃听器、高倍望远镜、卫星定位技术的出现，过去科幻小说中所描述的在苍蝇上捆绑录音、录像设备的技术在今天已成为现实，个人隐私无处遁身，并正受到前所未有的严重威胁[①]。随着网络技术的发展，在网上搜集、储存个人的信息资料变得极为容易。且一旦传播，所引发的后果却是任何纸质媒体所无法比拟的。与此同时，随着社会的发展，个人意识越来越觉醒，公民个人对于自己生活信息的保密性，生活空间的私密性，私生活的安宁性要求越来越高，相应地，现代社会公民要求保护自己隐私的呼声日益高涨。在这样的背景下，隐私保护已经提到了一个日益重要的位置。隐私权不仅在人格权体系中，甚至在整个民事权利体系中，地位都在不断地提升。那么隐私权是否因为其重要性的提高就可以替代一般人格权概念呢？笔者认为，一般人格权是为人格权提供兜底性保护的一种权利，是人格权体系保持开放性的特殊形式，具有特定的内涵，不是哪一种具体人格权可以随便代替的。即便某些具体人格权在社会生活中发挥着十分重要的作用，也因为其有特定的含义和适用对象，而不能代替一般人格权的作用。

应当看到，隐私权内容确实具有相当的宽泛性和开放性，这就使得它可以适应现代社会的发展需求而将一些新的隐私利益纳入其中，予以保护。但是，既然隐私权是作为一种特定的人格权存在的，其内涵具有相对的确定性，不可能无限制扩张，以至涵盖所有的人格利益的保护。从未来人格利益保护的发展趋势看，也并不意味着所有的新产生的人格利益都属于隐私利益的范畴。

---

① See Michael Rroomkin, *The Death of Privacy?* Stanford Law Review, Vol.52, p.1461（1999–2000）.

比较法上，由于隐私权产生时人格权理论比较薄弱，具体的人格权制度也十分欠缺，因此，在隐私权出现之后，社会中若干人格利益保护需求都纳入了隐私权保护的范畴。从这个角度上讲，隐私权在其发展初期的确一定程度上发挥了一般人格权的功能。例如美国法中，由于其既没有一般人格权概念，也没有具体人格权概念，因此，隐私权产生后，演变成为一个涵盖各类人格利益保护的集合型民事权利。

我国人格权制度发展趋势和上述过程存在明显区别。在我国，人格权制度产生时，就形成了具体人格权体系，隐私权只不过是具体人格权的一种，我国早在 1986 年的《民法通则》就规定了各种具体人格权，如生命健康权、姓名权、名称权、名誉权、肖像权、荣誉权等权利。随后逐渐在司法实践中又产生了隐私的概念，并由法律确认为一种权利。① 我国《侵权责任法》第2 条第 2 款规定："本法所称民事权益，包括生命权、健康权、姓名权、名誉权、荣誉权、肖像权、隐私权、婚姻自主权……"从该条表述来看，隐私权只不过是与其他人格权相并列的一项权利。从我国法律发展的路径来看，是先规定了相当数量的具体人格权后，再应经济与社会的发展，将隐私权也纳入具体人格权的范畴，给予全面保护。从其发展的过程来看，立法者和司法者意识到，《民法通则》规定的各种具体人格权存在遗漏，因此有必要在已经确认的各项具体人格权之外，通过确立隐私权，以对个人生活秘密等隐私利益加以保护。因而隐私权从其产生之初，就是作为具体人格权存在的。此外在隐私权产生之前，已经存在了其他的具体人格权，隐私权不可能从内容上包括其他具体人格权，而只不过是对已经存在的具体人格权的补充，将其所遗漏的、未予规定的私人生活秘密等内容包括在隐私的范畴之中。而且，在我国，既然在立法和司法上都已经确立了隐私权作为具体人格权的地位，这也注定了其不可能代替一般人格权的法律地位。

---

① 需要说明的是，在隐私权发展之初，我国有关司法解释曾明确提到了隐私的概念，但将其纳入名誉权之中进行保护，或者说是通过类推适用名誉权的规定来保护隐私权。但实践证明，因隐私权与名誉权存在重大差异，这种类推的模式是不成功的。在以后有关的司法解释中，遂将隐私与名誉分开，承认了独立的隐私权概念。

虽然从人格权体系构建来说，我国确实需要承认一般人格权。因为目前为止，立法关于人格权的规定都采取具体列举的方式，而具体列举难免挂一漏万，不能使人格权制度保持开放性，应对今后新的人格利益的发展。所以，承认一般人格权是必要的。但这决不意味着要将隐私权提升到一般人格权的地位。实际上，我们所说的一般人格权主要是以人格尊严和人身自由为内容的权利，而并非以隐私作为其主要内容。如果将隐私权作为一般人格权加以保护，存在以下几方面问题：

第一，一般人格权所体现的人格尊严、人身自由的内涵，在很大程度上是一种价值理念，需要借助法官的价值判断予以具体化。而隐私通常具有自身特定的含义，较一般人格利益更容易确定。若将其纳入一般人格权中，反而使其权利界限模糊，不利于对其进行全面保护。

第二，在人格权体系中，一般人格权制度承担着"兜底"的任务。若将隐私权归入一般人格权制度，则必将让隐私承担人格权法中的"兜底"功能，而这将造成隐私权体系的混乱，反而不利于对隐私的保护。例如，原告将其已故父亲的骨灰盒拿回家后长期拜祭，后发现骨灰盒有误，致使其遭受精神痛苦。此种情形涉及的并非私人生活隐私，而是人格尊严受损。因此，应当由一般人格权而非隐私权予以保护，若让"隐私"概念承担人格利益的"兜底"功能，会损害隐私权救济的确定性及可预期性。

第三，严格地讲，相对于具体人格权而言，一般人格权条款是法律上的"一般条款"，通常赋予法官较大的自由裁量空间。从法律适用规则看，如果有具体条款可供适用，应当首先适用具体条款，而不能直接引用"一般条款"。否则，有可能导致法官因在案件裁判中自由裁量空间过大，以致裁判结果缺少可预期性。既然我国在法律上已经承认了隐私权的概念并对此作出了具体的规定，而且在司法实践中也已确立了隐私权保护的具体规则，此时再将隐私权作为一般人格权对待并适用一般人格权的规则，就属于向一般条款逃逸。

将隐私权作为具体人格权对待，从立法层面看，具有重要意义。笔者认为，我国民法中的隐私权不是一般人格权，而是具体人格权。因此，在未来民事立法中，应当将隐私权置于具体人格权项下，并将隐私权与其他人格权进行区分。在清晰地界定隐私权与其他具体人格权的界限的同时，也要确立隐私权在行使中与其他权利发生冲突的解决规则。从今后的发展来看，隐私权必然会随着高科技的发展和社会生活的变化而在内容上不断扩张，各种新的隐私利益将会大量产生。但即便如此，隐私权仍然应当保持其自身确定的内涵和外延，而不应该成为一种集合性的权利。

三、隐私权应当是人格权法所确认的权利

隐私权作为一项民事权利，应当在人格权法还是侵权责任法中加以规定，这是未来民法典制定中需要探究的一个问题。从比较法来看，在美国，隐私权最初就是通过侵权法所保护，由于两者关系十分密切，因而曾形成所谓"侵权法上的隐私权"（tortprivacy）概念[1]。也有学者认为，因为侵权法也保护个人的隐私，因而认为对隐私的保护也应当包括在侵权法之中[2]。按照德国学者研究，一般人格权的保护范围当然包括私密和隐私领域的保护，从而通过《德国民法典》第823条第1款关于一般侵权责任的规定予以保护。[3]

在我国，尽管《民法通则》专设第5章"民事权利"规定了各项人格权，但并没有承认隐私权，此后有关立法虽然规定了保护隐私，但也没有规定隐私权。学理上通过在侵权责任制度中保护隐私权，逐渐形成隐私权的概念。2009年，《侵权责任法》第2条明确列举了隐私权，从而将隐私权作为《侵权责任法》的保护范围，这不仅从民事基本法的角度承认了隐私权是一项基本民事权利，而且将隐私权纳入侵权法的保护范围。它不仅弥补了民法通则规定的不足，而且也进一步完善了我国人格权体系。但《侵权责任法》规定

---

[1]　See Blanca R. Ruiz, Privacy in Telecommunications: A European and an American Approach. Kluwer Law International, 1997, p.47.

[2]　See Richard G. Turkington & Anita L. Allen, Privacy, Second Edition, West Group, 2002, p.1.

[3]　Vgl. MünchKomm-Schwerdtner, Bd.1, §12, Verlag C. H. Beck, 1998, Rn.215ff.

了隐私权之后，有学者认为没有必要再对隐私权加以立法规定，这种观点值得讨论。

对此，首先需要讨论的是，隐私权究竟是一个侵权法通过其"设权功能"所确认的权利，还是人格权法所确定的权利？应当承认，隐私权的概念在《侵权责任法》中得到了承认，这是一种立法上的进步，但这并不意味着在未来的《人格权法》立法中，就不需要再对隐私权进行具体规定。笔者认为，隐私权首先应当通过《人格权法》加以确认，然后再通过《侵权责任法》加以保护，这样才能在法律体系内部形成有效的衔接。理由如下：

第一，《侵权责任法》第2条仅仅只是承认了隐私权的概念，其目的主要在于宣示隐私权应当受到侵权法的保护，这并不意味着就可以替代人格权法对其的规定。《侵权责任法》主要是救济法，其主要功能不是确认权利，而是保护权利。《侵权责任法》只能够在这些权利遭受损害以后对其提供救济，而无法就权利的确认与具体类型进行规定。就此而言，《人格权法》的功能是无法替代的。

第二，《侵权责任法》毕竟只是简单承认了隐私权的概念，并没有完整的制度性规定，对于隐私权的内涵和外延、隐私权的分类、隐私权的行使和保护等，都缺乏明确的规定。例如，隐私权就可以进一步类型化为独处的权利、个人生活秘密的权利、通信自由、私人生活安宁、住宅隐私等等。就私人生活秘密而言，又可以进一步分类为身体隐私、家庭隐私、个人信息隐私、健康隐私、基因隐私等。甚至根据不同的场所，又可以分为公共场所隐私和非公共场所隐私等。这些不同的隐私，因为类型上的差异，在权利的内容以及侵权的构成要件上，都可能有所差异。对于如此纷繁复杂的权利类型，《侵权责任法》作为救济法的特点决定其不能规定，也无法规定。更何况，隐私权作为一个开放的权利，其内容也是会随着社会生活、科学进步的发展而不断发展，例如随着生物技术的发展促进基因隐私的产生，这些都需要在法律上予以确认，而新产生的隐私权的内容无法在侵权责任法中得到规定。

第三，隐私权不仅仅涉及侵权责任，还涉及合同法和其他的领域。在通常的合同关系中，尊重与保护对方当事人的秘密及隐私，一般可构成合同的附随义务；在一些特殊的合同关系中，如某些服务合同、咨询合同等，保护对方当事人隐私甚至可以成为合同的主义务，尤其是在医疗服务合同中，若当事人就病人的病情、健康情况的保密达成特殊约定，只要不涉及公共利益，应当承认其效力。因此，隐私权需要通过《人格权法》专门予以规定。

第四，《侵权责任法》不可能规定隐私权在行使中与其他权利的冲突及其解决规则。隐私权在行使过程中，常常会与公权力发生冲突。隐私的概念本身指的是在公共利益之外的个人不愿意公开或者披露的私人生活秘密，因此确定哪些是隐私，哪些不是隐私，哪些隐私应当受到法律保护，就必然涉及对公共利益的判断。例如，政府有关管理部门在某些公共场所装设探头，维护公共秩序和公共安全，但这也可能涉及与个人隐私的关系，需要处理好隐私权与公权力的关系。

实践中，关于公众人物的隐私问题，是一个重要的话题。人们通常认为的公众人物无隐私的观点，是不严谨的。严格地说，公众人物并非无隐私，只是需要出于公共利益、公众兴趣、舆论监督、社会治理等考虑，对其隐私进行必要的限制。例如，在著名的范志毅诉文汇新民联合报业集团一案中，就确立了基于舆论监督的需要对公众人物隐私权加以限制的规则①。但自从该案提出了公众人物的概念以来，理论与实务界对公众人物隐私权究竟应限制到何种程度，一直未达成一致意见。笔者认为，对公众人物隐私权的限制，应当根据个案的情况，具体地加以衡量。例如，对某个公众人物的家庭住址，在特定场所基于特定目的公开披露出来与将其在网络上公开披露出来，性质上并不相同。为此，法官需要根据具体的个案，综合考量相关因素加以判断。再如，某个影星在银行的财务往来情况，在通常情况下应属个人隐私的范畴，但若的确关涉是否依法纳税、是否从事

---

① 在该案中，上海市静安区法院的判决指出，"即使原告认为报道指名道姓有损其名誉，但在媒体行使舆论监督的过程中，作为公众人物的原告，对于可能的轻微损害应当予以忍受。"参见上海市静安区人民法院（2002）静民一（民）初字第 1776 号民事判决书。

非法交易等事项，就应当受到限制。但是，公众人物隐私权是否应当限制以及限制的具体规则，仍然是人格权法上应予明确的问题，侵权法无法对此作出全面的规定。

美国有学者指出，"许多法学家简单地认为，隐私权不过是侵权责任法的范畴，这一观点因为布兰代斯的名气和影响，变得使人深信不疑。但事实上，隐私权是一个跨部门的法律领域，不能简单地将其归入侵权责任法。① 虽然人格权的确认和保护需要诸多法律领域的协力，而人格权法作为确立人格权制度的重要法律部门，具有自身独特的功能、特点，不能为侵权责任法所替代。

四、隐私权应以生活安宁和私人秘密作为其基本内容

迄今为止，有关隐私权的学说林林总总，学界对隐私的核心内容仍然没有达成共识②。比较法上，隐私的内涵的确呈现出一种膨胀的趋势，这也阻碍了此种共识的形成。例如，在美国，隐私权主要是指一种独处的权利，后来逐渐扩张到私人的生活秘密、禁止侵犯个人的自由权利（例如在公众场合不被拍照）、限制接触和使用个人信息（例如所得税申报表，信用报道）和禁止偷听私人谈话（例如使用电子监视器）。"进入现代社会后，如堕胎、使用保险套、决定死亡等已被涵括在隐私权之范围。"③ 在德国，因为将隐私权作为一般人格权对待，更难以确定其具体内涵。在我国民法典制定中，如何准确界定隐私权的内容，是迫切需要解决的问题。2002 年《民法典草案》（第一稿）第四编"人格权法"第 25 条曾规定："隐私的范围包括私人信息、私

---

① See Richard G. Turkington & Anita L. Allen, Privacy, second edition, West Group, 2002, p.1.

② See Blanca R. Ruiz, Privacy in Telecommunications: A European and an American Approach, Kluwer Law International, 1997, p.27.

③ 叶淑芳：《行政资讯公开之研究——以隐私权益之保障为中心》，台湾中兴大学法理学研究所 1999 年硕士论文，第 123 页。

人活动和私人空间。"此处所提及的"私人活动"的范围仍然过于宽泛。从文义解释看，私人所从事的一切民事行为、非民事行为均可以纳入"私人活动"的范畴，隐私只能涉及其中有关人格利益部分的内容，而且其内容通常是相对较为狭窄的。既然在人格权体系中，隐私权只是具体人格权，则必然要与其他的各项具体人格权相区分。笔者认为，在我国现有的法律体系中，已经确认了生命权、健康权、姓名权、名誉权、荣誉权、肖像权等具体人格权，《侵权责任法》第2条将隐私权作为一项与前述权利同层级的具体人格权。凡是已经被合理纳入既有具体人格权保护范围的法益，便不应再通过隐私权制度加以保护。若过于宽泛地界定隐私权的范围，不仅不利于隐私权制度的建构，也会破坏各项既有具体人格权的体系。

隐私权作为一项具体人格权，是指自然人享有的私人生活安宁与私人信息秘密依法受到保护，不被他人非法侵扰、知悉、搜集、利用和公开的一种人格权。波斯纳（RichardPosner）认为，隐私权主要可以分为两部分，一部分是独处的权利，另一部分是保有秘密。①隐私应当以私人生活秘密和私人生活空间为内容，形成隐私权所保护的独立的法益，因此，未来我国人格权法中主要应该从如下两方面来构建隐私权的内容：

（一）生活安宁

生活安宁是指，自然人对于自己的正常生活所享有的不受他人打扰、妨碍的权利。最初，沃伦和布兰代斯在提出隐私权概念时就将隐私权界定为"一种个人信息免受刺探的权利"（therightfreefromprying），也将此权利称为"独处权"（therighttoletalone）。②Prosser曾将侵害生活安宁案件归为侵害隐私的一种重要类型，大体包括：在无搜查证的情况下闯入他人住宅；秘密进入酒店房间或者特等客舱；通过秘密窃听获取他人隐私；在（他人）窗户边

---

① See Richard A. Posner, *The Economics of Justice*, Harvard University Press, 1981, pp.272–273.

② See Warren and Brandeis, The Right to Privacy, 15 Dec.1890, Vol. IV, No.5, Harvard Law Review, pp.193–220.

偷窥；打电话到债务人家里追债等。① 此后，一系列判例也确认隐私权是一种不受侵扰的独处的权利②。美国法上的此种观点对大陆法系国家也产生了重大影响，并获得了理论与实务界的广泛认可。一些国家的判例学说也时常将隐私权称为"被忘却权"（righttooblivion），其实就是指的是生活安宁权，它允许个人享有与公共利益无关的发展个性所必要的安宁和清静。③

2002 年《民法典草案》（第一稿）第四编"人格权法"中隐私权关于"私人活动"、"私人空间"的保护其实都涵盖了对公民"生活安宁"的保护。但笔者认为，采用"生活安宁"概念更为清晰。每一个公民，无论是名人或普通人，其都享有安静地不受打扰地生活的权利，这是任何人能够享受幸福生活的必要前提。具体而言，笔者认为，生活安宁权包含如下三个方面的内容：第一，排除对私人正常生活的骚扰。人既具有自然性，又具有社会性，人在社会中生活，既需要与他人交往，同时也需要独处，保持私生活的安宁。维持个人生活的安宁与宁静，是个人幸福生活的基本要求，也是个人追求自我发展、自我实现的基础。实践中，妨碍个人正常生活的行为主要表现在：非法跟踪、窥探他人的行踪、在他人的信箱中塞满各种垃圾邮件、从事电话骚扰等，都构成对私生活安宁的侵害。正如法国有学者所指出的，"一切人都享有其宁静得到保护的权利，他们有权就这项权利可能受到的各种不同的损害（侵害私生活、侵害名誉、侵害肖像等）主张赔偿"。④ 第二，禁止非法侵入私人空间。凡是私人支配的空间场所，无论是有形的，还是虚拟的，都属于私人空间的范畴。在私人空间中，住宅空间具有尤为重要的意

---

① See Neil Richards and Daniel Solove, Prosser's Privacy Law: A Mixed Legacy, 98 Cal. L. Rev., p.1887（2010）.

② 在美国某个案例中，大法官 Fortas 解释独处的权利就是，"依照一个人的选择生活，除非有正当法律规定时，否则不受攻击、打扰、侵害。"See Time, Inc. v. Hill, 385 U.S.374, 413（1967）（Fortas, J., dissenting）.

③ See Michael Henry, International Privacy, Publicity and Personality Laws, London: Butterworth, 2001, p.56.

④ Thierry Garé, Le droit des personnes, 2e édition, Collection Connaissance du droit, Dalloz, 2003, p.75.

义。法谚云，"住宅是个人的城堡"（aman'shouseishiscastle），住宅是个人所享有的隐私的重要组成部分。① 在古老的法律中，住宅是人们遮风避雨的场所。在习惯法中，即使是债权人也不得闯入债务人的房屋讨债，而只能等在屋外要债。《汉漠拉比法典》第 21 条也有禁止他人非法闯入住宅的规定。② 在现代社会，私人住宅不仅仅具有财产法上的属性，同时也是个人的私人生活空间。在我国实践中曾经出现过警察进入他人房屋搜查黄碟事件，实质上是一种对个人隐私的侵害。私人空间的范围不限于个人所有的住宅，还包括其他个人合法支配的空间，如更衣室、电话厅以及个人临时栖身的房间、工人临时居住的工棚、个人的邮箱、书包、保险柜等。通常，工作场所、公共场所不属于绝对的私人空间，但是也不排除这些场所具有相对的私人空间的性质③。例如，个人使用公共厕所，禁止他人窥探。正是因为这一原因，有学者认为，隐私也存在于公共领域。④ 第三，对个人自主决定的妨碍。个人自主权涉及的范围非常宽泛，但作为隐私内容，它主要是指对个人私生活事务的自主决定。例如，公民享有自己决定何时结婚、分娩的自由，我国《侵权责任法》第 55 条所确立的患者自主决定权也属于个人的隐私范畴。自主决定是个人生活安宁的重要保障，其是法律对个人自由予以尊重和保护的价值的体现。

（二）生活秘密

生活秘密是个人的重要隐私，涵盖的范围很宽泛，包括了个人的生理信息、身体隐私、健康隐私、财产隐私、谈话隐私、基因隐私、个人电话号码等，也包括个人家庭中有关夫妻生活、亲属关系、婚姻状况（如离婚史等）、

---

① See Michael Henry , International Privacy, Publicity and Personality Laws, London: Butterworth, 2001, p.14.

② See Richard G. Turkington Anita, L. Allen, Privacy (Second Edition), West Group, 2002, p.9.

③ See Katz v. United States, 389 U.S.347 (1967) .

④ Vgl. BGH, NJW1996, 1128.

是否为过继、父母子女关系及夫妻关系是否和睦、个人情感生活、订婚的消息等。私生活秘密的范围不是固定的,而是随着科技进步和社会生活的发展处于变动之中。例如,随着生命科学的兴起,基因隐私从无到有日渐成为一种重要的隐私。它决定着一个人由生到死的整个生命过程,决定着一个人所有的生理特性和行为特征。①随着基因技术的发展,基因隐私将越来越重要。就私密信息而言,是个人的重要隐私,每个人无论地位高低,哪怕是生活在底层的普通人,都应该有自己的私密信息,无论这些秘密是否具有商业价值。凡是涉及个人不愿为他人知道的信息,无论该信息的公开会对权利人造成的影响是积极的还是消极的,无论该信息是否具有商业价值,只要该信息不属于公共领域并且本人不愿意公开,就应当受到隐私权的保护②。

私人生活秘密是个人私生活的重要组成部分。凡是与公共利益和他人利益无关的个人信息,无论对本人是否有利,隐私权人都有权加以保持和隐匿,不让他人得知。③这种隐匿不仅包括自己对本人秘密的保有,也包括他人对自己秘密的隐匿。在社会生活中某些个人信息可能已经被政府部门、司法机关、医疗机构等组织掌握,在不违背公共利益的前提下,公民有权要求有关组织对个人隐私予以保密。④个人在法律和道德的范围内有权公开自己的隐私,此种公开既可以是向特定人公开,也可以是向社会公开,例如模特允许画家以其身体为对象进行绘画,再如将自己过去的经历写成文章发表。公开的方式可以是由自己亲自公开,也可以是允许他人公开⑤。如果个人仅仅只是向特定人公开有关秘密,与向公众公开仍有不同。如果在网络上披露有关信息,可构成对个人隐私的侵害。但是,如果根据国家的有关法律法规,个人的有关信息必须公开,那么,在必须公开的范围内,这些个人

---

① 参见李文、王坤:《基因隐私及基因隐私权的民事法律保护》,载《武汉理工大学学报》(社会科学版)2002 年第 2 期。

② 参见张新宝:《隐私权的法律保护》(第 2 版),群众出版社 2004 年版,第 8—9 页。

③ 参见郭锋:《论隐私权的法律属性》,载《商丘师范学院学报》2004 年第 20 期。

④ 参见张革新:《隐私权的法律保护及其价值基础》,载《甘肃理论学刊》2004 年第 2 期。

⑤ 参见同上。

信息不受隐私法的保护。例如，房产登记必须将个人的家庭住址登记在登记簿上，以便于特定主体的查阅，此时个人的信息应当成为有条件的公共信息。[①]

生活安宁权与生活秘密权是个人享有的基本权利，也是隐私的主要内容。笔者认为，之所以隐私权应该主要以这两项为其基本内容，主要原因是，其一，这两项内容概括了隐私的最核心要素。从隐私的发展来看，虽然多年以来隐私权的内涵不断扩张，但这些发展基本上是围绕这两项内容展开的。其二，这两项内容也是现行法律所确立的具体人格权所无法包容的，通过将其概括为隐私权的基本内容，也有助于区分隐私权与其他具体人格权，准确界定隐私权与其他具体人格权的关系[②]。其三，以这两项权利为内容，构建隐私权制度，也能够适应隐私权在未来的发展。法律承认隐私权的根本目的是为了充分尊重个人的自由和尊严，维护最广大人民群众的福祉。康德的理性哲学认为，人只能够作为目的，而不能作为客体对待。法律的根本目的是为了人，实现个人的幸福。而幸福的含义是多元的，除了物质方面的因素之外，个人的精神生活的愉悦也是幸福的重要内容。个人私生活的安宁与个人生活秘密的妥善保护，也是个人幸福指数的重要指标。从今后的发展趋势来看，无论隐私权未来如何扩张，都应当以这两项内容作为其发展的基础，从而与其他人格权相区别。

五、个人信息权与隐私权

个人信息，是指与特定个人相关联的反映个体特征的具有可识别性的符号系统，它包括个人身份、工作、家庭、财产、健康等各方面的信息资料。在我国人格权法制定的过程中，涉及对个人信息的保护问题。不少学者认为，个人信息可以归入隐私的范畴，不必单独在人格权法中作出规定。这种

---

① 参见曲直：《留给隐私多大空间》，中华工商联合出版 2003 年版，第 32 页。
② 参见张新宝：《隐私权的法律保护》（第 2 版），群众出版社 2004 年版，第 7 页。

看法有一定的合理性。从比较法上来看，美国法确实是将个人信息主要作为隐私来对待。按照 DanielJ.Solove 和 PaulM.Schwartz 看法，个人信息资料本质上是一种隐私，法律上作为一种隐私加以保护，可以界定其权利范围①。在对个人信息概念的表述上，美国学者常常从隐私权的角度进行定义，如 Solove 教授就用侵犯隐私形容在网络中泄露他人信息的行为。② 艾伦也指出，"隐私就是我们对自己所有的信息的控制"。③ 在德国，虽然 1991 年 6 月 1 日颁布了独立的《联邦资料保护法》，并提出个人信息权的概念，隐私与个人信息权是分开的，但也有德国学者仍常常认为个人信息属于隐私的范畴。④ 1980 年欧洲议会《个人资料保护公约》中也明确规定了对隐私的保护。在我国台湾地区，也有学者认为，"隐私权为人格权的一种，隐私权包括保护私生活不受干扰及信息自主二个生活领域，并得因应新的侵害形态而更进一步具体化。"⑤

应当承认，现代传媒、互联网络的发展使我们进入一个信息爆炸的社会，信息的搜集、储存和交流成为生活不可或缺的组成部分。⑥ 政府、各类商业机构都在大量搜集和储存个人信息，因而对个人信息的保护越来越重要，从而在法律上形成了个人信息权。这种权利确实与隐私权有非常密切的关系。一方面，个人信息具有一定程度的私密性，很多个人信息都是人们不愿对外公布的私人信息，是个人不愿他人介入的私人空间，不论其是否具有

---

① See Daniel J. Solove & Paul M. Schwartz, Information Privacy Law, Third Edition, Wolters Kluwer，2009, p.2.

② See Daniel J. Solove & Paul M. Schwartz, Information Privacy Law, Third Edition, Wolters Kluwer，2009, p.2.

③ 参见 [美] 阿丽塔·L.艾伦等：《美国隐私法：学说、判例与立法》，冯建妹等编译，中国民主法制出版社 2004 年版，第 13 页。

④ See Margaret C. Jasper, Privacy and the Internet: Your Expectations and Rights under the Law, New York: Oxford University Press，2009, p.52.

⑤ 王泽鉴：《人格权的具体化及其保护范围·隐私权篇》中，载《比较法研究》2009 年第 1 期。

⑥ See Daniel J. Solove & Paul M. Schwartz, Information Privacy Law, Third Edition, Wolters Kluwer，2009, p.1.

经济价值，都体现了一种人格利益。① 另一方面，从侵害个人信息的表现形式来看，侵害个人信息权，多数也采用披露个人信息方式，从而与侵害隐私权非常类似。因此，在许多情况下，可以采用隐私权的保护方法为受害人提供救济。在这一背景下，人们将个人信息权理解为隐私权的一部分，是可以理解的。

但是，个人信息权应当作为一项独立的权利来对待。从比较法上来看，在欧洲，比较流行的观点仍然是将个人信息作为一项独立的权利对待。② 而不能完全为隐私权所涵盖。个人信息之所以作为独立的权利，具体理由如下：

第一，个人信息权具有其特定的权利内涵。法律保护个人信息资料权，虽然以禁止披露为其表现形式，但背后突出反映了对个人控制其信息资料的充分尊重。这种控制表现在个人有权了解谁在搜集其信息，搜集了怎样的信息，搜集这些信息从事何种用途，所搜集的信息是否客观全面，个人对这些信息的利用是否有拒绝的权利，个人对信息是否有自我利用或允许他人利用的权利等。③ 从内容上看，隐私权制度的重心在于防范个人的秘密不被披露，而并不在于保护这种秘密的控制与利用，这就产生了个人信息决定权的独立性。德国将其称为"控制自己资讯的权利"或"资讯自决权"。④

第二，个人信息不完全属于隐私的范畴。从内容上看，个人信息资料与某个特定主体相关联，为可以直接或间接地识别本人的信息，可能包含多种人格利益信息，如个人肖像(形象) 信息、个人姓名信息、个人身份证信息、

---

① 张新宝：《信息技术的发展与隐私权保护》，载《法制与社会发展》1996 年第 5 期。

② See James B. Rule and Graham Greenleaf ed., Global Privacy Protection, Edward Elgar Publishing, 2008.

③ Daniel J. Solove & Paul M. Schwartz, Information Privacy Law, Third Edition, Wolters Kluwer, 2009, p.1.

④ 参见李震山：《论资讯自决权》，载《人性尊严与人权保障》，台北元照出版社 2000 年版，第 288 页。

个人电话号码信息。① 但是，并非所有的个人信息都属于个人隐私的范畴，有些信息资料是可以公开的，而且是必须公开的。例如，个人姓名信息、个人身份证信息、电话号码信息的搜集和公开牵涉社会交往和公共管理需要，是必须在一定范围内为社会特定人或者不特定人所周知的。这些个人信息资料显然难以归入到隐私权的范畴。当然，即便对于这些个人信息资料，个人也应当有一定的控制权，如知晓在多大程度上公开，向什么样的人公开，别人会出于怎样的目的利用这些信息，等等。

第三，权利内容上也有所差别。通常来说，隐私权的内容更多是一种消极的防御，即在受到侵害时寻求救济或者排除妨碍，而个人信息权则包含更新、更正等内容。隐私权最初主要是作为一种消极防御的权利产生的，即禁止他人侵害，排斥他人干涉。但是，就个人对自身信息的利用而言，包括允许何人使用、如何使用，这些都是个人信息权的重要内容。他人或社会仍然可以一定程度上利用个人信息，也就是说，个人信息仍具有一定的利用空间，在这一点上，个人信息权与隐私权有重大的差别。后者的保护重心在于防止隐私公开或泄露，而不在于利用。

第四，个人信息权的保护方式与隐私权也有所区别。在侵害隐私权的情况下，通常主要采用精神损害赔偿的方式加以救济。但对个人信息的保护，除采用精神损害赔偿的方式外，也可以采用财产救济的方法。由于信息可以商品化，在侵害个人信息的情况下，也有可能造成权利人财产利益的损失。有时，即便受害人难以证明自己所遭受的损失，也可以根据《侵权责任法》第 20 条关于侵权人所获利益视为损失的规则，通过证明行为人所获得的利益，推定受害人遭受的损害，从而主张损害赔偿。

正是因为个人信息权与隐私权存在差异，因此个人信息权应当在人格权法中与隐私权分开，单独加以规定。个人对于其信息资料所享有的上述权利，就目前而言，在传统民法体系中还缺少相应的权利类型，据此，笔者认

---

① 参见齐爱民：《个人资料保护法原理及其跨国流通法律问题研究》，武汉大学出版社 2004 年版，第 5 页。

为，应当引入独立的个人信息权概念。个人信息权是指个人对于自身信息资料的一种控制权，并不完全是一种消极地排除他人使用的权利，更多情况下是一种自主控制下信息适当传播的权利。隐私权虽然包括以个人信息形式存在的隐私，但其权利宗旨主要在于排斥他人对自身隐私的非法窃取、传播。当然，也不排除两种权利的保护对象之间存在一定的交叉，如随意传播个人病历资料，既侵犯了个人隐私权，也侵犯了个人信息资料权。

六、结　语

沃伦和布兰代斯在最初提出隐私权概念时指出，"个人的人身和财产应当受到保护的原则像普通法一样古老，但是该原则也应当根据时代的变化而赋予其新的性质和内容。政治、社会和经济的变化应当确认新的权利"。[①] 从今后的发展来看，精神的利益以及对这种利益的保护都将是法律关注的重心。[②] 隐私权的保护范围在不断扩张，但是在我国人格权体系下，由于隐私权并非一般人格权，这就决定了我们仍然应当在人格权法中界定不同的具体人格权之间的界限，对于应由其他具体人格权予以保护的客体应置于其他人格权之下，而非将其泛泛地纳入隐私权的保护之下。

---

① See Samuel D. Warren & Louis D. Brandeis, The Right to Privacy, 4 Harv. L. Rev., 1890.

② See Daniel J. Solove & Paul M. Schwartz, Information Privacy Law, Third Edition, Wolters Kluwer, 2009, p.13.

隐私权内容探讨 *

自从美国学者萨缪尔·D.沃伦（SamuleD.Warren）和路易斯·D.布兰代斯（LouisD.Brandeis）于 1890 年提出隐私权的概念以后，该概念在世界范围内被广泛采用，遂发展为一项重要的人格权利。随着社会进步，隐私权在现代社会中的意义日益彰显，作用日益突出。特别是随着网络信息的发展，个人资料的重要性的增强，都使隐私权保护的范围进一步扩大。在现代社会，隐私权不仅受到私法的保护，还受到刑法、行政法、诉讼法等的保护，有的国家已经将隐私权确认为宪法的基本权，隐私权甚至受到国际人权法的保护。但是，关于隐私权的概念和保护范围，在学理上一直存在争论。本文拟就此谈一点意见。

一、隐私权内容之一：私生活秘密权

隐私权是公民享有的私生活安宁与私人信息依法受到保护，不被他人非法侵扰、知悉、搜集、利用和公开等的一种人格权。[1] 简言之，隐私权就是指个人对其私生活安宁、私生活秘密等享有的权利。隐私首先是指个人没有公开的信息、资料等，是公民不愿公开或让他人知道的个人的秘密。[2] 隐私

---

  * 原载《浙江社会科学》2007 年第 3 期。

[1] 参见张新宝：《隐私权的法律保护》，群众出版社 2004 年版，第 21 页。

[2] 参见彭万林：《民法学》，中国政法大学出版社 1994 年版，第 161 页。

权就是自然人享有的对其个人的与公共利益无关的个人信息、私人活动和私有领域进行支配的一种人格权。① 一些国家的法律也规定，隐私权"通常为对于私有的和保持隐匿的事情"的权利。② 隐私权是公民个人隐瞒纯属个人私事和秘密，未经本人允许，不得公开的权利。③

私人的秘密信息依据不同的标准可以有不同的分类。根据是否与网络环境相联系可分为：网络环境下的个人信息和非网络环境下的个人信息；根据是否需要已通过系统化的符号记载、收集和储存，可分为：个人资料信息和非个人资料信息；根据涉及的对象可分为：个人信息、家庭信息和社会关系的信息等。根据信息的内容还可以分为：个人的生理信息、身体隐私、健康隐私、财产隐私、家庭隐私、谈话隐私、基因隐私等。私生活秘密的范围不是固定的，而是随着科技进步和社会生活的发展处于变动之中。例如，随着生命科学的兴起，基因隐私从无到有日渐成为一种重要的隐私。基因是DNA 分子上的具有遗传效应的特定核苷酸序列的总称，是具有遗传效应的DNA 片段。它位于染色体上，并在染色体上呈线形排列。④ 基因是具有遗传效应的 DNA 分子片段，是人类基础的遗传信息单位，它决定着一个人由生到死的整个生命过程，决定着一个人所有的生理特性和行为特征。⑤ 随着基因技术的发展，基因隐私将越来越重要，因为在基因中将记载个人的遗传密码等生命信息，而且也可以从基因中了解个人的疾病史。一个新生儿出生时，如果法律允许，他的父母愿意的话，可以拿到孩子的基因组图。基因组图将记录一个生命的全部奥秘和隐私。⑥ 基因信息的泄露，将导致个人的未来生活部分或全部地暴露在公众面前，使其丧失私人生活的私密性。"每个

---

① 参见彭万林：《民法学》，中国政法大学出版社 1994 年版，第 161 页。

② Chambre des depute，Bill Relating to Privacy Protection，2nd E2177, p.2.

③ 参见王冠：《论人格权》，载《政法论坛》1991 年第 3 期。

④ 参见罗胜华：《基因隐私权研究》，载易继明主编：《私法》（第 2 辑），北京大学出版社 2003 年版，第 103 页。

⑤ 参见李文、王坤：《基因隐私及基因隐私权的民事法律保护》，载《武汉理工大学学报》（社会科学版）2002 年第 2 期。

⑥ 参见李春秋：《当代生命科技的伦理审视》，江苏人民出版社 2002 年版，第 72 页。

人只要抽一滴血，胎儿抽取少许羊水，就会让人的遗传密码曝光。"① 如果死者携带有某种社会烙印的变异基因，该信息一旦被泄露，则被人怀疑携带有同样的变异基因而遭受到社会的"基因歧视"的死者近亲属将承受社会不公正对待和精神痛苦。② 基因信息的披露将对个人的生活产生重大影响，如保险公司不愿意为他们在医疗、意外、伤害、人寿方面作保，用人单位也不愿意接收他们等等，③ 所以，保护基因隐私非常重要。

保护个人的私生活秘密权是维护个人人格尊严和人身自由的重要条件，也是构建和谐社会的重要内容，因为在现代社会人与人之间的交往更为密切，但维持人们之间的和睦相处必须要更加尊重个人的私生活秘密，未经他人许可不得非法披露、窥探、泄露他人的秘密。在法律上，关于个人的私生活秘密的范围是非常宽泛的，除了法律另有规定之外（例如，公众人物的隐私权应当受必要的限制），原则上任何私人不愿意对外公开的信息都可构成私人的秘密信息，只要个人隐匿这些信息不违反法律和社会公共道德，这些信息都构成受法律保护的隐私。也就是说，凡是涉及个人不愿为他人知道的私人的生活秘密，不管这些秘密的公开对个人造成的影响是积极的还是消极的，无论这些秘密是否具有商业价值，只要这些秘密不属于公共领域，不是法律和社会公共道德所必须要公开的信息，原则上都应当受到隐私权的保护。④

需要指出的是，一些学者认为，非法的信息是不受法律保护的。例如某人与他人通奸，此种违法的不道德的行为应当予以公开，不受隐私权的保护。⑤ 笔者认为，对于非法的和不道德的信息是否应当一律公开，也不可一概而论。涉及社会公共利益和公共道德的私人信息，应当公开，但如通奸等

---

① 参见李震山：《胚胎基因工程之法律涵义》，台湾大学法学院"基因科技之法律规则体系与社会冲击研究研讨会"论文。

② 参见罗胜华：《基因隐私权研究》，载易继明主编：《私法》（第 2 辑），北京大学出版社 2003 年版，第 112 页。

③ 参见李春秋：《当代生命科技的伦理审视》，江苏人民出版社 2002 年版，第 88 页。

④ 参见张新宝：《隐私权的法律保护》，群众出版社 2004 年版，第 8—9 页。

⑤ 参见李秀芬：《论隐私权的法律保护范围》，载《当代法学》2004 年第 4 期。

行为虽然是违法或不道德的，未必要向社会公开。即使涉及卖淫嫖娼行为，虽然已经明显违法，行为人应当受到相应的处罚，即便如此，行为人的隐私在一定程度上仍然要受到法律的保护，未必要将行为人向全社会予以公布，甚至将行为人游街示众①。因为这种行为在已经受到法律的惩罚之后，如果再将其事实公开，则将使违法行为人受到反复多次惩罚，甚至使其终身蒙受耻辱，无法回归社会，过上正常生活。当然，非法隐私如果不公开可能会损害公共利益，法律应该强制其披露。总之，隐私权是应该受限制的，如果国家机关依据法律规定，或者新闻媒体通过舆论监督可以予以探知和公开，这属于正当行使权利的行为，不属于隐私的保护范围。但是，其他的社会主体不能随意地公开他人非法的或不道德的个人信息。

对个人私人生活秘密的保护，首先是要确认权利人享有个人隐私的权利，权利人有权保护自己的隐私不受到他人的非法披露和公开，禁止任何个人和组织非法披露他人隐私。隐私享有权具体包括自然人有权保有自己的个人资料等信息。个人的信息未经同意不受他人披露，自然人正当的个人生活不受他人的非法调查、公布。在此种权利受到侵害时，权利人有权采取自力救济手段和公力救济手段②。其次，要确认权利人在其隐私受到他人侵害的情况下，享有维护其隐私的权利。也就是说，有权禁止他人侵害，排斥他人干涉。第三，要确认权利人有权利用并在一定范围内处分隐私的权利，权利人可以自由选择在一定条件下或一定范围内公开或利用自己的私人信息。个人隐私可以在法律的限度内自由处分，甚至自愿抛弃。但权利人处置自己的隐私不得违反法律规定和公序良俗，例如不得在自己的博客上张贴自己的淫秽的、不道德的私密信息。随着隐私权的发展，特别是由于个人信息已经发展成为一项信息自决权，隐私权已经越来越具有可利用的商业价值，即对个人的信息、资料，权利人有权决定如何利用以及在

---

① 2006年11月29日，深圳警方为严厉打击黄业，将100名涉嫌卖淫、嫖娼的违法犯罪人员在深圳"三沙"游街示众。参见《南方都市报》2006年11月30日。

② 参见李震山：《论资讯自决权》，载《人性尊严与人权保障》，台北元照出版公司2000年版，第288页。

何种范围内利用。现代社会中，个人的信息权不再局限于对私生活秘密的消极保护，而是更加注重对于个人信息的控制和自决，德国将此种权利称为"控制自己资讯的权利"或称为"资讯自决权"①，也有学者将其称为"资讯隐私权"。美国学者弗里德（CharlesFried）认为，信息隐私权不应局限于不让他人取得我们的个人信息，而是应该扩张到由我们自己控制个人信息的使用与流转。②

权利人对于个人信息除了消极的保密权之外，可以享有一种处置权，有权决定哪些信息应当向谁公布或者利用，还可以享有积极的维护权。例如，当个人信息出现错误时，权利人有权要求更正。现代社会日益重要的个人资料保护制度即是以该种积极的信息隐私权为理论基础的。

应当指出，私密是和公开信息相对应的概念。一旦个人的私生活秘密向全社会公开，就不再属于隐私的范畴。例如，如果已经允许了电信公司在"黄页"上向全社会披露自己的电话号码，那么，就不得再禁止他人转载其电话号码。已经在网上公布了自己的电话号码，也应该允许他人转载其电话号码。但是，如果某人向他人披露的隐私具有特定的范围，那么，该隐私的公开限于特定的范围之内，具有相对的非公开性，所以仍然受到隐私的保护。③ 这就涉及隐私的相对性问题。

在个人对其秘密信息的积极控制过程中，就其公开的范围而言，隐私具有一定的相对性。所谓相对性，当事人就其私生活秘密向特定人进行了披露，或者在一定范围内公开，但并不等于完全抛弃其隐私。因为个人信息不可能总是处于绝对的保密或完全公开这两种极端状态，在许多情况下，某些信息对于特定群体是公开的，但对于其他人则处于保密状态。例如，组织人事部门所掌握的人事档案资料，特定部门的知晓并不意味着该信息已成为人尽可知的公共信息。并且，即便权利人自愿向特定人披露其隐私，也不能由

---

① Bamberger/Roth，§12，Rn.161 f.

② See Charles Fried，Privacy（A moral Analysis），77 Yale Law Journal 475（1968）.

③ See Michael Henry，International Privacy，Publicity and Personality laws，London: Butterworth，2001，p.297.

此推定其也愿意向全社会公布其秘密。再如，在登记机关申请办理房产登记手续，向登记机关披露了自己的家庭地址、电话号码、身份证号码等个人信息，并不意味着这些信息都是公开的信息，也不意味着登记申请人已经授权登记机关将这些信息全部向社会公开。登记机关可以披露产权状况，但是它没有必要将登记申请人的电话号码、家庭住址等信息公开。在法律上，如果某人在要求保密的情况下向他人提供私人信息，而掌握该信息的人未经许可向第三者披露，则该侵害隐私的行为毫无疑问将构成对保密义务的违反，并侵害了他人的隐私权。但是在没有明确告知必须保密的情况下，也并非没有保密义务。笔者认为，确定被披露人是否负有保密义务，应当考虑如下几种情况：一是法律法规的规定，例如，按照职业操守和保密法规的规定，公务员不得泄露未经授权的信息，医生依法负有保守病人治疗记录隐私的义务。二是合同的约定，如果根据双方当事人之间的合同，在一方披露私密信息之后，另一方负有保密义务，则当事人之间会产生同样的保密责任。① 三是依据诚实信用原则，被披露方是否应当负有保密义务。例如，关系密切的双方，一方向另一方披露了自己的家庭隐私，另一方应当负有相应的保密义务。除此之外，在判断被披露人是否负有保密义务时，还要考虑私密的程度，如果一方告知另一方的有关自己的家庭琐事，私密性程度较低，另一方不一定负有保密义务。但如果一方向另一方告知的是家庭的重要隐私，即使在告知时没有明确要求不得披露，但鉴于私密的重要性，另一方应负有相当的注意义务，也不得对外予以公开披露。

隐私信息的私密性和相对性应当在个案中参考具体情形确定，例如，社会交往中与特定人交换名片，是否意味着该信息可以上网向全社会公开？笔者认为这是一个值得探讨的问题。虽然这种信息积累和传播的模式有利于公众共享信息资源，促进商业信息的流动与增值。但笔者认为，隐私的秘密状态具有局部性和不平衡性，秘密可以仅针对一部分人存在，而对另

---

① 参见马特：《侵犯隐私权责任的构成与抗辩》，载王利明、葛维宝主编：《中美法学前沿对话》，中国法制出版社 2006 年版，第 201 页。

一部分人公开，这不能削弱对权利人隐私权的保护。向特定人交换名片，仅意味着以交往为目的向特定人披露，不能以此推定权利人允许向全社会公开该信息。被披露的信息获取者原则上没有经过权利人的同意，不得向社会公开。当然，这种保密义务的范围和程度可以根据当事人的身份、交易关系、隐私的性质予以界定。如果该名片资料属于社会性的工作信息，例如办公地址、工作电话等，依照常理权利人可以允许甚至希望更多的人知晓，则相对人的保密义务较轻。如果是私人手机号、住宅地址等纯粹的私密信息，则不应允许在网上向社会公众披露，因为这纯属私人秘密，如果公布则当事人不堪其扰，不仅涉及个人生活安宁，而且涉及其他家庭成员的生活和安全。

二、隐私权内容之二：空间隐私权

空间隐私权是指当事人就特定私密空间不受他人窥探、侵入、干扰的隐私权。隐私权所涉及的空间具有双重含义，首先，空间隐私所涉及的空间是一个物理学上的概念，是以一定的长、宽、高来界定的三维空间。例如房屋内的空间就是典型的空间隐私。空间的另一个含义是指私密空间，此种空间不是物理意义上的空间，而是指个人所生活的隐秘范围，如个人居所、旅客行李、学生的书包、口袋、日记、通信等，均为私人空间。一般认为，隐私权中的空间隐私主要是从第一种意义上说的，它主要局限于不动产范围内的空间，其中最为典型的是私人住宅，即公民享有住宅不受侵扰的权利。

法谚说，"住宅是个人的城堡"（aman'shouseishiscastle）。在古老的习惯法中，即使是债权人也不得闯入债务人的房屋讨债，而只能等在屋外要债。《汉谟拉比法典》第21条也有禁止他人非法闯入住宅的规定。[①] 在现代社

---

① See Richard G. Turkington Anita, L. Allen, Privacy（Second Edition），West Group, 2002, p.9.

会，许多国家的法律不仅确认了住宅是个人重要的私有财产，也是隐私权的重要内容。我国《宪法》第39条规定："中华人民共和国公民的住宅不受侵犯。禁止非法搜查或者非法侵入公民的住宅。"这实际上不仅要求保护个人的住宅自由，而且也保护了个人的私人空间隐私。保护个人的空间隐私，尤其是住宅隐私，对于维护个人的基本人权、保障个人的人格尊严和自由，促进和谐社会的建设都具有十分重要的意义。住宅是个人所享有的隐私的重要组成部分，即便是公众人物，对其纯粹的私人空间也享有隐私权，任何人未经其许可，不得擅自闯入公众人物的私人所有的、合法占有的房屋以及其他空间，不得非法对个人空间进行搜索、搜查、窃听，否则构成对个人空间隐私权的侵害。例如，某地发生的民警闯入他人房间干涉夫妻观黄碟一案，① 就涉及对个人空间隐私权的侵害。

空间隐私是隐私权发展的新内容，一方面，这是因为保障人身自由和人格尊严的需要；另一方面，这也是社会经济生活的发展尤其是高科技的发展对法律所提出的需求，许多高科技产品的出现，使得个人的空间隐私极易被侵犯。例如，非法采用红外线对室内进行非法扫描，利用高倍望远镜探测、长焦距拍照等窥视个人空间，利用微型摄像机拍摄个人的室内活动，甚至拍摄个人的裸体，这些行为都构成了对他人空间隐私的侵害。因此，我国正在制定的民法典应当承认空间隐私权，这是因为空间隐私权的产生及发展代表了人格权发展的新的趋势，空间隐私权的发展主要表现在如下几个方面：

第一，私人空间的保护方式从财产权保护延及隐私权的保护。住宅自由本来属于物权的范畴，如果未经私有房屋所有人或合法占有人的同意，任何人不得非法闯入他人的住宅或进行非法搜索、搜查，对非法闯入的，权利人可以通过行使物上请求权，要求停止侵害、排除妨害，将闯入者驱逐出房。

---

① 2002年8月18日晚，延安市公安局某派出所接到举报，称其辖区内一居民张某在家庭诊所中播放黄色录像。派出所出动民警来到举报所称播放黄碟的房屋，发现张某两夫妻在观看黄碟。当民警欲扣押收缴黄碟和电视机时，双方发生肢体冲突，民警将其制伏。事后张某遂起诉请求国家赔偿。参见《家中看黄碟民警上门查》，载《华商报》2003年1月18日。

但仅仅只是采用物权请求权的方法保护个人的住宅是不够的，例如闯入者在离开他人的物业后，没有造成他人的任何财产损害，但却造成了他人的精神损害（如震惊等），由于侵害财产不能对精神损害予以救济，因此此种情况就不能仅仅通过财产法来加以保护，有必要确认空间隐私权，使其延及个人的住宅空间。空间隐私权概念的发展突破了传统上把空间作为有形财产予以保护的模式，使得对于私人空间的保护方式从财产权保护延及隐私权的保护，这本身是法律上的进步，它体现的是对人身自由和人格尊严的尊重。这种变化意味着私人住宅不仅仅是纯粹的物理空间，同时作为一种心理空间，负载着权利人的精神利益。单纯从财产的角度为侵害住宅自由的行为提供救济是不充分的，单纯通过行使物上请求权排除妨害无法提供精神损害赔偿，而一旦纳入人格权的保护，适用精神损害赔偿能更好地保护受害人的精神利益。

第二，空间隐私开始突破私人住宅而扩及公共空间。传统观点认为"隐私止于屋门之前"。现代人格权的发展，不仅使隐私扩张到了空间隐私，而且使隐私从私人住宅扩及公共空间。一些国家的判例表明，住宅并不能作为私生活和公共领域的绝对界限，私领域还可能及于住宅之外的公共空间之中。1999 年德国联邦最高法院关于摩洛哥卡罗琳公主案的判决表明，隐私也存在于公共场合①。只要此时权利人相信其活动不在公众视野中，具体标准应依赖于个案的情况判断。② 虽然在通常情况下，工作场所、公共场所不属于绝对的私人空间，但是不排除这些场所具有相对的私人空间的性质。③因为，一方面，工作场所和公共场所中，虽然原则上属于不特定人共享的公共空间，但并非完全排除私人空间的可能性，在这些领域有可能存在私人更衣室等私密空间；④ 另一方面，即便是公共场所和工作场所，在个人使用的

---

① BGHZ 128, 1.

② See Michael. Henry, International Privacy, Publicity and Personality Laws, Butterworths Press, pp.157, 169.

③ See Katz v. United States, 389 U.S.347（1967）.

④ BGH NJW 1996, 1128.

时候，也有可能形成隐私。例如，个人使用公共厕所，禁止他人窥探。即使是在工作场所，也存在着空间隐私。例如，雇主在工作场所利用闭路电视监视雇员、某人在公共场所非法设置秘密的摄像头等，都可能构成对隐私的侵害。①

当然，公共场所内的个人隐私不同于个人的私人住宅，因为个人暴露于公共场所，其隐私已经受到了一定的限制，但此种限制不意味着在公共领域公民的隐私权完全丧失。即使是在工作场所，与工作无关的私人隐私，雇主也不应予以干涉。例如在更衣室、卫生间内设置摄像头，则构成对隐私权的侵犯。但是在工作场所，为了保障安全生产、防止员工错误操作等目的，在必要范围内可以采取监控手段，但通过此种手段取得的信息资料不得用作其他目的，更不得非法公开。

第三，空间隐私从有形的物理空间转向无形的虚拟空间。私人空间传统上大都认为是物理上的特定空间，属于物权法中不动产的保护范畴，而现代社会随着互联网络的发展，出现了虚拟的空间，从而产生了虚拟空间中隐私权的法律保护问题。其实，凡是私人支配的空间场所，无论是有形的，还是虚拟的，都属于个人隐私的范围。空间隐私除了物理空间之外，还应当扩及电子空间等虚拟空间，如侵入他人电脑系统，即使不盗取信息，也构成对公民隐私权的侵犯。正如有学者所言，互联网络的开放性、交互性、虚拟性、技术性、数字化、无纸化、高效率等诸多特征已经对传统民法学的许多领域产生了重要影响，这些影响涉及民法的诸多方面，在隐私权领域尤其如此。② 具体表现在：一方面，互联网的虚拟性、交互性构成了与现实世界不同的独特的网络空间，如网上聊天室、电子邮箱都构成了日常生活的组成部分。因此，电子邮件成为网络世界中最常见的通讯手段，保护网络环境中的通信秘密和通信自由、禁止影响他人在网络空间上的生活安宁非常必要。另一方面，网络的全球性、开放性和瞬间性，

---

① President District Court Roermond，12 September1985，KG 1985，p.299.

② 参见刘德良：《网络时代的民法学问题》前言，人民法院出版社 2004 年版。

使得网络在储存和利用信息方面存在着无限的空间和可能性，使得各地发生的信息在瞬间收集、存储和传播，共享网络资源变得极为便利。因此，通过各种网络技术而侵害他人隐私也更为容易，造成的后果也更为严重。由于信息技术的发展，cookies、黑客程序、木马程序使得个人在网上的行踪（如 IP 地址、浏览踪迹等）和信息都处于非法的监视之下，一些巨大的搜索引擎如 google 网站等具有将网上信息无限地搜索、储存的服务功能，导致在网上披露、修改、传播个人信息也更为容易，并且此种侵权信息可能长期地留在网上，可以无数次地下载，对权利人造成的损害是其他任何媒体所无法比拟的①。还应当看到，网络的开放性和互联性，使得商家非法利用他人隐私创造更大商业价值的机会剧增，进而使"信息真正成为金钱"，② 如利用他人信息的商品推广、广告宣传，使得个人信息的商业化利用具有更大的价值，也更容易遭受侵害。正是因为这些原因，所以，网络隐私权成为一个新的法律问题。1997 年 10 月的《时代》杂志就以"隐私之死"（TheDeathofPrivacy）作为封面标题，报道了在信息高科技爆炸的时代，每一个人的隐私权已不知不觉地被侵害，深刻地说明了网络的发展对隐私权的保护所带来的巨大的影响③。正是因为如此，互联网络的迅速发展对传统隐私权及人格权法带来了严峻挑战和颠覆性的影响，这也是推动空间隐私由有形空间向无形空间发展的重要原因。

三、隐私权内容之三：私生活安宁权

除了私人信息、私人空间，隐私权还应当包括个人的私生活安宁权。在美国，隐私权常常被认为是独处的权利；最初沃伦和布兰戴斯即将隐私权界

---

① See Daniel J. Solove & Paul M. Schwartz, Information Privacy Law, Third Edition, Wolters Kluwer, 2009, p.1.

② 参见刘德良：《网络时代的民法学问题》，人民法院出版社 2004 年版，第 333 页。

③ Joshua Quittner, Death of Privacy, Times, Aug.25, 1997.

定为"生活的权利"（righttolife）和"独处的权利"（righttobeletalone）①，所谓隐私权即个人能保留独处而不受外界侵扰的权利。1960 年，美国的普洛塞（Prosser）教授归纳隐私权的内容，其所总结的四类情形，首先就是所谓的侵扰个人生活安宁（intrusionuponseclusion），包括窃听私人电话、跟踪尾随他人、偷窥他人行动等一切足以干扰他人私生活安宁的行为②。在大陆法系，判例学说也时常将隐私权称为忘却权（righttooblivion），或者说是被遗忘的权利。此种权利允许个人享有与公共利益无关的发展个性所必要的安宁和清静。③ 德国联邦最高法院承认保持私人领域免受公共领域事物侵入的权利构成一般人格权的组成部分④。我国台湾地区著名法学家王泽鉴先生也将隐私权定义为个人独处不受干扰、隐私不受侵害的权利。⑤ 私生活安宁的概念较为笼统、高度抽象，是对个人隐私权提供概括性保护的一项兜底性内容。

为什么要将私生活安宁权作为隐私权的一项重要内容，并对此种隐私进行充分保护？原因在于：

第一，保护个人私生活安宁，对于维护个人的独立人格具有重要的意义。人既具有自然性，又具有社会性。人在社会中生活，既需要与他人交往，同时也需要独处，保持私生活的安宁。而个人私生活安宁纳入隐私权，就意味着法律认可个人对其私生活领域各项事物的支配，并能够排斥他人的干涉和妨碍⑥。一方面，有利于防止工业化带来的人格标准化，保持个人的

---

① 在美国某个案例中，大法官 Fortas 解释独处的权利就是"依照一个人的选择生活，除非有正当法律规定时，否则不受攻击、打扰、侵害"。See Time, Inc. v. Hill，385U.S.374，388（1967）.

② William L. Prosser, Privacy，48，Cal.L.Rev.383–389（1960）.

③ See Michael Henry, International Privacy, Publicity and Personality Laws, London: Butterworth，2001，p.56.

④ MünchKomm/Rixecker, Anhang zu §12 Das Allgemeine Persönlichkeitsrecht, Rn.89 ff.

⑤ 参见王泽鉴：《侵权行为法》第 1 册，中国政法大学出版社 2001 年版，第 133 页。

⑥ 参见［德］克罗泽尔：《德国法上的隐私权保护》，马特编译，载王利明主编：《中美法学前沿对话》，中国法制出版社 2006 年版，第 117 页。

特征，促进个性的发展。另一方面，有利于促进个人精神生活的自治①。在我国，由于历史上传统的高度集中的计划经济体制，公民的私人领域被压缩到极致，私人的自治空间极为狭小。这种情况下，要培养公民对自己私生活自治的能力，必须对于公民的私生活予以充分尊重。因此，保障私生活安宁权从积极的方面而言，有利于促进个人在私生活领域的自治和自决，② 维护个人的主体性和独立性。

第二，保护个人私生活安宁，有助于维护个人的人格尊严和人身自由。尊重人格尊严是法律的基本要求，是人本主义的基本体现，是对人最起码的尊重，是人之所以称为人的基本要求 ③。而尊重人格尊严就要尊重个人的私生活安宁，就是要使个人对自身及其私人空间享有充分的支配，并排斥他人的干涉和妨碍。在此基础上，人们之间才能相互尊重彼此的私生活领域。如果某人逾越了个人私生活领域的界限，构成对他人隐私权的侵害，就应承担停止侵害乃至赔偿损失等责任。这就能够形成一种健康有序的人际交往关系。因此，保障个人的生活安宁，对于构建和谐社会非常重要。

第三，私生活安宁权对于维护个人的生活幸福也具有重要的意义。康德的理性哲学认为，人只能够作为目的，而不能作为客体对待④。法律的根本目的是为了人，实现个人的幸福。而幸福的含义是多元的，除了物质方面的因素之外，个人的精神生活的愉悦也是幸福的重要内容。私生活的安宁、不受打扰，本身就是个人幸福生活的一项重要内容。保障个人生活安宁就意味着个人享有对私人生活独处的、不受他人打搅的权利，任何人不得非法干涉他人的私人生活，打扰他人私生活的安宁。

当然，关于私人领域和公共领域的具体界分可能存在争议，例如近来

---

① 参见 [美] 阿丽塔·L.艾伦等：《美国隐私法：学说、判例与立法》，第 17 页。

② 参见[美]阿丽塔·L.艾伦、理查德·C.托克音顿：《美国隐私法：学说、判例与立法》，冯建妹等译，中国民主法制出版社 2004 年版，第 13 页。

③ 梁慧星：《民法总论》，法律出版社 2001 年版，第 119 页。

④ 参见 [德] 康德：《实用人类学》，邓晓芒译，重庆出版社 1987 年版，第 4 页。

在媒体上经常讨论一个问题，就是电话的来电显示是不是构成对隐私权的侵害。当事人双方通话，如果接听方设定来电显示，就知道了对方的电话号码，而对方打电话时并不希望自己的电话号码被他人知晓，这是否构成侵犯隐私权。需要指出，虽然隐私权是私生活领域的"防火墙"，但如果自己自愿公开身份，则该隐私进入公共领域，不属于法律保护的范畴。就电话号码而言，当一方向另一方打电话时，就等于向对方公开了其号码，否则，如果通话人每天不断地打电话骚扰，难道接听人不能知道究竟是谁在打电话吗？如果确实出现电话骚扰情况，那就构成了另外一种法律关系——对私生活的打扰。事实上，这个问题通过技术手段已经解决了，就是打电话人可以将自己的电话号码屏蔽起来。如果没有屏蔽，就意味着打电话的人不在乎别人是否知道自己的电话，可以视为公开了自己的电话号码。

随着现代科技的发展，侵害私生活安宁的方式也在发展变化之中。传统上，侵害他人私生活安宁是指采取非法披露他人个人信息这种方法以外的手段对他人生活的安宁进行侵扰，主要包括非法窥视、监视、跟踪、骚扰他人。所谓窥视，是指非经他人允许，窥视他人私人空间，包括窥视他人私人居室、私人场所等私密性的空间，借他人沐浴、上厕所等偷看他人身体隐蔽部位，如利用望远镜、长焦镜头偷窥。所谓监视，是指采取非法手段观察他人行踪，例如，雇主在更衣室安装探头监视雇员的行为。所谓跟踪，是指尾随他人私人活动，侦查他人行踪。① 所谓骚扰，是指打搅他人的正常生活，如用电话骚扰等。例如，采取打电话、寄发信函、发送邮件、敲门、跟踪盯梢等方式打扰当事人的正常生活。骚扰不同于妨害邻居。在骚扰的情况下，只是干扰当事人的正常生活，侵害了其人格利益。而妨害邻居，只是妨害了相邻一方对不动产的使用或利用。但是，在现代社会，随着信息技术的突飞猛进，销售观念和模式的转变，有商家利用新型的信息技术进行大规模的营销，例如，通过群发电子邮件、手机短信等技术，不加选择地向人

---

① 参见杨立新：《人身权法论》，人民法院出版社 2002 年版，第 690—691 页。

们大量传播"垃圾信息",私生活的安宁受到严重威胁。① 电话骚扰在实践中也是一种侵害隐私权的行为,例如某人恋爱不成,遂以电话的方式纠缠对方,妨害其私人生活安宁。随着移动电话的普遍使用,短信骚扰问题逐渐为社会所关注。短信骚扰主要包括黄色短信的骚扰、商业性质短信骚扰和中奖类诈骗短信的骚扰等。② 这些行为都侵害了个人的私生活安宁,应当承担相应的责任。

隐私权作为一种重要的基本人权,涵盖个人的私生活整体,包括私人生活秘密、私生活空间以及私生活的安宁状态,但个人隐私权的保护不是绝对的,对某些特定人的隐私权利应当受到限制,例如公众人物的隐私权应受到限制。公众人物并不是一个政治概念,它是为了保护言论自由、限制名誉权和隐私权而创设的一个概念。我国最早在 2002 年的"范志毅诉文汇新民联合报业集团名誉侵权案"中,上海市静安区法院判决范志毅败诉,在判决中首次使用了"公众人物"一语:"即使原告认为争议的报道点名道姓称其涉嫌赌球有损其名誉,但作为公众人物的原告,对媒体在行使正当舆论监督的过程中,可能造成的轻微损害应当予以容忍与理解。"③ 之所以公众人物的隐私权受到限制,是因为其具有公共性。所谓公共性,是指公众人物或者担任公共职务或者在社会公共生活中具有较高的知名度,因此,对于公众人物而言,其身上存在着社会公共利益和社会公众的兴趣,公众人物包括因特殊才能、成就、经历或其他特殊原因而为公众熟知的重要社会人物。在一些特殊的领域、行业,有一些著名的人士,如商贾名流,他们的言行也引起了公众的广泛关注,公众对他们的财产、婚姻家庭等情况也会有浓厚的兴趣,对于公职人员或知情人士而言,其言行品德往往关系

① 国外已经存在针对垃圾邮件,个人用户以垃圾邮件的发件人破坏他人生活安宁和秩序、侵犯个人隐私权为由提起诉讼,要求其停止侵害并赔偿损失的案例。而法院支持了原告的诉讼请求,对有"垃圾邮件大王"之称的华莱士及其公司进行制裁。参见郭卫华、金朝武、王静:《网络中的法律问题及其对策》,法律出版社 2001 年版,第 180 页。

② 参见张新宝:《隐私权的法律保护》,群众出版社 2004 年版,第 299 页。

③ 参见《范志毅诉文汇新民联合报业集团侵犯名誉权案》的一审判决,上海市静安区人民法院(2002)静民一(民)初字第 1776 号。

到社会公共利益。① 公众人物的某些隐私问题成为"新闻事件"并由此可被自由陈述。② 所谓"高官无隐私","公职人员"的隐私权、名誉权受限制，公众对于与公众人物的公开活动都具有合法的知情权。当然，公众人物隐私权并非被完全剥夺，在公共利益和新闻价值之外，其纯粹私生活领域的隐私应受保护，例如，其私人住宅不受偷拍、偷窥、非法侵扰，正常的家庭生活和夫妻生活不受他人干扰。

---

① 参见丁晓燕：《论对新闻名誉侵权案件中对公众人物的反向倾斜保护》，载《人民司法》2004 年第 4 期。

② C Bigot, Protection des droits de la personnalite etliberte de l'information, Dalloz, 1998, Chronique, p.238.

论个人信息权在人格权法中的地位 [*]

个人信息（personalinformation）是指与特定个人相关联的，反映个体特征的，具有可识别性的符号系统，包括个人身份、工作、家庭、财产、健康等各方面信息。在现代社会中，个人信息保护的必要性得到了凸显。自计算机诞生之后，信息技术获得了空前的发展，20 世纪 80 年代开始的全球信息化运动，使人类进入了一个信息化社会。在信息社会（informationsociety），个人信息成为一项重要的社会资源。实践中，侵害个人信息权的现象时有发生，特别是在网络环境下，个人信息权的保护显得尤为必要。为此，我国正在制定中的《人格权法》有必要将个人信息权作出专门规定。本文拟对此展开一些研究。

一、个人信息权是一项独立的民事权利

从比较法的角度来看，对个人信息的保护多采用综合法律部门调整的办法，所涉及的法律并不限于民法。例如，根据欧盟 1995 年"数据保护指令"，如果有关组织或者机构违反相关法律，不仅要对受害者承担民事赔偿责任，还要对主管机构追究行政法上的责任。在学理上，也有很多学者认为个人信息权不仅仅涉及民事权益，而且也涉及行政法、宪法，甚至刑法等众多方面

* 原载《苏州大学学报》2012 年第 6 期。

的法律制度。例如，在德国，个人信息被上升到宪法上的权利加以保护，通过联邦宪法法院的判例不断加以完善，因此，学者们也往往从宪法的角度，而非民法的角度来讨论这一权利。①

在我国，有许多法律和行政法规涉及个人信息的保护，如《刑法修正案（七）》规定，非法利用个人资料，情节严重的，行为人要承担刑事责任；②又如，《政府信息公开条例》第 25 条第 2 款规定："公民、法人或者其他组织有证据证明行政机关提供的与其自身相关的政府信息记录不准确的，有权要求该行政机关予以更正。该行政机关无权更正的，应当转送有权更正的行政机关处理，并告知申请人。"但是，现行立法并未明确个人信息的法律属性，尤其是在民事立法中，并没有从整体上涉及是否承认个人信息权的民事权利属性，也未全面规定个人信息的保护。在此情形下，民法学界对个人信息权是否是独立的民事权利，也尚未达成共识。笔者认为，个人信息权是否是一种民事权利，不仅事关个人信息的保护机制，还牵涉民事权利体系的构造，尤其关系到在我国未来的民法典中，是否有必要对个人信息予以全面的确认和保护。

笔者认为，个人信息权是一种独立的民事权利。民事权利本质上是指法律为了保障民事主体的特定利益而提供法律之力的保护，是类型化了的私人利益。简言之，民事权利的核心是一种私益。个人信息指自然人的姓名、性别、年龄、民族、婚姻、家庭、教育、职业、住址、健康、病历、个人经历、社会活动、个人信用等足以识别该人的信息，个人信息涉及的范围非常广泛，它既包括个人的直接识别和间接识别的任何信息，也包括其家庭的相

---

① Maunz / Duerig, Grundgesetz-Kommentar 64. Ergaenzungslieferung, Verlag C.H. Beck Muenchen, 2012, s.174 ff.

② 《刑法》第 253 条第 3 款规定："国家机关或者金融、电信、交通、教育、医疗等单位的工作人员，违反国家规定，将本单位在履行职责或者提供服务过程中获得的公民个人信息，出售或者非法提供给他人，情节严重的，处三年以下有期徒刑或者拘役，并处或者单处罚金。"第 4 款规定："窃取或者以其他方法非法获取上述信息，情节严重的，依照前款的规定处罚。"第 5 款规定："单位犯前两款罪的，对单位判处罚金，并对其直接负责的主管人员和其他直接责任人员，依照各该款的规定处罚。"

关信息，如配偶子女的出生年月日、身高、体重、出生地、种族等。① 由于个人信息并非有体，不能进行物理占有和支配，只能进行法律上的控制。这种控制就体现在对他人非法收集、处理和利用的禁止和排除。对这些个人信息的控制，本身体现的就是一种私益，这是个人信息能够成为民事权益的根本原因。这种私益始终附随于特定的民事主体，只要信息主体存在，那么其个人信息的相关权益就始终受到保护。对个人信息的非法公开、披露等，直接影响到个人生活安宁，是对个人私益的侵害。拥有个人信息的主体是特定的自然人，该主体有权控制个人信息，并排斥他人的非法干涉，这种权利构造与物权以及生命权、姓名权等人格权一样，均属于民法中的绝对权。

实践中，尽管对个人信息采用刑法、行政法等多管齐下的多重保护机制，但并不能影响或改变个人信息权的民事权利属性。众所周知，物权、生命权等也都受法律的多重保护，但不影响它们的民事权利属性。其实，为了全面保护民事主体的利益，在民法之外，通过刑法、行政法乃至社会法来保护民事权利，毋宁是法律保护的常态表现，这一点在个人信息权中也不例外。在民事立法中，承认个人信息权是一项民事权利并通过民法予以基础性保护，具有如下重要意义：

首先，能准确界定个人信息的权利属性。一方面，个人信息体现的是一种私益，应当将其与公共利益区分开来；另一方面，有关个人信息的争议不仅仅发生在私人之间，也可能发生在私人与公权力之间，但是无论表现形式如何，其侵害的终究是私人的人格权益。将个人信息权界定为民事权利，说明个人信息是一项受法律保护的利益，它不仅需要得到其他民事主体的尊重，更需要国家公权力机构予以尊重，换言之，包含公权力机构在内的所有社会主体均有尊重个人信息的义务。而且，不仅权利主体自身可以采用合法措施保护该项利益，公权力机构也应当采取积极措施保障该项权利的实现。此外，个人信息在通常情况下是个人不愿意向他人或者社会公开的信息，它

---

① 参见齐爱民：《拯救信息社会中的人格：个人信息保护法总论》，北京大学出版社 2009 年版，第 85 页。

和个人私生活密切相关，是个人事务的组成部分，只要不涉及公共利益，个人信息的私密性应该受到尊重和保护，即使有些个人信息已经被政府或者商业机构收集，也不意味着个人信息可以被任意公开。这一界定显然是民法的任务。

其次，能给受害人提供直接和全面的法律救济。一般认为，个人信息是一种利益，但其是否是一项权利，可能尚有争议。笔者认为，只有确认其为权利，才能够为个人信息提供充分的保护。具体说来，只有通过民事权利的确认，个人信息才能明确进入民法保护机制中，成为《侵权责任法》的调整对象，受害人据此可以要求加害人停止侵害、损害赔偿等，特别是通过与其性质相适应的特殊的侵权责任方式，如删除不当个人信息、更正对个人信息的不当利用等，更有助于消除侵害个人信息的"损害源"。这一点是仅仅作为利益加以保护所不具备的。

再次，能为其他法律保护提供基础。从比较法上来看，德国是在宪法中首先引入了个人信息权，然后才在私法关系中，给予个人信息以保护。而在我国，由于宪法并没有可诉性，所以为了在私法关系中保护个人信息的相关权利，必须首先在民法中加以明确，民法的确认是基础，此后，民事特别法中才能够给予补充规定，这样才能够为个人信息权提供全面的保护。

最后，能和其他保护机制相互协力或补充，有利于全面保护个人信息。刑法对个人信息的保护尽管力度最大，但范围狭窄，只有侵害个人信息的行为构成犯罪时，刑法才予以介入，这就导致因为过失泄漏个人信息的行为难以被法律追究。而且，刑法对侵害个人信息构成犯罪的规定是粗线条的，仅限于非法获取、出售和非法提供，未涉及非法利用等。而实践中，侵害个人信息还有可能是合法获取但非法利用个人信息的情形，它们均处于刑法救济之外。面对刑法保护的上述欠缺，用民法确认个人信息权，并提供相应的保护措施，由侵害人承担民事责任，在受害人保护方面才更加圆满。还要看到，在实践中，追究刑事犯罪的程序复杂，尤其是个人信息正在受到侵害的情况下，难以为受害人提供便宜、及时、有效的保护，而通过停止侵害等民事责任方式，能及时制止侵害行为，防止损害的扩大。与此同理，仅仅通过行政管理或行政法的方式，也无法对个人信息进行充分的保护，也需民法保护予以协力。

个人信息权具有其特定的权利内涵，这决定其可以单独作为一种权利进行规定。从比较法上来看，有的国家通过单独立法，有的国家在民法典中予以规定，但都承认了个人信息权。在欧洲，比较流行的观点仍然是将个人信息权作为一项独立的权利对待。① 在美国，虽然在法律上是将其置于隐私权之中的，但也有人认为个人信息权可以作为一项个人基本权利而存在。可以说，个人信息权作为一种权利是现代社会发展的一种趋势。正是因为个人信息权的民事权利性质，所以决定着其必须在未来民法典中作出规定。

将个人信息权作为独立的民事权利来对待，民法势必要详细规范权利主体、客体、内容等基本点。只有在明确了这些基本规则之后，才能够为个人信息的保护提供充分的法律基础。

二、个人信息权是一项人格权

个人信息权作为一项新型的民事权利，在民法上究竟如何确定其性质，也一直存在争议，目前主要有"财产权说"和"人格权说"两种观点。应当看到，个人信息确实具有财产的因素，因为信息资料都蕴含着一定的商业价值，其本身也可以作为财产加以利用。② 尤其是在网络环境下，其财产价值更为突出。但笔者认为，个人信息的最主要特征并非为其财产属性，而是人格权益属性。其原因在于：一方面，个人信息具有可识别性，体现了人格特征。大多数个人信息都可以直接表明个人身份，譬如个人的姓名、肖像、性别、民族等。某些个人信息虽然不能直接地表明个人身份，但其可以与其他信息相结合后确定主体的身份，也属于指向某一特定主体的信息，如手机号码、家庭住址、门牌号码、通信地址等。另一方面，在许多情况下，某些机

---

① See James B. Rule and Graham Greenleaf ed., Global Privacy Protection, Edward Elgar Publishing, 2008, p.213.

② 刘德良:《论个人信息的财产权保护》，载《法学研究》2007 年第 3 期。

构或者组织收集个人信息，完全不是出于财产利用的目的，而是基于公共利益或者其他的非财产考虑。例如，负责治安和安全的机构收集犯罪嫌疑人的DNA基因信息是以公共秩序、公共安全为目的。从这个意义上，不能将个人信息完全界定为一种财产权。① 还应当看到，如果把个人信息作为单纯的财产，当它受到侵害时，就很难计算实际的损害赔偿数额，由于每个人的职业、收入都不同，损害的计量标准难以统一规定。此外，个人信息权本身也很难融入传统财产权体系之中，它既非物权，也非债权，充其量只能作为所谓的无形财产权。但无形财产权的概念本身过于宽泛，将个人信息权纳入其中，会导致其丧失确定性。

笔者认为，个人信息权就其主要内容和特征而言，在民事权利体系中，应当属于人格权的范畴。个人信息权应当作为一项独立的权利来对待。此种权利常常被称为"信息自决权"。该概念起源于德国，最初由德国学者 WilhelmSteinmüller 和 BerndLutterbeck 在 1971 年提出，在 1983 年的一个判决中被联邦宪法法院正式采用。② 所谓的信息自决权（dasRechtaufinformationelleSelbstbestimmung），在德国法的语境中是指"个人依照法律控制自己的个人信息并决定是否被收集和利用的权利"③。依据德国联邦宪法法院的观点，这一权利是所谓的"基本权利"，其产生的基础为一般人格权。④ 法律保护个人信息是为了维护个人的人格尊严和人格平等。确认个人对其信息的自主支配，就是要维护个人的人格尊严。如果将个人信息权作为财产权，势必妨害人格的平等性，因为每个人的经济状况不同，信息资料也有不同价值，但人格应当是平等保护的，不应当区别对待。

个人信息权符合人格权的本质特征，因为个人信息与个人人格密不可

---

① 参见孔令杰：《个人资料隐私权的法律保护》，武汉大学出版社 2009 年版，第 87 页。

② BVerfG, Urteil des Ersten Senats vom 15. Dezember 1983, 1 BvR 209/83 u. a.– Volkszählung –, BVerfGE 65, s.1.

③ Gola/Schomerus, Bundesdatenschutzgesetz (BDSG) Kommentar, 11. Auflage, Verlag C.H. Beck, München, 2012, Rn.9.

④ BVerfG, Urteil des Ersten Senats vom 15. Dezember 1983, 1 BvR 209/83 u. a.– Volkszählung –, BVerfGE 65, s.1.

分，个人信息主要体现的是一个人的各种人格特征。法律保护个人信息权，虽然以禁止披露相关信息为其表现形式，但背后突出反映了对个人控制其信息资料的充分尊重。个人信息权的基础是个人的自决权，就是其自主决定其事务的权利。权利人同意他人搜集、利用或采取何种利用方式，都是权利人控制权的具体表现。①笔者认为，个人信息权不仅应该作为一种独立的权利，而且应该作为一种具体人格权加以保护。具体理由如下：

第一，个人信息权以人格利益为保护对象，具有特定的权利内涵。法律保护个人信息权，禁止非法披露他人个人信息，个人信息权背后突出反映了对个人控制其信息资料的充分尊重。这种控制表现在个人有权了解谁在搜集其信息资料，搜集了怎样的信息资料，搜集这些信息资料从事何种用途，所搜集的信息资料是否客观全面，个人对信息资料是否有自我利用或允许他人利用的权利等。②从内容上看，隐私权制度的重心在于防范个人的私密信息不被披露，而并不在于保护这种信息的控制与利用，这就产生了个人信息权与个人隐私权的分离和独立。个人信息权所指向的对个人信息的控制、支配，是传统隐私权所不能包含的。正是从这个意义上，学者也将其称为"控制自己资讯的权利"或"资讯自决权"。③

第二，个人信息权的客体具有丰富性，不宜为其他权利所概括，这也决定了应该将其作为独立的具体人格权。一方面，大多数个人信息都可以直接表明个人身份，譬如个人的姓名、肖像、性别、民族等。这些个人信息中的某些部分，如姓名、肖像等，已经形成一种具体的人格权，因此不再需要通过个人信息权的方式单独保护。另一方面，某些个人信息虽然不能直接表明个人身份，但其可以单独或者与其他信息相结合后确定主体的身份，也属于指向某一特定主体的信息，如手机号码、家庭住址、门牌号码、通信地址

---

① 参见李震山：《论资讯自决权》，载《人性尊严与人权保障》，台北元照出版社 2000 年版，第 288 页。

② Daniel J. Solove & Paul M. Schwartz, Information Privacy Law, Third Edition, Wolters Kluwer, 2009, p.1.

③ 参见孔令杰：《个人资料隐私的法律保护》，武汉大学出版社 2009 年版，第 90 页。

等。例如，手机号码本身并不必然指向某一主体，因为个人可以改换手机号码，每个人可以同时拥有多个手机号码，但它与其他信息相结合后，就指向某一特定的主体。如果手机号被披露，将可能收到大量的骚扰电话或个人的隐私会被暴露，私生活会受到侵犯。个人信息的这些丰富内容也适宜将其作为一项独立的具体人格权加以确认和保护。

第三，将个人信息权确认为一项具体人格权有利于对其提供有效的法律保护。应当承认，个人信息具有财产性和人格性的双重属性，基于此，在对个人信息进行保护的过程中，不能仅仅保护其财产属性方面，而忽视其人格利益层面，反之亦然。笔者认为，将个人信息确认为具体人格权有利于对其实行有效的多层面保护，原因在于：一方面，将其确认为人格权之后，并没有忽视对其财产价值的保护，我国有关立法已经关注到人格权商业化利用现象，并采取了相应的具体规则。如《侵权责任法》第 20 条针对侵害人身权益造成财产损失的现象确立了"获利视为损失"的赔偿规则，此项规则主要反映了人格权商业化利用的趋势。个人信息利用和人格权商业化利用的情况一样，其遭受侵害后同样可以据此获得财产损失赔偿；另一方面，将其确认为具体人格权，有利于对其采用具体人格权的保护方法，如果将个人信息权单纯作为一项财产权，当其受到侵害后，在损害赔偿的具体计算方式上势必会根据个人身份的差别而有所区别。另外，在侵害众多人的个人信息时，仅仅要求财产价值的赔偿，其数额往往很小，不利于对加害人进行有效的惩治。将其确认为具体的人格权就可以依据《侵权责任法》第 22 条的规定，通过精神损害赔偿的方式对受害人进行有效的保护。

第四，确认和保护个人信息权有利于维护人格尊严，促进人格平等。从人格权制度的发展来看，人格权法逐步从物质性的人格权发展到精神性的人格权。过去更多地关注物质属性的人格权，现在则更强调社会属性的人格权。①人格权的类型更加丰富多样，个人信息权正是人格权类型丰富的一种

---

① Philippe Malinvaud, Introduction à l'étude du droit, 9e édition, Litec, 2002, pp.258–284.

重要体现。一方面，虽然个人信息在财产价值层面可能会有所差别，但从人格的层面看，其一律平等。另一方面，个人信息权也彰显人的人格尊严，现代社会高度的商业化和信息化，使得人们的个人信息受到严重的威胁，个人信息的流转和开发利用，会给当事人的私人生活带来纷扰，也对其人格尊严是一种贬损，因此，法律承认个人信息权是一种独立的人格权，有助于让权利人获得有效的法律保护。

需要说明的是，在国外，有学者认为个人信息权属于一般人格权。① 在我国，也有人持这种见解。事实上，在现行法未明确规定个人信息权之前，为了应对现实中的个人信息保护问题，这种见解有其合理性。从德国一般人格权产生的原因来看，主要是因为《德国民法典》中仅列举了有限的人格权，如姓名、生命、身体、自由等，而未规定隐私等权利，因而，法院有必要以判例的方式对于民法典没有列举的人格权予以保护，一般人格权具有兜底保护的功能。从一般人格权包含的内容来看，它既包含权利，又包含法益。在我国，最高人民法院《关于确定民事侵权精神损害赔偿责任若干问题的解释》第 1 条将"人格尊严权"作为精神损害赔偿制度保护的范围。按照起草人的解释，"人格尊严"在理论上被称为"一般人格权"，是人格权利一般价值的集中体现，因此，它具有补充法律规定的具体人格权利立法不足的重要作用。在处理具体案件时，可以将人格尊严作为一般人格权以补充具体人格权。② 可以说，一般人格权是对人格利益的概括保护，本身是为了弥补具体人格权的不足，在立法上未对个人信息权作出规定的情况下，通过一般人格权保护也未尝不是一种保护方式。

不过，一般人格权过于抽象概括，指向不明确，不利于司法裁判的明确和可预期。德国法院直接援引基本法而创设一般人格权概念、扩大具体人格权范围的做法，在法学方法上也受到一些权威学者的批评。他们认为，此种

---

① 张新宝：《信息技术的发展与隐私权保护》，载《法制与社会发展》1996 年第 5 期。

② 陈现杰：《〈最高人民法院关于确定民事侵权精神损害赔偿责任若干问题〉的解释的理解与适用》，载《人民法院报》2001 年 3 月 28 日。

做法超越了法院的职权，加剧了法律的不确定性。① 例如，拉伦茨认为，一般人格权在内容上极难确定，故侵害一般人格权不适用民法关于侵权行为的规定。② 这意味着，一般人格权虽然有补足具体人格权的作用，但因缺乏明确性和确定性，饱受非议。如果我们无视个人信息权作为具体人格权的限定性，仍然将其作为一般人格权规定，而不是单独地确认为具体人格权，它就会更加抽象和不确定，既不利于对其进行有效保护，也不利于人格权体系的完整性。

三、个人信息权不同于隐私权

纵观两大法系关于个人信息保护的基本模式和内容可以看出，两大法系存在着明显的差别。在欧洲，主要通过统一立法的形式，区分个人信息和隐私权，对于各个领域的个人信息收集、处理和利用作出统一的规定。例如，德国等国家都是通过制定统一的立法进行保护的。《德国联邦个人资料保护法》是大陆法系个人信息保护立法的典型代表。该法以一般人格权为基础保护个人信息，以保护个人信息之上的人格权益为宗旨和目的，以信息主体的权利为核心，对个人信息的收集、处理和利用分为国家机关和非国家机关两种模式进行规范。而美国则采取了分散立法的方式③，1974年《美国隐私法》以隐私权保护为基础，通过隐私权对个人信息加以保护。从比较法上来看，以美国法为代表的一些国家主要是采取隐私权的方法对个人信息进行保护。按照DanielJ.Solove和PaulM.Schwartz二人的看法，个人信息本质上是一种隐私，法律上作为一种隐私加以保护，可以界定其权利范围。④ 在对个人信

---

① 参见王泽鉴：《人格权之保护与非财产损害赔偿》，载王泽鉴：《民法学说与判例研究》（第1册），北京大学出版社2009年版，第37页。

② Larenz, Lehrbuch des Schuldrechts, Bd.II.1962, S.366.

③ 参见周汉华：《个人信息保护法（专家建议稿）及立法研究报告》，法律出版社2006年版，第79—80页。

④ See Daniel J. Solove & Paul M. Schwartz, Information Privacy Law, Third Edition, Wolters Kluwer, 2009, p.2.

息概念的表述上，美国学者也常常从隐私权的角度进行定义，如 Solove 教授就用侵犯隐私形容在网络中泄露他人信息的行为。① 艾伦也指出，"隐私就是我们对自己所有的信息的控制。"② 美国司法实践中，也大都将个人信息作为一种隐私加以保护。

应当承认，个人信息和隐私确有密切关联。一方面，个人信息具有一定程度的私密性，很多个人信息都是人们不愿对外公布的私人信息，是个人不愿他人介入的私人空间，不论其是否具有经济价值，都体现了一种人格利益。③ 另一方面，从侵害个人信息的表现形式来看，侵害个人信息权，多数也采用披露个人信息方式，从而与侵害隐私权非常类似。在我国司法实践中，法院也往往采取隐私权的保护方法为个人信息的权利人提供救济。④ 在这一背景下，将个人信息权理解为隐私权的一部分，是可以理解的。但是，个人信息不完全属于隐私的范畴，不能将其与隐私权混同。主要原因在于：

第一，客体范围不同。隐私权的客体主要是一种私密性的信息，如个人身体状况、家庭状况、婚姻状况等，凡是个人不愿意公开披露且不涉及公共利益的部分都可以成为个人隐私。而就个人信息来说，它虽可能与隐私部分重合，但其都以信息的形式表现出来，且其许多内容不一定是私密的。例如，个人电话号码有可能经过本人的同意披露在黄页上，此信息有可能和其他信息结合构成一个完整的个人信息，并成为个人信息权的客体，但此时已经和个人隐私权无关。再如，个人家庭住址在一定范围内也可能已经公开，不再属于隐私，但其仍然属于个人信息。由于在社会生活中，个人姓名信息、个人身份证信息、电话号码信息的搜集和公开牵涉社会交往和公共管理

---

① See Daniel J. Solove & Paul M. Schwartz, Information Privacy Law, Third Edition, Wolters Kluwer, 2009, p.2.

② 参见［美］阿丽塔·L. 艾伦等：《美国隐私法：学说、判例与立法》，冯建妹等编译，中国民主法制出版社 2004 年版，第 13 页。

③ 张新宝：《信息技术的发展与隐私权保护》，载《法制与社会发展》1996 年第 5 期。

④ 参见《冒凤军诉中国电信集团黄页信息有限公司南通分公司等隐私权纠纷案》，载最高人民法院、中国应用法学研究所编：《人民法院案例选》（第 4 辑），人民法院出版社 2011 年版，第 42 页。

需要，是必须在一定范围内为社会特定人或者不特定人所周知的，这些个人信息显然难以归入到隐私权的范畴。①

第二，权利性质不同。隐私权主要是一种精神性的人格权，虽然可以被利用，但其财产价值并不十分突出，而个人信息在性质上属于一种综合性的权利，其不完全是精神性的人格权。隐私权主要是一种被动性的人格权，通常只有在权利遭受侵害时才能由权利人进行主张。而个人信息权则主要是一种主动性人格权，权利人除了被动防御第三人的侵害之外，还可以对其进行积极利用。

第三，权利内容不同。隐私权的内容主要包括维护个人的私生活安宁、个人私密不被公开、个人私生活自主决定等，而个人信息权主要是指对个人信息的支配和自主决定。个人信息权包括隐私权的内容，但其与普通的隐私权有所不同。"普通的隐私权主要是一种消极的、排他的权利，但是资讯自决权则赋予了权利人一种排他的、积极的、能动的控制权和利用权。"② 个人信息权的内容包括了个人对信息如何收集、利用等知情权，如何自己利用或者授权他人利用的决定权，这些都是个人信息权的重要内容。有些信息资料是可以公开的，而且是必须公开的。但是，即便对于这些个人信息，个人也有一定的控制的权利，如知晓在多大程度上公开，向什么样的人公开，别人会出于怎样的目的利用这些信息等等。从内容上看，隐私权制度的重心在于防范个人秘密不被披露，而并不在于保护这种秘密的控制与利用，这显然不包含个人决定的权利。

第四，保护方式不同。通常来说，隐私权更多的是一种不受他人侵害的消极防御权利，即权利人在受到侵害时可要求停止侵害或者排除妨碍，而个人信息权则包含要求更新、更正等救济方式。在侵害隐私权的情况下，通常主要采用精神损害赔偿的方式加以救济。但对个人信息的保护，除采用精神

---

① 参见齐爱民：《拯救信息社会中的人格：个人信息保护法总论》，北京大学出版社 2009 年版，第 79 页。

② 参见任晓红：《数据隐私权》，载杨立新主编：《侵权法热点问题法律应用》，人民法院出版社 2000 年版，第 419 页。

损害赔偿的方式外，也可以采用财产救济的方法。由于信息资料可以商业化利用，在侵害个人信息的情况下，也有可能造成权利人财产利益的损失。有时，即便受害人难以证明自己所遭受的损失，也可以根据《侵权责任法》第20条关于侵权人所获利益视为损失的规则，通过证明行为人所获得的利益，推定受害人遭受的损害，从而主张损害赔偿。

因此，个人信息与个人隐私虽然在内容上存在一定的重合，但隐私信息是指个人不愿向外透露的信息或者处于个人敏感不欲为他人所知信息，隐私信息重在保护个人的秘密空间；而个人信息概念则侧重于"识别"，即通过个人信息将个人"认出来"。个人信息权是指个人对于自身信息资料的一种控制权，并不完全是一种消极地排除他人使用的权利，更多情况下是一种自主控制下的主动行使、利用的权利。隐私权虽也包括以个人信息形式存在的隐私，但其权利宗旨主要在于排斥他人对自身隐私的非法窃取、传播。当然，也不排除这两种权利的保护对象之间存在一定的交叉，如随意传播个人病历资料，既侵犯了个人隐私权，也侵犯了个人信息权。但整体而言，个人信息概念远远超出了隐私信息的范围。[①]在法律上区分个人信息权和隐私权，这意味着在我国未来的民法典中，应当将个人信息权单独规定，而非附属于隐私权之下。

四、我国人格权法应当对个人信息权作出规定

笔者认为，在我国未来的人格权法中确认个人信息权将使得人格权法更富有时代性。在信息社会中，个人信息遭受侵害的危险性和危害性日益明显。例如，针对某些地方倒卖个人信息十分猖獗的情况，国家专门颁布了《刑法修正案七》，将倒卖个人信息作为一种犯罪行为来处理。然而，对于没有构成犯罪的行为，则处于刑法管辖之外。面对刑法保护的上述欠缺，用民法确认个人信息权，并提供相应的保护措施，由侵害人承担民事责任，是十

---

① 参见李晓辉：《信息权利研究》，知识产权出版社2006年版，第118—119页。

分必要的。

在人格权法中确认个人信息权，应当重点解决如下问题：

第一，个人信息的规范模式。从比较法上来看，有抽象概念和具体列举两种不同模式，笔者认为，应当尽可能地详细列举，以明确个人信息的范围。例如我国台湾地区 2010 年颁布的"个人资料保护法"第 2 条第 1 项规定："个人资料指自然人之姓名、出生年月日、国民身份证统一编号、护照号码、特征、指纹、婚姻、家庭、教育、职业、病历、医疗、基因、性生活、健康检查、犯罪前科、联络方式、财务情况、社会活动及其他得以直接或间接方式识别该个人之数据。"采取这种规范方式，有利于明确个人信息权的权利保护范围，在具体的司法实践中，普通民众可以清晰地了解个人信息权的保护对象，司法机关也能够针对具体的对象准确适用法律，减少争议。

第二，确认个人信息权的内容。个人信息权的实质就是对个人信息的控制。在比较法上，一些国家对个人信息的内容作出了规定，例如，《德国联邦个人数据保护法》规定个人信息权的主要内容包括在收集、处理和使用信息过程中当事人的知情权和决定权。[1] 笔者认为，我国人格权法主要应当规定，个人信息的权利人有权排斥他人非法收集、处理和利用。未经法律的许可，任何机构不得非法收集个人信息，更不得对这些信息进行非法利用。即使有关机构掌握了个人信息，也不能将个人信息任意向社会公开。由于个人信息往往是提供给特定机构的，这些机构对这些信息的使用将直接关系到个人的切身利益，因此，必须保证资料保存的安全性。在信息收集过程中，以及收集以后，个人应当享有跟踪、查证，并且根据真实情况修改的权利。[2]

此外，对于儿童个人信息应当采取特殊的保护。根据许多国家的法律规定，商业机构获取儿童的信息即使获得了儿童的许可亦不能免责，除非获得了法定代理人的信息使用许可。例如，儿童通过互联网做作业以及进行娱乐沟通、玩游戏、下载及社交等，网站常常要求儿童填写有关资料，并允许网

---

[1] S. Simitis, ed., *Kommentar zum Bundesdatenschutzgesetz*, V ed., Baden-Baden, 2003, s.129.

[2] 参见周佳念：《信息技术的发展与隐私权的保护》，载《法商研究》2003 年第 1 期。

站利用这些信息。根据美国《儿童在线隐私保护法》的有关规定，对此种情形必须要征得其父母的同意。① 这种规定也是值得借鉴的。

第三，个人信息权的商业化利用及其损害赔偿规则。个人信息资料不同于传统隐私信息的一个重要特征就是其可以商品化。现代社会中，个人信息的传播、使用能够带来数量可观的财产收益。不论是个人的职业信息、健康信息、信用信息，还是个人的网络浏览信息，都可以进行商业化开发利用，产生经济效益。但必须强调的是，信息主体是个人信息的权利人，其个人信息的商业化开发必须由其自主进行，或征得他的同意。否则，即侵犯了个人信息权人的商业化开发利用的权利，应当承担相应的损害赔偿责任。此时，即便受害人难以证明自己所遭受的损失，也可以根据《侵权责任法》第20条关于侵权人所获利益视为损失的规则，通过证明行为人所获得的利益，推定受害人遭受的损害，从而主张损害赔偿。

第四，个人信息收集的基本原则。一是合法性原则，即任何机关和个人在收集他人个人信息时，应当遵循合法性原则，保证收集的主体和手段必须合法。二是合目的性原则，即个人信息收集必须要符合特定目的，且不能够在此目的之外使用相关信息。三是最少使用原则，即在从事某一特定活动可以使用、也可以不使用个人信息时，要尽量不使用；在必须使用并征得权利人许可时，要尽量少使用；获取的信息量，以满足使用目的为必要；为达到目的只需要使用权利人的非敏感个人信息，就不应该扩大信息收集和使用的范围。② 四是知情同意原则，知情同意是个人信息权的核心，是最能够体现个人价值的原则，信息人本人的知情同意是对信息进行收集、处理和使用的基础，没有当事人的知情同意，除非法律强制规定的情况以外，任何的收集行为都是没有合法性基础的。五是效率原则，即信息的收集要符合效率和比例要求，在收集过程中必须考虑收集的成本。确认了个人信息收集的基本原

---

① Margaret C. Jasper, Privacy and the Internet: Your Expectations and Rights under the Law, New York: Oxford University Press, 2009, p.63.

② 参见郭少峰、吴鹏：《个人信息保护将出台国标明确使用后立即删除》，载《新京报》2012 年 4 月 5 日。

则，就能够保证信息收集过程的合理合法，确保在收集充分信息的同时，不损害权利人的相关权益。

第五，侵害个人信息权的责任。一般认为，传统人格权具备消极防御的特性，这就是说，只有在这些权利受到侵害或者面临受到侵害危险的情况下，权利人才有主张权利的基础，并且有权要求停止侵害、排除妨害、恢复名誉、赔礼道歉和赔偿损害。但是，个人信息权具备查询、更正、补充、封锁、删除的权能，权利人在行使这些权能的时候，不以受到侵害或面临侵害为条件，体现出积极的特性。[①] 所以，人格权法中，对这种特殊的侵害个人信息权的救济方式应当有所规定。一方面要规定个人信息权的消极权能受到侵害时的责任，另一方面也要规定其积极权能受到侵害时的责任。

需要指出的是，在"人格权法"中确认"个人信息权"的独立地位是为今后的单行立法提供基础。在"人格权法"确认个人信息权作为一类独立的人格权之后，还应当制定单独的个人信息保护法，确立个人信息保护的基本原则、政府机关的义务和责任、对个人信息的综合法律调整等。

五、结　语

在信息社会中，个人信息的重要性日益凸显，加强对个人信息的立法保护也已经形成社会共识，但如何进行保护，是立法所面对的重大课题，还未形成共识。笔者认为，无论是采用单独立法，还是在未来民法典中加以规定，前提是要准确界定个人信息权的法律性质，只有这样，才能给立法以明确的方向引导。鉴于个人信息权是为了表征民事主体的私人利益，在权利定性上应当归属于民事权利，只有以此为基点展开对个人信息权的规制和保护，才能有效地解决现实问题和应对未来挑战。在个人信息权的立法思路

---

① 参见任晓红：《数据隐私权》，载杨立新主编：《侵权法热点问题法律应用》，人民法院出版社 2000 年版，第 419 页。

上，应采用在民事权利基础上的"保护"思路，将个人信息权回归于个人利益的范畴，赋予权利人自我决定和排除干涉的权利，而不应采用重视政府干预的"管理"思路，毕竟，个人是私益的最佳感应者，能真切把握权利存续和缺失的意义。只有给权利人以充足的权利，才能使得政府的管理有的放矢，可以说，在个人信息的立法导向上，只有"保护好才能管理好"！

论个人信息权的法律保护 *

——以个人信息权与隐私权的界分为中心

一、个人信息立法模式的比较分析

各国立法对于个人信息的保护主要采取两种模式：一是制定单独的个人信息保护法，可称为综合立法模式；二是通过不同法律来保护个人信息，可称为分别立法模式。无论采取何种立法模式，都涉及个人信息与隐私的关系，但从这些国家的现有立法来看，都未能彻底厘清这二者之间的关系。

（一）欧洲法模式

欧洲法模式以制定统一的个人信息保护法为特征，因此又称为统一模式。① 这种模式在大陆法系国家具有普遍性，目前已有 20 多个国家和地区制定了个人信息保护法，德国最为典型。德国联邦议会自 1970 年起开始着手制定《联邦个人资料保护法草案》，最后于 1976 年通过并于 1977 年生效，

---

* 　原载《现代法学》2013 年第 4 期。

① 　参见周汉华：《个人信息保护法（专家建议稿）及立法研究报告》，法律出版社 2006 年版，第 79—80 页。

该法的正式名称是《联邦数据保护法》（Bundesdatenschutzgesetz），人们习惯将其称为《个人资料保护法》，该法第一次系统地、集中地保护个人信息，并彰显出其民事权利的属性。但在欧洲，欧盟针对相关数据保护的规范包括《一般数据保护规范（GDPR）》,《电子隐私指令（e-Privacy Directive)》和《数据库指令（DatabaseDirective)》。这些指令区分了个人信息和隐私，对欧盟各国都具有普遍的约束力。

（二）美国法模式

美国法模式以分散立法而不制定统一的个人信息保护法为特点，即在各个行业分别制定有关个人信息保护的法律规则、准则，而不制定统一的个人信息保护法律①。迄今为止，美国虽然已制订了《公平信用报告法案》、《家庭教育权利与隐私法》、《联邦有线通讯政策法案》、《司机隐私法案》等保护个人隐私和信息，但尚未制定统一的个人信息保护法。在对人信息的保护方面，主要是依靠市场和行业自律实现②。不过，在对于个人信息和隐私的关系方面，美国法采取了以隐私统一保护个人信息的模式。从美国相关法案的名称也可以体现出来。美国在 1974 年制定了《隐私法》，该法是针对联邦行政机构的行为而制定的，并着力于各类信息的收集、持有、使用和传输，该法以隐私权保护为基础，通过隐私权对个人信息加以保护。③ 在该法通过后，许多学者将隐私权解释为对个人信息的控制④，如按照 Daniel J.Solove 和 Paul M. Schwartz 看法，个人信息本质上是一种隐私，隐私就是我们对自己所有的信息的控制。法律将其作为一种隐私加以保护，可以界定

---

① 参见周汉华:《个人信息保护法（专家建议稿）及立法研究报告》，法律出版社 2006 年版，第 79—80 页。

② Joel R. Reidenberg, Setting Standards for Fair Information Practice in the U.S. Private Sector, 80 Iowa L. Rev.497, 500（1995）.

③ Department of Justice, Overview of the Privacy Act of 1974, 2010 Edition, p.1.

④ See Adam Carlyle Breckenridge, The Right to Privacy, University of Nebraska Press, 1970, 1 ; Randall P. Bezanson, The Right to Privacy Revisited: Privacy, News, and Social Change, 1810–1990, 80 Cal. L. Rev., 1133（1992）.

其权利范围①。在这种模式下，个人信息被置于隐私的范畴而加以保护。这种立法与美国法上隐私权概念的开放性有关，即美国法采纳的是大隐私权的概念，其包括大陆法中的名誉权、肖像权、姓名权等具体人格权的内容，②承担了一般人格权的功能，因此，在隐私中包含个人信息也是逻辑上的必然。不过，在美国，对已经公开的个人信息扩大公开范围并不视为对隐私的侵犯③，因为其并没有公开新的内容，不符合第二次侵权法重述中对隐私保护范围的界定。

通过比较分析，不难看出，这两种立法模式各有利弊。欧洲的综合立法模式注重用统一的法律规则对个人信息进行保护，并且提出了非常明确的个人信息保护标准。但其并未从私权的角度对个人信息权的权利属性以及内容进行确认，此种模式过于强调国家公权力的作用，虽然在一定程度上也有助于强化对个人信息权利的保护，但有时也存在规则过于原则抽象、监督管理僵化等问题。④而美国的分别立法模式，则注重依靠市场调节和行业自治，这有利于信息的流通和利用，但是，因其欠缺统一的法律规则对个人信息进行保护，只是将个人信息的搜集、利用和加工等问题完全交由企业，由其与个人信息的权利人通过合同关系进行解决，这就可能造成不利于保护个人信息的结果。尤其是，鉴于个人和企业地位之间的地位不对等，最终反而会使得企业不当收集、使用和移转个人信息的行为合法化，从而使个人的权利难以获得全面充分的保护。⑤

比较两大法系的经验可以看出，关于个人信息权的基本属性和内容，尤

---

① See Daniel J. Solove & Paul M. Schwartz, Information Privacy Law, Third Edition, Wolters Kluwer, 2009, p.2.

② 《美国侵权法重述》（第二版）第652C条和652E条。

③ See Ritzmann v. Weekly World News, 614 F. Supp.1336（N.D. Tex.1985）；& Health v. Playboy Enterprises, Inc., 732 F. Supp.1145（S.D. Fla.1990）. 但是更加深入的报道有可能会导致隐私权被侵害，例如 Michaels v. Internet Entertainment Group, Inc., 5 F. Supp.2d 823（C.D. Cal.1998）。

④ 孔令杰：《个人资料隐私的法律保护》，武汉大学出版社2009年版，第167—168页。

⑤ 同上书，第164—166页。

其是其与隐私权的界分，仍然是未能从法律层面予以解决的一个难题。美国法完全是从实用主义出发，并未对个人信息和隐私权作严格界分。尤其是美国法本来就未建立人格权体系和统一的个人信息保护法，其对个人信息采取此种保护模式也是难以避免的。但在大陆法系国家，本来已构建了完整的人格权体系，并制定了统一的个人信息保护法，但由于在法律上未能解决好个人信息权与隐私权之间的严格界分问题，这就使得对个人信息的保护难以周全。例如，法国于 1978 年通过的《计算机与自由法》明文规定，对个人信息的处理不得损及个人人格、身份以及私生活方面的权利，但个人信息与私生活保护之间究竟是何种关系，该法仍未予以明确①。又如，日本 2003 年通过的《个人信息保护法案》将个人信息资料视为个人隐私的一部分加以保护。②1980 年欧洲议会《个人信息保护公约》中也明确规定了对隐私的保护。可见，隐私与个人信息之间是什么关系，无论立法还是司法，均未予以厘清。

应当看到，在大陆法系的一些国家，已经意识到该问题，并逐渐开始在判例学说中对隐私与个人信息二者之间的关系进行界分。例如，德国最早承认个人信息权。《联邦数据保护法》第 1 条规定："本法制定的目的是保护个人隐私权使其不因个人资料的处理而受到侵害"③。又如，德国联邦宪法法院将"Censusdecision 信息自决权"作为隐私权的内容④。这是否表明德国法中未严格区分个人信息与隐私，但在实践中，仍然是将这两者区别开来。个人信息权常常被称为"信息自决权"。该概念最初由德国学者 WilhelmStein-müller 和 BerndLutterbeck 在 1971 年提出，在 1983 年，法院的人口普查法案判决将个人信息权称为"资讯自决权（Informationelle Selbstbestimmung-

---

① James B. Rule & Graham Greenleaf, Global Privacy Protection, Edward Elgar Publishing, 2010，p.111.

② 参见五十岚清：《人格权法》，铃木贤、葛敏译，北京大学出版社 2009 年版，第 6 页。

③ 该条英文表述为：The purpose of thie Act is to protect individual against his right to privacy being impaired through the handling of hie personal data。

④ See Margaret C. Jasper, Privacy and the Internet: Your Expectations and Rights under the Law，New York: Oxford University Press，2009，p.52.

srecht)"，在该判决之后，不少德国学者将资讯自决权归结为一般人格权的具体内容①。所谓的信息自决权（das Rechtaufinformationelle Selbstbestimmung），在德国法的语境中是指"个人依照法律控制自己的个人信息并决定是否被收集和利用的权利。"②依据德国联邦宪法法院的观点，这一权利是所谓的"基本权利"，其产生的基础为一般人格权。③而隐私虽然也是一般人格权的具体内容之一，但它与个人信息仍然是存在区别的。

笔者认为，从比较法上来看，两大法系都没有解决好个人信息权与隐私权之间的严格界分，其主要原因在于：随着互联网、数据库、云计算等高新技术的发展，个人信息的保护无疑成为现代社会所面临的新挑战，而法律还未对此挑战做好充足的应对，个人信息权与隐私权的界分不清晰也表明了这一点。正如美国总统行政办公室提交的一份关于《规划数字化未来》的报告所称："如何收集、保存、维护、管理、分析、共享正在呈指数级增长的数据是我们必须面对的一个重要挑战。从网络摄像头、博客、天文望远镜到超级计算机的仿真，来自于不同渠道的数据以不同的形式如潮水一般向我们涌来。"④大量的信息中又包含许多个人私密信息，这是现代社会法律面临的新课题，需要今后随着社会生活和科技的进一步发展而总结和摸索立法经验，并予以不断完善。个人信息与隐私权在权利内容、权利边界等方面存在一定交叉，这也是难以严格区分二者的重要原因，但科学的立法应当能够全面保护公民的个人权利，因此，对个人信息权与隐私权进行很好的区分并在此基础上制定相应的保护规则，是两大法系所面临的共同的挑战。

---

① See Amtliche Entscheidungssammlung des Bundesverfassungsgerichts（Official Case Reports of Bundesverfassungsgericht（Federal Law Constitutional Court））65, 1. 并参见齐爱民：《论个人资料》，载《法学》2003 年第 8 期。

② Gola/Schomerus, Bundesdatenschutzgesetz（BDSG）Kommentar, 11. Auflage, Verlag C.H. Beck, München, 2012, Rn.9.

③ BVerfG, Urteil des Ersten Senats vom 15. Dezember 1983, 1 BvR 209/83 u. a.– Volkszählung –, BVerfGE 65, s.1.

④ 涂子沛：《大数据》，广西师范大学出版社 2012 年版，第 56 页。

二、个人信息权与隐私权的关联

个人信息是指与特定个人相关联的、反映个体特征的具有可识别性的符号系统，包括个人身份、工作、家庭、财产、健康等各方面的信息。从这个界定来看，它更多地涉及人格利益，故只要承认个人信息权是一种民事权利，那么，个人信息权应为一种人格权。而隐私权也是人格权，它们之间存在密切的关联性，从比较法上来看，各国之所以没有解决好二者的区分，主要原因在于两种权利在权利内容等方面存在一定的交叉。具体而言，个人信息权和隐私权在以下方面具有相似性：

第一，二者的权利主体都仅限于自然人，而不包括法人。从隐私权的权利功能来看，其主要是为了保护个人私人生活的安宁与私密性，因此，隐私权的主体应当限于自然人，法人不享有隐私权，法人所享有的商业秘密是作为财产权的内容加以保护的。同样，个人信息的权利主体限于自然人①。因为个人信息指自然人的姓名、性别、年龄、民族、婚姻、家庭、教育、职业、住址、健康、病历、个人经历、社会活动、个人信用等足以识别该人的信息。这些信息都具有可识别性，即能直接或间接指向某个特定的个人。②虽然在个人信息法律关系中，相关信息的实际控制者（controller）可能是法人，但是其并非个人信息权的权利主体（informationsubject）。法人的信息资料不具有人格属性，法人不宜对其享有具有人格权性质的个人信息权，侵害法人信息资料应当通过知识产权法或反不正当竞争法予以保护。

第二，二者都体现了个人对其私人生活的自主决定。无论是个人隐私还是个人信息，都是专属自然人享有的权利，而且都彰显了一种个人的人格尊严和个人自由。就隐私而言，其产生的价值基础就是人格尊严和人格自由发

---

① 例如，奥地利、挪威、卢森堡等国家颁布了《资料保护法》，都将法人纳入个人信息主体加以规定。

② James B. Rule & Graham Greenleaf, Global Privacy Protection, Edward Elgar Publishing, 2010, p.81.

展的保护。例如，美国学者惠特曼（Whitman）曾经认为，整个欧洲的隐私概念都是奠基于人格尊严之上的，隐私既是人格尊严的具体展开，也是以维护人格尊严为目的的①。隐私体现了对"个人自决"、"个性"和"个人人格"的尊重和保护。②而就个人信息而言，其之所以日益获得强化的保护，也与其体现了人格尊严和人格自由存在密切关系。个人信息常常被称为"信息自决权（informationalself-determinationright）"，同样体现了对个人自决等人格利益的保护③。例如，在网上披露他人的裸照，不仅侵害了个人隐私，而且侵害了个人信息。从本质上讲，此种行为就损害了他人的人格尊严。以德国为例，个人信息权是一般人格权的一项重要内容，④学者大多认为，侵害个人信息实际上都侵害了个人的自由，因而需要法律的保护。⑤通过保护个人信息不受信息数据处理等技术的侵害，就可以发挥保护个人人格尊严和人格自由的效果。⑥我国台湾地区"个人资料保护法"第3条规定了其保护目的和客体，该法立法目的即以"避免人格权受侵害"。从其所列举的各项个人信息来看，其实都是关涉人格利益方面的信息。

第三，二者在客体上具有交错性。隐私和个人信息的联系在于：一方面，许多未公开的个人信息本身就属于隐私的范畴。事实上，很多个人信息都是人们不愿对外公布的私人信息，是个人不愿他人介入的私人空间，不论其是否具有经济价值，都体现了一种人格利益。⑦例如，非公开的个人家庭住

① James Q. Whitman, The Two Western Cultrules of Privacy: Dignity Versus Liberty, Yale Law Journal, April, 2004.

② 参见［美］阿丽塔·L.艾伦等：《美国隐私法：学说、判例与立法》，中国民主法制出版社2004年版，第17页。

③ See Margaret C. Jasper, Privacy and the Internet: Your Expectations and Rights under the Law, New York: Oxford University Press, 2009, p.52.

④ Di Fabio, Maunz/Dürig, GG Kommentar, Art.2, Rn.173.

⑤ James B. Rule & Graham Greenleaf, Global Privacy Protection, Edward Elgar Publishing, 2010, p.81.

⑥ Michael Henry ed., International Privacy, Publicity and Personality Laws, Reed Elsevier (UK), 2001, p.164.

⑦ 张新宝：《信息技术的发展与隐私权保护》，载《法制与社会发展》1996年第5期。

址、银行账户等。对于与个人相关的信息而言，只要其存在于一定的载体之上，且被记录（record）下来，并能直接或者间接指向该特定个人，就可以被称为个人信息①。在这些信息中，也有不少是个人不愿对外公开的私密信息，如个人的家庭住址、银行账户等，即使有些个人信息已经被政府或者商业机构收集，但并不意味着这些个人信息已经丧失其私密性。对于大多数信息享有者而言，其要求保护个人信息，都是为了防止隐私泄露，可以说是第一要义。另一方面，部分隐私权保护客体也属于个人信息的范畴。尤其应当看到，数字化技术的发展使得许多隐私同时具有个人信息的特征，如个人通讯隐私甚至谈话的隐私等，都可以通过技术的处理而被数字化，从而可能因具有身份识别的特征而被纳入个人信息的范畴。某些隐私虽然要基于公共利益而受到一定的限制，如个人的房产信息在一定范围内要进行查阅，但并不意味着这些信息不再属于个人信息，许多个人信息都属于个人隐私的范畴。

第四，二者在侵害后果上具有竞合性。所谓竞合性，是指行为人实施某一行为可能同时造成对多种权利的侵害，从而形成多种权利受侵害、产生责任竞合的现象。一方面，随意散播具有私密性特征的个人信息，可能也会同时涉及对隐私的侵犯。例如，随意传播个人病历资料，既会造成对个人隐私权的侵犯，也会侵犯个人信息权。所以，侵害个人信息也往往有可能构成对隐私的侵害。另一方面，从侵害个人信息的表现形式来看，侵权人多数也采用披露个人信息方式，从而与隐私权的侵害非常类似。所以，在法律上并不能排除这两种权利的保护对象之间的交叉。或许正是基于这一原因，在我国司法实践中，法院经常采取隐私权的保护方法为个人信息的权利人提供救济。②

从今后的发展趋势来看，随着网络技术和高科技的进一步发展，个人信息和隐私之间的关联性也将进一步加深。一方面，现代科技发展对个人信息

---

① Philip Coppel, Information Rights, London Sweet & Maxwell, 2004, p.257.

② 参见《冒凤军诉中国电信集团黄页信息有限公司南通分公司等隐私权纠纷案》，载最高人民法院、中国应用法学研究所编：《人民法院案例选》（第 4 辑），人民法院出版社 2011 年版，第 42 页。

以及隐私的保护提出了新挑战。现代科技的发展使得很多信息都以数字化的形式得以呈现，并成之为信息财产。此种数字化的个人信息或隐私内容更易受到侵害。同时因为信息的传播方式更为便捷、传播速度更快、传播范围也更为广泛，一旦其被损害，侵害的波及面更加广泛，损害的后果也更为严重。这给个人信息和隐私的保护都提出了新的挑战。另一方面，物联网技术的发展也使得个人信息和隐私的保护受到新挑战。通过在物之中植入芯片等技术，可以获得物的所有人的个人活动信息。通过在个人活动的不同空间范围内的不同物上植入芯片，就可以获得个人在不同空间范围内活动的连贯信息。这些都会给个人信息和隐私的保护带来很大的威胁。

概括而言，个人信息与个人的私生活密切相关，同时也是个人事务的组成部分，只要不涉及公共利益，个人信息的私密性应该被尊重和保护，而法律保护个人信息在很大程度上就是维护个人信息不被非法公开和披露等；另一方面，个人信息和个人生活安宁具有直接关联，私密的个人信息被非法公开可能会对个人生活安宁造成破坏[①]。在这种紧密的关联下，如何界分个人信息权和隐私权，反而显得更加必要。

三、个人信息权与隐私权的界分

尽管个人信息权和隐私权的关联相当紧密，但两者并非浑然一体，而是在性质、客体等方面存在较明确的界分，明确这一点，无论对人格权制度的完备，还是对个人信息的保护，均有相当重要的意义。

（一）权利属性的界分

个人信息权和隐私权都是人格权，但两者的法律属性仍然存在区别，主要表现为：

---

① 参见陈起行：《资讯隐私权法理探讨——以美国法为中心》，载《政大法学评论》2000年总第 64 期，第 297—341 页。

第一，隐私权主要是一种精神性的人格权，虽然其可以被利用，但其财产价值并非十分突出，隐私主要体现的是人格利益，侵害隐私权也主要导致的是精神损害。而个人信息权在性质上属于一种集人格利益与财产利益于一体的综合性权利，并不完全是精神性的人格权，其既包括了精神价值，也包括了财产价值。对于一些名人的个人信息而言，甚至主要体现为财产价值。在市场经济社会，尤其是名人的信息，具有日益广泛的利用价值，从而使个人信息中的财产利益日益凸显。例如，权利人可以授权他人使用其姓名、肖像等，用于商业经营活动，以获取经济利益。个人信息不仅可以进行一次性利用，还可以进行多次利用，当然，个人在积极利用其个人信息的同时，法律应当设置一定的措施，以保护个人的基本人格尊严，在此就需要平衡市场经济与人格尊严的关系。①

第二，隐私权是一种消极的、防御性的权利，在该权利遭受侵害之前，个人无法积极主动地行使权利，而只能在遭受侵害的情况下请求他人排除妨害、赔偿损失等。虽然美国法对隐私权进行了宽泛的解释，导致其包含了对隐私的利用，并逐渐形成了公开权②，但其中真正可以商业化利用的内容实际上主要是个人信息。个人信息权是指个人对于自身信息资料的一种控制权，并不完全是一种消极地排除他人使用的权利。个人信息权是一种主动性的权利，权利人除了被动防御第三人的侵害之外，还可以对其进行积极利用。个人信息权作为一种积极的权利，在他人未经许可收集、利用其个人信息时，权利人有权请求行为人更改或者删除其个人信息，以排除他人的非法利用行为或者使个人信息恢复到正确的状态。正如有学者所指出的，"普通的隐私权主要是一种消极的、排他的权利，但是资讯自决权则赋予了权利人一种排他的、积极的、能动的控制权和利用权。"③

---

① James B. Rule & Graham Greenleaf, Global Privacy Protection, Edward Elgar Publishing, 2010, p.105.

② 王泽鉴:《人格权法》,台北 2012 年版,第 217 页。

③ 参见任晓红:《数据隐私权》,载杨立新主编:《侵权法热点问题法律应用》,人民法院出版社 2000 年版,第 419 页。

（二）权利客体的界分

作为两种权利的客体，个人信息和隐私之间的界分主要表现为：

第一，隐私主要是一种私密性的信息或私人活动，如个人身体状况、家庭状况、婚姻状况等，凡是个人不愿意公开披露且不涉及公共利益的部分都可以成为个人隐私，而且，单个的私密信息或者私人活动并不直接指向自然人的主体身份。而个人信息注重的是身份识别性。此种意义上的身份识别应当作广义理解，即只要求此种信息与个人人格、个人身份有一定的联系，无论是直接指向个人，还是在信息组合之后指向个人，都可以认为其具有身份识别性。例如，一个人可能有多个手机号码、车牌号等，并不像肖像、姓名、身份证号码等具有唯一性，但此种信息与其他信息结合在一起，可以指向个人，从而与个人身份的识别具有一定的联系。从法律上看，凡是与个人身份有关联的信息，都可以看作是个人信息。在确定某种信息是否具有可识别性时，应当考虑一切可能被信息控制人或其他人合理利用以识别该人的方法。[①] 不同的个人信息往往与自然人不同的身份特征关联在一起。某一信息必须能够指向特定的个人，才能被称作个人信息。正如在 CompareReuberv. UnitedStates 案中，法院认为，个人信件应当属于个人信息的范畴，因为它很明确地标明了个人的姓名和地址[②]。

就个人信息而言，它可能与隐私发生部分重合。例如，某人在网上将他人的照片公开，既侵害了个人信息，也侵害了他人隐私，同时也涉及对肖像权的侵害。但个人信息都是以信息的形式表现出来的，且其许多内容不一定具有私密性。例如，个人办公电话有可能经过本人的同意披露在黄页上，此种信息有可能和其他信息结合构成一个完整的个人信息，并成为个人信息权的客体，但此时已经和个人隐私权无关。可以说，凡是必须在一定范围内为社会特定人或者不特定人所周知的个人信息，都难以归入到隐私权的范

---

① 参见欧共体规章第 45 号 /2001，序言第（8）条。

② Compare Reuber v. United States，829 F. 2d 133，142（D.C. Cir.1987）.

畴。① 在社会生活中，因为个人姓名信息、个人身份证信息、电话号码等信息的搜集和公开涉及公共管理需要，其必须在一定范围内为社会特定人或者不特定人所周知，因此，显然难以将这些个人信息归入到隐私权的范畴②。

受制于存在形态，隐私一旦被披露就不再是隐私，也就是说，披露他人隐私造成的损害后果常常具有不可逆性。尤其是在网络环境下，一旦在互联网上披露了他人的隐私，就无法再通过"恢复原状"等方式予以救济，其私密性也无法予以恢复。所以，即便一些特殊的隐私能够被利用（如某人向报刊披露自己的隐私故事并从中获取利益），则该隐私一旦公开，就难以进行重复利用。而个人信息可以被反复利用（如个人的身份证号码可以做无数次的使用），对个人信息的侵害，所造成的损害通常具有可恢复性。例如，对个人信息的不当收集、存储、利用等行为，权利人有权请求行为人排除相关妨害，以恢复个人信息权的圆满状态。

第二，隐私不限于信息的形态，它还可以以个人活动、个人私生活等方式体现，且并不需要记载下来。而个人信息必须以固定化的信息方式表现出来，因此，个人信息通常需要记载下来，或者以数字化的形式表现出来③。也就是说，个人信息概念侧重于"识别"，即通过个人信息将个人"识别出来"。例如，就个人谈话内容而言，如果没有以一定的方式予以记载，则不属于个人信息，而仅属于个人隐私。但随着科学技术的发展，可以通过数字化的方式对个人谈话进行处理，从中推测出个人的交友特点、生活习惯、个人偏好等信息，其就转化为个人信息。

第三，相较于个人隐私，个人信息与国家安全的联系更为密切。个人信息虽然具有私人性，但其常常以集合的形式表现出来，形成了所谓的"大数据"。如果某个数据中涉及成千上万人的个人信息（如国民的基因信息），且

---

① 参见齐爱民：《拯救信息社会中的人格：个人信息保护法总论》，北京大学出版社 2009 年版，第 79 页。

② 参见齐爱民：《拯救信息社会中的人格：个人信息保护法总论》，北京大学出版社 2009 年版，第 78 页。

③ Philip Coppel, Information Rights, London Sweet & Maxwell, 2004, p.257.

关系到许多人的敏感信息，这本身就可能属于国家安全的范围。一旦考虑到公共利益，就需要对个人信息的搜集、利用、储存、传送、加工等进行一定的限制和规范。为了维护国家安全，国家机关能够对公民个人信息进行必要的收集、储存等，所以据学者考证，近几年来至少有 26 个国家的法律修正案放宽了公权力机关从事检查、监视以及使用个人信息等行为的限制条件。① 但个人隐私一般具有个体性，除了部分特殊主体如国家公职人员外，个人隐私权一般与国家安全没有直接关联。

（三）权利内容的界分

隐私权的内容主要包括维护个人的私生活安宁、个人私密不被公开、个人私生活自主决定等。隐私权特别注重"隐"，其含义包括两方面的内容：一方面，其是指独处的生活状态或私人事务；另一方面，它是指私生活秘密不受他人的非法披露。与此相应，对隐私权的侵害主要是非法的披露和骚扰。

而个人信息权主要是指对个人信息的支配和自主决定。个人信息权的内容包括个人对信息被收集、利用等的知情权，以及自己利用或者授权他人利用的决定权等内容。即便对于可以公开且必须公开的个人信息，个人应当也有一定的控制权。例如，权利人有权知晓在多大程度上公开、向谁公开该信息以及他人会基于何种目的的利用信息等等。正是从这个意义上说，大陆法系学者将个人信息权称为"信息自决权"②。即使一些个人信息与隐私之间存在交叉，但隐私权制度的重心在于防范个人秘密不被非法披露，而并不在于保护这种秘密的控制与利用，这显然并不属于个人信息自决的问题。与此相应，对个人信息权的侵害主要体现为未经许可而收集和利用个人信息。侵害

---

① James B. Rule & Graham Greenleaf, Global Privacy Protection, Edward Elgar Publishing, 2010, p.99.

② See Adam Carlyle Breckenridge, The Right to Privacy, University of Nebraska Press, 1970, 1；Randall P. Bezanson, The Right to Privacy Revisited: Privacy, News, and Social Change, 1810–1990, 80 Cal. L. Rev., 1133（1992）.

个人信息，主要表现为非法搜集、非法利用、非法存储、非法加工或非法倒卖个人信息等行为形态。其中，大量侵害个人信息的行为都表现为非法篡改、加工个人信息的行为。

（四）保护方式的界分

界分个人信息权和隐私权的重要目的之一在于区分不同的保护方式，换言之，在不同的权利遭受侵害时，为权利人提供不同的救济和保护方式。具体而言，两者的保护方式存在如下区别：

第一，对个人信息的保护应注重预防，而隐私的保护则应注重事后救济。因为个人信息不仅仅关系到个人利益，还有可能涉及公共利益、公共安全，而隐私则更多地是涉及个人，并不涉及公共利益或公共安全。正是因为这一原因，对个人信息的保护可能超越私权的保护而涉及公共利益。因此，我国的网络信息安全法应重点规定个人信息而不是隐私。对于个人信息权的保护，应注重预防的方式，主要原因还在于应在法律上实现信息主体和信息控制者之间的地位平衡，从而赋予信息主体以知情权和控制权。而对隐私权的保护则并未赋予权利主体类似的权利，因而其更注重事后救济。

第二，在侵害隐私权的情况下，主要采用精神损害赔偿的方式加以救济。而对个人信息的保护，除采用精神损害赔偿的方式外，也可以采用财产救济的方法。由于个人信息可以进行商业化利用，因此，在侵害个人信息的情况下，也有可能造成权利人财产利益的损失，因而有必要采取财产损害赔偿的方法对受害人进行救济。有时，即便受害人难以证明自己所遭受的损失，也可以根据"所获利益视为损失"的规则，通过证明行为人所获得的利益，对受害人所遭受的损害进行推定，从而确定损害赔偿的数额。

第三，隐私权保护主要采用法律保护的方式，而个人信息的保护方式则呈现多样性和综合性，尤其是可以通过行政手段对其加以保护。例如，对非法储存、利用他人个人信息的行为，政府有权进行制止，并采用行政处罚等方式。对于网上非法发布的不良信息或危害公共安全的信息，政府有关部门有权予以删除。另外，在侵害个人信息的情况下，有可能构成大规模侵权。但对单个的受害人来说，损害又可能是轻微的。所以，它会形成一种集合性的、针对众多人的大规模损害。瓦格纳将此种行为称为"大规模的微型侵害"①，对于此种损坏，由于其侵害的微小性，单个的受害人往往势单力薄，也往往不愿意要求加害人承担责任。对于此种诉讼动力不足的情况，需要由国家公权力机关作为公共利益的代理人去追究侵害人的责任，保护公共利益。

当然，由于许多个人信息本身具有私密性，而许多隐私也是以个人信息的形式表现出来，所以，当某种行为侵害他人隐私权或个人信息权时，有可能导致同时侵害这两种权利，从而构成侵权的竞合，受害人可以选择对自身最为有利的方式加以主张。例如，随意散布个人病历资料，既侵犯了隐私权，也侵犯了个人信息权。但整体而言，个人信息这一概念远远超出了隐私信息的范围。② 正是因为隐私与个人信息之间存在诸多区别，所以，在我国未来的民法典中，应当将个人信息权单独规定，而非附属于隐私权之下。

四、我国保护个人信息权的应然路径

博登海默指出："法律的基本作用之一乃是使人类为数众多、种类纷繁、各不相同的行为与关系达致某种合理程度的秩序，并颁布一些适用于某些应予限制的行动或行为的行为规则或行为标准。"③ 个人信息权与隐私权的界分，表明在法律上对它们进行分开保护，在理论上有充分的依据和可行性。更重要的是，在明晰个人信息权和隐私权界分的基础上，合理汲取我国的实践经验，设置有关个人信息保护的法律规则，对个人信息的收集、利用、存储、传送和加工等行为进行规范，从而形成个人信息保护和利用的良

---

① ［德］格哈特·瓦格纳：《损害赔偿法的未来——商业化、惩罚性赔偿、集体性损害》，王程芳译，熊丙万、李翀校，中国法制出版社 2012 年版，第 178 页。

② 参见李晓辉：《信息权利研究》，知识产权出版社 2006 年版，第 118—119 页。

③ 参见［美］E. 博登海默：《法律学、法律哲学与法律方法》，邓正来译，中国政法大学出版社 1999 年版，第 484 页。

好秩序，既充分保护权利人自身的个人信息权利，也能有效发挥个人信息的价值。

（一）隐私权不能替代个人信息权

由于个人信息权和隐私权之间存在密切联系，有人认为，在针对个人信息的专门立法尚未出台之前，可以借鉴美国法上隐私的保护模式，以隐私的形式保护个人信息也未尝不是一种权宜之计。在我国司法实践中，法院也往往采取隐私权的保护方法为个人信息的权利人提供救济。[①] 从实用的角度来看，这种做法在一定程度上可以为个人信息提供最基本的保护，且大体上可以涵盖个人信息的基本内容。但是，通过隐私权的保护来替代对个人信息权的保护，显然并非长久之计。正如前文所言，美国法上的隐私保护模式与其没有人格权制度之间存在密切关系，其隐私权具有类似于大陆法系中的一般人格权的特点，隐私权自身具有很强的开放性，可以将很多的新型人格利益纳入其中。而在我国，自《民法通则》制定以来，已经建立了人格权体系，隐私权只是其中的一种具体人格权。因此，我们不可能通过扩张隐私权的内涵来涵盖对个人信息的保护，否则，在理论上会与一般人格权形成冲突，且会与其他具体人格权制度产生矛盾。因此，在我国未来的人格权法中，不能完全以隐私权来替代个人信息权。

尤其应该看到，自《民法通则》制定以来，人格权的体系正日趋完善，在此基础上应该更加清晰地界定现有的具体人格权的范围，使具体人格权更加体系化，而这就要求妥当界定隐私权与个人信息权的关系。如前所述，隐私权与个人信息权是两个不同的概念，存在一定的区别。国外有关国家（如美国）未对这两种权利作出区分，很大程度上是由其缺乏人格权制度这一特殊的历史背景所决定的。但在我国，已经具备较为完善的人格权体系，隐私权仅是具体人格权的一种类型，有其特定的内涵。因而，隐私权的保护不能

[①] 参见《冒凤军诉中国电信集团黄页信息有限公司南通分公司等隐私权纠纷案》，载最高人民法院中国应用法学研究所编：《人民法院案例选》（第4辑），人民法院出版社2011年版，第42页。

完全替代个人信息权的保护。基于此种考虑，未来立法仍然应坚持强化人格权立法，进一步完善人格权的类型，尤其是应强化对隐私权内容的界定。在我国，《侵权责任法》等法律虽已承认隐私权的概念，但其权利内容仍不清晰。这就使得对隐私权与个人信息权的关系界定变得困难，并可能导致隐私权保护泛化或隐私权被个人信息权替代的局面，而这些都不利于实现对隐私的保护以及人格权的体系化。

（二）在人格权法中明确规定个人信息权和隐私权

在我国，个人信息权尚未获得法律的明确承认，针对个人信息权是否为一种民事权利以及此种权利的性质和内容等问题都尚未作出规定，这无疑是制定专门的个人信息保护法律所遇到的障碍。比较法的经验表明，即便是在制定专门法律的欧盟模式下，如果未能明确个人信息权的性质和内容，并界分其与隐私权的关系，将使得个人信息难以获得全面充分的保护。如果在法律上确立个人信息权，既可以增强政府、企业和个人的权利保护观念，也有利于明确对个人信息权的侵害应当承担何种民事责任。2012 年 12 月 18 日，全国人民代表大会常务委员会出台《关于加强网络信息保护的决定》（以下简称《网络信息保护决定》），主要针对个人电子信息的保护而加以规定。《网络信息保护决定》第 1 条规定，"国家保护能够识别公民个人身份和涉及公民个人隐私的电子信息。"其中，既规定了个人信息，也规定了个人隐私。这实际上已经搭建起个人信息权和隐私权并存的基本框架。该规定的主要意义在于，指出了区分两者的必要，但并未提出两者界分的标准，而要完成这个任务，在根本上需要民法典人格权法的介入。具体说来：

第一，制定人格权法，全面确认个人信息权。要清晰地区分个人信息权和隐私权，就必须在人格权法中单独规定个人信息权，而非将其附属于隐私权之下。只有明确了个人信息权的人格权属性，界定个人信息权的边界，才有可能为其在其他法律领域的保护确立必要的前提。《网络信息保护决定》虽然提到了个人信息保护，但其未对个人信息权的性质进行定位，因而，侵害个人信息时究竟属于侵害何种权利、及能否适用精神损害赔偿等问题，都无法在该法中予以明确。确认个人信息权为一种人格权，既能防止个人信息权和隐私权的内涵过度叠加或重复，也有助于明确个人信息权的权利范围，方便该权利的行使和保护，并防止对他人行为自由构成不当的妨害。我国人格权法有必要在借鉴国外判例学说的基础上，确认个人信息权为一种人格权。从比较法来看，承认个人信息权为一种人格权实际上已经成为一种立法趋势。在欧洲，比较流行的观点仍然是将个人信息作为一项独立的权利对待。① 在美国，也有学者认为个人信息可以作为一项个人基本权利而存在②。可以说，将个人信息作为一种独立的权利是现代社会发展的一种趋势。顺应此种趋势，在人格权法中，应当将个人信息权作为独立的具体人格权而加以规定。个人信息权具有其特定的内涵，可以单独将其作为一种具体人格权而进行规定。法律保护个人信息是为了维护个人的人格尊严和人格平等，确认个人对其信息享有平等、自主支配的权利。如果将个人信息权作为财产权，势必妨害人格的平等性。因为每个个人的社会地位和经济状况不同，信息资料也有不同价值，但对个人信息所体现的人格利益应进行平等保护。每个人的个人信息中所体现的人格尊严都应当受到尊重。法律保护个人信息权，就要充分尊重个人对其信息的控制权。这种控制表现为个人有权了解谁在搜集其信息资料、搜集了怎样的信息资料、搜集这些信息资料从事何种用途、所搜集的信息资料是否客观全面、个人对这些信息资料的利用是否有权拒绝，以及个人对信息资料是否有自我利用或允许他人利用的权利等内容。③

个人信息权在本质上仍属于一种具体人格权，在人格权法中明确个人信息权的性质，有利于为个人信息权的保护提供法律依据，并实现各种责任形式的互补。这主要是因为，个人信息保护法的责任形式主要表现为行政责

---

① See James B. Rule and Graham Greenleaf ed., Global Privacy Protection, Edward Elgar Publishing, 2008.

② Whalen v. Roe, 429 U.S.589（1977）.

③ Daniel J. Solove & Paul M. Schwartz, Information Privacy Law, Third Edition, Wolters Kluwer, 2009, p.1.

任，而在人格权法中规定个人信息权，将其定位为一种民事权利，有利于实现行政责任与民事责任之间的有效衔接。此外，因为个人信息保护法的规范重点是行政机关收集、利用个人信息的行为，而在人格权法中规定个人信息权，将个人信息权定义为一种民事权利，可以赋予个人积极利用的权利，也可以为行政执法提供依据。因此，笔者认为，不仅应将个人信息权界定为一种独立的权利，还应将其作为一种具体人格权而加以保护。换言之，在我国未来的人格权法中，应当将个人信息权作为一项单独的人格权予以规定。

第二，在人格权法中进一步细化隐私权的法律规则，形成隐私权与个人信息权之间的相互协调，从而为全面保护个人信息厘清界限。虽然我国现行立法规定了"隐私权"的概念，但迄今为止仍未对隐私权的内容加以界定。2002 年全国人大法工委制定的《民法典草案》在"第四编"人格权法有关隐私权的规定中，确认隐私权的范围包括私人信息、私人活动和私人空间（第 25 条）。该概念显然过于宽泛，它实际上是将个人信息全部囊括在隐私之中。如前所述，既然个人信息权与隐私权之间存在诸多区别，因此，不应将个人信息权理解为是隐私权的一部分。二者之间存在明显区别，在法律上对隐私权的法律规则进行细化，既有利于清晰界分二者之间的关系，保护人格权法内在体系的一致性，也有利于实现对个人信息的保护。

（三）以私权保护为中心制定个人信息保护法

如前所述，综合立法模式比分别立法模式具有更明显的优势，也被实践证明是更加有利于保护个人信息的模式。应当看到，个人信息权的内容十分丰富，其中包含大量技术性规定，这些都无法被纳入人格法之中，而需要在人格权法之外通过特别法的形式予以补充。同时，侵害个人信息权可能涉及多种责任，如果将这些责任都完全涵盖在民事责任之中，并将其规定在人格权法中，可能造成体系的不协调。因此，对个人信息进行综合立法有利于全面保护个人信息权。说到底，为了全面保护个人信息，维护个人人格利益，保障公共安全和秩序，我国有必要制定专门的个人信息保护法。

问题的关键还在于需要制定一部什么样的人格信息保护法？对此存在两

种立法思路，一是以政府管理为中心的个人信息保护模式，二是以私权保护为中心的立法模式，从私权的角度对个人信息加以保护。笔者赞成后一思路。这一保护模式的特点在于：第一，将个人信息权作为一种私权对待，并将此种权利的保护作为个人信息保护法的立法目的。虽然个人信息也体现了公共利益，但只有对个人信息提供充分的私权保护，才有利于从根本上维护公共利益。第二，鼓励对个人信息进行自我管理。要建立个人信息搜集、利用等的良好秩序，关键是要调动每个人对其个人信息进行主动保护的积极性，即权利人在受到侵害之后，能够积极主张权利。个人其实是自身利益的最佳维护者，通过对个人信息进行自我管理，是成本最小、效果最佳的选择。第三，通过确认个人信息权的各项内容，从而为信息的收集者和控制者设定相应的义务。将个人信息权界定为民事权利，说明个人信息是一项受法律保护的利益，它不仅需要得到其他民事主体的尊重，也需要国家公权力机构予以尊重。换言之，包含公权力机构在内的所有社会主体均有尊重个人信息的义务。而且，不仅权利主体自身可以采用合法措施保护该项利益，公权力机构也应当采取积极措施保障该项权利的实现。第四，要进一步强化民事责任。既然个人信息权是一种私权，所以在权利遭受侵害的情况下，应当首先通过民事责任的方式对权利人进行保护。虽然个人信息也可能涉及社会公共利益、公共安全，但其主要还是一种私益。目前，《刑法》已经对非法出售个人信息罪等罪名作出了明确规定，《网络信息保护决定》也对侵害个人信息所应承担的行政责任也有相应的规定，但是现行法律对侵害个人信息的民事责任尚未作出规定。尤其是鉴于侵害个人信息具有大规模轻微损害的特点，应当通过《民事诉讼法》所确立的小额诉讼、公益诉讼等制度来保护个人信息权。

我们说要以私权保护为中心，并不是说可以忽视政府的管理。相反，由于个人信息实际上涉及公共利益，政府对个人信息的管理是必要的。但政府的管理毕竟不能代替权利人自身的保护。面对现代社会中的开放的海量信息，应对的好就会积累正能量，应对不好则可能会形成负能量，毕竟政府的管理资源是有限的，对大量的侵害个人信息的行为仍然需要通过保护私权的方式来实现。保护也是一种管理的模式，是治理无序状态的最佳选择。从这个意义上说，保护好了也是管理好了。

总之，我国个人信息权的立法保护应在借鉴已有的比较法经验的基础上，更加注重协调其与隐私权之间的关系，在将其纳入人格权法之中的同时，通过个人信息保护法予以统合，形成个人信息权保护的中国路径。

公众人物人格权的限制和保护[*]

公众人物（publicfigure）是指在社会生活中具有一定知名度的人，大致包括：政府公职人员；公益组织领导人；文艺界、娱乐界、体育界的"明星"；文学家、科学家、知名学者、劳动模范等知名人士。公众人物的概念起源于美国，1964 年《纽约时报》诉萨利文一案中首先确立了"公共官员"的概念。[①] 我国法律中本来没有公众人物的概念，在许多侵犯名誉权的案件中，对于政府官员、演艺明星等公众人物的诉讼往往依据民法有关名誉权的一般理论，判决新闻报道者败诉，如杨殿庆侵犯他人名誉权案等。[②]2002 年范志毅诉文汇新民联合报业集团侵犯名誉权案，首次在判决书中提出了公众人物的概念。该案在人格权领域堪称一个里程碑式的判例，对于公众人物概念的确立具有重要意义。此后我国司法实践中已有一些案例在审判中运用公众人物的理论。该理论在学术界引起了广泛的探讨。据此，笔者拟就该问题谈一点看法。

---

* 原载《中州学刊》2005 年第 2 期。

① See New York Times v. Sullivan, 376 U.S .25 (1964).

② 1999 年 11 月 4 日，大连轻化工研究所杨殿庆在大连万港大酒店就餐，认为物价偏高，反映到大连中山区物价检查所。检查所核实后认定价格偏高，罚款 5000 元，返还杨 30 元。所领导向某报记者透露，酒店老板认识市政府某领导秘书，该秘书过问罚款一事，检查所对罚款很难执行。杨知道后，11 月 17 日在大连电台热线直播节目反映此事，认为该秘书干扰执法，给市政府抹黑。播出第二天，该秘书以名誉侵权起诉。2000 年 5 月，大连西岗区人民法院判杨侵权，向该秘书道歉并赔偿 6000 元精神损失费。2000 年 11 月二审法院维持原判。参见石树仁：《公众人物与舆论监督成本》，载《法制日报》2001 年 5 月 14 日。

一、据以研究的案例

案例一：范志毅诉文汇新民联合报业集团侵犯名誉权案

2002年6月16日，文汇新民联合报业集团在其出版发行的《东方体育日报》上刊出题名《中哥战传闻范志毅涉嫌赌球》的报道，随后于6月17日、19日又对该事件进行了连续报道，刊登了对范志毅父亲的采访及范志毅没有赌球的声明；最后于6月21日以《真相大白：范志毅没有涉嫌赌球》为题，为整个事件撰写了编后文章。同年7月，范志毅以《东方体育日报》在2002年6月16日刊登的《中哥战传闻范志毅涉嫌赌球》侵害其名誉权为由，起诉到上海市静安区法院，要求被告向他公开赔礼道歉，并赔偿精神损失费人民币5万元。

2002年12月18日下午，上海市静安区法院在审理范志毅诉文汇新民联合报业集团侵犯名誉权纠纷案做出一审判决：1.原告范志毅要求被告文汇新民联合报业集团赔礼道歉的诉讼请求，不予支持。2.原告范志毅要求被告文汇新民联合报业集团赔偿精神损失费人民币5万元的诉讼请求，不予支持。3.案件受理费人民币2110元，由原告范志毅承担。该判决书首次使用了"公众人物"的概念，明确阐述："即使原告认为争议的报道点名道姓称其涉嫌赌球有损其名誉，但作为公众人物的原告，对媒体在行使正当舆论监督的过程中，可能造成的轻微损害应当予以容忍与理解。"

案例二：臧天朔诉北京网蛙数字音乐技术有限公司等侵害名誉权、人格权、肖像权纠纷案 ①

2000年底，北京一家名为"网蛙"的网站评出了"国内歌坛十大丑星"引来一片非议，这家网站列出了包括那英、刘欢、朴树、崔健、高枫、田震等30名国内著名歌星在内的一份候选名单，让网民投票选举丑星。结果蔡

---

① 参见曾宪义等主编：《中国审判案例要览》（2003年卷），中国人民大学出版社2004年版，第299—303页。

国庆、韦唯、臧天朔等歌星都榜上有名，众歌星对此一片哗然。原告臧天朔遂提起诉讼，要求被告北京网蛙数字音乐技术有限公司和广州网易计算机系统有限公司停止侵害，在《新华社通稿》、《北京青年报》、《南方周末》等报刊和网蛙、网易、新浪和搜狐等网站上就二被告侵害其人格权、名誉权和肖像权的行为公开赔礼道歉、消除影响，判令二被告赔偿因此给臧天朔造成的经济损失人民币 65 万元，精神损失费 20 万元，承担臧天朔为此案支付的律师费 10 万元和公证费 1500 元。

北京市朝阳区人民法院经公开审理查明：原告臧天朔在国内歌坛是具有一定知名度的歌手，虽然属于社会关注的公众人物，但其仍是社会中的一般自然人，其所享有的合法权益同样受到法律的保护。被告北京网蛙数字音乐技术有限公司和广州网易计算机系统有限公司在经营过程中，未告知原告臧天朔并征得其本人同意，擅自将原告臧天朔列为"国内歌坛十大丑星评选"活动的候选人之一，在"评丑"的前提下，还加配了涉及原告臧天朔人身的调侃性文字，让网民发表评选意见，并根据网民的选票，最终给原告臧天朔冠以了"国内歌坛十大丑星第三名"的称谓。原告臧天朔因此受到他人无端干扰，产生不安和痛苦，已经超越了其作为公众人物的正常承载范畴，属正常的内心感受。二被告的行为侵犯了原告臧天朔作为社会一般人应受尊重的权利，构成了对原告臧天朔人格尊严的侵害。二被告在上述"评丑"活动中，使用的虽是原告臧天朔的公开演出照片，但二被告既未经原告臧天朔本人同意，更不是对原告臧天朔的社会活动进行报道或评论，且"评丑"活动客观上提高了网民对二被告网站的点击率，在一定程度上，是以营利为目的的经营性行为，已构成了对原告臧天朔肖像权的侵害。被告网蛙公司所称的使用已公开的照片不构成肖像侵权的抗辩主张，不是法律规定的阻却肖像违法的事由，法院不予采纳。故判决：被告北京网蛙数字音乐技术有限公司和被告广州网易计算机系统有限公司停止侵权行为，赔礼道歉，并一次性赔偿原告臧天朔经济损失人民币 1500元，精神抚慰金人民币 2 万元。被告不服，提起上诉。北京市第二中级人民法院判决驳回上诉，维持原判。

二、公众人物的概念和分类

公众人物的概念滥觞于 1964 年一起在美国传媒史上具有里程碑意义的案例——沙利文诉《纽约时报》案，在该案中，美国联邦最高法院的布伦南大法官首次提出了"公共官员"的概念，他认为，"公共官员的问题辩论应当是无拘束、热烈和完全公开的，可以对政府和公共官员进行猛烈、辛辣、令人不快的尖锐攻击"。① 《纽约时报》案中虽然只产生了"公共官员"的概念，但实际上已形成了公共人物的概念。三年以后，在巴茨案件中，法院提出了公众人物的概念。首席大法官沃伦对公众人物的概念界定为："公众人物是指其在关系到公共问题和公共事件的观点与行为上涉及公民的程度，常常与政府官员对于相同问题和事件的态度和行为上涉及公民的程度相当。"② 本案的判决虽然没有明确界定什么是公众人物，但实际上法院认为公众人物都涉及公共利益。③

公众人物并不是一个政治概念，而是一个为了保护言论自由、限制名誉权和隐私权而创设的概念，它更多地应用在诽谤法和隐私法中。按照美国有些判例的分类，公众人物可以包括三类人：一是在政府机关担任重要公职的人员。一些案例中，法官将其称为"完全目的的公众人物"（publicfigure-forallpurpose），此类人拥有极大的权力和影响，如吉米·卡特等人，他们的活动、言行都关系到公众的知情权问题，对他们的隐私、名誉应作必要的限制。在一些案例中，法院认为，这些人在社会事务中具有特别出众的作用，他们都是一些著名的、有影响的人，因此必须要由其举证证明侵害人具有实际恶意或重大过失，才能对其名誉损害进行补救。④ 但这并不是说，所有的公职人员的隐私都不应得到法律的保护，如果某人的职位过低，也没有必要

---

① See New York T1mes Co. v.Sullivan, 376 U.S.254（1964）.

② See Curdis Publishing Co. v. Butt 3, 388 U.S.130（1967）and A 680 cited Pre 33v.

③ See Curtis Publishing Co. v. Butts, 388 U.S.130（1967）.

④ See Gertz v. Robert Welch, Inc., 418 U.S.323（1974）.

作为公众人物对待。按照西方的传统，高官无隐私，只有高官的隐私权才受到限制。二是自愿的公众人物（publicfiguresvoluntarily），也称为"有限目的的公众人物"（limitedpurposepublicfigure），即指影星、歌星、体育明星等公众人物。① 这些人的行为涉及公众的兴趣和娱乐生活，这种公众兴趣虽然不是公共利益，但涉及公众的利益，因此在法律上也有必要从维护大众的利益考虑对其名誉、隐私等人格利益进行限制。三是非自愿的公众人物（publicfiguresinvoluntarily），是指某些人本身不是公众人物，不会引起公众兴趣，更不会涉及公共利益，但因为某些事件的发生而偶然卷入其中从而成为"公众人物"。偶然的公众人物具有暂时性，随着这些事件的"降温"，这些公众人物又回归到普通人物的行列了。在美国法中，"公众人物可以是偶然的，他们由于莫名的运气偶然地卷入某公共事件，这些人通常是很少的"。② 当然，公众人物作为一个抽象的概念，其内涵和外延具有一定的模糊性，即便在美国，关于公众人物和非公众人物的标准仍然是模糊不清的。③ 至今美国判例对其所作解释也各不相同。例如，在某些情况下，医生作为职业者并不属于公众人物，但如果他对卫生管理署作证证明某个药品有危险，也可能被作为公众人物对待。④

公众人物在人格权的保护上有自身的特点，适用不同的规则，其与非公众人物的区别主要表现在以下三方面：

第一，公众人物是一个特有的概念，其只能是自然人，而且仅是指担任社会公职和具有社会影响的自然人，法人不能成为公众人物。应当看到，一些政府机关和社会团体的名誉权也会受到限制，但对这些机关和团体不能因其人格权受到限制而认为其属于公众人物。因为一方面，公众人物只能是个人；另一方面，隐私、肖像等作为公众人物受到限制的主要人格权利，本身

① See Eric Walker: Defamation Law: Public Figure--Who Are They?45 Baylor L.Rev.955.

② See Damerson v. Washington Magazine, inc., 779F.2d 736（D.C.Cir.1985）.

③ See Gerald G. Ashdown, of Public Figures and Public Interest--The libel Law Conundrum, in 25 Wm.& Mary L. Rev.940–941（1983–1984）.

④ See Eric Walker: Defamation Law: Public Figure—Who Are They?45 Baylor L.Rev.955.

只能为自然人所享有，而不能由法人享有。法人即使具有知名度，也只能说其信用较好，这和公共利益没有什么联系。

第二，公众人物具有公共性。此处所说的公共性，是指公众人物因担任公共职务，或者在社会公共生活中具有较高的知名度，而在其身上存在着社会公共利益和社会公众的兴趣，对于公职人员或知名人士而言，其言行品德往往关系到社会公共利益。在一些特殊的领域、行业，有一些著名的人士，如商贾名流，他们的言行也引起了公众的广泛关注，公众对他们的财产、婚姻家庭等情况有浓厚的兴趣。由于公众人物身上存在着公共利益或公众兴趣，所以与非公众人物不同，无论公众人物是否愿意，法律基于维护公共利益或满足公众的知情权以及加强社会监督的需要等考虑，都有必要对公众人物的某些人格权作出必要的限制。

第三，公众人物的概念常常与大众传媒联系在一起。因为一方面，公众人物本身就是随着大众传媒的发展而出现的一种社会现象，对公众人物人格权的利用也主要发生在大众传媒报道时。另一方面，公众人物一般比非公众人物更接近媒体，因而有能力在遭受侵害之后通过在媒体上陈述哪些是虚假的哪些是真实的来减轻损害。尽管在诽谤案中涉及公众人物时也要证明有过错，但其标准显然是非常严格的，因为由媒体证明其所披露事实的真实性是非常困难的，将会导致妨碍言论自由。从这个意义上讲，在美国法中产生公众人物的概念并对公众人物的隐私、名誉等权利作适当的限制上在很大程度上是为了维护言论自由，例如，在美国法上对公众人物适用实际恶意的标准，但对非公众人物则不能适用这一标准。①

如前所述，关于公众人物的分类，在美国法中有所谓完全目的、有限目的及非自愿的公众人物的分法。这些分类标准大多是从实际案例的判决需要出发而形成的，并不完全符合逻辑，也不一定精确，更毋论普遍适用于各国。从我国的实际情况出发，笔者认为可以将公众人物分为两类：一是政治公众人物，主要指政府公职人员等国家官员。二是社会公众人物，主要包

---

① See Friderick Schauer, "Public Figures", in 25 Wm.& Mary L. Rev.906（1983–1984）.

括：公益组织领导人；文艺界、娱乐界、体育界的"明星"；文学家、科学家、知名学者、劳动模范等知名人士。这种分类的意义在于：前者更多地涉及国家利益、公共利益和舆论监督的问题；后者则是因为其具有一定的知名度而在社会生活中引人注目，主要涉及公众兴趣的问题。

至于固有的公众人物和偶然的公众人物的划分，并不十分科学。在我国没有必要采用偶然的公众人物这一概念，主要理由在于：第一，对于哪一些人士应当属于偶然的公众人物本身缺乏准确的判断标准，而在很大程度上取决于法官的个人判断。例如，在美国某个案例中，原告的妻子跳楼自杀，被告正好拍摄到其跳楼的瞬间，并将其作为新闻来披露，法院认为原告的妻子在跳楼的一瞬间成为了公众人物，因此被告的行为并不构成侵权。① 自然本案的判决受到了一些质疑，依据 Powell 大法官在 Gertz 案中的见解，局部性公众人物是"自愿"地投入公共争议中，因此原则上没有"不自愿"的公众人物。② 可见，偶然的公众人物概念本身即给予了法官过大的自由确定公众人物的权利，这显然不尽正确。第二，偶然的公众人物本身是普通公民，尽管他们在卷入到某个争议事件中时引发了公众兴趣，也只能说该事件涉及了公共利益和公共兴趣，而对于该事件的报道，则不应当扩张到对有关个人隐私等方面的利益进行限制。如果按照偶然的公众人物这一概念的提法，孙志刚、齐玉苓等应当属于偶然的公众人物，某人生了三胞胎或某人中了体育彩票而成为大家关注的焦点也应当属于偶然的公众人物，那么势必要适用公众人物的标准而对这些人的人格权利进行一定程度的限制，这显然是不妥当的。

三、公众人物人格权的限制

公众人物概念的产生在很大程度上是为了对其人格权的限制提供合理

---

① See Metter v. Los Angeles Examiner, 35 Cal.App.2d 304, 95 P.2d 491 (Dist. Ct. App.1939).

② See Gertz v. Robert Welch, Inc., 418 U.S.323, 351 (1974).

性，美国沙利文诉《纽约时报》案中首次确立"公共官员"的概念，即为了对公众人物的人格权提供合理的限制。我国近年来出现的涉及公众人物的案例中，也都提出了对公众人物的人格权限制问题。① 笔者认为，对公众人物的人格权应当作适当的限制，理由如下：

第一，维护社会公共利益和满足公众兴趣的需要。一方面，公众人物尤其是政治家等，其财产状况、言行举止以及他们所从事的活动常常关系到公共利益，理应满足公众的知情权以强化对其的社会舆论监督。阳光是最佳的防腐剂，对公众人物的隐私权进行必要的限制，对于反腐倡廉也是有意义的。② 另一方面，公众对国家高级公务人员或社会知名人士在心理上非常关注并有了解、知情的愿望。公众人物的某些隐私问题成为"新闻事件"并由此可被自由陈述。③ 正如恩格斯所指出的，"个人隐私应受法律保护，但当个人私事甚至隐私与最重要的公共利益发生联系的时候，个人的私事就已经不是一般意义的私事，而属于政治的一部分，它应成为新闻报道不可回避的内容。"④

第二，协调舆论监督权和人格权保护的需要。在二者发生冲突的时候，应当侧重于保护舆论监督的权利，因为舆论监督的权利毕竟关系到公共利益的维护。⑤ 正如法院在2002年范志毅诉文汇新民联合报业集团侵犯名誉权纠纷案的判决书中所宣称的："即使原告认为争议的报导点名道姓称其涉嫌赌球有损其名誉，但作为公众人物的原告，对媒体在行使正当舆论监督的过程中，可能造成的轻微损害应当予以容忍与理解。"在中国新闻舆论监督机制仍不健全，舆论监督的作用发挥不够的背景下，为了加强社会主义民主建

---

① 参见曾宪义等主编：《中国审判案例要览》（2002年卷），中国人民大学出版社2004年版。

② 参见丁晓燕：《论对新闻名誉侵权案件中对公众人物的反向倾斜保护》，载《人民司法》2004年第4期。

③ C Bigot, Protection des droits de la personnalite et liberte de l'information, Dalloz, 1998, Chronique, p.238.

④ 参见《马克思恩格斯全集》第18卷，人民出版社196年版，第591页。

⑤ 参见王军：《舆论监督与公众人物名誉权保护》，载《法学杂志》2005年第1期。

设和反腐倡廉工作，为了对新闻工作者所从事的正当的舆论监督实行特殊保护，以鼓励新闻工作者大胆行使舆论监督权利，尤其需要对公众人物的人格权作出必要的限制。① 更何况，公众人物较之普通人，有更多的机会和条件接触新闻媒体，从而澄清事实，为自己辩护。

第三，保障公民知情权的需要。知情权与隐私权是相对应的概念，要限制公众人物的隐私，在很大程度上就是要保障公众的知情权。保障公民知情权的最重要手段，是要保障公民最大限度地从新闻媒体中获取真实信息的自由。在许多情况下，公民的知情权会涉及社会公共利益，例如对突发的传染病进行及时报道能够有效地提请人们加强警惕，有效地控制传染病的传播扩散；而对一些公众人物的财产等隐私依法予以披露，有助于反腐倡廉等。公众人物拥有特殊的地位、声誉或者职权，他们应当负担接受民众监督的义务。因为满足公民知情权的需要，在某些方面也可以说是满足社会成员的共同利益的需要。

对公众人物人格权进行限制的对象主要是人格权中的精神性人格权，而对物质性的人格权，如生命、健康等，是不能限制的。对于精神性的人格权中与生命权、健康权关系密切的人格权，例如身体隐私权，也不得任意限制，或允许他人随便披露。并且，虽然公众人物的人格权受到适当的限制，但并非公众人物的所有人格权都不受法律保护，对其人格权的限制仅限于与公共领域、公众兴趣相关，或者应当受到公众监督的部分。通常受到限制的公众人物人格权主要包括以下四种：

一是名誉权。名誉是一种褒义性的社会评价，公众人物的名誉权涉及公共利益，因而社会公众对公众人物的议论和评价属正常现象，即便偶有疏漏，也不能认定为侵权。新闻报道和评论中所述的事实真实，定性准确，但遣词造句不当，甚至个别言词有夸大现象，只要作者主观上出于善意，并无侮辱和诽谤的恶意，就不应将其认定为侵权。

---

① 参见丁晓燕：《论对新闻名誉侵权案件中对公众人物的反向倾斜保护》，载《人民司法》2004 年第 4 期。

二是隐私权。在精神性的人格权中，公众人物的人格权的限制主要体现在隐私权的限制上。例如，披露公众人物的财产状况、婚姻家庭状况、个人出生日期等。法谚所谓"高官无隐私"也在一定程度上表明这一点。但并非所有的隐私都应当受到限制，例如，身体的隐私、住宅的隐私、通讯秘密等都不应当受到他人的干扰。不过，迄今为止，各国关于公众人物隐私权究竟应当受到何种限制，"谁构成了公众人物以及在何种程度上公众人物放弃了隐私权的保护还没有形成定论"。①

三是肖像权。公众人物出席某些场所尤其是公众场所时，如果确实是出于舆论监督或满足公众兴趣的需要等，即使没有取得公众人物的同意而公开其肖像也是合法的。一些著名政治家出席社会活动的肖像构成社会新闻的组成部分，一些明星的肖像常常可以作为新闻满足公众的兴趣。必要地刊载公众人物的肖像也是大众传播媒介应尽的社会责任，因此大众传播媒介使用公众人物的肖像时，即使未征得本人同意，也不构成对本人肖像权的侵害，例如陈铎、李振盛诉中远威药业有限公司侵犯肖像权纠纷案采取此种观点。②

四是姓名权。公众人物被他人在一定范围内合理使用其姓名，不能以此主张侵权。姓名是人格的外在标志，是主体进行各种社会活动的符号。媒体对公众人物进行报道时，不可避免地要使用公众人物的姓名，社会公众也正是通过公众人物的姓名来知晓、关注、议论和评价公众人物的，因此，公众人物的姓名权应当受到必要的限制。当然，公众人物的姓名具有巨大的广告价值，能够为商家带来经济价值，如果商家对公众人物的姓名进行商业化利用，则不应当属于合理使用的范围。

在对公众人物的人格权进行限制时，要区分媒体与非媒体对公众人物人格权的利用。原则上，从保护舆论监督的目的出发，对正当的舆论监督应当

① See Michael Henry ed., International Privacy, Publicity and Personality Laws, Reed Elsevier (UK)，2001, p.278.

② 参见钱卫清：《陈铎、李振盛诉中远威药业有限公司侵犯肖像权案评析》，载王利明主编：《判解研究》2001 年第 2 辑，人民法院出版社 2001 年版。

予以适当的保护。在此我们有必要讨论美国"实际恶意"的原则，按照这一原则，只要媒体对公众人物的报道并非出于"实际恶意"，则公众人物因对该报导所引发的损害予以忍受，只有在能够证明媒体具有"实际恶意"时，才能提起诽谤诉讼。这一原则限制了公众人物随意诽谤未阻止媒体的自由报导，防止出现"寒蝉效应"，它也是个案衡量的一种方法，值得借鉴。因此，对涉及公众人物的新闻报导，如本文所讨论的范志毅名誉权案，应当对公众人物的人格权予以适当的限制。对非媒体对于公众人物人格权的合理使用，虽然没有必要考虑新闻自由和舆论监督的问题，但也有保护言论自由的必要，应当考虑到社会公众言论自由与公众人物人格权的冲突，在具体个案中考量各方利益的平衡。

四、公众人物人格权的保护

公众人物的人格权应当受到限制，但这并非意味着某人一旦成为公众人物，其人格权就不应当受到保护。基于公共利益的限制必须针对那些确实涉及社会全体成员利益的人格权，而不能盗用公共利益之名任意限制个人的隐私权。例如对于官员的信息披露并不意味着其家庭、婚姻等私人生活可以完全在公众面前曝光。公众人物的人格权只是基于公共利益和公众兴趣的需要而在他人合理使用的范围内受到必要的限制，但并不意味着其人格权被完全剥夺，从而对任何人以任何方式所从事的侵权行为都不能主张其人格权。笔者认为，在如下的情况下对公众人物人格权的妨害应当构成侵权：

1. 对纯粹私人领域的侵害。对公众人物的隐私作出限制符合公共利益和公众兴趣的需要，在一定程度上也是符合公众人物本身的意愿的。对明星等自愿的公众人物而言，常常推定其默许媒体对其私生活进行报导，这是其本身的社会角色决定的。但是笔者认为，公众人物并非绝对被排除在隐私权的保护之外。例如身体的隐私是私人生活中最私密、最敏感的领域，擅自暴露他人的身体隐私，非法披露他人的裸体照片，不仅会造成他人隐私权损害，而且会对他人的名誉造成损害，因此即使是知名人士，其人格中最隐秘的部分也会受到保护。① 无论采取何种手段，未经他人同意暴露身体隐私，构成侵害隐私权。所以，公众人物与社会政治利益、公共利益、公共兴趣完全无关的事务，应当受到保护。例如，一个公务员的健康状况，就其是否影响工作而言，事关公共利益；但他的私生活细节，如怪僻嗜好、正常的婚恋、夫妻两性生活等则与公益无关。又如影视歌星因求高知名度而自愿暴露于镁光灯下，可以说有放弃其"私人"生活的默示，加上其被称为青少年的偶像，言行举止对青少年有引领的效果，因此可以极大地限制其隐私权。但这并非意味着其家庭的正常生活可以受到不正当的骚扰、妨害等。私人住址作为一种私人信息也应当受到隐私权的保护。在法国，巴黎法院在宣判向公众透露摩纳哥王子私人地址一案中，认为，"住所属于隐私的范围……未经授权复制在个人私有住宅中拍摄的照片……侵犯了该人的隐私权"。② 在我国曾经就媒体是否可以披露明星的家庭住址发生过争论。笔者认为，非法暴露个人的家庭住址，即使是暴露明星的家庭住址，也已经超出对公众人物隐私权的限制范畴，构成对隐私权的侵害。

2. 对公众人物私人空间的侵害。凡是私人支配的空间场所，无论是有形的，还是虚拟的，都属于个人隐私的范畴。在私人空间中，住宅空间具有尤为重要的意义。此处之住宅，不仅指法定住所，也包括临时居住、栖身之处，如栖身的房间、工人临时居住的工棚、无房户居住的办公室等。住宅是个人所享有的隐私的重要组成部分。正如英国法学家提出的法谚所说，"隐私止于屋门之前"，"住宅是个人的城堡"（aman'shouseishiscastle）③。在古老的法律中，住宅是人们遮风避雨的场所。在习惯法中，即使是债权人也不得闯入债务人的房屋讨债，而只能等在屋外讨债。《汉谟拉比法典》第21条也

---

① See Michael Henry ed., International Privacy, Publicity and Personality Laws, London：Butterworth，2001，p.44.

② See Michael Henry ed., International Privacy, Publicity and Personality Laws, Reed Elsevier（UK），2001，p.136.

③ See Michael Henry ed., International Privacy, Publicity and Personality Laws, Reed Elsevier（UK），2001，p.14.

有禁止他人非法闯入住宅的规定。① 空间隐私除个人合法占有的房屋之外，还包括私人合法支配的空间，例如，更衣室、电话厅等。公众人物对这些空间也享有隐私权，任何人未经其许可，不得擅自闯入公众人物的私人所有的、合法占有的房屋以及其他空间，也不得非法采用红外线扫描，高倍望远镜探测、长焦距拍照等手段窥视个人空间，否则，即构成对公众人物隐私权的侵害。

3. 为了商业目的而利用公众人物的肖像、隐私等。对公众人物的肖像、隐私的公开必须具有正当的理由，② 因为公众人物的人格权未经授权不得用于广告或其他营利性活动，这已经成为各国所承认的通例。人格权主要是一种精神权利而非财产权，一些人格权特别是生命权、健康权、名誉权等具有强烈的固有性，其与人格本身密不可分，不能将该种人格权与主体分离而进行财产性利用，但某些人格权，主要是姓名、肖像等标识性人格权，具有在特定条件下与主体人格相分离，从而进行商业化利用的可能性。其原因在于，随着市场经济的发展，广告宣传对于商品销售具有重要的推广作用，而名人的肖像、姓名有助于提高商品知名度，增强商品的号召力，形成巨大的名人效应。但名人的姓名、肖像所包含的经济价值并不是先天所具有的，只有经过后天的努力、创造性的劳动和经营才能获得。③ 因此对公众人物而言，即使可以基于公共利益和满足公众兴趣的需要而公开其姓名或肖像等，也不能未经其同意就利用其姓名、肖像等牟取非法利益，否则，也构成对公众人物人格权的侵害。

4. 恶意侵害他人名誉权、隐私权等人格权，严重贬损他人人格尊严。虽然公众人物的人格权受到限制，对公众人物的肖像、名誉和隐私允许他人进行合理使用。但是，此种合理使用只能限于使用人是为了维护公众利益和满

---

① See Richard G. Turkington & Anita, L. Allen: Privacy (Second Edition), West Group, 2002, p.9.

② See Michael Henry ed., International Privacy, Publicity and Personality Laws, p.137.

③ 参见赖国钦：《形象宣传权之研究》，台湾中国文化大学法律学研究所 1999 年硕士论文，第 155 页。

足公众兴趣，在这种情况下即使使用人因主观上存在某种程度的过失而疏于审查核实，也在所不问。而如果使用人主观上存在恶意，明知所报道的并非事实而故意加害他人，恶意贬损他人人格尊严，则不得援引公众人物的理由予以抗辩。因为在此情况下，行为人的行为已经超出了公众利益的界限，属于基于个人目的的恶意加害行为，故应当由行为人承担责任。①

五、对上述案例的简单评述

应该说，本文开头所引述的两个案例完整地展现了我国司法实践中对公众人物人格权限制与保护两方面的真实图景，也对我国法院审理类似案件具有相当示范性的借鉴意义。从理论上对这两个案例进行评述，并结合域外法的考察必将有助于我们对同类问题的理性判断。

案例一是我国第一个提出公众人物概念的案例，范志毅作为一个球星属于社会公众人物，尤其本案发生之时其在国内足坛的人气极高，球迷对其足球运动生活及个人私生活都给予非常高的关注度，因此媒体对于其个人训练、比赛以及个人生活进行报道都是为了迎合公众的兴趣。从这个意义上说，作为球星的范志毅的人格权会受到一定的限制，否则媒体无法对其做广泛全面的报道以满足公众的兴趣。而就本案来看，被告《东方体育日报》报道的内容不仅涉及公众兴趣的问题，还事关社会和公众利益。众所周知，中国足坛的假球现象一直受到公众质疑，尤其是当中国足球队第一次打进世界杯而与哥斯达黎加队进行世界杯决赛阶段第一场比赛受到全国乃至世界各地球迷的关注。球迷对该场比赛所展示出来的球队实力及比赛结果表示关心乃至质疑，都是正当的。被告所作的有关报道，不仅满足了公众的兴趣，也是对球队和球员所实施的舆论监督。被告《东方体育日报》上刊出题名《中哥战传闻范志毅涉嫌赌球》的报道，是对在中国国家队的国际比赛中范志毅的表现及其背后的原因所作出的分析，这一场国际

---

① 参见侯健:《舆论监督与名誉权问题研究》，北京大学出版社 2001 年版，第 92 页。

性比赛本身涉及国家荣誉，对于有幸参与其中的每一个足球队员，媒体都有舆论监督的权利。因此从这个角度来看，《东方体育日报》的报道并不为过，尤其从被告后续的一系列报道并最终以《真相大白：范志毅没有涉嫌赌球》对整个事情的来龙去脉做了详尽的报道来看，很难看出其具有主观恶意。从这个角度来看，法院的判决很好地把握了对公众人物进行舆论监督和人格权保护的平衡。

案例二提出了公众人物的人格权也应该受到保护的问题。在本案中，原告臧天朔因一曲《朋友》而成为全国知名的歌手，无疑应该属于公众人物的范畴。作为一名公众人物，尤其是一名在影视娱乐圈有一定知名度的人，公众对其具有浓厚的兴趣。被告在未征得其同意的情况下将其列为"国内歌坛十大丑星评选"活动的候选人，刊载了其照片，此种行为若针对一般人而言，无疑侵犯了其人格权，但对于像臧天朔这样的公众人物而言，既然其人格权应当限制，所以其不能仅以此为由而主张人格权受到侵害。一审法院以原告臧天朔未提供充分证据证明二被告的行为确已造成其社会评价降低的法律后果为由，并没有支持原告关于二被告侵害名誉权的诉讼主张。笔者认为法院的这一判决有一定的道理。但本案的关键并不在于被告的社会评价是否降低；而在于其作为公众人物的人格权是否应当受到保护。如前所述，即使是公众人物，其人格权也并非完全不受到保护，如果以营利为目的使用公众人物的人格特征，便超出了限制的范畴。二被告在上述"评丑"活动中，使用的虽是原告臧天朔的公开演出照片，但二被告既未经原告臧天朔本人同意，更不是对原告臧天朔的社会活动进行报道或评论，且二被告的行为客观上属于是以营利为目的的经营性行为，这些事实已经构成了对原告臧天朔肖像权的侵害。因此法院基于这一事由判决二被告承担一定的损害赔偿责任是合理的。案例二给我们的启示是，对于公众人物的人格权究竟应该作出哪些方面的限制，尤其是当此种利用系出于营利目的时，应如何对公众人物加以保障。这一问题目前仍然是我国立法和司法解释中的空白。而在国外例如美国，已经形成了一套所谓的"公开权"制度，对名人人格权进行商业利用时予以严格保护。

论死者人格利益的保护

死者人格利益是人格权延伸保护的结果，在主体死亡之后，人格权因死亡而消灭，但法律为了强化和全面保护人格利益，充分体现维护人格尊严的宪法理念，对自然人死亡后的人格利益仍予以保护，形成了对自然人人格利益保护的周延体系，死者人格利益涉及的问题较多，本文拟对此谈几个问题。

一、死者人格利益保护的必要性

死者人格利益是指自然人死亡以后，其姓名、肖像、名誉、隐私等利益，这些人格利益是否应当受到保护，历来有赞成和否定两种观点。赞成说认为，保护死者人格利益是人身权的延伸法律保护，[①] 或者说是对遗属的名誉权的保护，因为死者名誉的损害会不同程度地侵害到其遗属的名誉权。[②] 否定说认为：人格权是专属性的权利，这就决定了除自然人本人以外，其他人都不可能通过转让、继承来取得他人的人格权。所以，自然人死亡以后，其姓名、肖像、名誉等受损的事实，不能视为近亲属民事权利受损。人格权应当伴随主体的人格始终，始于出生，终于死亡，故而死者不享有人格权。

---

① 杨立新：《人身权的延伸法律保护》，载《法学研究》1995 年第 2 期。
② 史浩明：《关于名誉权法律保护的几个理论与实践问题》，载《学术论坛》1990 年第 3 期。

保护死者人格利益是保护家庭的人格利益，死者名誉和遗属名誉可以用家庭利益为中介连接，法律保护的是家庭的人格利益。①

上述各种观点都不无道理，但笔者认为，对死者人格利益应当予以保护。从法律上看，死者人格利益本身是人格权益的组成部分。保护人格权益，就是要保护人格尊严，这种人格尊严不仅要在自然人生前获得保护，在其死后也应当获得保护。古人说得好，"神龟虽寿，犹有尽时"，"人固有一死"，但生前的荣耀不应随着死后而丧失。亚里士多德认为，"死者也有善与恶（一个人活着的时候会碰到善与恶，但是对这些毫无意识），例如子孙后代们是享受荣誉或是屈辱，或是遭受好运和厄运"②。

康德曾经说过："一个人死了，在法律的角度看，他不再存在的时候，认为他还能够占有任何东西是荒谬的，如果这里所讲的东西是指有形物的话。但是，好名声却是天生的和外在的占有（虽然这仅仅是精神方面的占有），它不可分离地依附在这个人身上。"③ 这就是说，人格尊严不仅仅在自然人活着的时候存在，而且延续到其死亡之后。法律保护其生前的人格尊严与保护其死后的人格尊严，这是一个不可分割的整体。从各国有关人格权保护的判例和学说来看，几乎都无一例外地都赞成对死者人格利益进行保护。这也是人格权法律制度发展的一个趋势。目前，对于死者人格利益应当受到法律保护，已经形成了基本共识。④ 从社会效果来看，保护死者人格利益的必要性在于：

第一，有助于促进社会的进步。社会的进步与个人追求良好的名声具有密切的关系。俗话说，"雁过留声，人过留名"，许多人生前为社会作出贡献，甚至为了民族、社会的利益而献身，也是为了青史留名，至少不希望受

---

① 参见陈爽：《浅论死者名誉与家庭名誉》，载《法学研究生》1991 年第 1 期。

② 参见 [古希腊] 亚里士多德：《尼各马可伦理学》，王旭凤、陈晓旭译，中国社会科学出版社 2007 年版，第 33 页。

③ [德] 康德：《法的形而上学原理——权利的科学》，沈叔平译，商务印书馆 1991 年版，第 118 页。

④ 参见《匈牙利民法典》第 85 条、《捷克民法典》第 15 条。

后人指责甚至唾弃。文天祥说"人生自古谁无死，留取丹心照汗青"，这就典型地反映了人们希望通过自己生前的努力以获得一个死后的好名声。多少仁人志士修身养性、廉洁自律，追求事业功名，也是为了博取好的名声。正是因为人们对好名声的不懈追求，才推动了社会道德的进步和人类文明的提高。所以，任何社会都要鼓励人们获得符合社会要求的良好名誉。因此，保护死者人格利益尤其是死者的名誉，对于鼓励生者积极向上、奋发有为，从而促进社会的进步，具有重大的意义。①

第二，有助于维护良好的社会风尚。尊重死者既是对死者人格的尊重，也是对人们追求良好的道德、风尚、声誉等的尊重。而漠视死者人格，实际上就是蔑视生者对良好的道德的追求，所以对生者人格利益的保护，涉及社会的公共道德，尊重先人也是中华民族传统文化的组成部分。绝大多数的社会成员，都希望其死后不会受到他人的贬损和侮辱，这是一个社会可以延续下去的重要保障。康德即赞成"一位好名声的人死后继续存在的权利"的学说②，如果对死者的人格利益不予保护，实际上就是不鼓励人们在生前从事正当的行为，这就会引发严重的道德风险。③也会导致人们的价值观、荣辱观、道德观遭到扭曲，社会利益将受到极大损害，同时也不利于社会秩序的稳定。

第三，有利于维护社会公共利益。许多名人的名誉、肖像等已经成为社会利益、甚至是国家利益的组成部分。尤其是领袖、伟人的肖像等涉及整个国家利益和公共利益。对其的贬损，不仅是对历史的不尊重，甚至是对民族感情的伤害。所以，对于这些人，即使其近亲属不提起诉讼，有关机关也应当有权提起诉讼，请求停止侵害④。

第四，有助于安慰死者的近亲属。死者的人格利益与生者的感情、尊

---

① 参见亓培冰：《死者肖像权的保护及其法律适用》，载《人民司法》2005年第1期。

② [德] 康德：《法的形而上学原理——权利的科学》，沈叔平译，商务印书馆1991年版，第119—121页。

③ 魏振瀛主编：《民法》，北京大学出版社、高等教育出版社2000年版，第54页。

④ 参见亓培冰：《死者肖像权的保护及其法律适用》，载《人民司法》2005年第1期。

严、名誉等是不可分的，辱骂他人的长辈、祖先，在某种程度上，也是对生者的辱骂。侮辱先人实际上也是对后人的蔑视。所以，死者的名誉、隐私等常常和生者的名誉等联系在一起。侵害生者的人格利益往往也侵害了生者的人格利益。正如康德所说，"他的后代和后继者——不管是他的亲属或不相识的人——都有资格去维护他的好名声，好像维护自己的权利一样。理由是，这些没有证实地遣责威胁到所有人，他们死后也会遭到同样地对待的危险。"① 另外，即使不涉及近亲属的名誉等，侵害死者人格，也会侵害近亲属的追思之情，这是社会人伦的体现。

虽然对死者人格利益的侵害往往会伴随着对生者人格利益的侵害，但将死者人格利益等同于其遗属的利益或者家庭的利益，显然是不妥当的。一方面，如果将死者的人格利益等同于生者的利益，在法律上也很难明确地确定行为人究竟侵害了生者的何种权利，行为人的行为和生者的权益受到侵害之间是否具有因果联系。因为生者要主张精神损害赔偿，应当证明其权利受到侵害②。另一方面，生者可能根本没有近亲属，但这并非意味着死者人格利益就不应当受到保护，因为即使没有近亲属，而毁谤已故名人，也可能侵害了公共利益，故也应当保护死者人格利益。③ 还要看到，将死者人格利益等同于其遗属的利益或者家庭的利益，实际上是否定了死者人格利益的存在④。当然，当公民死亡后，死者的名誉好坏，有可能影响对其近亲属的评价，因此，侵害死者名誉、披露其隐私可能同时侵害其亲属的名誉。如果其近亲属可以证明其人格利益因此而受到侵害，他可以单独地以其自己的人格利益受到侵害为由提起诉讼，而并不一定要以死者人格利益受到侵害为由

---

① [德]康德：《法的形而上学原理——权利的科学》，沈叔平译，商务印书馆1991年版，第120页。

② 魏振瀛：《侵害名誉权的认定》，载《中外法学》1990年第1期。

③ 参见王全弟、李挺：《论死者人格精神利益的民法保护》，载《法治研究》2011年第11期。

④ 在德国，宪法法院不赞成德国联邦法院的观点，否定死者享有人格利益，其主要理由在于个人死亡以后，其遗属为保护死者的名誉、秘密，只能根据自己的权利，以自己人格利益受侵害为由主张权利。参见黄立：《民法总则》，中国政法大学出版社2002年版，第112页。

来主张权利。①

二、死者人格利益的性质

关于死者人格利益的性质，是比较法上的难点。比如德国学者就承认，德国民法保护死者人格利益的理论基础尚不明确，而且对死者人格利益的保护规范比较零散。② 在学界存在不同看法，主要有以下几种不同的学说：一是人身权延伸保护说。该说认为，人格权的保护和所有权一样，是一种无期限的权利，即使在死后也受到保护。③ 民事主体在其诞生前和死亡后，存在着与人身权利相区别的先期法益和延续法益。先期的人身法益与延续的人身法益与人身权利相互衔接，统一构成民事主体完整的人身利益。向后延伸保护的是人死亡后的人身法益。④ 二是权利保护说。该说认为，死者仍然是民事主体，仍然享有权利。这种理论的直接依据是有的国家的法律没有规定人的民事权利能力终止于死亡。最高人民法院有关司法解释采取此种观点。⑤ 三是法益保护说。该说把应当保护的死者的人格利益称为法益，这种法益保护，实际上保护的是社会利益而不是私人利益。⑥

上述几种观点的争议涉及对死者人格利益的性质界定问题。从侵权法的角度来看，对权利和利益的保护，就其责任的构成要件而言，是存在差别的。对权利的侵害采取一般的过错责任原则，无论是故意和过失都可构成。但对利益的侵害往往要求加害人具有故意或重大过失，行为人仅具有一般过失，可能不构成侵权。

---

① 魏振瀛：《侵害名誉权的认定》，载《中外法学》1990 年第 1 期。

② MünchKomm/Rixecker, Anhang zu § 12, Rn.32.

③ 杨立新、王海英、孙博：《人身权的延伸法律保护》，载《法学研究》1995 年第 2 期。

④ 参见杨立新：《人身权的延伸法律保护》，载《法学研究》1995 年第 2 期。

⑤ 参见最高人民法院 1989 年《关于死亡人的名誉权应受法律保护的函》认为："吉文贞（艺名荷花女）死亡后，其名誉权应依法保护，其母陈秀琴亦有权向人民法院提起诉讼。"在该解释中，确定了死者的名誉应当受到保护。

⑥ 王利明主编：《人格权法新论》，吉林人民出版社 1994 年版，第 444—445 页。

就死者人格利益的性质界定问题，笔者认为权利保护说虽不无道理，但在法理上值得商榷。一方面，该学说与民事主体制度存在明显的冲突。既然自然人已经死亡，权利主体已经消灭，怎么可能仍然享有权利呢？死者是不可能再享有任何权利的，否则在法律上便出现了没有主体的权利。另一方面，赋予死者人格权也无法实际行使，因为权利主体已经不存在，权利也就失去了载体，人格权和人格权主体不可分离，赋予死者人格权没有实际的意义。

笔者认为"延伸利益说"虽然指出了对死者人身利益进行延伸保护的必要性，但是没有指出进行此种保护的实质原因，仅仅说是一种"延伸利益"，过于笼统，并没有明确说明为什么人格利益要延伸，而财产利益不延伸，为什么有些人格利益要延伸，而有些不需要延伸？另外，此种说法没有揭示出延伸的根源，尤其是在很多情况下，对死者利益的保护和对生者利益保护交织在一起，此种说法也没有揭示此种利益归属于谁。

笔者主张，死者人格利益在法律上仍然是一种法益，法律出于维护社会道德和近亲属的感情以及维护社会公共利益的需要，有必要对死者的人格利益予以保护。但是对死者人格利益的保护必须与对其近亲属的人格保护区分开来，仅仅侵害了生者对逝者的感情，并不足以成立人格权侵害。[1] 自然人在死亡以后，原则上对其利益的保护终止，我们无法想象死者具有部分的权利能力，也无法想象没有主体的权利。[2] 尽管其不再享有任何权利，其名誉、肖像等人格权也不复存在，但其人格利益并不因死亡而消灭，死者的人格尊严仍然不受侵犯。[3] 权利内容本身是个人利益和社会利益的产物。在利益中，不仅包括民事主体的个人利益，可能还包括社会公共利益。例如，对于死者的名誉、肖像而言，在死者死亡后其个人享有的利益已经不复存在，但由于这种利益在一定程度上体现了社会公共利益和公共道德，从公序良俗的要求

---

[1] MünchKomm/Rixecker, Anhang zu §12, Rn.34.

[2] MünchKomm/Rixecker, Anhang zu §12, Rn.35.

[3] MünchKomm/Rixecker, Anhang zu §12, Rn.38.

出发，故有必要对该利益加以保护。① 实际上，保护死者人格利益是社会公共道德和公序良俗原则的体现，本质上也是社会公共利益的一种具体表现形态。我国《民法通则》第5条规定："合法的民事权益受法律保护。"此处兼采权利和利益的概念，表明在权利之外仍然有一些合法的利益存在，但它们仍然没有被确认为权利。我国《侵权责任法》第2条第2款规定："本法所称民事权益，包括生命权、健康权、姓名权、名誉权、荣誉权、肖像权、隐私权、婚姻自主权、监护权、所有权、用益物权、担保物权、著作权、专利权、商标专用权、发现权、股权、继承权等人身、财产权益。"死者人格利益就属于该条规定"人身、财产权益"范畴。

还需要指出的是，对死者的人格利益不能用一般人格权加以概括性的保护，只能明确规定应当受到保护的几种具体人格利益。其原因在于，一方面，一般人格权本身是一种权利，尤其是其中包含的人格自由和平等，只是生者所能享有的权利，死者无所谓自由、平等的问题。另一方面，一般人格权是一个兜底条款，对于死者人格利益而言，本身就是法律特别列举的保护，故不能适用人格权的兜底条款，扩张保护死者人格利益的范围。

三、死者人格利益保护的范围

所谓死者人格利益保护的范围，是指死者的哪些人格利益应受法律保护。显然，一个人生前所享有的人格权和其死后享有的人格利益是不可能同一的，不能认为生者的所有人格利益在死后都要受到保护。② 有学者认为，死者人格利益包括名誉、肖像、身体、隐私、姓名和名称、荣誉、亲属。③ 笔者认为，这一解释过于宽泛。例如，生前所享有的物质性人格权不可能继

---

① 参见王全弟、李挺：《论死者人格精神利益的民法保护》，载《法治研究》2011年第11期。

② 参见马丽、朱显国：《死者人格利益保护理论的反思与重构——基于法的规范功能的分析》，载《南京理工大学学报（社会科学版）》2009年第4期。

③ 参见杨立新：《人身权法论》，人民法院出版社2002年版，第307—308页。

续存在，而与身体相联系的人格权，如身体权等，死者也不可能享有。而与人身有密切联系，如人身自由权等也不可能继续存在。即使就精神性人格权而言，像贞操等人格利益在死后也是不能受到保护的。

关于死者人格利益的保护范围，在司法实践中存在一个不断发展的过程。它最初仅限于名誉利益，以后逐步扩及隐私等利益。《精神损害赔偿司法解释》第3条规定："自然人死亡后，其近亲属因下列侵权行为遭受精神痛苦，向人民法院起诉请求赔偿精神损害的，人民法院应当依法予以受理：（一）以侮辱、诽谤、贬损、丑化或者违反社会公共利益、社会公德的其他方式，侵害死者姓名、肖像、名誉、荣誉；（二）非法披露、利用死者隐私，或者以违反社会公共利益、社会公德的其他方式侵害死者隐私；（三）非法利用、损害遗体、遗骨，或者以违反社会公共利益、社会公德的其他方式侵害遗体、遗骨。"这一解释显然扩张了死者人格利益保护的范围，它不限于对死者名誉利益进行保护，还包括死者的姓名、肖像、名誉、荣誉、隐私以及遗体和遗骨等人格利益方面的保护。死者人格利益的范围包括如下几种：

1. 侵害死者的姓名、肖像、名誉利益

《精神损害赔偿司法解释》第3条的规定，"以侮辱、诽谤、贬损、丑化或者违反社会公共利益、社会公德的其他方式，侵害死者姓名、肖像、名誉、荣誉"；依据这一规定，此类情况可以包括如下几种行为：第一，侵害死者姓名。主要表现形式在于非法利用死者的姓名、招摇撞骗，利用死者的姓名从事其他非法活动，导致对死者人格的贬损。至于未经死者近亲属的同意，擅自利用死者的肖像从事营利性活动，牟取非法利益，是否构成侵权，从上述规定来看，显然不属于该条所规定的情形。例如，在著名的鲁迅冠名权案中，绍兴市中级人民法院一审判决被告绍兴鲁迅外国语学校将鲁迅姓名用于学校的命名属于正当行为。① 笔者认为，该判决符合上述司法解释的规定。第二，侵害死者肖像。《最高人民法院关于周海婴诉绍兴越王珠宝金行

---

① 该案已经二审调解，双方达成和解协议。参见《鲁迅冠名权纠纷：周海婴收回起诉书 双方庭外和解》，载《北京青年报》2001年12月20日。

侵犯鲁迅肖像权一案应否受理的答复意见》①中指出："公民死亡后，其肖像权应依法保护。任何污损、丑化或擅自以营利为目的的使用死者肖像构成侵权的，死者的近亲属有权向人民法院提起诉讼。"例如，擅自在网上披露死者的裸体照片，或者将死者的肖像丑化等。关于以营利为目的的非法利用死者的肖像，是否构成侵权，从该规定来看，显然只限于以贬损、丑化或者违反社会公共利益、社会公德的方式侵害死者肖像，而并没有包括以营利为目的的使用，因而还不能包括此种情况。第三，侵害死者的名誉、荣誉。在审判实践中，对死者人格利益的侵害主要是指故意诋毁死者的名声、辱骂或者丑化死者等，从而侵害了死者的名誉。例如，著名的荷花女案、海灯法师案、徐大雯状告宋祖德和刘信达侵犯谢晋名誉权案等就属于此类情形②。需要指出的是，该条对侵害死者人格利益的侵权方式作出了明确规定，即行为人必须是"以侮辱、诽谤、贬损、丑化或者违反社会公共利益、社会公德的其他方式"侵害死者人格利益，否则，受害人难以依据该条规定请求行为人承担责任。

2. 侵害死者的隐私利益

依据《精神损害赔偿司法解释》第 3 条的规定，"非法披露、利用死者隐私，或者以违反社会公共利益、社会公德的其他方式侵害死者隐私"，侵害死者的隐私即便没有侵害名誉的，也应当受到法律的保护，并适用精神损害赔偿。之所以将死者隐私单独规定，这主要是因为，我国法律当时并未对隐私权作出规定，但实践中出现了大量的侵害隐私的情形，因此，有必要专门对此作出规定。依据该条规定，侵害死者隐私的方式主要有两种，一是非法披露。例如，在"甘维寿案"中，行为人将原告已经死亡的女儿的姓名、

---

① 最高人民法院民他字［1998］第 17 号。

② 在徐大雯状告宋祖德、刘信达侵犯谢晋名誉权案中，法院认定，被告宋祖德在博客里称谢晋因嫖妓致死及与他人有私生子均非事实，法院由此作出一审判决，要求被告宋祖德、刘信达立即停止对谢晋名誉的侵害；在判决生效之日起十日内连续十天在多家网站和报纸醒目位置刊登向原告徐大雯公开赔礼道歉的声明，致歉声明内容须经法院审核同意，消除影响，为谢晋恢复名誉；赔偿损失 29 万元。参见《谢晋遗孀告"大嘴"宋祖德名誉侵权案昨一审宣判宋祖德被判赔 29 万登报道歉》，载《扬子晚报》2009 年 12 月 26 日。

年龄、两性关系等隐私信息泄露，法院认为，该行为人侵害了死者的隐私，应当承担精神损害赔偿责任。① 二是非法利用。如未经死者近亲属同意，擅自将死者隐私改编成剧本，拍成电影、电视等节目。这两种方式都以违反社会公共利益、社会公德的其他方式侵害了死者隐私；在最高人民法院的上述司法解释出台以后，隐私利益仍然是作为一种权利外的利益加以保护的。

3. 侵害遗体、遗骨利益

严格地说，自然人死亡后，其物质性人格权已经不复存在，但其遗体、遗骨、骨灰等仍与其人格尊严存在密切关联，仍有保护的必要。从比较法上看，许多国家都有禁止侵害遗体完整性的规定，因为遗体不仅关系到死者的人格尊严，而且关系到生者对死者追思敬慕的感情。② 中华民族的优良传统要求尊重自己祖先或者长辈，其中就包括了对死者遗体和遗骨的尊重，中国传统文化也历来认为，掘墓毁尸是严重违反社会伦理的极端行为。可见，遗体寄托着生者对死者的感情和思念，在一定程度上也体现了对死者的尊重和对生者人格利益的保护，保护遗体并不是为了保护身体权，而是为了保护死者人格尊严和死者近亲属的人格利益。同时，对遗体的保护还涉及公共利益和公共道德的保护，因为如果允许人们可以随意侮辱死者的遗体，显然也是对公共道德的蔑视和侵犯。因为这一原因，有学者认为，应当承认死后身体受尊重权以及亲属的遗体处置权。③ 从实践来看，侵害遗体、遗骨的行为主要表现为：擅自盗取死者的器官④、抛撒死者的遗骨或骨灰⑤、丢失死者遗骨⑥ 等。

---

① 新疆维吾尔自治区奇台县人民法院民事判决书（2006）奇民一初字第 524 号。

② 参见税兵：《超越民法的民法解释学》，北京大学出版社 2018 年版，第 86 页。

③ 参见徐国栋主编：《绿色民法典草案》，社会科学文献出版社 2003 年版，第 84 页。

④ 参见《杨某某等诉兰州军区乌鲁木齐总医院擅自解剖死者尸体留取脏器侵权纠纷案》，载《人民法院案例选》1994 年第 3 期（总第 9 期）。

⑤ 参见《何美英等诉普觉寺墓园工作人员帮助安放骨灰盒时不慎跌落致使骨灰泼洒精神损害赔偿案》，载《人民法院案例选》2001 年第 2 辑（总第 36 辑）。

⑥ 参见《叶繁荣、叶凡庆等与梁仲有侵权责任纠纷一审民事判决书》，广东省信宜市人民法院民事判决书（2015）茂信法民一初字第 291 号。

关于遗体、遗骨的法律定位，有学者认为，死者遗体、遗骨在性质上属于人格物，并非单纯的物，而是体现了一定人格利益的物，①《精神损害赔偿司法解释》第 3 条第 3 款规定："非法利用、损害遗体、遗骨，或者以违反社会公共利益、社会公德的其他方式侵害遗体、遗骨的，应当对于死者的近亲属予以精神损害赔偿。"从该规定来看，其认为死者遗体、遗骨也体现了死者的人格利益，如果因此造成死者近亲属严重精神痛苦，应适用精神损害赔偿。该条对侵害遗体、遗骨的行为适用精神损害赔偿责任具有一定的合理性，因为侵害死者遗体、遗骨的行为直接伤害了生者对死者的感情和尊严，也会给生者造成一定的精神痛苦。除民事立法外，我国相关立法也对遗体、遗骨的保护作出了规定。例如，《刑法》第 302 条还专门规定了"盗窃、侮辱、故意毁坏尸体、尸骨、骨灰罪"，依据该条规定，"盗窃、侮辱、故意毁坏尸体、尸骨、骨灰的，处三年以下有期徒刑、拘役或者管制"。

依据上述司法解释，构成侵害遗体、遗骨的精神损害赔偿责任应当符合如下条件：第一，行为人实施了侵害遗体、遗骨的行为。例如，在"韩某某诉中铁六局集团北京铁路建设有限公司一般人格权案"中，法院认为，被告的施工行为致使原告家位于施工范围内的墓穴及墓穴周围地貌发生了改变，其行为侵犯了原告的合法权益，给其造成精神痛苦，应承担精神损害赔偿责任②。第二，违反了社会公共利益、社会公德。例如，在"周某与俞甲一般人格权纠纷上诉案"中，周某故意驾车冲撞俞甲父亲的出殡现场，撞倒骨灰盒、灵牌、花篮，法院认为构成以违反社会公共利益、社会公德的其他方式侵害遗体、遗骨。③ 以违反善良风俗的方式侵害遗体、遗骨不同于一般的非法利用和损害遗体遗骨就在于，该行为本身是不道德的。第三，行为人主观上具有故意。在侵害他人遗体、遗骨的情形，行为人主观上都是出于故意，从该司法解释规定来看，因过失行为而侵害他人遗体、遗骨的，一般不适用精神损害赔偿责任。

---

① 参见冷传莉：《论人格物的界定与动态发展》，载《法学论坛》2010 年第 2 期。
② 北京市门头沟区人民法院（2008）门民初字第 771 号民事判决书。
③ 浙江省舟山市中级人民法院民事判决书（2011）浙舟民终字第 86 号。

笔者认为，对死者人格利益应当采取法定的限制，而不得对其作扩张的解释。这些限制主要体现在三个方面：第一，受保护的死者人格利益范围具有限制性。依据《精神损害赔偿司法解释》第 3 条规定，受保护的死者人格利益范围包括死者姓名、肖像、名誉、荣誉、隐私以及遗体、遗骨，在对死者人格利益进行保护时应以此为限。第二，侵犯死者人格利益的侵权责任构成要件应具有严格性。就侵权方式而言，除了《精神损害赔偿司法解释》第 3 条所明确列举的侮辱、诽谤、贬损、丑化、非法披露、非法利用、非法损害等侵权方式外，其他侵犯死者人格利益的方式应以"违反社会公共利益、社会公德"为必要。第三，对死者人格利益的保护还有期限性，如果年代过于久远，则可能难以对其加以保护。①

四、关于死者人格利益中财产部分的继承

在民法上，遗产通常都是指被继承人生前合法所有的财产，死者人格利益在性质上是否可以作为一种财产由其继承人继承，在判例学说上是存在着不同的看法的。一是否定说。在日本，对死者名誉的侵害事实上是对生者名誉的侵害，因而谈不上死者人格利益的继承问题。② 二是肯定说。在德国，德国联邦法院曾主张人格权之值得保护的价值，逾越人的权利能力而存在。在死者"人格权"受侵害场合，其人格权主体虽消失，但其家属以信托人（Treuhaendler）身份，有权就死者之事务当成自己的权利处理③。从这一意义上说，死者的人格利益是可以受到保护的，④ 其财产性的人格法益是可

---

① 参见杨巍：《死者人格利益之保护期限》，载《法学》2012 年第 4 期。

② 参见姚辉：《逝者如斯夫》，载《判解研究》2002 年第 1 期。

③ BGHZ 15，247，259；50，133，转引自黄立：《民法总则》，中国政法大学出版社 2002 年版，第 112 页。按照被称为德国人格权法第一人的 Hubmann 的说法，死者虽无权利能力，但在其价值、作品存续的范围内，以之相对的权利即人格权是存在的。即使死者自己不能行使上述权利，亦不妨为其遗属所可保护的利益。转引自 [日] 五十岚清：《人格权论》，一粒社 1989 年版，第 164 页。

④ MünchKomm/Rixecker, Anhang zu § 12, Rn.32 ff.

以继承的。① 在美国法中，对于死者的姓名、肖像等人格利益，大多数州认为是可以继承的。②

在我国，许多学者认为，死者人格利益不能继承。③ 但也有学者认为，死者的身体利益、人格利益和部分身份利益都可以继承，此外，名誉利益也可以由法律主体以遗嘱方式遗赠给他人。④ 笔者认为，对死者的人格利益，应当区分两种情况，一种是不能继承的人格利益。如果死者的人格利益涉及社会公共利益的，甚至本身就是公共利益的组成部分的，则无论其是否具有财产因素，都不能继承，因为若允许继承，将有损于公共利益。例如有关历史人物的肖像等已经成为历史的组成部分，不能利用这些肖像进行商业上的开发和利用。对这些财产利益是不能继承的。另一种是死者人格利益中的财产部分，权利人死亡后，其人格权中的财产利益仍然存在，这些财产利益是可以由其近亲属继承的。例如，名人的肖像、姓名，在生前就可以享有公开权，在其死后只要不涉及公共利益，就可能继承。在我国实务中曾经发生过有关鲁迅姓名中的财产利益能否由其继承人加以继承的案例，学界对此曾经展开了讨论。⑤ 笔者认为，死者人格利益中财产部分也可以通过继承的方式做相应的保护。凡是具有财产因素的人格利益，只要不违反法律法规的禁止性规定和公序良俗，应当允许其继承。通常死者生前知名度和影响力越高，转化为财产利益的可能性和利益的量就越大，则其近亲属可以继承的财产利益也就越大。但这种继承不得损害国家利益和社会公共利益。

应当指出的是，此处所指的继承是人格利益中的财产价值转化为现实的财产利益以后，如何对该财产利益进行继承，而不是说对死者的财产利益进

---

① MünchKomm/Rixecker, Anhang zu §12, Rn.37.

② David Collins：Age of the Living Dead: Personality Rights of Deceased Celebrities，39 Alberta L. Rev.924.

③ 参见谢怀栻：《论民事权利体系》，载《法学研究》1996 年第 2 期。

④ 郭明瑞、房绍坤、唐广良：《民商法原理（一）：民商法总论，人身权法》，中国人民大学出版社 1999 年版，第 468 页以下。

⑤ 参见杨立新等：《鲁迅肖像权及姓名权案评析》，载《判解研究》2002 年第 1 期。

行分割。死者人格利益即使具有商业价值，能够为继承人所利用，也不能被转让。因为死者的人格利益在死者死亡以后只能由其近亲属进行保管利用，而不能直接由继承人享有和处分，死者的人格利益和这种利益所包含的人格因素不能截然地分开。如果将人格利益中的财产利益作为商品转让，不仅将违反了人格利益的专属性规则，而且这种转让使人格成为一种商品，是对死者人格的不尊重。所以，笔者认为，除法律有特别规定以外，死者的利益是不能转让的。即使死者人格利益上隐藏着巨大的商业价值，对这种商业价值进行开发，可以创造巨大的商业利益，也只能限于由其近亲属在法律规定的范围内进行利用，而不能转让。

五、关于死者人格利益保护是否应当有期限的限制以及如何限制

对死者人格利益的保护是否应有期限限制，笔者认为，对死者人格利益的保护应当有一定的期限限制。因为一方面，死者如果年代已久，其涉及隐私、名誉等的问题已经无从考证，从法律角度看，其人格利益已经进入公共领域。如果法律要对其进行保护，则失去保护的正当性。另一方面，对死者人格利益进行保护的正当性在于要维护其与近亲属间的感情，如果死者的年代已久，也就谈不上近亲属，因此从近亲属的角度保护就没有必要。尤其应当看到，年代已久，对死者人格利益仍然进行保护，从诉讼的保护来看，也存在一定的困难。究竟谁有资格提起诉讼本身就存在问题[1]。如果对死者人格利益无期限地进行保护，必然将引发千百年前的死者的保护问题，并引发一系列争议，1976年发生在台湾的"诽韩案"就足以说明这一问题。[2] 最近，潘金莲后人在北京市朝阳法院提起诉讼，起诉电影《我不是潘金莲》的导演

---

[1]　杨仁寿：《诽韩案之启示》，载氏著《法学方法论》，中国政法大学出版社1999年版，第3—8页。

[2]　所谓"诽韩案"，是指有人撰文认为韩愈"曾在潮州染风流病，以致体力过度消耗"，其第39代孙（即该案原告）以"孝思忆念"为由提起了"名誉毁损"之诉。

冯小刚等人，要求为其先人潘金莲正名，引起媒体广泛关注。[①]

从国外立法来看，普遍对死者的人格利益的保护有一定的期限限制。国外关于死者人格利益的保护期限有两种模式。一是仅规定肖像利益受到期限的限制，其他人格利益并不作严格限制。例如，德国《艺术与摄影作品著作权法》第 22 条的第 3 款和第 4 款规定死者肖像在死后十年的期限内，可以受到保护。[②]这也得到了德国部分司法实践的赞同，即对死者的财产性人格利益的保护期限应当类推这一规定，将其保护期限确定为 10 年。[③]不过学界持怀疑态度。[④]美国加州法律规定，肖像权在权利人死后 50 到 70 年间仍受法律保护，印第安纳州和俄克拉荷玛州则规定的是 100 年。[⑤]二是对各种死者人格都不作期限限制，但限定在其近亲属范围内。例如，《希腊民法典》第 57 条规定，"如果侵害行为针对死者的人格，那么上述权利归属于死者的配偶、后代、直系尊亲属、兄弟姐妹或遗嘱指定的遗产承受人。上述权利不排除基于侵权行为法而进一步要求损害赔偿。"[⑥]

在我国，有一些学者认为，对死者人格利益的保护应当在法律上规定一定的期限，随着时间的流逝，死者的人格利益进入公共领域，成为历史事实，因此应当以死后 30 年作为期限加以限制。[⑦]笔者认为，期限的规定过于僵硬，也没有考虑到各种不同的死者人格利益遭受侵害的具体情形。最高人民法院《关于审理名誉权案件若干问题的解答》第 5 条规定："死者名誉受到损害的，其近亲属有权向人民法院起诉。近亲属包括：配偶、父

---

① 参见颜甲："潘金莲状告冯小刚 潘家后人：这是骂我祖宗十八代！"，载《重庆晨报》2017 年 3 月 22 日。

② Schricker/Gerstenberg, Urheberrecht, 1987, ss 22 and 60 of the Kunsturhebergesetz, para 24 with examples.

③ BGHZ 169, 193= NJW 2007, 684.

④ MünchKomm/Rixecker, Anhang zu § 12, Rn.37.

⑤ See Ind. Stat. § 32–12–1 et seq.（West Supp.1993）and Okla. Stat. Ann. tit.12 § § 1448 supp. et seq.（West Supp.1993）.

⑥ Greek Civil Code, translated by C Taliadoros, 1992.

⑦ 参见元培冰：《死者肖像权的保护及其法律适用》，载《人民司法》2005 年第 1 期。

母、子女、兄弟姐妹、祖父母、外祖父母、孙子女、外孙子女。"从我国的司法实践来看，也采纳了以近亲属为标准的期限限制。所谓近亲属是指三代以内的亲属。只要这些亲属存在，即可提起诉讼，其他亲属不得起诉。这本身就构成对死者人格利益保护期间的限制。笔者认为，对死者利益保护期限予以必要的限制是有一定的道理的，因为毕竟死者存在近亲属，才可以由其近亲属主张权利，且只有在存在近亲属的情况下，才具有维护死者的利益的动力。如果没有三代以内的近亲属，确有必要提起公益诉讼，也可允许第三人提出，但要考虑死者的人格利益是否直接关系到社会公共利益。如果侮辱死者将构成对历史的玷污，伤害全体国民的感情，对这种情况，即使死者年代久远，也应当允许有关国家机关或者个人提出诉讼。

六、死者人格利益保护中请求权的主体

关于请求权的主体，是指在人格利益遭受侵害以后，究竟由谁来主张对死者人格利益的保护。在比较法上，德国学者主张区别精神利益和财产利益进行处理，精神利益首先由死者指定的人来进行保护，其次应该由其近亲属来保护，而财产利益则由继承人进行保护。① 在法律上明确请求权的主体，不仅明确了诉讼中合格原告，甚至对哪些人格利益应当受到保护也具有十分重要的意义。

1993 年 6 月 15 日，最高人民法院《关于审理名誉权案件若干问题的解答》中，明确了死者名誉受到侵害，其近亲属可以作为原告提起民事诉讼，从而解决了死者名誉是否应当受法律保护的问题。但该解释仅仅涉及死者名誉侵害的问题，而没有对死者的其他人格利益侵害作出规定。最高人民法院《关于确定民事侵权精神损害赔偿责任若干问题的解释》的第 7 条规定："自然人因侵权行为致死，或者自然人死亡后其人格或者遗

---

① MünchKomm/Rixecker, Anhang zu §12, Rn.35 ff.

体遭受侵害，死者的配偶、父母和子女向人民法院起诉请求赔偿精神损害的，列其配偶、父母和子女为原告；没有配偶、父母和子女的，可以由其他近亲属提起诉讼，列其他近亲属为原告。"作出这种解释是因为，"当前的中国社会，当代同堂、四代同堂的大家庭很多，除了父母、配偶、子女之外，祖父母与孙子女、外祖父母与外孙子女以及兄弟姐妹之间长期共同生活，建立了深厚的感情，他们之间也存在着法定的赡养、抚养和扶养关系。"① 从该规定来看，将请求死者人格利益的主体限定为死者的"近亲属"之内，由近亲属作为请求权主体是有道理的。因为在一般情况下，人格利益不直接表现为公共利益，不能由国家机关来进行管理，仍然应由死者的近亲属来进行管理。死者的人格利益遭受侵害，当然也只能由他们来主张权利。

问题在于，死者近亲属是否存在着顺序问题。按照《民法通则》的解释，近亲属都应当可以提起诉讼，但是否存在顺序限制？按照有关司法解释起草者的解释，该条实际上存在一个顺位的规定，第一顺位是配偶、父母、子女；第二顺位是其他近亲属。如果第一顺位的人不提起诉讼，那么，第二顺位的人无权提起诉讼。如果他们都是受害人，都有通过诉讼获得救济的权利。② 笔者认为，死者人格利益的保护是对生者的感情利益的保护，对死者利益的侵害还涉及社会公共道德和风气的保护，如果设定提起诉讼的顺序，则未免与死者人格利益保护制度设置的目的相悖。所以，原则上不得采取近亲属按序主张权利的方式。比如，其中某一家庭成员因侵权行为而死亡后，会给其他家庭成员带来极大的精神伤害，使其产生极大的精神痛苦。若外祖父母和外孙子女长期生活，建立了深厚的感情，如果外祖父母死亡后，其人格利益遭受侵害，如果在第一顺序的人不主张，而又不允许外孙子女主张精神痛苦，则是不妥当的。

还需要指出的是，近亲属以外的其他人能否主张对死者人格利益的保

① 唐德华主编：《最高人民法院〈关于确定民事侵权精神损害赔偿责任若干问题的解释〉的理解与适用》，人民法院出版社2001年版，第56—57页。

② 同上书，第58页。

护？笔者认为，近亲属范围可以扩张解释到没有血缘关系，但是长期在一起生活的人，例如与死者长期同居的伴侣等，如果其与死者曾经有很深的感情，在死者人格利益受到侵害后，其确实遭受了精神痛苦，应可以请求赔偿。当然，法律上对这种赔偿应该有严格的限制。

死者人格利益保护中还有可以涉及公益诉讼问题。许多学者认为，如果死者人格利益关系到公共利益，尤其是像历史名人、领袖等伟人，其形象与名誉往往与历史传统、民族感情、国家形象紧密联系，损害其死后的人格，也必将会损害公共利益，也会危害公共道德。所以，在没有近亲属提起诉讼之时，法律上也可规定公益诉讼。如《匈牙利民法典》第86条规定："如果损害死者（或者已撤销的法人）声誉的行为同时也损害社会利益，则检察长也有权提起诉讼。"这一观点从理论上说确有一定的道理。我国《民法总则》第185条规定："侵害英雄烈士等的姓名、肖像、名誉、荣誉，损害社会公共利益的，应当承担民事责任。"该条也出于维护公共利益出发，对侵害英烈人格利益的侵权责任作出了规定，其中也涉及对死者人格利益的保护。从该条规定来看，行为人依据该条规定承担侵权责任时，应当以其行为损害社会公共利益为前提。笔者认为，在判断死者人格利益是否涉及公共利益时较为困难，因为死者人格利益主要还是涉及私法上的利益，按照私法自治原则，国家机关一般没有必要进行干预。但如果确实涉及公共利益的死者人格利益保护，其近亲属又不能主张的，也未尝不可以由检察机关直接向人民法院起诉，以维护重大社会公共利益，但对此应当作出严格的限制。可以考虑，将其限定在确实涉及重大公共利益，且近亲属又不能主张的情况。

七、关于精神损害赔偿的适用

对死者人格利益的侵害是否要有精神损害赔偿，对此，学理上存在不同看法。德国判例一般不支持在侵害死者人格权情况下关于精神损害赔偿的请求。但是，如果能够认定侵害死者人格权同时也侵害了其亲属的人格权，二者之间存在法律的因果联系，则其亲属可以要求精神损害赔偿①。美国判例中对死者姓名、肖像等人格利益的保护，只承认财产损害赔偿，而不承认精神损害赔偿②。

在我国，一般认为，只有因为侵害了死者人格利益而导致近亲属的人格利益受到侵害的情况下，其近亲属才主张精神损害赔偿。如果因为侵害而导致近亲属遭受了精神痛苦，应当给予抚慰。③法律之所以设立精神损害赔偿是为了对近亲属的精神损害予以安慰，如果近亲属并没有遭受任何精神损害，近亲属以死者人格利益受到侵害为由，主张精神损害赔偿，这和法律设定精神损害赔偿的目的是不符合的。笔者赞同这一看法。我国司法实践实际上经历了从直接保护模式向间接保护模式转变的过程。在 1989 年的"荷花女案"中，最高人民法院发布了《关于死亡人的名誉权应受法律保护的函》（[1988] 民他字第 52 号），其中指出，"吉文贞（艺名荷花女）死亡后，其名誉权应依法保护，其母陈秀琴亦有权向人民法院提起诉讼"。从该批复的规定来看，最高人民法院肯定了吉文贞（艺名荷花女）死亡后仍然享有名誉权，显然是采纳了直接保护模式。④但在随后的司法实践中，最高人民法院在死者人格利益保护方面的态度发生了一定的转变，最高人民法院在 1993 年发布了《关于审理名誉权案件若干问题的解答》（法发 [1993]15 号），其中规定："死者名誉受到损害的，其近亲属有权向人民法院起诉。近亲属包括：配偶、父母、子女、兄弟姐妹、祖父母、外祖父母、孙子女、外孙子女。"《精

---

① Schricker/Gerstenberg, Urheberrecht, 1987, ss 22 and 60 of the Kunsturhebergesetz, para 24 with examples.

② David Collins: Age of the Living Dead: Personality Rights of Deceased Celebrities, 39 Alberta L. Rev.924.

③ 参见曹诗权、李政辉：《论侵害生命权在民法上的责任》，载《法学评论》1998 年第 5 期。

④ 再如，在"海灯法师案"中，最高人民法院也于 1992 年作出了《关于范应莲诉敬永祥侵害海灯名誉一案如何处理的复函》（[1992] 民他字第 23 号），其中规定，"敬永祥的行为已侵害了海灯法师及范应莲的名誉权，应承担相应的民事责任。"该批复也肯定了死者享有名誉权，实际上是对死者人格利益采纳了直接保护模式。

神损害赔偿司法解释》第 3 条规定："自然人死亡后，其近亲属因下列侵权行为遭受精神痛苦，向人民法院起诉请求赔偿精神损害的，人民法院应当依法予以受理……"从上述规定来看，最高人民法院实际上已否定了死者仍然享有人格权，在侵害死者名誉等人格利益的情形下，死者的近亲属有权提出请求，而且死者近亲属提出请求的主要目的是为了救济自身所遭受的精神损害，这实际上是采纳了间接保护模式。笔者认为，采用间接保护模式更为合理。直接保护模式通过肯定死者具有部分权利能力，实现对死者的直接保护，虽然具有一定的合理性，但如果采用此种保护模式，可能需要对我国既有的法律制度进行较大的调整，尤其会对我国的民事主体制度、民事权利能力制度等产生较大冲击。而间接保护模式通过保护死者近亲属的保护间接保护死者本人，则能够更好地契合我国既有的法律制度。在间接保护模式下，如果因为侵害而导致近亲属遭受了精神痛苦，应当给予抚慰。除非因行为人的同一行为同时侵害了死者人格利益和近亲属的人格利益，如辱骂某某人之父亲，从而也损害了近亲属的利益，在此情况下，可以认为，该行为既侵害了死者的人格利益，也侵害了近亲属的人格利益。此种行为将分别产生两种不同的请求权，即近亲属既可以主张死者人格利益受到侵害的请求，也可以主张自身人格利益遭受侵害的请求。但是，考虑到其造成的直接后果仍然是对近亲属人格利益的侵害，最终后果仍然是由其近亲属承担。所以，只能以近亲属是否遭受精神痛苦给予补偿，也只能以近亲属人格利益是否遭受侵害提出请求。

综上所述，对死者人格利益的保护，主要应当采用停止侵害、消除危险、恢复名誉等方式对死者人格利益提供补救。对因死者近亲属遭受的精神损害的赔偿应作严格限制。

论侵害英烈人格利益的民事责任

《民法总则》第 185 条对侵害英烈人格利益的民事责任作出了规定，有利于弘扬良好的道德风尚，培育和践行社会主义核心价值观。英雄、烈士是一个国家和民族精神的重要体现，是引领社会风尚的标杆，是人们行为的榜样。因此，强化对英烈人格利益保护，有利于弘扬烈士精神，培养公民的爱国主义精神，增强中华民族的凝聚力，也有利于激发实现中华民族伟大复兴中国梦的强大精神力量。[①]

一、侵害英雄烈士等人格利益的民事责任概述

"天地英雄气，千秋尚凛然。"英雄先烈是我们民族的脊梁，也是激励我们前行的力量。在《民法总则》颁行前，我国司法实践中出现了一些侵害英雄、烈士人格利益的纠纷，如"邱少云案"[②]、"狼牙山五壮士案"[③]，此种行为不仅损害了广大人民群众的民族情感，也不利于凝聚民族精神。[④] 为了有

[①] 参见张新宝：《〈中华人民共和国民法总则〉释义》，中国人民大学出版社 2017 年版。

[②] 《邱少华与孙杰等一般人格权纠纷案》，北京市大兴区人民法院（2015）大民初字第 10012 号民事判决书。

[③] 《洪振快诉葛长生名誉权纠纷案》，北京市第二中级人民法院（2016）京 02 民终 6272 号民事判决书。

[④] 参见陈甦主编：《民法总则评注》（下册），法律出版社 2017 年版，第 1324 页。

效规范此类行为，保护英雄烈士等的人格利益，《民法总则》第 185 条规定：
"侵害英雄烈士等的姓名、肖像、名誉、荣誉，损害社会公共利益的，应当
承担民事责任。"该条对侵害英雄烈士等人格利益的民事责任作出了规定，
具有重要的现实意义。该条强化对英雄、烈士姓名、名誉、荣誉等的法律保
护，对于维护民族精神、弘扬社会公共道德、有效保护英雄烈士人格利益、
弘扬社会主义核心价值观，具有重要意义。[1]2018 年 4 月 27 日通过的《中
华人民共和国英雄烈士保护法》（以下简称"《英雄烈士保护法》"）也专门对
英雄烈士的人格利益保护作出了规定，该法进一步细化了英雄烈士人格利益
保护的条件，并对侵害英雄烈士的民事责任规则作出了细化规定。

关于侵害英雄烈士等人格利益民事责任的立法目的，存在不同看法。有
观点认为，《民法总则》第 185 条属于死者人格利益保护条款。[2] 笔者认为，
《民法总则》第 185 条并非专门的死者人格利益保护条款，主要理由在于：
一方面，该条保护的范围是"英雄烈士等"，其并不限于已经故去烈士，还
包括英雄以及其他主体，因此，将该条界定为死者人格利益保护规则并不妥
当。另一方面，从《民法总则》第 185 条规定的文义来看，侵害英雄烈士等
人格利益民事责任的成立以"损害社会公共利益"为要件，目的在于淳化良
好的社会道德风尚，强化社会主义核心价值观。在行为人侵害英雄烈士等人
格利益并未损害社会公共利益时，相关主体则无法依据《民法总则》第 185
条的规定请求行为人承担民事责任。因此，该条在性质上并不属于专门的死
者人格利益保护条款。尤其应当看到，在侵害死者人格利益的情形下，请求
权人限于死者的近亲属，而在侵害英烈人格利益的情形下，请求权人的范围
并不限于英烈的近亲属，在侵害英烈人格利益损害公共利益的情形下，有关
机关出于维护公共利益的需要，也可以向行为人提出请求。《英雄烈士保护
法》第 25 条第 1、2 款规定："对侵害英雄烈士的姓名、肖像、名誉、荣誉

---

[1]　参见石宏主编：《中华人民共和国民法总则条文说明、立法理由及相关规定》，北京大
学出版社 2017 年版，第 440 页。

[2]　杨立新主编：《中华人民共和国民法总则要义与案例解读》，中国法制出版社 2017 年
版，第 687 页。

的行为，英雄烈士的近亲属可以依法向人民法院提起诉讼。英雄烈士没有近亲属或者近亲属不提起诉讼的，检察机关依法对侵害英雄烈士的姓名、肖像、名誉、荣誉，损害社会公共利益的行为向人民法院提起诉讼。"依据该条规定，在行为人侵害英雄烈士人格利益的情形下，英雄烈士的近亲属可以请求行为人承担民事责任，该条第 1 款在规定英雄烈士近亲属的请求权时，并没有以损害社会公共利益作出行为人承担民事责任的条件，可见，该条第 1 款的目的在于保护英雄烈士近亲属的利益，而不是为了保护社会公共利益。该条第 2 款在规定检察机关的请求权时，仍然将"损害社会公共利益"作为条件，可见，该款的规范目的仍然在于保护社会公共利益。

二、侵害英雄烈士等人格利益民事责任的构成要件

（一）侵害了英雄烈士等的利益

依据《民法总则》第 185 条的规定，行为人承担民事责任必须是侵害了英雄烈士等的人格利益。关于烈士的范围，我国专门颁行了《烈士褒扬条例》和《中华人民共和国民政部军人抚恤优待条例》，分别对公民被评定为烈士的条件和现役军人被批准为烈士的条件作出了规定。① 但关于本条中"英雄"的内涵，学界存在一定的争议：一种观点认为，此处的"英雄"在性质上属于形容词，应当将该条的"英雄烈士"解释为"具有英雄品质的烈士"。② 另一种观点认为，该条中的"英雄"属于名词，其属于与烈士并列的人，而且此处的"英雄"应当指已经去世的英雄人物。③ 笔者认为，本条中的"英雄"应当属于名词，即属于与"烈士"并列的人，当然，从该条规定来看，其并

---

① 参见《烈士褒扬条例》第 8 条、《中华人民共和国民政部军人抚恤优待条例》第 8 条。

② 参见张新宝：《〈中华人民共和国民法总则〉释义》，中国人民大学出版社 2017 年版，第 400 页。

③ 参见杨立新：《英烈与其他死者人格利益的平等保护》，载 http：//www.legaldaily.com. cn/fxjy/content/2017-03/16/content_7056376.htm?node=70948，2017 年 4 月 15 日浏览。

没有要求"英雄"必须已经牺牲，因此，其既可以是已经牺牲的英雄，也可以是未牺牲的英雄。所以，该条并不限于保护已经故去的英雄、烈士，还包括仍然健在的英雄等主体。

关于保护范围，该条使用了"英雄烈士等"的表述，这就表明其并不仅仅保护英雄、烈士的人格利益，但应当不包括一般的死者人格利益。关于烈士的范围，我国专门颁行了《烈士褒扬条例》和《中华人民共和国民政部军人抚恤优待条例》，分别对公民被评定为烈士的条件和现役军人被批准为烈士的条件作出了规定。① 因此，关于何为烈士，并不存在太大争议，但关于本条中"等"字的理解，存在争议。有观点认为，本条中的"等"字有特定的指向，即指"在我国近现代历史上，为争取民族独立和人民自由幸福、国家繁荣富强作出了突出贡献的楷模"，"只要是能够作为民族精神的代表、民族文化的旗帜的人"，都属于本条中"等"字的范畴。② 笔者认为，该条使用"英雄烈士等"这一表述，表明本条的保护范围不限于英雄、烈士，也包括其他人格利益，但按照同类解释（Eiusdem Generis）规则，③ 其他人也应当是与英雄、烈士类似的人，如为了人民利益英勇斗争牺牲、堪称楷模的人，以及在保卫国家和国家建设中作出巨大贡献、建立卓越功勋的已经故去的人。④ 因此，本条并不包括一般的死者人格利益。

需要指出的是，《英雄烈士保护法》在规定英雄烈士人格利益保护时，并没有继续使用《民法总则》第185条的"英雄烈士等"这一表述，表明其保护范围限于英雄烈士，而不包括一般的死者人格利益。可见，《民法总则》在保护范围上要大于《英雄烈士保护法》，因此，在行为人侵害英雄烈士以外的人的人格利益并损害社会公共利益的，相关主体仍可依据《民法总则》

---

① 参见《烈士褒扬条例》第 8 条、《中华人民共和国民政部军人抚恤优待条例》第 8 条。

② 参见张新宝：《〈中华人民共和国民法总则〉释义》，中国人民大学出版社 2017 年版，第 402 页。

③ 同类解释规则是指如果法律上列举了具体的人或物，然后将其归属于"一般性的类别"，那么，这个一般性的类别就应当与具体列举的人或物属于同一类型。

④ 参见李适时主编：《〈中华人民共和国民法总则〉释义》，法律出版社 2017 年版，第 580 页。

第 185 条向行为人提出请求。

（二）侵害了姓名、肖像、名誉、荣誉四项人格利益

从《民法总则》第 185 条和《英雄烈士保护法》第 25、26 条的规定来看，其所保护的英雄烈士等的人格利益范围限于姓名、肖像、名誉、荣誉。《英雄烈士保护法》第 22 条规定："禁止歪曲、丑化、亵渎、否定英雄烈士事迹和精神。英雄烈士的姓名、肖像、名誉、荣誉受法律保护。任何组织和个人不得在公共场所、互联网或者利用广播电视、电影、出版物等，以侮辱、诽谤或者其他方式侵害英雄烈士的姓名、肖像、名誉、荣誉。任何组织和个人不得将英雄烈士的姓名、肖像用于或者变相用于商标、商业广告，损害英雄烈士的名誉、荣誉。公安、文化、新闻出版、广播电视、电影、网信、市场监督管理、负责英雄烈士保护工作的部门发现前款规定行为的，应当依法及时处理。"

上述规则在规定英雄烈士等的人格利益保护范围时，采取了具体列举的模式，即仅限于姓名、肖像、名誉、荣誉这几种人格利益。从实践来看，侵害英雄烈士等人格权益的行为主要也是侵害姓名、肖像、名誉、荣誉的行为。当然，该条采用封闭式列举的方式确定所保护的人格权益的范围，也存在一定的问题，因为除上述人格权益外，行为人侵害英雄烈士等的其他人格权益，同样可能损害社会公共利益，如侵害英雄、烈士等的隐私等，关于如何规范此类行为，存在三种观点：一种观点认为，应当类推适用《民法总则》第 185 条的规定规范此类行为，追究行为人的民事责任。另一种观点认为，应当适用《民法总则》第 126 条关于民事权益保护的规则规范上述行为。还有一种观点认为，应当适用《民法总则》第 109 条关于一般人格权保护的规定规范上述行为。

笔者认为，由于第 185 条涉及社会公共利益问题，由于个人信息、隐私等一般不涉及社会公共利益，因此立法者将其排除在外，类推适用第 185 条的规定并不妥当。但其毕竟属于一种人格利益，因此应当受到法律保护。关于究竟应当适用第 109 条还是第 126 条，笔者认为，《民法总则》第 126 条

的保护范围十分宽泛，其适用于所有的人格权益的保护，与《民法总则》第
126 条的规定相比，《民法总则》第 109 条关于一般人格权的规定更具有针
对性，因此，应当适用《民法总则》第 109 条的规定规范侵害英雄烈士等隐
私、个人信息的行为。

（三）损害社会公共利益

依据《民法总则》第 185 条，行为人在依据本条规定承担民事责任时，
要求其行为必须损害了社会公共利益。社会公共利益其实是一种反射利益，
也就是说，是因为侵害了英雄烈士等姓名、肖像、名誉、荣誉而引发的一种
间接损害。由于英雄烈士的人格利益常常会与社会公共利益联系在一起，因
此需要特别保护。例如，在"叶挺后人诉'暴走漫画'"案中，法院认为，"叶
挺烈士在皖南事变后在狱中创作的《囚歌》充分体现了叶挺烈士百折不挠的
革命意志和坚定不移的政治信仰，表现出的崇高革命气节和伟大爱国精神已
经获得了全民族的广泛认同，已成为中华民族共同记忆的一部分，是中华民
族宝贵的精神财富和社会主义核心价值观的重要内容，同时也是叶挺烈士享
有崇高声誉的基础。西安摩摩公司制作的该视频篡改了《囚歌》内容，亵渎
了叶挺烈士的大无畏革命精神，损害了叶挺烈士的名誉，不仅给叶挺烈士亲
属造成精神痛苦，也伤害了社会公众的民族和历史感情，损害了社会公共利
益，故被告西安摩摩公司上述行为已构成名誉侵权"，因此判决被告应当赔
礼道歉，并赔偿 10 万元人民币。①《英雄烈士保护法》第 1 条也明确规定："为
了加强对英雄烈士的保护，维护社会公共利益，传承和弘扬英雄烈士精神、
爱国主义精神，培育和践行社会主义核心价值观，激发实现中华民族伟大复
兴中国梦的强大精神力量，根据宪法，制定本法。"英烈的事迹成为社会公
众追随的榜样，其与我国的社会共识和主流价值观密切关联，在某种程度上
已经成为中华民族共同记忆和民族感情的重要组成部分，正是从这个意义上

---

① 《叶挺后人诉"暴走漫画"案宣判：公开致歉赔 10 万元》，载《法制晚报》2018 年 9
月 28 日。

说，侵害英雄烈士等的人格利益，同时也会伤害社会公众的民族感情，损害社会公共利益。因此，侵害英雄烈士等人格利益的案件也可以作为公益诉讼案件，在受害人及其近亲属未提起诉讼的情形下，检察机关以及有关公益组织也应有权提起诉讼，请求行为人承担相应的民事责任。

三、侵害英雄烈士等人格利益民事责任

（一）请求权主体

在侵害英雄烈士等人格权益的情形下，哪些主体有权请求行为人承担责任？《民法总则》第 185 条并没有对此作出明确规定。依据《英雄烈士保护法》第 25 条的规定，在行为人侵害英雄烈士人格利益的情形下，英雄烈士的近亲属可以依法向人民法院提起诉讼，如果英雄烈士没有近亲属或者近亲属不提起诉讼的，检察机关依法对侵害英雄烈士的姓名、肖像、名誉、荣誉，损害社会公共利益的行为向人民法院提起诉讼。笔者认为，不论是《民法总则》还是《英雄烈士保护法》，其保护英雄烈士人格利益的目的均在于保护社会公共利益，而非直接保护英雄烈士近亲属的利益，因此，应当由国家公权力机关（如检察院）提起诉讼。① 当然，在行为人的行为损害英雄等本人或者英雄烈士等近亲属的利益，导致其精神损害的情形下，其本人或者其近亲属也应当有权向行为人提出请求。笔者认为，英雄等本人或者英雄烈士等的近亲属对行为人的损害赔偿请求权应当可以与行为人依据《民法总则》第 185 条所承担的责任并存，也就是说，在行为人侵害英雄烈士等人格权益的情形下，行为人除需要依据《民法总则》第 185 条承担民事责任外，受害人本人或者其近亲属也应当有权请求行为人承担侵权责任。② 例如，在"彭家惠

---

① 参见张新宝：《〈中华人民共和国民法总则〉释义》，中国人民大学出版社 2017 年版，第 403 页。

② 参见王叶刚：《论侵害英雄烈士等人格权益的民事责任》，载《中国人民大学学报》2017 年第 4 期。

诉《中国故事》杂志社名誉权纠纷案"中，法院认定，《中国故事》于 1998
年第 4 期刊登的小说《祸祟》，"虚构情节，用较大篇幅将在辛亥革命中英勇
牺牲的彭家珍烈士，描写为令人厌恶的反面人物，严重丑化了彭家珍烈士的
人格，侵害了彭家珍烈士的名誉，事实清楚，证据充分，各当事人对此均无
异议。由于彭家珍烈士的父母已故，其本人没有配偶和子女，原告彭家惠是
彭家珍烈士的妹妹，有权向侵害彭家珍烈士名誉权的单位或个人提起民事诉
讼"。但彭家惠作为彭家珍烈士的近亲属起诉，是维护彭家珍烈士的名誉，
而非自身的名誉权受到侵害。①

（二）责任形式

从《民法总则》第 185 条和《英雄烈士保护法》第 25、26 条规定来看，
其只是规定了在英雄烈士人格利益遭受侵害的情形下，行为人应当承担民事
责任，但行为人究竟应当承担何种民事责任，并不明确。笔者认为，对于法
律规定的各种民事责任形式而言，在符合法律规定的条件，只要是有利于预
防不法侵害行为，有利于填补受害人的损害，相关的责任形式即可以适用。
例如，行为人的不法侵害行为正在进行的情形下，相关主体有权请求行为人
停止侵害；在加害行为导致英雄烈士近亲属精神损害的情形下，则英雄烈士
的近亲属应有权请求行为人承担精神损害赔偿责任。

关于侵害英雄烈士等人格利益的责任形式，我国民法典分编草案人格权
编（以下简称"草案"）虽然没有专门对此作出规定，但是草案对侵害人格
权益的责任形式作出了规定，具体而言：一是适用多种责任形式对英烈的人
格利益进行保护。草案第 778 条第 1 款："侵害民事主体人格权的，应当依照
本法和其他法律的规定承担停止侵害、排除妨碍、消除危险、赔偿损失、消
除影响、恢复名誉、赔礼道歉等民事责任。"这实际上也是对我国现行侵权
责任法保护模式的延续。因此，在侵害英烈等人格利益的情形下，请求权人
既可请求恢复名誉，赔礼道歉，又可以请求损害赔偿，而且可以同时请求恢

---

① 参见《最高人民法院公报》2002 年第 6 期。

复名誉和赔偿损失，从而将两种责任方式有效地结合起来，并且能有效地、充分地发挥其制裁不法行为人，并保护受害人利益的作用。二是通过人格权请求权对英烈人格利益进行保护。所谓人格权请求权，是指民事主体在其人格权受到侵害、妨害或者有妨害之虞时，有权向加害人或者人民法院请求加害人停止侵害、排除妨害、消除危险、恢复名誉、赔礼道歉，以恢复人格权的圆满状态。我国民法典分编草案与人格权请求权与侵权损害赔偿请求权分离，从而加强了对人格权的保护，同时也有利于预防损害后果的发生。草案第 778 条第 2 款规定："民事主体依照前款规定提出的停止侵害、排除妨碍、消除危险、消除影响、恢复名誉、赔礼道歉请求权不受诉讼时效的限制。"该条实际上对人格权请求权已经作出了规定。因此，在民法典通过之后，针对侵害英烈等人格利益的行为，请求权人可以主张人格权请求权。

人工智能时代对民法学的新挑战 *

　　1956 年夏，在一场关于机器模拟智能的研讨会上，首次提出了"人工智能"这一概念。人工智能作为一门新兴学科，其与基因工程、纳米科学共同被称为 21 世纪的三大尖端技术。作为引领新一轮科技革命的技术，人工智能系统在替代人类从事简单性、重复性以及危险性工作方面存在广泛的应用价值，目前在金融、安防、客服等行业领域已实现应用，并且在精确度和效率上确实已远超人工。① 半个世纪以来，伴随着现代科技的发展，特别是移动互联网、大数据、脑科学等新理论、新技术的发展，人工智能近些年的发展极为迅速，已经成为国际竞争的新焦点和经济发展的新引擎②。从某种程度上而言，人工智能以信息技术为核心，"信息主权"话题的探讨一定程度上也决定了人工智能未来在国际竞争中的地位。人工智能技术以信息技术为核心，直接造就了信息主权话题的探讨。③

　　我们已经进入人工智能时代，机遇与危险并存。美国电影《终结者》曾预测人工智能机器人超级战士击败人类的结果；科学家霍金生前始终认为，人工智能的发明可能是人类历史上最大的灾难。如果管理不善，人工智能确

---

　　* 　原载《东方法学》2018 年第 3 期。

　　① 　参见中国电子技术标准化研究院：《人工智能标准化白皮书（2018 版）》，第 1 页。

　　② 　参见国务院《新一代人工智能发展规划》（国发〔2017〕35 号）第一部分。

　　③ 　参见许志华：《网络空间的全球治理：信息主权的模式建构》，载《学术交流》2017 年第 12 期。

实可能成为霍金所预言的"最糟糕的发明"，会思考的机器人可能会为人类文明画上句号，这样的论断绝非危言耸听。"问题就是时代的口号"，借助于大数据的人工智能，在改变我们生产与生活方式的同时，也给我们带来了诸多法律上的新问题、新挑战。正如国务院《新一代人工智能发展规划》所言："人工智能是影响面广的颠覆性技术，可能带来改变就业结构、冲击法律与社会伦理、侵犯个人隐私、挑战国际关系准则等问题，将对政府管理、经济安全和社会稳定乃至全球治理产生深远影响。"这些问题亟待我们予以回应并加以解决。目前对于人工智能的研究有从伦理学层面①、认知哲学层面②展开的，笔者拟就人工智能对传统民法学理论及司法实务造成的如下挑战谈下自己的看法，以期能对人工智能法律规范体系的形成有所裨益。

一、人工智能对民事主体制度的挑战

人工智能的发展催生了各种类型的机器人，这也带来了一个非常重大的法律问题，即是否应当将机器人视为法律上的人？换言之，机器人究竟应当作为法律关系的主体还是客体出现？应当将其等同于普通的机器或者动物对待，抑或将其作为"人"来看待？

人工智能研究的创始人之一明斯基指出，人工智能是"让机器从事需要人的智能的工作的科学"。2016 年，世界机器人大会在北京召开，一些机器人公司展示出了各种智能机器人，智能机器人能够识别人的面孔、表情、年龄、性别，并且能够表达与人类相似的情绪和面部表情。智能机器人的智力目前虽然还不能和人类相比，但也具备了独立处理相关信息的能力和智力，有的机器人甚至已经基本达到了人类智慧的水准。2017 年，沙特阿拉伯宣布授予机器人索菲亚以公民资格，由此也进一步推动了法学界对于人工智能

---

① 参见徐英瑾：《具身性、认知语言学与人工智能伦理学》，载《上海师范大学学报》（哲学社会科学版）2018 年第 1 期。

② 参见魏屹东：《人工智能的适应性表征》，载《上海师范大学学报》（哲学社会科学版）2018 年第 1 期。

主体地位的思考。

从智能机器人的发展现状来看，人工智能机器人已经逐步具有一定程度的自我意识和自我表达能力，可以与人类进行一定的情感交流。有人估计，未来若干年，机器人可以达到人类 50% 的智力。从实践来看，机器人可以为我们接听电话，从事语音客服、身份识别、翻译、语音转换、智能交通等工作，甚至可以进行案件分析。有人统计，现阶段 23% 的律师业务已可由人工智能完成。机器人本身能够形成自学能力，能够对既有的信息进行分析和研究，从而提供司法警示和建议。甚至有人认为，机器人未来可以直接当法官，[①] 可见人工智能机器人已经不完全是一种工具，而在一定程度上具有了自己的意识，并能作出简单的意思表示。有观点甚至主张，应当承认人工智能具有法律人格。[②] 这就提出了一个新的法律问题，即我们将来是否有必要在法律上承认人工智能机器人的法律主体地位？

笔者认为，从目前人工智能的发展来看，其尚未对传统民事法律主体理论提出颠覆性的挑战，我们在短时期内仍然应当坚守传统民事主体理论，而不宜将智能机器人规定为民事主体，主要理由在于：一方面，智能机器人是人类创造出来的，其产生之初即作为民事法律关系的客体而出现，其虽然可能代替人类从事相关的活动，但本质上是受其自身的算法而决定的，尚不具备人类所具有的自主思考的意识和能力。另一方面，智能机器人尚不能独立享有权利、承担义务。在智能机器人造成他人损害时，仍然应当依据《产品质量法》《侵权责任法》确定相关法律责任的承担者，即应当由其创造者或管理者承担责任。也就是说，在一定时期内，既有的法律制度和规则体系仍可有效解决智能机器人所带来的挑战[③]，而不需要承认机器人的民事地位。智能机器人进入民事主体的范畴在未来或许是可行的，因为随着未来科技的发展，智能机器人可能也会不断"进化"，不排除将来智能机器人的思维能

---

① 参见高奇琦、张鹏：《论人工智能对未来法律的多方位挑战》，载《华中科技大学学报》（社会科学版）2018 年第 1 期。

② 参见袁曾：《人工智能有限法律人格审视》，载《东方法学》2017 年第 5 期。

③ 参见李晟：《略论人工智能语境下的法律转型》，载《法学评论》2018 年第 1 期。

力会进一步发展，具备与人类相当甚至超越人类的意识和思考能力，并可以在一定范围内独立地享有权利、承担义务，但在目前人工智能机器人还不能也没有必要成为民事主体。

二、人工智能对人格权保护的新挑战

人工智能的发展还涉及人格权保护的一系列问题，至少包括如下几个方面：

第一，人工智能对隐私的保护提出了新挑战。例如，伴随着人工智能技术的发展，无人机技术也蓬勃发展，无人机被形象地描述为"冰冷的观测技术产品"，可以各种方式"进入"人们想要到达的区域。童话小说中描述的在苍蝇身上绑上摄像机去他人房间窥探他人隐私设想，目前已经由无人机技术得以实现，这就对隐私权的保护提出了新的挑战。美国已经发生了多起无人机侵犯他人隐私的纠纷。在无人机窥探他人隐私的情形下，受害人往往难以进行举证，甚至难以确定具体的行为人①，这就需要法律进一步强化隐私权的保护，以更好地应对人工智能技术的发展。

第二，人工智能对个人信息的保护提出了新挑战。已经身处大数据时代，大数据记载了我们过去发生的一切和现在发生的一切，并能准确地预测我们的未来。现代社会的人就好像"裸奔"一样，我们的一切都有可能被他人"监视"，都时刻可能暴露在"第三只眼"之下，"亚马逊监视着我们的购物习惯，谷歌监视着我们的网页浏览习惯，而微博似乎什么都知道，不仅窃听到了我们心中的'TA'，还有我们的社交关系网。"② 无论我们走到哪里，只要携带手机，相关软件借助于 Cookie 技术，就可以时刻知道我们的准确定位。借助于大数据分析技术，人工智能也会对个人信息权利的保护带来威

---

① 参见《我们应该如何看待无人机侵犯大众隐私的问题》，https://baijia.baidu.com/s?old_id=470904，2018 年 2 月 12 日。

② ［英］维克托、迈尔-舍恩伯格：《大数据时代》，盛杨燕等译，浙江人民出版社 2013 年版，第 193 页。

胁，一些智能机器人大规模地收集个人信息，并将其植入程序之中，也会对隐私等个人信息构成重大威胁。如何从技术层面、法律层面规范智能机器人搜集个人信息的合法性问题，将是人工智能时代的一项新挑战。例如，在全国首例利用人工智能技术侵犯公民个人信息案中，行为人即利用人工智能技术识别验证码，破解了相关的技术防范措施，并获取受害人个人信息，人工智能技术对相关技术防范措施的破解速度快至毫秒级，令人极为震惊。[1] 除收集个人信息外，人工智能技术还可能被用来研究和开发以大数据为基础的各种产品，并凭借大数据无穷的潜力获取利益，从而刺激人们进一步采集、分析人们的大数据信息。随着个人信息收集和分析方式越来越先进，成本也越来越低廉，大规模的数据收集已成为常态，并会越来越普遍，这就进一步加剧了对个人信息和隐私的威胁。[2] 我国《民法总则》对个人信息权利的保护作出了规定，但并没有专门规范利用人工智能收集、利用个人信息的行为，未来立法有必要专门设置相关的法律规则，防止人工智能应用过程中的数据非法收集、泄露、贩卖等问题，以有效保护个人信息的安全。[3]

第三，人工智能对肖像权的保护提出了新的挑战。人工智能技术可能借助光学技术、声音控制、人脸识别技术等新型技术，收集他人肖像，并传播、模仿他人的肖像。例如，借助于光学技术和摄像技术，人工智能可以拍摄高分辨率的照片，使得夜拍图片具有与日拍图片同等的效果，这样就使得对肖像权的获取与利用更为简便，这也对肖像权的保护提出了新的挑战。近年来，利用大数据的人工智能人脸识别技术在各领域都开始了实质性运用，从刷脸支付、整治闯红灯到抓捕逃犯，甚至公共领域的厕纸管理，该技术都

---

① 参见《人工智能成窃取公民个人信息案"帮凶"！系全国首例》，载 http：//www.sohu.com/a/197343129_99931689，2018 年 2 月 12 日。

② 参见张宪丽、高奇琦：《人工智能时代公民的数据意识及其意义》，《西南民族大学学报》（人文社科版）2017 年第 12 期。

③ 参见吴汉东：《人工智能时代的制度安排与法律规制》，载《法律科学（西北政法大学学报）》2017 年第 5 期。

得到了实质利用。①

第四，人工智能对自然人声音、表情、肢体动作等人格利益的保护提出了新挑战。现在很多人工智能系统把一些人的声音、表情、肢体动作等植入其中，使得所开发的人工智能产品可以模仿他人的声音、形体动作等，甚至能够像人一样表达，并与人进行交流。但如果未经他人同意而擅自进行上述模仿活动，就有可能构成对他人人格权的侵害。

此外，需要指出的是，如果将来承认了人工智能机器人的主体资格，还会产生人工智能机器人人格权的保护问题。目前，刑法学理论已经开始探讨毁坏他人机器人是构成故意杀人罪还是故意毁坏财物罪。近来媒体报道，机器人伴侣已经出现，如果机器人伴侣受到虐待，其能否主张人格权受到侵害等，也需要进一步探讨。

三、人工智能对数据财产保护的新挑战

产权清晰是市场经济的基本要求之一，然而大数据和人工智能使得这一传统命题迎来新的挑战。"数据＋算法"被视为人工智能技术开发的核心，数据的收集和分析技术的发展成为人工智能进行机器学习和开发的基本方法。目前，大数据已经是人工智能的一种重要分析工具，其得力于传感器与微处理器的硬件支撑。②借助于大数据分析技术，人工智能可以进行相关的演练和操作。从人工智能的技术原理来看，其也有赖于大数据分析系统的支持，人工智能功能的强弱在很大程度也取决于其所包含数据库的多少，人工智能需要依赖大量来自不同主体的数据，数据的抓取和利用在人工智能行业无处不在。数据在人工智能技术开发中的应用价值越来越高，但数据的开发和利用都需要明晰数据的产权主体

---

① 参见《人脸识别系统半个月抓住 3 名逃犯还有哪些用途?》http://news.163.com/17/0604/07/CM2PVCQ70001875P.html，2018 年 2 月 2 日。

② 参见王博、郝银钟:《大数据条件下司法公开对我国法官制度的新要求》，载《学术交流》2017 年第 12 期。

和内容，规范数据的移转和利用。因此，人工智能的发展需要解决财产法面临的新问题。

人工智能利用的数据主要有三类，分别是个人所有的数据、私人企业和组织所有的数据和公共机构管理的数据。有观点认为：数据财产权的基本原则是谁的数据归谁所有，没有任何主体指向的数据是公共资源。[①] 但是人工智能不仅会储存收集原始数据，而且可以对收集的各种数据进行加工产生衍生数据。与此同时，数据的占有和转移占有是无形的，同时也是没有有效的权属证明。所以，在大数据时代，法律所遇到的一个严峻挑战即应当如何确认数据的权利归属，既要保护被搜集人的个人信息权，又要保护数据开发者、合法利用者的数据财产权，迄今为止，如何对数据进行确权并且构建起权利内容和权利转移制度尚未解决，需要法律予以尽快完善。

现行《物权法》把物权分为动产和不动产，而数据难以按照此种方法进行分类，故而学界一直争议数据属于物权还是债权。我国《民法总则》第127 条对数据的保护规则作出了规定，一方面，数据在性质上属于新型财产权，但数据保护问题并不限于财产权的归属和分配问题，还涉及这一类财产权的转移、利用、保管等法律问题。在利用人工智能时如何规范数据的收集、储存、利用行为，避免数据的泄露和滥用，并确保国家数据的安全，也是亟需解决的重大现实问题。[②] 另一方面，人工智能的应用方式和应用范围在很大程度上取决于其算法，如何有效规范这一算法，避免侵害他人权利，也需要法律制度予以应对。例如，人工智能通过分析在网络交易中取消订单的频繁程度，可以得出一个人社会信用状况和交易能力的评价结果，此种评价结果可能对个人的经济生活产生重大影响。目前，人工智能算法本身的公开性、透明性和公正性的问题，是人工智能技术发展的核心问题，但目前并未受到充分关注。

---

① 吴晓灵：《大数据应用不能牺牲个人数据所有权》，载《清华金融评论》2016 年第 10 期。
② 参见郑戈：《人工智能与法律的未来》，载《探索与争鸣》2017 年第 10 期。

四、人工智能对知识产权保护的新挑战

人工智能的发展也涉及知识产权保护的问题。一方面，机器人已经能够自己创作音乐、绘画，机器人写作的诗歌集也已经出版，这也对现行知识产权法提出了新的挑战。例如，百度已经研发出可以创作诗歌的机器人，微软公司的人工智能产品"小冰"已于 2017 年 5 月出版人工智能诗集《阳光失了玻璃窗》，在日本，机器人创作的小说甚至还通过了日本文学奖的初审，有的机器人甚至会谱曲、作画，这些作品已经可以在市面上销售，这就提出了一个问题，即这些机器人创作作品的著作权究竟归属于谁，是归属于机器人软件的发明者，还是机器的所有权人，或者赋予机器人一定程度的法律主体地位从而由其自身享有相关权利？正如前文已经论述，现阶段的人工智能技术的发展尚不足以被承认为民事主体，故而现阶段也不适合承认机器人完成的作品可以归一个实践工具所有，只能承认由机器人的所有者享有知识产权。当然，在未来人工智能在创作领域可能技术更加成熟，已经达到了类似人类，或者超越人类的能力，那么可否在创作领域承认人工智能的民事主体地位和权利能力，这也是可以进一步讨论的。

另一方面，智能机器人要通过一定的程序进行"深度学习""深度思维"，在这个过程中有可能收集、储存大量的他人已享有著作权的信息，这就有可能构成非法复制他人的作品，从而构成对他人著作权的侵害。人工智能机器人能够存储大量的信息，而按照一些国家的规定，存储他人享有著作权的信息本身，就构成对他人著作权的侵害。人工智能实际上就是一种机器模仿人的智力活动的技术，但如果人工智能机器人利用获取的他人享有著作权的知识和信息创作作品，如创作的歌曲中包含他人歌曲的音节、曲调等，也可能构成剽窃。

在人工智能侵害他人知识产权的情形下，究竟应当由谁承担责任、如何承担责任，本身也是一个问题。如果认为机器人具有主体资格，那么其承担责任的财产又来自何处？如果认为机器人不具有主体资格，究竟应当按照产品责任追究生产者、销售者的侵权责任，还是应当由机器人的主人来承担相应责任？这些问题均值得进一步研究。

五、人工智能对侵权责任认定的新挑战

人工智能的发展还涉及侵权责任的认定问题。人工智能引发的侵权责任问题很早就受到了学者的关注，随着人工智能应用范围的日益普及，其所引发的侵权责任认定和承担问题将对现行侵权法律制度提出越来越多的挑战。[①] 无论是机器人致人损害，还是人类侵害机器人，都是新的法律责任。

在实践中，机器人致人损害的案例已经发生，2015 年 7 月，德国大众汽车制造厂一名 21 岁的工人在安装和调制机器人时，被机器人"出手"击中胸部，并被碾压在金属板上。无独有偶，2016 年，Google 无人驾驶汽车在美国加州山景城测试时，与一辆公交大巴相撞，后经法院认定，Google 公司在此次事故中负有责任。我国也出现了人工智能机器人伤人的事件，据报载，2016 年 11 月，在深圳举办的第十八届中国国际高新技术成果交易会上，一台名为小胖的机器人突然发生故障，在没有指令的前提下自行打砸展台玻璃，砸坏了部分展台，并导致一人受伤。[②] 表面上看，机器人是人制造的产品，在造成他人损害时，应当由机器人的研发者负责，似乎在法律上没有争议。但机器人又不同于普通的产品，对普通的产品而言，追踪产品的生产者较为容易，而对人工智能机器人而言，其是依靠自身的算法在运作，有其自身独特的运作程序。因此，在人工智能机器人造成他人损害时，不能简单地认定由该机器人的生产者承担责任，而应当由该程序的发明者承担责任，而人工智能机器人的运作程序可能是由多个主体共同开发的，很难确定具体的程序研发个人或者组织，这就给确定人工智能机器人的责任带来了

---

① 参见朱体正：《人工智能时代的法律因应》，载《大连理工大学学报》（社会科学版）2018 年第 2 期。

② 《深圳高交会出现中国首例机器人伤人事件》，载《联合早报》2016 年 11 月 18 日。

困难。

人工智能的发展催生了无人驾驶技术，这也对道路交通事故责任提出了新的挑战。[①] 伴随着无人驾驶技术在各国的运用，这一问题已经显现。前不久，深圳已经测试无人驾驶公交线路，引发了全球关注。浙江省拟于2022年建成支持自动驾驶的首条超级高速公路[②]。但值得我们考虑的问题是，一旦无人驾驶汽车发生交通事故，应当由谁承担责任？能否适用现行机动车交通事故责任认定相关主体的责任？法律上是否有必要为无人驾驶机动车制定专门的责任规则？这确实是一个新问题，但已经现实发生，美国时间2018年3月20日，UBER无人驾驶汽车在美国亚利桑那州发生了全球首例无人驾驶撞死行人的案件，案发地州政府紧接着宣布该州范围内永久性停止UBER无人驾驶测试，该案最终以和解方式结案，并未形成相应的裁判规则。[③] 笔者认为，对此应当区分不同情况，分别认定相关主体的责任：如果无人驾驶的汽车是因为汽车本身的技术故障引发交通事故，此时，受害人应有权根据《侵权责任法》《道路交通安全法》的规定要求驾驶者承担侵权损害赔偿责任。如果交通事故是因驾驶操作系统程序出现问题，发生交通事故，此时完全由驾驶者承担责任，可能有违公平，也过于苛责。究竟如何分配责任，值得进一步探讨。在无人驾驶技术日益普及的情形下，还有必要引入保险制度，即规定新类型的"无人驾驶强制责任保险制度"，为受害人提供必要的权利救济。

此外，有一个问题值得考虑，就是未来可能出现的飞行汽车所带来的道路事故责任，应当如何加以认定？根据媒体的相关报道，有谷歌飞行之父之称的塞巴斯蒂安—特伦宣布，谷歌有望在五年之内让飞行汽车飞行于天空的

---

① 陈晓林：《无人驾驶汽车致人损害的对策研究》，载《重庆大学学报》（社会科学版）2017年第4期。

② 《中国首条超级高速公路2022年要通车，不用担心超速》，http：//news.163.com/18/0224/06/DBD1HH7L0001875N.html，2018年3月31日。

③ 《Uber与无人车撞死行人案受害人家属和解，赔偿金额未公布》，https：//xw.qq.com/tech/20180329012517/TEC2018032901251700，2018年3月31日。

计划得以实现。① 一旦飞行汽车的计划真的实现，可以预计汽车的飞行可能将颠覆道路交通规则，其在法律定位上究竟是作为一类新型航空器得以出现，从而根据航空事故责任来进行责任界定，还是仍然按照机动车交通事故责任来加以确定，这一问题非常值得探讨。

六、结　语

人工智能时代已经来临，其不仅改变人类生产和生活方式，也会对人类的法律制度产生深刻的影响。21世纪初，华裔著名经济学家杨小凯就提出：如果中国仅仅重视技术模仿，而忽视制度建设，后发优势就可能转化为后发劣势。② 因此，我们不能仅注重技术的引用，而忽视其可能带来的负面效果。我们的法学理论研究应当密切关注社会现实，积极回应大数据、人工智能等新兴科学技术所带来的一系列法律挑战，从而为我们立法的进一步完善提供有力的理论支撑。"不谋万世者，不足以谋一时"，法治不仅仅是要考虑当下，也要考虑未来。法治要提供制度环境安排，为新兴科技等的发育预留法律空间。特别是要充分认识和拥抱科学技术对社会生产和生活带来的结构性、革命性的影响，尽早观察和预测未来法律发展的方向，促进良法制定，以良法保障和促进人工智能技术的健康发展，消除其对人类社会可能产生的副作用。因此，我国现行正在编纂的民法典应当考虑到人工智能可能带来的各种新挑战，并制定相应的法律规则，以体现出民法典与时俱进的品格，并真正应对未来的技术发展，成为一部21世纪的民法典。

---

① 《谷歌自动驾驶汽车之父：飞行汽车将在5年内飞翔天空》，http://tech.qq.com/a/20180212/024798.htm，2018年2月13日。

② 参见涂子沛：《数据之巅》，中信出版社2014年版，第337页。

民法人格权编（草案）的亮点及完善

十三届全国人大第五次会议审议了民法典各分编草案，这是继 2017 年《民法总则》颁行后，民法典编纂迈出的第二步，也是民法典编纂进程中最为关键的一步。民法典各分编草案将人格权作为独立的一编加以规定，该编下设六章，包括 45 个条文，详细规定了生命权、身体权、健康权、姓名权、名称权、肖像权、名誉权、荣誉权、隐私权、个人信息等权益，并规定了人格权保护的一般规则。将人格权单独成编规定是我国民法典体系顺应时代需求而进行的重大创新，是落实十九大报告精神的具体体现，也是新时代全面保障个人人格尊严、保障人民体面生活的重要举措。人格权独立成编有利于弘扬社会主义核心价值观，充分彰显了民法典编纂的中国特色。①

一、草案进一步完善了民法典的体系结构

人格权独立成编进一步完善了民法典的体系结构。民法典体系是按照一定逻辑科学排列的制度和规则体系，它是成文法的典型形态。法典化就是体系化，大陆法之所以称为民法法系，就是因为它以民法典为基本标志。民法典的体系包括形式体系（即民法典的各编以及各编的制度、规则体系）和实

---

① 参见朱宁宁：《多位常委会委员建议应将人格权编放在民法典分编之首》，载《法制日报》2018 年 9 月 4 日。

质体系（即民法典的价值体系）。就形式体系而言，潘德克顿学派主张，以法律关系特别是以民事权利为中心来构建民法体系，按照这一体例，人格权放在分则之中，也完全符合这个体系的内在逻辑。但德国的五编制因为没有规定人格权，存在着"重物轻人"的体系缺陷。我国《民法总则》第2条在规定民法的调整对象时，将民法的调整对象确定为人身关系和财产关系，财产关系已经在分则中分别独立成编，表现为物权编、合同编，而人身关系主要分为两大类，即人格关系和身份关系，身份关系将由婚姻编、继承编予以调整。如果不设置独立的人格权编，则民法典分则所调整的人身关系将仅限于身份关系，人格关系并未受到分则的规范，这将导致民法典分编与民法总则规定之间的不协调。另外，如果不设置独立的人格权编，也使得民法典分则体现出强烈的财产法主导的色彩，给人的感觉，民法主要就是财产法，这可能使我国民法典产生与传统大陆法系民法典类似的"重物轻人"缺陷。民法典各分编草案将人格权作为独立的一编加以规定，正好弥补了这一缺陷。从总体上说，民法典分编体系是以民事权利为中心而构建起来的，即由物权、合同债权、人格权、婚姻家庭中的权利（亲属权）、继承权以及对权利进行保护的法律即侵权责任编所构成。这表明我们的民法本质上是一部权利法，民法典分编通过全面保障民事权利，全面体现和贯彻了法治的价值。

人格权独立成编是我国长期以来民事立法经验的总结，与《民法通则》和《民法总则》的规定实质上是一脉相承的，也是完全一致的。基于对"文化大革命"期间严重侵害个人人格权、践踏人格尊严（如对所谓"牛鬼蛇神"戴高帽、架飞机、挂铁牌、剃阴阳头、游街示众等）的现象的反思，《民法通则》以专章的形式规定民事权利，并明确规定了人身权，具体列举和规定了公民所享有的各项人格权，这是我国人权保障道路上具有里程碑意义的大事。我国《民法通则》当初之所以被称为"民事权利宣言书"，就是因为单设了民事权利一章，尤其是其中专门规定了人身权（主要是人格权）；《民法通则》的这些规定都应当在未来的民法典中加以具体展开。《民法通则》将人格权与物权、债权等权利并列规定，表明该权利与物权、债权一样，应当独立成编。《民法总则》在《民法通则》规定的基础上，将人格权作为具体权利，与物权、债权、继承权等并列规定，其他的权利都将在分则中独立成编，人格权也当然应当在分则中独立成编加以规定。

从体系上看，民法人格权编（草案）的规定具有如下特点：

1. 体系的完整性。人格权编（草案）既规定了一般人格权（草案第774条第2款），也规定了具体人格权（包括生命权、身体权、健康权、姓名权、名称权、肖像权、名誉权、荣誉权、隐私权）；既包括物质性人格权，也包括标表性和精神性人格权；既规定了人格权，也规定了人格利益（个人信息等）；既规定了个人生前享有的人格权益，也规定了个人死后的人格利益保护（草案第777条）；既规定了实体空间人格权的保护，也规定了网络环境下人格权的保护；此外，草案还规定了各种人格权在行使中可能涉及的各种法律问题，如禁止性骚扰、非法跟踪、偷拍偷录，维持信用记录准确完整，保障个人的基因和遗传信息隐私等。

2. 保护权益范围的开放性。从比较法上来看，人格权作为一项主观权利在法律上得到了广泛认可。[①] 既然人格权支配的是人格利益，所以需要借助法律的确认，才能使个人对其人格利益的支配合法化。可见，人格权是一种法定的权利，这也是法律对各项人格利益进行类型化规定的结果，但是，人格权也不可能像物权那样完全绝对法定化，这是因为一方面，随着社会生活的发展，各种新型人格利益将不断涌现，人格权完全绝对法定化将不利于新型人格利益的保护。另一方面，在法定化的人格权类型之外，还有大量的人格利益，尤其是适应社会的变迁和科技的发展，人格权的体系需要保持其开放性。例如，伴随着人工智能的发展，个人声音的利用方式也越来越多样化，声音作为一种人格利益的保护也会越来越重要。这就有必要在民法典中保持人格权体系的开放性，形成人格权保护的兜底条款。正是因为这一原因，人格权编（草案）第774条第1款在宣告民事主体的人格权受法律保护

---

① Leuze, Die Entwicklung des Persönlichkeitsrechts im 19. Jahrhundert, 1962, S.93. Neethling, JM Potgieter & PJ Visser, Neethling's law of personality, LexisNexis South Africa, 2005, pp.6–7.

的同时，该条第 2 款又规定："除本编规定的人格权外，自然人享有基于人身自由、人格尊严产生的其他人格权益。"该条使用"其他人格权益"的表述，表明了除民法典具体规定的人格权受到法律保护之外，即便民法典没有明确规定的人格利益，也同样受到法律保护，这就保持了人格权益体系的开放性。

3.行为规范和裁判规范的统一结合。所谓行为规范，是指调整对象指向受规范之人的行为，要求受规范之人取向于这些规范所规定内容而行为。所谓裁判规范，是指调整对象指向法律上裁判纠纷之人或者裁判机关，要求他们依这些规范所规定内容为标准进行裁判。

一方面，人格权编（草案）规定了大量的行为规范。例如，草案第 790条第 2 款规定："用人单位应当在工作场所采取合理的预防、投诉、处置等措施，预防和制止性骚扰行为。"该条规定对用人单位采取必要措施预防性骚扰的义务作出了规定，该条在性质上即属于行为规范，该规定为民事主体确立了明确的行为规则，使其明确自由行为的范围，逾越法定范围的后果和责任，从而对其行为后果产生合理预期。作为社会生活的规则，它是人们长期以来生活习惯的总结，确立了人与人正常交往关系的规范，是社会公共道德和善良风俗的反映。按照民法的规则行为，有助于建立人与人正常和睦的生活关系，维护社会生活的和谐与稳定。草案中有不少规定是宣示性条款，但其仍然具有价值宣示和行为引导的功能。从强化对民众权利尊重和保护的角度来看，这些条款在未来也将具有重要的意义。通过独立成编的人格权法对公民的人格权予以系统地确认和保护，有助于对公众公开宣示关于人格尊严和人格发展的美好未来前景，并培育公民的人格权观念，激励公民以实际行动去主张自身的人格权和尊重他人的人格权，从而形成一种关于人格权保护的新观念和新境界。①

另一方面，草案确立了一些裁判规范，为法院审理民事纠纷提供了明确

①　参见孟勤国：《人格权独立成编是中国民法典的不二选择》，载《东方法学》2017 年第6 期，第84 页。

的依据。草案全面列举和保护人格权，未来将为法院的司法裁判提供便利，便于法官的找法以及释法工作，一定程度上也有利于提高司法效率甚至直接关系到司法公正。人格权的独立成编将为法官在裁判人格权纠纷中找法提供极大的便利，也有利于保障司法裁判的统一。完全通过法官造法的方式保护人格权，必然导致"同案不同判，同法不同解"的后果，危害法治的统一性和权威性。立法的缺位也必然会造成法官随意创立各种权利，诸如司法实务中出现的生育权、贞操权、亲吻权、祭奠权等，这就会随意为相对人设定义务，也损害了司法的统一性。

4.预防和救济的结合，各种救济方式的结合运用。一方面，在网络时代，应当更加重视对人格权侵权行为的预防，因为与传统社会的信息传播方式不同，网络信息的传播具有即时性，而且网络的无边界性以及受众的无限性，也使得网络环境对信息的传播具有一种无限放大效应，网络信息一经发布，可以瞬间实现全球范围的传播，损害后果将被无限放大。尤其是在网络环境下，侵害人格权的损害后果往往具有不可逆性，损害一旦发生，即难以恢复原状，这就需要更加重视对侵害人格权侵权行为的预防。为此，许多国家都采用了禁令、删除、屏蔽、断开链接等各种方式来保护网络侵权的受害人，以防止损害的进一步扩大。我国民法典人格权编在积极总结我国司法实践经验，同时借鉴外国经验的基础上，于第780条规定了禁令制度，强化了对人格权侵害的事先预防。另一方面，在人格权遭受侵害的情况下，草案第778条第1款规定："侵害民事主体人格权的，应当依照本法和其他法律的规定承担停止侵害、排除妨碍、消除危险、赔偿损失、消除影响、恢复名誉、赔礼道歉等民事责任。"这些方式既体现了对侵害人格权行为的事先预防，又体现了对侵害人格权损害后果的事后救济，显然是采用了多种方式对人格权进行救济。另外，草案第782条规定："因当事人一方的违约行为，损害对方人格权造成严重精神损害，受损害方选择请求其承担违约责任的，不影响受损害方请求精神损害赔偿。"该条对违约责任中的精神损害赔偿责任作出了规定，将有助于弥补现行立法违约责任规定的不足。

二、草案的重要亮点

民法典人格权编草案基于中国的现实，参考比较法上人格权制度的最新发展趋势，在人格权的诸多重要制度中进行了非常重要的创新，为 21 世纪世界各国共同面临的人格权立法问题提供了中国方案和贡献。从草案的内容来看，其立足于解决我国现实问题，认真总结了我国现行法律、行政法规和司法解释经验，将为解决 21 世纪人类共同面临的人格权保护问题提供中国智慧、中国方案。草案的规定将会成为我国民法典的最大亮点。笔者认为，草案有以下几处亮点值得充分肯定：

第一，草案严格区分了人格权与人格的概念。从学理上看，"人格"一词具有以下三种含义：一是作为一种抽象与平等的法律地位，它是权利取得的资格；二是作为民事主体必备条件的民事权利能力，即民事主体作为民法上的人所必须具备的法律资格；三是从人格权的客体角度来理解人格概念，即认为人格是一种应受法律保护的利益。从比较法上看，各国也都区分了人格权与人格，并未产生混淆，人格是指主体资格，一般与民事权利能力相对应，而人格权则是民事主体所享有的民事权利。我国自《民法通则》颁布以来，就严格区分了人格与人格权的概念，依据《民法通则》，与"人格"相对应的概念是民事权利能力，规定在主体制度中，而人格权则规定在"民事权利"一章中。《民法总则》继续沿袭了这一立法传统，在主体制度部分规定了民事权利能力，解决主体资格问题，而在"民事权利"一章中规定了人格权，将其作为一项基本的民事权利加以规定，这实际上也是严格区分了人格与人格权。民法典分编（草案）人格权编单独规定人格权，而没有将其作为主体资格规定在民事主体部分，实际上也是严格区分了人格权与人格两个概念，这一做法符合我国自《民法通则》以来的民事立法传统，与《民法通则》《民法总则》的立法精神也是一脉相承的。

第二，草案区分了人格权与人权的概念。人权主要是宪法上的概念，其强调的是国家和个人之间的关系，个人享有人权，就意味着国家负有保护个人人权的义务。作为宪法上的权利，人权指向的对象主要是国家，约束的义务主体主要是公权力机构。而人格权则主要是民法上的概念，民法上人格权强调的是民事主体之间的关系，其常常被认为是私法上的人权，① 所约束的义务主体为私法关系的当事人。另外，人格权被认为是私法所确认的保护人的精神利益的权利，可以直接受到侵权法的保护；而人权并不一定都通过侵权法来保护；民法典分编（草案）第 773 条就规定，"本编调整因人格权产生的民事关系"，立法机关在草案的说明中也指出，"人格权编这一部分，主要是从民事法律规范的角度规定自然人和其他民事主体人格权的内容、边界和保护方式，不涉及公民政治、社会等方面权利"。② 这表明人格权编调整的是平等民事主体之间的民事权益关系，而不调整国家和个人之间的人权关系。而且从草案的内容来看，其所规定的各项人格权也并没有涉及公法上的权利义务问题，彰显了人格权的私权属性。

当然，宪法上的人权与人格权关系十分密切。一方面，当代的司法实践和理论都承认，人权也可以产生所谓第三人效力，约束私法关系的当事人；在基本权利被私法主体侵犯的情况下，私法主体同样应承担民事侵权责任，这是法治保障权利精神的具体体现；侵犯基本权利适用民事责任的现象，也被称为"基本权利的民事化"③；另一方面，强化人格权的保护，有助于全面落实宪法保障人权的精神。人权对人格权的发展能产生的重要的推动作用，人格权的立法在很大程度上是对宪法的人权保护条款的落实和具体化；而且，民法人格权在其具体适用中，会不可避免地要参照相应的宪法基本权利条款的价值和精神，这被称为"民事权利的基本化"④。因此，宪法上的人权与人格权存在着密切的双向互动关系。当然，这种密切的联系并不能否认二

---

① GertBrüggemeier, Aurelia ColombiCiacchi, Patrick O'Callaghan, ed. *Personality Rights in European Tort law*, Cambridge University Press, New York, 2010, p.5.

② 沈春耀：《关于提请审议民法典各分编草案议案的说明》，载中国人大网，http：//www.npc.gov.cn/npc/cwhhy/13jcwh/2018-08/27/content_2059319.htm，2018 年 9 月 3 日浏览。

③ 参见石佳友：《人权与人格权的关系——从人格权的独立成编出发》，载《法学评论》2017 年第 6 期，第 100 页。

④ 同上，第 101 页。

者之间仍然存在着一些明显的差异。

第三，草案规定了法人和非法人组织的人格权，既有现行法律依据，也有法理基础。从比较法上来看，人格权最初是自然人的人格权，但随着经济社会的发展，许多国家，如德国、法国、瑞士，也承认法人也享有人格权，但法人仅享有一些与其性质相适应的某些特定人格权，如名称权、名誉权、信用权等①。英国法上也保护法人不受诽谤，在其他一些国家的法院（如比利时），甚至允许法人对名誉受损的结果主张精神性损害。②我国《民法通则》就规定了法人和其他组织享有人格权，民法典分编（草案）第792条第2款规定了法人、非法人组织享有名称权，第804条规定了法人和非法人组织享有名誉权，第810条规定了法人、非法人组织享有荣誉权。事实上，在法人、非法人组织人格权遭受侵害的情况下，仅采取财产权保护的方法是不够的，承认法人享有人格权，有利于强化对法人权益的保护。一方面，尽管法人人格权有财产性，但是以人格权的形式来保护，对其保护将会更为周密。因为对人格权可以通过排除侵害请求权、妨害预防请求权等来保护，并且对名誉权等可以适用恢复名誉、消除影响等方法予以救济，从而在源头上消除侵权行为所带来的损害。另一方面，如果不承认法人人格权，仅仅用财产权的方法保护法人的名称、名誉等是不够的。例如，对机关法人、捐助法人、学校等社会团体法人而言，其名称并不具有财产性质，也无法进行交易，难以受到财产法的保护，而只能通过人格权法予以保护。尤其应当看到，我国立法和司法实践历来承认法人和其他组织享有人格权，对保护这些主体的利益发挥了重要作用，这一立法经验应当继续坚持。

在法人、非法人组织的名称权方面，草案第一次将简称、字号等纳入保护范围。简称是指法人和非法人组织名称的缩减。例如，中央电视台简称"央视"，阿里巴巴简称"阿里"等，简称在性质上并不属于名称，因此无法直接适用名称权的保护规则，但与名称一样，简称也可以起到标识法人、非

---

① Heinrich Hubmann, *Das Persönlichkeitsrecht*, Köln Graz, 1967, S.334.

② Von Bar, *The common European law of torts*, vol2, OUP Oxford, Oxford, 2000, p.132.

法人组织的作用，尤其是许多法人、非法人组织的简称具有一定的社会知名度，能够为相关公众所知悉，应当受到法律保护。例如，"腾讯"、"阿里"、"清华"等，都是相关主体的简称，但为社会公众广泛了解，应当受到法律保护。在实践中也发生了一些法人简称纠纷。例如，泸州医学院改名为四川医科大学后，即与四川大学就"川医"的简称发生了争议，因为四川大学认为，"四川医科大学"的简称易与华西医科大学（2000 年 9 月已并入四川大学）历史曾用名"四川医学院"的简称"川医"混淆。① 关于简称的保护，《民法总则》虽然规定了法人、非法人组织的名称权，但并没有对法人、非法人组织的简称保护作出规定，这也需要类推适用名称权的规则。草案第 797 条规定："具有一定社会知名度、为相关公众所知悉的笔名、艺名、网名、简称、字号等，被他人使用足以致使公众混淆的，与姓名和名称受同等保护。"该规定将简称纳入名称权的保护范围，对于保护法人、非法人组织的利益具有重要意义，尤其是在制止不正当竞争行为方面具有极其重要的价值。

第四，草案对人格权请求权作出了明确规定。该草案第778条规定："侵害民事主体人格权的，应当依照本法和其他法律的规定承担停止侵害、排除妨碍、消除危险、赔偿损失、消除影响、恢复名誉、赔礼道歉等民事责任。"该条对人格权请求权作出了规定，并区分了人格权与侵权损害赔偿请求权，这种区分主要表现在：一是是否考虑过错不同。侵权损害赔偿之债一般适用过错责任原则，其成立需要受害人证明行为人主观上存在一定的过错。侵权损害赔偿也是救济人格权的重要方法，但此种责任形式在构成要件上原则上要求过错，② 从而保障一般行为自由，实现行为的可预期性。而人格权请求权在性质上属于绝对权请求权，绝对权请求权的目的都在于恢复个人对其绝对权利益的圆满支配状态，人格权请求权也不例外，因此该请求权的行使并不要求行为人具有过错。二是是否具有对人格权侵害的预防功能不同。侵权损害赔偿主要是一种事后的救济，是在各种绝对权遭受侵害的情况下对受害

---

① 《川大致函反对泸州医学院更名，教育部：正处理更名争议》，载《中国青年报》2015年 6 月 18 日。

② 参见王泽鉴：《人格权法》，北京大学出版社 2013 年版，第 394 页。

人的事后补救，而人格权请求权并不完全侧重于对损害的事后救济，而侧重于对损害的事先预防。例如，在侵害隐私权和个人信息权时，受害人有权要求采取更正、删除、封锁、补充等措施，以保护其权利。也正因如此，人格权请求权的适用不以损害的实际发生为前提，而仅需要人格权受到妨害或者有受到妨害的可能。三是是否要求证明实际损害不同。因为人格权请求权主要目的在于"防患于未然"，因此其并不要求损害已经实际发生，在人格权益存在受损的风险时，权利人即可以要求行为人消除危险，而在侵害行为正在进行时，虽然侵害结果还没有发生，权利人也可以要求行为人停止侵害。由于侵权损害赔偿之债以填补受害人实际损害为主要目的，因此，其适用需要受害人证明其遭受了实际损害，在被侵害人证明存在实际的精神或者物质损害之后，行为人才需要承担损害赔偿责任。所以一般认为，侵权损害赔偿请求权以补偿功能（Kompensationsfunktion）为主要功能，妨碍排除请求权更强调预防功能（Präventionsfunktion），不具有补偿功能。① 四是是否以构成侵权为适用条件。对侵权损害赔偿请求权而言，其适用前提是行为人的行为已经构成侵权。而人格权请求权的功能在于维持权利人对其人格利益的圆满支配状态，其适用并不需要行为人的行为已经构成侵权。② 例如，有关新闻媒体、网站所刊载的报道内容失实或者有明显错误，侵害他人人格权的，受害人有权要求新闻媒体、网站及时更正。上述情形并不一定要求行为人的行为构成侵权，也不要求权利人必须证明行为人的行为应当承担侵权责任。五是是否适用诉讼时效不同。侵权损害赔偿之债作为一种债的关系，应当适用诉讼时效制度。当然，除损害赔偿责任，许多责任形式也难以适用诉讼时效。例如，就停止侵害、排除妨害等责任形式而言，由于相关的侵害行为处于持续状态，因此难以适用诉讼时效制度。民法典草案第一稿第778条第2款规定："民事主体依照前款规定提出的停止侵害、排除妨碍、消除危险、消除影响、恢复名誉、赔礼道歉请求权不受诉讼时效的限制。"因此，人格

---

① Staudinger/Karl-Heinz Gursky，2012，BGB §1004，Rn.139.

② 参见杨立新、袁雪石：《论人格权请求权》，载《法学研究》2003年第6期。

权请求权作为一种绝对权请求权属性的权利，本身不应受到诉讼时效的限制。人格权请求权的确立，不仅构建了人格权保护的完整体系，完善了人格权遭受侵害和妨害的救济规则。同时也构建了系统完整的请求权体系，完善了我国民法对民事权利保护的制度构建。

人格权请求权还可以表现为更正权、删除权等权利，这些权利的行使即便在没有发生侵权的情形下，受害人也可以行使这些权利，这也是人格权请求权与侵权损害赔偿请求权的区别所在，因为侵权损害赔偿请求权的适用应当是发生侵权为前提。据此，草案第808条规定："民事主体可以依法查询自己的信用评价；发现信用评价错误或者侵害自己合法权益的，有权提出异议并要求采取更正、删除等必要措施。"草案815条第1款规定："自然人可以向信息持有人依法查阅、抄录或者复制其个人信息；发现信息有错误的，有权提出异议并要求及时采取更正等必要措施。"从这些规定来看，我国人格权编草案实际上已经区分了人格权请求权与侵权损害赔偿请求权。

第五，草案明确规定了禁令制度。所谓禁令，是指民事主体面临正在实施或有侵害人格权之虞的行为，有权在起诉前依法向人民法院申请采取责令停止有关行为的措施，以防止损害的实际发生或扩大。草案第780条对此作出了规定，"民事主体有证据证明他人正在实施或者即将实施侵害其人格权的行为，如不及时制止将会使其合法权益受到难以弥补的损害的，可以在起诉前依法向人民法院申请采取责令停止有关行为的措施。"从比较法上看，在人格权遭受威胁或者持续侵害的情形下，几乎所有的法律体系中都采用了禁令制度，以防止损害后果的扩大。[1] 在最终判决作出之前，法官还可以作出预先裁决，责令行为人停止出版、禁止发行流通，或责令将出版物全部或部分予以查禁[2]。德国法也经常采用禁止令对侵害人格权的行为进行规制[3]。

---

[1]　Guldix & A Wylleman, De positie en de handhaving van persoonlijkheidsrechten in het Belgisch privaatrecht, Tijdschrift Voor Privaatrecht, 1999, p.1645 ff.

[2]　[奥] 考茨欧等：《针对大众媒体侵害人格权的保护：各种制度与实践》，余佳楠等译，中国法制出版社2013年版，第170页。

[3]　BGHZ 138, 311, 318.

由于禁令的适用并不要求具有不法性，也不要求具有过错，① 在互联网和大数据时代，这一救济方式对人格权的保护具有重要意义。在我国司法实践中，有的法院已经在侵害人格权的责任中采用了禁令的方式。例如，在"钱钟书书信案"中，法院就采取了此种方式。禁令不同于停止侵害，禁令既有诉前的禁令，也有诉讼中的禁令，两种禁令的功能都在于预防损害，不论是针对已经发生的损害，还是尚未发生的损害，都可以借助禁令的方式予以预防。对诉前禁令而言，行为人的行为是否构成侵权尚不确定，而停止侵害则一般要求侵害行为正在进行，而且行为人的行为已经构成侵权。可见，与停止侵害不同，在相关的侵害行为尚未实施时，权利人难以主张行为人停止侵害，但可以采用禁令的方式，预防侵害行为的发生，这就可以将人格权益的司法保护的时间提前。也就是说，民事主体有证据证明他人正在实施或者即将实施侵害其人格权益的行为，如不及时制止将会使其合法权益受到难以弥补的损害的，可以依法向人民法院申请采取责令停止有关行为的措施。

第六，草案规定了利益衡量的方法，有助于协调和平衡人格权与其他利益之间的冲突。所谓利益衡量，也称为利益考量、利益平衡，实际上是在各方利益发生冲突时，对社会公共利益、当事人的利益等各种利益进行考量，以寻求各方利益的妥当平衡，实现社会公平正义。在法律解释中，利益衡量主要是指解释者在运用各种狭义法律解释方法时，努力探究立法者在法律条文中对所协调的各方利益进行的考量和判断，通过利益平衡辅助各种解释方法，寻求妥当的结论。从实践来看，人格权在行使和保护中常常涉及与其他权利关系的冲突和协调，因此，需要采用利益平衡的方法，妥当协调各项权利之间的关系。例如，生命健康身体与伦理之间的协调、姓名与家庭伦理、肖像权与著作权、名誉权和隐私权与言论自由、个人信息与数据流通共享、人格权与财产权、人格权与其他公共利益之间都存在极为困难的协调问题，草案第 779 条规定："认定行为人承担侵害人格权的民事责任，应当考虑下

---

① U Kerpen, Das internationale Privatrecht der Persoenlichkeitsrechtsverletzungen-Ein Untersuchung aufrechtsvergleichender Grundage，2003, S.26.

列因素：（一）人格权的类型；（二）行为人和受害人的职业、社会身份、影响范围等；（三）行为的目的、方式、地点、时间、后果等具体情节。行为人为维护公序良俗实施新闻报道、舆论监督等行为的，可以在必要范围内合理使用民事主体的姓名、名称、肖像、隐私、个人信息等。"该条明确列举了解决人格权纠纷需要参考的多种具体因素，实际上是为法官裁判人格权纠纷提供了具体的指引和参考。尤其应当看到，该条在认定侵害人格权的民事责任时，强调要考虑行为人和受害人的职业、社会身份、影响范围等因素，有利于解决公众人物人格权保护与限制的问题。草案在名誉权一章中，为了平衡好保护个人权益和发挥新闻报道、舆论监督作用之间的关系，草案还规定，行为人为维护公序良俗实施新闻报道、舆论监督等行为，影响他人名誉的，不承担民事责任。但是行为人捏造事实、歪曲事实、对他人提供的事实未尽到合理审查义务或者包含过度贬损他人名誉内容的除外（草案第806条）。这一规定实际上既有利于维护人格权，同时也保障了新闻舆论监督的自由。

第七，草案规定了禁止性骚扰和预防性骚扰的规则。所谓性骚扰，是指以身体、语言、动作、文字或图像等方式，违背他人意愿而对其实施的有辱其尊严的、以性为取向的行为。性骚扰实质上是一种损害他人人格尊严的行为[1]，其表现形式往往与性取向相关。从比较法上来看，各国普遍重视对性骚扰的法律规制。草案第790条第1款规定："违背他人意愿，以言语、行动或者利用从属关系等方式对他人实施性骚扰的，受害人可以依法请求行为人承担民事责任。"一是违背了受害人的意愿。性骚扰行为应当是违背受害人意愿的行为，也正是因为性骚扰违背了受害人的意愿，因此，其可能导致受害人产生愤怒、焦虑等不良情绪。二是行为人实施了相关行为。这些行为是和性有关的行为。性骚扰行为表现的方式多种多样，但通常和性取向有关，行为人在实施性骚扰时可能采取口头的方式（如讲下流话、性挑逗语言

---

① 参见冯巴尔等主编：《欧洲私法的原则、定义与示范规则：欧洲示范民法典草案》，王文胜等译，法律出版社2014年版，第320页。

等），也可能采用书面形式（如发黄色视频、短信等），还可能采用其他行为举动（如触摸生殖器或者以其他姿态骚扰他人）等。行为人在实施性骚扰行为时，其主观上都是故意的，[①] 从实践来看，大多数性骚扰侵害了受害人的身体权，损害了受害人的人格尊严，因此，草案将性骚扰置于身体权之中加以规定，从体系上看也是合理的。

草案不仅规定了禁止性骚扰行为，而且规定了对性骚扰的预防义务。由于法律规范性骚扰行为最初主要针对职业中的性别歧视，是为了保护在工作中受害的弱者，从实践来看，性骚扰行为也大多发生在工作场所中，尤其是和工作联系在一起。因此，为了有效防止性骚扰的发生，草案第790条第2款规定："用人单位应当在工作场所采取合理的预防、投诉、处置等措施，预防和制止性骚扰行为。"这一义务的设定有助于在最大限度上预防和减少性骚扰行为的发生。同时，投诉和处置机制也对性骚扰的行为形成威慑。

第八，草案进一步完善了隐私权制度。美国学者福禄姆金（Froomkin）曾经总结了许多高科技的发明，如红外线扫描、远距离拍照、卫星定位、无人机拍摄、生物辨识技术、语音识别等，他认为，高科技爆炸给人类带来了巨大福祉，但都有一个共同的副作用，即对个人的隐私保护带来了巨大威胁，已经使得个人无处藏身。他认为，现代法律遇到的最严峻的挑战就是，如何尊重和保护个人隐私和信息[②]，在现代社会，隐私权也是一项意义日益彰显、作用日益突出的民事权利。许多学者认为，现代社会的特点就是对政府的行为越来越要求公开透明，而对个人的隐私越来越要求受到法律的保护。这也要求我国民法典对此涉及的新的法律问题作出回应。2009年《侵权责任法》，该法第2条在列举所保护的权益范围时，明确使用了"隐私权"这一表述。这是我国民事立法第一次确认隐私权的概念，2017年颁行的《民法总则》第110条第1款在列举自然人所享有的各项具体人格权时，明确规定了隐私权，这就从正面对隐私权作出了规定，对于强化个人隐私权的保护

---

① 参见王成：《性骚扰行为的司法及私法规制论纲》，载《政治与法律》2007年第4期。

② See Michael Froomkin, *The Death of Privacy?* 52 Stan. L.Rev., 1461 （1999–2000）.

具有重要意义。当然，从民法总则的隐私权规定来看，还失之简略，只是确认了隐私权的概念，并没有对隐私权的内涵、范围、效力、保护方式以及在不同场合下的类型化作出详细规定。草案第 811 条规定："自然人享有隐私权。任何组织或者个人不得以刺探、侵扰、泄露、公开等方式侵害他人的隐私权。本法所称隐私是具有私密性的私人空间、私人活动和私人信息等。"这就从正面对隐私的概念作出了明确的列举，同时又从反面对侵害隐私权的行为作出了规定。草案第 812 条进一步围绕隐私权的内容，具体列举了各种侵害隐私权的行为，基本上构建了我国隐私权的法律制度体系。

第九，草案关于个人信息的规定对未来的立法完善和司法实践具有重要价值。在互联网、大数据时代，个人信息将会成为一项基本的民事权益。从实践来看，侵害个人信息的现象十分普遍，甚至成为了一种社会"公害"。草案对个人信息的保护，适应了现代社会的发展趋势，体现了法律的与时俱进的精神，也充分保障了人民群众的基本权益。草案关于个人信息的规定具有如下几个特点：一是明确了个人信息的概念和内容。虽然我国《网络安全法》对个人信息的保护作出了规定，但其保护范围限于网络环境下的个人信息，显然不能概括所有的个人信息。草案第 813 条第 2 款规定："本法所称个人信息是以电子或者其他方式记录的能够单独或者与其他信息结合识别自然人个人身份的各种信息，包括自然人的姓名、出生日期、身份证件号码、个人生物识别信息、住址、电话号码等。"二是收集、使用个人信息应当遵循的原则。草案第 814 条规定了个人信息的收集和使用应当遵循合法、正当、必要的原则，同时，该条也规定了收集、使用个人信息应当具备的条件。三是规定了个人信息权益的行使规则，包括查询、查阅、抄录、复制、请求更正与删除等权利（草案第 815 条）。四是规定了个人信息收集、使用的违法阻却事由，进一步强化了对公共利益的保护。五是规定了信息完整权以及信息共享应当遵循的基本规则。从世界范围来看，数据的采集和共享的方式正在发生日新月异的变化，而且导致数据作为一种产业蓬勃发展，但由此带来的其与个人信息等人格权的保护之间的冲突越来越明显。目前在我国大数据产业的发展过程中，既要鼓励数据的开发、利用和共享，以促进数据产业的发展，但也同时要提高对个人信息的保护关注度，完善保护规则。例如，大数据产业发展起来后，必然实行数据共享，其中也大量涉及个人信息数据的共享。但在数据共享中，数据开发者是否需要取得信息主体的同意，分享者获得数据后如何使用这些数据等等。这些界限不清晰，数据共享就很容易变成数据的有偿交易，而造成对信息权利人的权利侵害，无法实现数据产业的长期健康发展。草案第817条规定："未经被收集者同意，不得向他人提供个人信息。但是经过处理无法识别特定个人且不能复原的除外。"

第十，草案规定某些人格权益可以进行经济利用是十分必要的。一方面，某些人格权尤其是标表性的人格权本身具有一定的可利用价值。例如，个人的姓名、肖像、声音以及法人的名称等，具有一定的经济价值，可以成为经济利用的对象。尤其是在现代信息社会，个人信息不仅强调保护，而且强调利用。侵害这些人格权，不仅造成受害人精神损害，还可能造成受害人财产损害，我国《侵权责任法》第20条已经对此作出了规定。另一方面，人格权的经济利用是比较法上形成的共识，在欧洲称为人格权的商业化利用，商事人格权或"形象代言人权利"，在美国称之为公开权或者形象权①。从我国立法来看，《民法通则》实际上已经承认了肖像权的利用，该法第100条规定："公民享有肖像权，未经本人同意，不得以营利为目的使用公民的肖像。"《民法通则》还对法人等组织的名称权利用规则作出了规定，该法第99条规定："企业法人、个体工商户、个人合伙有权使用、依法转让自己的名称。"草案沿袭了这一立法经验，对人格权权益的经济利用规则作出了规定，这也为人格权的经济利用提供了法律依据。草案在一般规定中首先就规定了人格权的利用规则，草案第776条规定："民事主体可以许可他人使用姓名、名称、肖像等，但是依照法律规定或者根据其性质不得许可的除外。"草案第802条第2款规定："肖像权人有正当理由的，可以解除肖像

---

① Huw Beverley-Smith, Ansgar Ohly, Agnes Lucas-Schloetter, Privacy, Property and Personality, Cambridge University Press, New York, 2005, pp.1–11.

许可使用合同，但是应当在合理期限之前通知对方。因解除合同造成对方损失的，除不可归责于肖像权人的事由外，应当赔偿损失。"该条实际上是赋予了肖像权人任意解除肖像权许可使用合同的权利，同时，草案第 803 条规定："其他人格权的许可使用，参照使用本章的有关规定。"这也对其他人格权益的许可使用规定作出了规定。

三、某些内容还需要进一步完善

民法典人格权编草案规定虽然有不少亮点和创新，草案体系结构从总体上看是较为成熟的、合理的，但某些内容还需要进一步完善，具体而言：

第一，应当将人格权编置于分编的第一编。草案目前将人格权置于物权、合同之后，置于第三编，这一体系安排主要是基于《民法通则》关于民事权利的规定，但严格地说，这一编排体例并不合理，应当将人格权编置于分编之首，理由主要在于：一方面，与《民法总则》第 2 条的规定相一致。《民法总则》第 2 条在确定民法的调整对象时，明确规定调整平等主体的自然人、法人和非法人组织之间的人身关系和财产关系，并且将人身关系置于财产关系之前，可见，与我国《民法通则》第 2 条相比较，该条更凸显了对人身关系的重视。另一方面，把人格权放在第一章，这样能够更好地体现以人民为中心、以人为本这一思想，依据人与物、人与人之间的逻辑关系来排列编章顺序，把人格权编放在第一编①。将人格权编置于民法典分编之首，可以充分体现现代民法的人本主义精神，体现对个人的终极关怀。试想如果生命、健康、自由都不能得到保障，所谓"万贯家财"又有何用？还应当看到，财产是个人的，但生命健康权等涉及社会利益。人格尊严作为法律的最高价值，应当具有优先于财产利益和私法自治的价值，将其作为重要价值加以保护，也体现了民法的现代性。《德国民法典》的五编制模式虽不无道理，但

---

① 参见朱宁宁：《多位常委会委员建议，应将人格权编放在民法典分编之首》，载《法制日报》2018 年 9 月 4 日。

因其过度强调财产权的中心地位，给人以"重物轻人"之感。① 因此，人格权应当置于民事权利之首。人格尊严、人身价值和人格完整，应该置于比财产权更重要的位置，它们是最高的法益。在提交全国人大常委会审议的民法典草案中，应当将人格权编置于民法典分则各编之首。

第二，草案关于物质性人格权的规定需要进一步细化和完善。草案第783条规定："自然人享有生命权，有权维护自己的生命安全。任何组织或者个人不得侵害他人的生命权。"第784条规定："自然人享有身体权，有权维护自己的身体完整。任何组织或者个人不得侵害他人的身体权。"第785条规定："自然人享有健康权，有权维护自己的身心健康。任何组织或者个人不得侵害他人的健康权。"草案的上述规定分别对生命权、身体权、健康权作出了规定，但这三条规定也存在一定的缺陷，主要体现为：一是对生命权、身体权、健康权的规定过于原则和简化，缺乏可操作性，难以为法官裁判相关纠纷提供明确的裁判规则。二是该条虽然规定了生命权、身体权、健康权，但缺乏对侵害这三项权利的典型侵权行为及其特点的具体列举，这就难以为这三项权利的权利提供更为具体的规则。三是这三条规定在表述上过于相似，给人感觉有些重复，而且不利于对三项权利的内容作出明确的区分，因此，有必要在未来作出修改。

第三，建议确认个人信息权。草案仍然沿袭《民法总则》第111条的规定，采用"个人信息"这一表述，而没有采纳"个人信息权"，这一表述是值得斟酌的。笔者认为，从比较法上来看，许多国家都承认了个人信息权，个人信息权有自己独立的权利内核，无法被其他权利所涵盖，在法律上应当规定独立的个人信息权。之所以没有将个人信息权规定为具体人格权，可能是因为个人信息保护制度还是一个较新的领域，对其研究还不成熟，某些问题学界尚未形成共识。因此，没有将个人信息权规定为一种具体人格权，以期待司法实践和法学理论发展对其不断完善。笔者认为，草案没有规定独立

---

① 参见薛军：《人的保护：中国民法典编撰的价值基础》，载《中国社会科学》2006年第4期。

的个人信息权，此种做法存在一定的问题：一方面，在法律上确认个人信息权，有利于进一步明确个人信息权的各项具体权能，从而不仅宣示了个人所享有的个人信息权，而且也可以为权利人具体行使和维护提供明确的指引。个人信息只是一种法益，而个人信息权则是权利，从权利位阶上看，权利的位阶要高于利益，规定个人信息权，更有利于对个人信息权利进行保护，也有利于积极应对各种新型的侵权行为。另一方面，在法律上明确规定个人信息权，也可以为特别法保护个人信息提供上位法依据。从域外经验来看，许多国家和地区的法律都确认了个人信息权，这一经验值得我们借鉴。此外，草案未规定个人信息权，也不利于区分个人信息权与其他权利（如隐私权、肖像权、姓名权），这可能增加法律适用中的冲突。由于个人信息权在信息社会中的重要性，因此，首先应当民法典中对个人信息权作出规定，而特别法则应当在民法典规定的基础上，对个人信息的保护作更具体的规定。

第四，增加关于未成年人人格权的保护规则。在网络时代，如何更好地保护未成年人的网络权益，是整个社会所普遍关注的重大问题。众所周知，青少年是最为活跃的互联网用户群体。根据有关的报告显示，截至 2017 年 6 月，中国网民总数已经达到 7.5 亿，其中，10 岁以下青少年网民占比约为 3.1%，约 0.23 亿；10—19 岁的青少年网民占比约为 19.4%，约 1.46 亿，上述未满 19 岁的总计已经达到 1.5 亿人，占中国网民总数的近五分之一。特别是对未成年人而言，他们正处于敏感、冲动、心智尚未成熟的年龄，隐私、个人信息非常容易受到侵害，这就需要特别强化对未成年人的网络权益的保护。例如，对于网络游戏有必要采取分级措施，限制暴力的等有害信息的产生。再如，为防止儿童的信息泄露，应当要求对儿童个人信息的收集必须取得其监护人的同意。对未成年人器官捐赠问题，应当有专门的规范，这些规则也有必要写入人格权编。

第五，应增加人格权的特别保护规则，具体而言：一是恢复名誉、赔礼道歉等责任规则。这些责任形式主要适用于人格权，《侵权责任法》对其作出的规定也十分简略。如就赔礼道歉而言，如果责任人不主动承担此种责任，是否可以在媒体上公布判决书，或者通过罚款等方式实现对责任人的间接强制等，也应在人格权编中对其作出细化规定。二是精神损害赔偿责任。我国《侵权责任法》第 22 条对精神损害赔偿责任作出了规定，其保护范围限于人身权益，其中主要是人格权益。但该条的规定十分简略，草案虽然规定了违约中的精神损害赔偿，但对刑事附带民事诉讼中的精神损害赔偿责任没有作出规定，这也恰好是司法实践中亟待解决的重大疑难问题。关于确定精神损害赔偿数额的考量因素、法人是否可以享有精神损害赔偿请求权、侵害死者人格利益的精神损害赔偿等问题，该条均没有作出规定，这就需要人格权编对其作出细化规定。三是回应权。该权利是指定期发行的媒体，如果其中的报道涉及特定的个人，则相关的个人有权在法定期限内就相关事实作出回应。回应必须针对报道，而且必须在规定的期限内作出，相关的媒体也有义务刊载。回应权由法国法首创，《瑞士民法典》在 1983 年法律修订时对其作出了规定。法律上规定回应权有利于权利人保护其名誉等人格权益，另一方面也有利于减少人格权纠纷①。在很多情况下，权利人的回应在媒体上刊载后，就其名誉能够得到及时维护，我国民法典人格权编也可以考虑对此种救济方式作出规定。四是更正权。所谓更正权，是指新闻媒体、网站所刊载的报道内容失实或者有明显错误，侵害他人人格权的，受害人有权要求新闻媒体、网站及时更正。通过及时更正，可以将对受害人的损害降至最低限度，在最大程度上减少损害。更正权和回应权的规定，有利于体现人格权请求权的特点，并与侵权损害赔偿请求权进行严格区分，即使在没有构成侵权的情形下，权利人也有权行使这些权利，从而恢复权利人对其人格利益的圆满支配状态。在人格权遭受侵害的情形下，这些补救措施比恢复原状可能更有效率，对受害人救济而言，恢复名誉比金钱赔偿可能更为有效。② 我国民法典人格权编也可以考虑对这些保护方式作出细化规定。

---

① U Kerpen, Das internationale Privatrecht der Persoenlichkeitsrechtsverletzungen-Ein Untersuchung aufrechtsvergleichender Grundage, 2003, S.134.

② Neethling, JM Potgieter & PJ Visser, "Neethling'slaw of personality", *LexisNexis South Africa*, 2005, p.171.

四、结　语

"明者因时而变，知者随事而制"，面向新时代的新征程，民法典编纂也需要与时俱进。在人们物质文化水平得到全面提升的情形下，要使人民群众活得更有尊严、更有体面、更有幸福感和安全感，就必须要在民法典编纂中全面加强对人格权的保护。而使人格权独立成编，既是现阶段强化人格权保护的必由之路，也是功在当下、利在千秋的重要举措。

后　记

　　笔者自 20 世纪 80 年代末期开始从事人格权理论研究，90 年代初期曾经主编和撰写了《人格权法新论》、《人格权与新闻侵权》等书，自 90 年代以来先后发表了近 40 篇人格权法研究的论文，本书是笔者近十年研究人格权问题的一些点滴体会，绝大多数文章都已在相关期刊发表，此次应人民出版社的邀请，将这些文章收录、集册出版，以求教于广大读者。

　　人格权是现代民法发展中的新问题，人格权保护也是我国民法典编纂中的重大疑难问题。"嘤其鸣矣，求其友声。"由于资料所限，本书的相关内容难免存在不完善之处，敬希广大读者批评指正。

责任编辑：张伟珍

封面设计：周方亚

版式设计：严淑芬

图书在版编目（CIP）数据

人格权法探微 / 王利明 著 . — 北京：人民出版社，2018.12

（中国法治实践学派书系 / 钱弘道主编）

ISBN 978 - 7 - 01 - 019911 - 5

I.①人… II.①王… III.①人格 - 权利 - 法学 - 研究 - 中国 IV.① D923.14

中国版本图书馆 CIP 数据核字（2018）第 233238 号

人格权法探微

RENGEQUAN FA TANWEI

王利明 著

人民出版社 出版发行

（100706 北京市东城区隆福寺街 99 号）

北京新华印刷有限公司印刷 新华书店经销

2018 年 12 月第 1 版 2018 年 12 月北京第 1 次印刷

开本：710 毫米 × 1000 毫米 1/16 印张：31.5

字数：480 千字 印数：0,001-2,000 册

ISBN 978 - 7 - 01 - 019911 - 5 定价：96.00 元

邮购地址 100706 北京市东城区隆福寺街 99 号

人民东方图书销售中心 电话：(010) 65250042 65289539